旅游管理案例集

吕宁 崔莉 编著

北京·旅游教育出版社

责任编辑：陈　志

图书在版编目(CIP)数据

旅游管理案例集／吕宁，崔莉编著. --北京：旅游教育出版社，2017.5
ISBN 978-7-5637-3565-5

Ⅰ.①旅…　Ⅱ.①吕…②崔…　Ⅲ.①旅游经济—经济管理—案例　Ⅳ.①F590

中国版本图书馆 CIP 数据核字（2017）第 106278 号

旅游管理案例集

吕宁　崔莉　编著

出版单位	旅游教育出版社
地　　址	北京市朝阳区定福庄南里 1 号
邮　　编	100024
发行电话	(010)65778403 65728372 65767462(传真)
本社网址	www.tepcb.com
E-mail	tepfx@163.com
排版单位	北京旅教文化传播有限公司
印刷单位	北京柏力行彩印有限公司
经销单位	新华书店
开　　本	787 毫米×1092 毫米　1/16
印　　张	19
字　　数	386 千字
版　　次	2017 年 5 月第 1 版
印　　次	2017 年 5 月第 1 次印刷
定　　价	42.00 元

（图书如有装订差错请与发行部联系）

编委会

(按姓氏音序排列)

崔 莉　厉新建　李 志　林越英
吕 宁　马爱萍　郑 杨

目　录

第一部分　旅游目的地管理

"好客山东"区域旅游品牌管理················孙靖然　马爱萍　002
广州增城绿道系统旅游管理··················吕　宁　张劲丽　013
河西走廊线路型文化(遗产)旅游管理············陶　静　林越英　028
"印象系列"旅游实景演出管理·················闫　奇　马爱萍　046
丽江古城
　　——古城(文化遗产)旅游管理··············彭　瑜　林越英　061
海岛旅游项目的规划与开发:南中国海海岛旅游开发项目案例······正　果　李　志　077

第二部分　旅游景区管理

古镇经营之乌镇模式··············张　萌　周志斌　郑　杨　094
乡村旅游之桃源仙谷模式···········朱　莎　何玉春　郑　杨　117
槟榔谷
　　——民族文化型景区旅游管理···············崔　莉　彭　渝　136
九寨沟智慧旅游景区管理····················陶　静　林越英　151
欢乐谷
　　——我国主题公园的领跑者··················岳海静　马爱萍　168
福州三坊七巷景区案例分析··················孙靖然　崔　莉　182
无锡灵山文化景区旅游管理··················吕　宁　吴新芳　196

第三部分　旅游度假区管理

古北水镇:高品质复合型景区··················郑先芳　郑　杨　212
旅游度假岛屿的开发与管理:以新加坡圣淘沙为例······赵彦焘　李　志　240
西安曲江中央休闲区的创建与管理··············吕　宁　孙　悦　261

第四部分　旅游企业管理

海航集团及其购买 NH 酒店股份案例分析 …………………… 厉新建　漆家进　272
锦江集团收购美国洲际酒店集团案例分析 …………………… 厉新建　宋彦亭　281
复星国际收购地中海俱乐部 …………………………………… 厉新建　宋昌耀　287

第一部分
旅游目的地管理

"好客山东"区域旅游品牌管理

孙靖然　马爱萍

【摘　要】在我国旅游业发展进入崭新阶段的大背景下,山东省旅游局于2007年策划推出了"好客山东"区域旅游品牌和"文化圣地,度假天堂"的形象宣传口号,在全国率先实施品牌化战略,通过品牌的策划、传播、提升、运营,走上品牌发展带动之路。作为经典的中国式品牌案例,通过"好客山东"分析区域旅游品牌管理具有十分重要的理论和现实指导意义,对未来中国的品牌发展具有标志性的借鉴价值。本案例对"好客山东"区域旅游品牌的相关背景、发展历程、标识内涵、体系建设、营销传播、品牌管理等进行了具体阐述,并对热门事件对区域旅游品牌的影响进行了分析,最后进行了总结、展望。

【关键词】好客山东;品牌管理;贺年会;联合推介;捆绑营销

1　引言

随着旅游业的快速发展和大众旅游时代的到来,旅游目的地形象确立与品牌打造显得尤为重要。国家旅游局于2009年出台《旅游服务质量提升纲要》,其中明确提出"旅游目的地城市要确定鲜明的旅游目的地形象,以明确的主题、鲜明的标识和简洁、个性化的口号以及系列策划活动和营销的多元组合,增强旅游目的地形象的影响力"的要求。区域旅游目的地之间的竞争越来越激烈,打造区域旅游品牌势在必行。

追溯山东省打造区域旅游品牌的历史,可以分3个阶段。第一阶段是对山东的著名景区进行物化描述,提出"一山一水一圣人",代表泰山、曲阜和济南的泉水,沿黄河和大海。第二阶段是提出"走进孔子,扬帆青岛",这个阶段主要是配合2008年北京奥运会,青岛承担奥帆基地的角色而推广。上述两个形象仅停留在一个形象口号的阶段,还不能算是真正意义上的品牌。第三阶段是提出"好客山东"的品牌,揭示了现代旅游的本质,以人为本,表现为关心人、体贴人,实行个性化服务。

2　相关背景介绍

2.1　文化背景

山东是齐文化和鲁文化的发祥地,两种文化在发展中逐渐有机地融合在一起,形成具有丰富历史内涵的齐鲁文化。齐鲁文化是中华民族文化的主流,在数千年中华民族文化的形成发展进程中发挥着主导作用。早在2 600年前,被誉为"春秋第一相"的齐国宰相管仲就提出了

"以人为本"的理念。山东是孔子的故乡,"好客文化"凝聚着齐鲁文化的基因。2 500 年前,孔子就提出了"仁者爱人""有朋自远方来不亦乐乎"的理念,后来孟子又加以丰富。2 000 多年来,"好客山东"文化已经沉淀为热情豪爽的山东人性格,凝练成为"仁者爱人"的"山东精神",演变成为知行合一的山东民俗。齐鲁文化更多地积淀到山东人的为人、处事和行为规范上。

"好客山东"品牌所凸显的文化,不仅具备着一般品牌的特征,更强调的是基于齐鲁文化精髓的品牌精神和价值主张。"齐鲁文化"是"好客山东"品牌的文化主体和灵魂,而"好客山东"则深刻表达了齐鲁文化的精髓,其深深根植于"齐鲁大地""孔孟之乡""礼仪之邦"长期形成的文化土壤,是山东人"注重诚信,质朴好客"的品德的高度概括。同时,泰山文化、海洋文化、泉文化、黄河文化、运河文化、水浒文化、民俗文化等地域文化也是"好客山东"品牌的重要构成,其充分反映出不同地域自然条件、历史文化、开发基础的差异,为此,"好客山东"品牌正是不同文化旅游产品组合凝练和升华而成的精髓。

2.2 现实意义

进入新世纪以来,尽管山东省旅游总收入年年增长,但旅游产业在 GDP 中所占的比重却增长缓慢,2000 年占 GDP 的 4.8%;2001 年占 GDP 的 5.2%;2002 年占 GDP 的 5.7 %;2003 年全省生产总值 12 430 亿元,旅游总收入为 573.4 亿元,占 GDP 的 4.6 %。作为一个旅游大省,旅游收入占 GDP 的 5%左右,显然有些不尽如人意。

2003 年山东旅游业的发展迎来转折,山东省委、省政府将旅游纳入重要议事日程,旅游成为培育山东经济发展新的亮点和经济增长点。山东省委、省政府出台《关于加快发展旅游业的意见》,提出把旅游业加快培育成山东省国民经济重要的主导产业,发展大旅游,开发大市场,建设大产业[①]。

自此,山东省旅游进入跨越式发展新阶段。自 2004 年接待游客总量突破 1 亿人次以来,至 2007 年,短短 3 年间达到 2.06 亿人次,增长 73.5%;旅游总收入实现 1 653.6 亿元,增长 202%。山东省拥有泰山、孔府等世界品牌旅游资源、优质国家品牌旅游资源以及具有特色地域品牌旅游资源,目前已经形成诸如"泉城""孔子故里,东方圣城""帆船之都""聊斋故里"潍坊"逍遥游""枣庄万亩石榴园""菏泽牡丹和水浒文化"等一系列品牌旅游景区或旅游目的地,并取得一定的成功[②]。

对"好客山东"品牌持续 7 年的投资所产生的价值,反映到山东的旅游经济中是这样一组数据:从 2005 年山东全省旅游总收入首次突破了千亿元大关后,到 2008 年,用了 3 年时间迈上了第二个千亿元台阶;2010 年,仅用了 2 年时间迈上了第三个千亿元台阶。2013 年,山东省旅游总收入突破 5 000 亿元,位列全国第四位,相当于 GDP 的 9.47%,对财政的贡献率超过 8%。由此可见,在一个精准定位、营销到位的区域旅游品牌的带领下,山东省取得了如此可喜的成绩。

3 旅游目的地品牌的相关研究概述

3.1 旅游目的地品牌概念

关于旅游目的地品牌概念,国外最广为接受的旅游目的地品牌定义是:美国戴维·A.艾

---

① 班若川. 从"一山一水一圣人"到"好客山东"[N]. 中国旅游报, 2009-01-05(1).
② 张广海, 刘佳. 山东省旅游品牌的开发与对策[J]. 中国海洋大学学报(社会科学版), 2009(4): 64-68.

克(David A.Aaker)认为旅游目的地品牌的主要作用在于识别旅游目的地的服务和商品,使旅游目的地的产品或服务与其他旅游目的地的相区别。但是对于旅游目的地品牌的问题刚开始研究,还不够成熟,学术界对旅游目的地品牌定义时一般是从各自研究领域出发或者是直接借用品牌概念进行概念界定的,并未形成统一的意见。

国内对于旅游目的地品牌的研究始于2000年,"旅游品牌"一词出现在梁方的《组构宗教文化旅游品牌是实现湖北大旅游圈的有效选择》当中,是我们今天真正意义上的旅游品牌。国内学术界关于旅游目的地品牌的研究始于国外学者对旅游目的地形象的研究。与产品品牌的研究相比,国内学者关于旅游目的地品牌的研究成果数量较少,深度也不够,方法比较单一,一般从游客感知角度和要素构成角度对旅游目的地品牌进行定义。

3.2 国内旅游目的地品牌研究

国内学者对旅游目的地品牌的认识是基于对城市形象和旅游地形象的研究。李蕾蕾认为20世纪90年代初,国内学术界才真正意识到旅游目的地形象的意义和价值。她认为旅游目的地要靠多种营销手段来宣传、发展,对于旅游目的地形象的宣传来说,不是仅仅宣传某个单独的景点而是要从整体入手,通过定位目的地形象、提出主题口号、设计和推广视觉形象等多种战略手段来宣传。宋章海基于游客角度提出了要正确运用旅游目的地形象要素进行形象策划,并在理论上探讨了旅游目的地形象的可感知性和不可感知性,提升了旅游目的地形象的理论水平。

高静、章勇刚对旅游目的地品牌化与目的地定位、目的地形象之间的关系进行了分析。周晓丽对旅游目的地品牌化进行了初步探究,认为旅游目的地的品牌化可以划分为3个阶段:第一个阶段即确定旅游目的地的品牌本体形象;第二个阶段即在市场上进行旅游目的地的品牌定位、品牌沟通以获得理想的品牌本体效果;第三个阶段即对旅游目的地的品牌化活动进行跟踪评价和反馈调节。

对于旅游目的地品牌和旅游目的地形象的概念,国内学术界研究时经常混淆。其实,它们既相互联系又相互区别,相互联系是指:旅游目的地形象是旅游目的地品牌的心理载体,旅游目的地品牌是旅游目的地在旅游者心目中的总体形象,旅游目的地品牌的形成过程也是树立旅游目的地形象的过程,它们之间相互交织、密不可分。相互区别是指:旅游目的地形象又不能简单地等同于旅游目的地品牌。一是旅游目的地品牌是具体的、统一的,而旅游目的地形象是抽象的、分散的;二是旅游目的地品牌是旅游目的地供应者主动开发、塑造形成的,而旅游目的地形象是旅游消费者被动接受形成的;三是旅游目的地品牌包括旅游目的地名称、文字、符号、标识等可以体现旅游目的地特色的相关要素,而旅游目的地形象多用于代表旅游目的地名称[①]。

3.3 区域旅游品牌发展概况

1999年,大连率先推出"浪漫之都"的城市定位,整合城市要素,通过大事件、大活动、大节庆打造城市品牌。以此为标志,中国城市迈向品牌化发展阶段。随后出现了若干"××之都""××之乡""××天堂"等城市品牌定位。这是中国旅游跳出孤立的景区营销,迈向城市品牌整合营销的第一阶段。

纵观世界旅游名城,都有着响亮的品牌符号。如纽约"这就是纽约",韩国"炫动之旅"、

---

① 吕翠芹."好客山东"旅游目的地品牌评价指标体系的构建[D]. 济南:山东财经大学,2012.

首尔"你好首尔",新加坡"非常新加坡",中国香港"爱在此,乐在此",上海"上海精彩每一天",云南"七彩云南"等,语言凝练,能够准确提炼和概括出一个地区或国家鲜活的形象和深刻的内涵,这就是品牌的力量。

4 "好客山东"旅游品牌的传播历程

2007年,山东省推出了高度概括山东文化、凝练出现代旅游品牌形象的"好客山东"。

4.1 "好客山东"旅游形象标识与口号

山东旅游形象标识,结合了传统元素与现代设计的新动向,通过文字符号图形化设计融汇古今元素,突出"山东 Shandong"与"山东人"最核心的形象表达:"好客 Friendly";同时,绚丽的英文符号色彩组合与汉字字体"山东"以及一枚清晰的"好客"朱文印章,共同组成了这个文化气息浓厚、充满愉悦感的现代标志(如图1所示)。

图1 "好客山东"旅游形象标识

资料来源:山东旅游政务网[EB/OL].http://www.sdta.gov.cn/.

"好客山东 Friendly Shandong",是对山东旅游最生动、最直接的信息传递。"有朋自远方来,不亦乐乎?"(出自《论语·学而篇第一》),这两千多年传承下来的齐鲁待客之道,从未改变。中英文的组合设计方式也是国际化趋势的要求所在。而"文化圣地,度假天堂"这一具象描述,则是对山东以文化体验与休闲度假为特色的旅游形象的重要"提示"。

山东旅游形象标识,将中外古今的语言、文字、设计元素融合到一起,以丰富的色彩变化,对应山东深厚的历史文化底蕴和独特的休闲度假魅力,丰富、动感、亲切,构成强烈的视觉冲击。以五岳之首、大海之滨、孔孟之乡、礼仪之邦的整体形象,结合"山东、山东人"的"好客之道",以"诚实、尚义、豪放"的鲜明个性,传递特色化、国际化的现代形象与文化意识。一个饱含"山东人"热情的充满感召力的新形象,构成强烈的视觉记忆。这一形象标识通过多角度、多层面的立体化推广和应用,可以形成丰富的信息传递,增强了山东旅游形象的社会认知度,也呼唤起更多更强烈的对山东和中国文化的向往、求知与探索欲望。

4.2 "好客山东"旅游品牌的初期推介

"好客山东"品牌确立之初,就开创了以政府为主导进行城市形象推介、以企业为主体运作市场的营销模式,实施"联合推介,捆绑营销"战略:即以"好客山东"为统领,整合省、市、县、旅游企业四级旅游产品、旅游资源与旅游促销基金,在中央电视台和山东卫视等主流媒体上实行集群式宣传。通过这种营销模式,很快把"好客山东"传播了出去,提高了"好客山东"旅游品牌的知名度。

除电视主流媒体外,山东省旅游局还积极拓展传播渠道,打造全方位、立体化的品牌宣传网络。在平面媒体方面,在中央级媒体《中国旅游报》推出每周四版的《"好客山东"专刊》;与山东大众报业集团合资主办《大众旅游周刊》,在山东省内发行量最大的《齐鲁晚报》开设《玩周刊》,使得"好客山东"更贴近山东读者群;在高铁杂志《旅伴》和山航机载杂志《新航空》开辟刊中刊,吸引更多商旅客源关注"好客山东"。上海世博会期间,在上海火车站、地铁站投放了电视墙及灯箱广告;随后在山航的机载电视媒体上投放视频广告等,不断开拓新媒体推广渠道。

在网络媒体方面,近年来,山东省大力加强品牌传播的网络化建设,投资近3 000万元建立山东旅游网,在国内率先建成了数字化多媒体营销系统。与"携程网""同程网"等国内著名旅游网络运营商合作,推出山东旅游专题,撬动网民市场;为烘托"'好客山东'贺年会"气氛,山东省旅游局及17城市旅游局局长率先在新浪、搜狐开通博客,建立旅游局长博客圈,与网民及时互动,并在新浪和腾讯建立了山东旅游局官方微博,实时发布山东省最新旅游资讯、产品及促销信息,推动网络营销,网络已成为山东区域旅游品牌传播的重要渠道。

在电视媒体、平面媒体和网络媒体上发力,努力打造多途径、立体化的品牌宣传网络,使得"好客山东"旅游品牌的认知度大幅提高。

4.3 "好客山东"旅游品牌的推动落地

为进一步推进"好客山东"品牌落地,山东省旅游局利用多种手段、多种途径、多种形式,把"好客山东"深深根植于齐鲁大地。

第一,利用重大活动推进"好客山东"品牌落地。近年来,山东先后举办了第十一届全运会、第十九届全国书博会、园博会、绿博会、中国香港及日韩山东区域发展战略说明会、山东文化博览会等许多重大国际性、区域性文化、体育、经贸活动,都统一使用了"好客山东"标识。

第二,利用公共基础设施推动"好客山东"品牌落地。在山东省内高速公路、一级公路、城市出入口等重要地段,在火车站、机场、码头等显著位置,设置了190块"好客山东"公益广告牌。全面推进"好客山东"标识进旅游景区、旅游星级饭店、旅行社等企业。山东省旅游局还开发制作了《"好客山东"官方旅游手册》《"好客山东"旅游地图》《山东人游山东四季手册》《观世博,游山东》等系列多语种旅游宣传品近百种,数量近百万册,免费向业内外发放,起到了广而告之的宣传作用。并推出了名片夹、书签、U盘、T恤衫等带有"好客山东"标识的系列纪念品。

第三,倡导党政干部使用带有"好客山东"标识的名片。山东省委、省政府主要领导带头使用带有"好客山东"标识的名片,春节贺年卡也都使用了"好客山东"标识。全省各级旅游部门和旅游景区、旅行社等旅游企业的干部职工统一使用带有"好客山东"标识的名片,"好客山东"逐步深入人心。

第四,与山东著名品牌企业合作,形成"好客山东"的品牌叠加效应。2008年,山东省旅游局和山东航空公司联合推出"好客山东"号彩绘飞机,成为山东旅游最靓丽的"空中名片"。该飞机执行了青岛、济南首飞台湾的任务,搭建了鲁台空中交流通道,让更多的旅客认识了山东、了解了山东,进一步提升了"好客山东"的品牌形象。同时,与青啤集团合作,在其年销量国内首屈一指的崂山啤酒酒瓶上将"好客山东"的LOGO与崂山啤酒LOGO并行使用。此外,与中国电信、中国农业银行联合推出了"好客山东"电话卡、"好客山东"旅游卡等。通过和品牌企业的合作,使"好客山东"品牌的营销效果获得了叠加效应。

5 "好客山东"旅游品牌体系建设

5.1 城市旅游品牌建设

山东省十七市策划创意城市旅游品牌形象,打造城市旅游目的地品牌,"泉城济南""奥帆之都,多彩青岛""葡萄酒城,魅力烟台""放飞梦想,逍遥潍坊""中华泰山,天下泰安""走遍四海,还是威海"等一批城市旅游品牌开始创立并落地。各地均推出城市旅游宣传口号,大多数城市还推出了旅游品牌形象标识。各市、各重点旅游景区、各旅行社等也都积极策划创意本地、本企业的形象品牌,最大限度地承接"好客山东"的品牌增值。山东省现已基本构建起以"好客山东"文化旅游品牌为龙头、以城市旅游目的地旅游品牌为支撑、以企业旅游品牌为基础的"好客山东"文化旅游品牌体系。

5.2 旅游产品品牌建设

旅游者在旅游过程中会直接接触到旅游要素,通过突出各旅游要素环节,培育一批品牌化的旅游要素,能够使旅游品牌的内涵更加饱满。近年来,山东省旅游局创新推出了"孔子在这里诞生——游三孔知天下;泰山在这里崛起——登泰山保平安;黄河在这里入海——赏奇观抒豪情;长城在这里始建——读齐鲁做好汉;运河在这里重现——品水城揽古今;奥运在这里扬帆——亲蓝海享休闲"六张文化旅游新名片和"好客山东有三珍:阿胶、海带、胶东参"三大品牌旅游商品,以及山东"最想去的100个地方""最想品尝的100种美食""最想购买的100种特色旅游商品"三个"山东100"品牌。在此基础上,积极推动区域旅游目的地品牌建设,以"仙境海岸"为代表的一批区域旅游目的地品牌迅速打响。

5.3 旅游节庆活动品牌打造

近年来,山东省旅游局着力组织了两大品牌节事活动:一是创意举办"'好客山东'贺年会"。贺年会是依托"好客山东"文化旅游品牌,利用年节期间群众休闲时间集中、民俗文化活动集中、家庭消费集中的优势,整合元旦至元宵节期间全省各类年节消费资源,将年节文化注入年节消费,使年节时间更长、文化更浓、消费更旺举办的区域性重大品牌节事活动。贺年会于每年的元旦至元宵节期间举办,由山东省政府主办,全省17市政府和14个省直部门承办。"'好客山东'贺年会"推出了五大产品:贺年福、贺年宴、贺年礼、贺年乐、贺年游,五大产品各具魅力、相互补充、相互协调,共同促进了山东春节旅游的发展。二是培育"'好

图2 "好客山东"贺年会

资料来源:山东旅游政务网[EB/OL].http://www.sdta.gov.cn/.

客山东'休闲汇"品牌。休闲汇是顺应休闲时代到来、整合各类休闲资源、集中举办的系列休闲活动。休闲汇于每年的 8~10 月份举行。此外,各地还举办了一批像济南泉水节、青岛国际啤酒节、烟台国际葡萄酒文化节、曲阜国际孔子文化节、泰山国际登山节等著名品牌节事活动,丰富了"好客山东"的文化内涵,有利于凝聚人气、提高品牌知名度,还能够带来旅游收益(如图 2 所示)。

5.4 旅游服务品牌建设

为夯实"好客山东"服务基础,山东省旅游局会同山东省文明办共同制定并出台了《"好客山东"旅游服务标准》,对旅行社、星级饭店、星级餐馆、旅游景区、旅游汽车公司、旅游购物场所、旅游娱乐场所、高速公路服务区、飞机场、火车站、汽车站、码头等 12 个行业部门、539 个服务环节以及服务礼仪、服务环境等,提出了明确、细致的标准要求,通过广泛举办培训班、服务竞赛、技术比武和交叉检查活动等多种形式,以全运会、世博会等为契机,在全省服务行业组织开展"好客山东"服务竞赛活动。同时,结合创建优秀旅游城市目的地和旅游强县、星级饭店、A 级旅行社、A 级景区评定复核等工作,进一步加大对服务质量的督导检查,深入搞好《"好客山东"旅游服务标准》的落实,培养了一大批好客服务标杆企业和服务明星。

6 "好客山东"旅游品牌营销传播

6.1 "联合推介,捆绑营销"模式

针对各地旅游宣传经费少、策划制作水平低、旅游宣传不集中、品牌形象不鲜明等问题,山东省旅游局创新实施了"联合推介,捆绑营销"模式。改变传统的分散式旅游宣传推介方式,整合省、市、县、旅游企业的资源和宣传促销资金,采取集中购买媒体版面和时段节约三分之一、参与单位出资三分之一、省旅游发展专项资金支持三分之一的出资比例,在央视、凤凰卫视、山东卫视、香港翡翠台、台湾东森台等主流、权威电视媒体开展以"好客山东"为统领的山东省域品牌形象宣传。近年来,山东省共有 91 家单位联合参与了"联合推介,捆绑营销",包括 17 个地级市、54 个县级市和 20 家旅游企业。

"联合推介,捆绑营销"模式给庞大的电视观众群留下了深刻印象,"好客山东"品牌知名度迅速确立。"联合推介,捆绑营销"模式在理论和实践上均产生了巨大效应,受到了业内外高度评价,被誉为"全国首创,众省效仿"。经专业机构评估,2012 年"好客山东"品牌价值达到 170 亿元,比 2011 年上涨了 55 亿元。"联合推介,捆绑营销"模式将分散联合起来,改变了之前地级市或者县域甚至单个景区进行的独立营销活动空间上不连片、产品上不连线、时间上不连贯、效果一直不佳的局面,打破了行政壁垒、简化了推介层次、减少了中间环节,实现了以"好客山东"品牌为龙头,覆盖全省、统领全局的旅游推介系统的构建。此外,"联合推介,捆绑营销"模式化零为整,解决了各地在品牌营销中经费的投入和产品的整合等突出问题,以"三个三分之一"的互惠和简约方式,使大家资源捆绑在一起,用简单办法汇集了地方有限的财力,破解资金短缺难题,用简单的加法取得了乘数的效应。

随着参与单位的越来越多,操作过程中出现的问题也越来越多,协调难度越来越大,为此山东省旅游局制定了《"联合推介,捆绑营销"管理办法》,出台了《"联合推介,捆绑营销"实施规范》。并创新引入市场机制,创新使用淡旺季价格浮动、预交诚信金等调节手段,引导

各参与单位准确定位、科学投放,避免了广告投放的随意性和盲目性。

6.2 新媒体营销

"好客山东"是国内最早采用新媒体营销的省级旅游品牌之一,通过与国内外知名网络媒体建立合作机制,开辟"好客山东"品牌专区,搭建"'好客山东'旅游旗舰馆"和营销平台。利用微博、微信、新闻客户端、手机报、手机应用等移动互联网渠道,开设山东旅游营销平台和信息服务平台,在这些方面山东省旅游局都走在全国前列。

2010年11月,山东省旅游局陆续推出新浪、腾讯、人民网三大官方微博,推介山东省各地的特色旅游景点、旅游线路、美食特产以及指南性信息,得到越来越多网友的持续关注。2012年7月,山东省旅游局腾讯官方微博的粉丝数超过154万,居省级旅游局微博粉丝数前列。在腾讯微博主办的2011年政务年终盘点中,山东省旅游局官方微博获评"2011腾讯微博十大旅游局影响力排行"第一名。另外它还获得了十大党政机构微博、十大政务机构微博、"省级旅游局微博运营效果"第一名等荣誉称号,成为了山东省对外宣传以及外界了解山东的一个重要窗口。

6.3 海外营销

2013年山东省设立8 000万专项资金,大力实施"好客山东"品牌国际化战略,构建多种营销渠道,全方位加大"好客山东"海外营销力度。联合航空公司、大旅行社在韩国、日本、美国和中国香港、中国台湾等重点入境旅游市场的国家、地区门户机场,首都及中心城市的高铁、地铁枢纽建立固定的"好客山东"海外营销平台(官方网站)和形象展示直营店。2014年元旦之前,"好客山东"旅游形象片登陆纽约时代广场,在19个LED屏上连续3天联动播放。

为助力"好客山东"海外营销战略的部署和实施,建立全盘数字营销体系,山东省旅游局联手谷歌,利用其网站的全球影响力进行强势跨平台推广,全方位向海外展现山东旅游资源和产品。双方将围绕数字营销(关键词搜索、在Youtube网站开设山东旅游视频专区、广告联盟平台)、OTA合作及数据合作三大部分展开合作,合作推广的重点国家和地区包括韩国、美国、英国、新加坡和中国香港、中国台湾等。

鉴于谷歌在全球的影响力,届时"山东旅游"将会有产品的大量市场曝光度和点击率,从而导引大量的潜在游客进入到"山东旅游"的主题推广页面(比如:Youtube专区和各海外专题推广销售网站)。为真正达到吸引更多的海外游客购买山东特色旅游产品的目的,山东省旅游局在韩国、美国、日本、中国台湾等海外重点客源市场建立韩文、英文、日文及中文繁体"'好客山东'官方咨询网站"。韩文、英文、日文及中文繁体网站已在海外上线。与此同时,山东省旅游局与各海外重点合作伙伴及中青旅等大社在网络营销方面加强密切合作,积极推动各海内外合作旅行社因时因地制宜,在其在线营销平台上设立山东旅游产品专题页面或者建立山东旅游产品子网站,从不同视角宣传和推介山东的重点旅游城市、特色旅游产品线路以及节庆活动等。

7 "好客山东"旅游品牌保护与危机管理

7.1 品牌保护与效果评估

经过近几年的努力,山东省旅游局已经取得了"好客山东"首批五大类别的成功注册,成为全国首例成功注册的省域旅游品牌形象,一并提起了"山东客栈""鲁菜馆"及"贺年会"等子品牌的商标注册申请,进一步夯实了"好客山东"品牌保护和运作基础,实现了品牌的合法化和规范化管理。

在品牌营销的效果评估机制方面,"好客山东"品牌营销推广大范围、大强度,投入大量的营销费用,而营销效果的评估机制缺失。山东区域品牌传播偏重直接传播的方式,传播者以政府为主,行业协会、企业和其他利益相关者参与相对偏少。多数以正面的、大众的传播方式进行品牌传播,可能会招致受众的反感,出现广告躲避现象,特别是信息含量少、反复播出、艺术形式单一的广告。从区域品牌的传播主体来看,大部分的节会活动、体育赛事等活动有相关行业协会和部分企业的参加,但是行业协会和企业通常只有协办的权利,其区域品牌传播主体的角色无法得到充分发挥。而且,区域内公众往往被当作受众来对待,其传播力量没有引起区域品牌管理者的足够重视,全民公关、全民营销的传播意识不足①。"好客山东"品牌的推广,牵涉到每一位山东人,山东人都是"好客山东"文化的营销者,"联合推介、捆绑营销"模式的效果评估机制有待研究。

7.2 青岛大虾与"好客山东"

事件回顾:2015年10月4日,南京游客朱先生和四川游客肖先生在山东青岛一家叫作"善德烧烤"的店里点了大虾等海鲜,在事前询问过为38元一份的情况下,结账时分别被告知大虾为38元一只,感觉被宰,拨打110后,到达现场的民警说"管不了,要找物价部门",随后离开;而物价部门接到投诉电话后说"太晚了,处理不了,只能等到明天才能进行处理"。据游客反映,争论期间,烧烤店老板一边用棍子恐吓朱先生和肖先生两家人,一边指使手下的人打110报了警,理由是"有人吃了霸王餐,不给钱想逃跑"。民警再次出警,到了派出所后,另外一个民警也说管不了,让游客和店主回去协商。最终,肖先生和朱先生分别给了烧烤店老板2 000元和800元餐费,才得以脱身离开。两位游客返回后,将令人愤慨的经历发到网上,引发广泛关注。

10月6日上午,青岛市市北区委宣传部官方微博"青岛市北发布"公示称,10月5日,接到游客投诉后,市、区两级物价部门对"善德海鲜烧烤家常菜"大排档进行现场检查,发现该烧烤店提供的菜品虽已标价,但极不规范,涉嫌误导消费者。鉴于此,将根据《价格法》有关情节,责令其退还非法所得,并按照涉嫌价格欺诈、违反明码标价及侵害消费者权益的情节,依法立案查处。10月6日下午,"青岛市北发布"又称,市北区物价局作出行政处罚事先告知书,根据《中华人民共和国行政处罚法》第三十一条规定,拟对市北区善德成烧烤店(善德海鲜烧烤家常菜)作出9万元罚款行政处罚,并责令其立即改正价格违法行为。该告知书已于6日下午送达该店②。

舆论并没有因为市北区物价局对烧烤店的处理而停止发酵,在指责相关部门不作为的同时,有媒体称:"几亿元打造出来的'好客山东'输给了青岛的一只大虾","'好客山东'毁于一旦"。

"好客山东"的品牌定位是从人文的角度出发试图打动游客的。从人文角度来为目的地定位却是有一些风险的。这次青岛大虾事件就是一个例子。当以"好客"定位的地方出现

---

① 曹瑞芳. 我国山东区域品牌传播现状与对策研究[D]. 兰州:兰州大学,2012.
② 郭旗. 青岛"天价虾"戳痛了谁[N]. 中国旅游报,2015-10-09(3).

恶劣的"宰客"现象的时候,这个目的地定位就有些不稳定了。从上述事件中可以看到,加强区域旅游品牌的危机管理是极其重要且不可忽视的。区域旅游品牌与周围的事物息息相关,如果目的地周围发生恶性事件,极容易毁坏区域旅游品牌,区域旅游品牌本身具有内在的危机性。区域旅游品牌维护中最主要的内容就是区域旅游品牌的危机管理,一个区域旅游品牌的建立可能需要花费很长时间,而在网络快速发展的现在,信息传播迅速,只需要几个甚至一个危机事件就可以摧毁精心塑造、努力维护的区域旅游品牌。

8　总结评价

任何一个品牌的生命力和影响力,都有其周期性。在经过六七年群雄逐鹿的品牌竞争后,如今,"好客山东"作为传统的省域旅游品牌也需要拥抱新技术、新思维,而不是固守"联合推介,捆绑营销"的模式。

在新技术、新游客、新消费的推动下,品牌营销的战略路径和技术路径也在潜移默化地发生转变。中国旅游品牌已经跃跃欲试地想跳出"口号式"的营销模式,趋向更加情感化、开放式、互动性、具象化的营销新路径。

七八年来,"好客山东"持续地为中国旅游品牌营销传播探索新路径,贡献新经验,而通过青岛大虾事件,我们真实地看到了"好客山东"作为一个区域旅游品牌其危机管理中的不足以及品牌内涵的薄弱。因此,若希望"好客山东"具有持久的生命力和影响力,就必须重视品牌管理,正视存在问题,不断开拓创新。

 案例使用说明

一、教学目的与用途

1.适用的课程、对象

本案例适用于管理学、旅游学基础理论、旅游营销学、旅游广告与促销、旅游传播学等相关课程的本科生与研究生。

2.教学目的

通过本案例的教学,对于旅游品牌特别是区域旅游品牌管理有初步的了解,引导案例学习者对于旅游目的地的品牌定位、传播推广、效果评估与管理实践进行思考。

二、启发思考题

1.如何评价"好客山东"的品牌定位和形象口号?怎样理解"好客"为山东旅游品牌的核心?

2.在电视媒体、平面媒体和网络媒体上进行传播推广的优缺点分别是什么?

3.在政府引领的区域旅游品牌下,各市县应如何寻求自身更好的发展?

4."好客山东"区域旅游品牌传播存在哪些问题?应如何解决?

5.如何看待青岛大虾事件与"好客山东"品牌管理?

三、分析思路

山东发展旅游的文化背景和现实意义—旅游目的地品牌的概念和相关研究—"好客山东"旅游形象标识与口号—"好客山东"旅游品牌的传播历程(初期推介与推动落地)—"好

客山东"旅游品牌体系建设—"好客山东"旅游品牌营销传播—"好客山东"旅游品牌保护与危机管理—总结评价

四、关键要点
1. 旅游目的地品牌的概念和相关研究
2. "好客山东"旅游品牌的传播历程
3. "好客山东"旅游品牌营销传播
4. "好客山东"旅游品牌保护与危机管理

五、建议的课堂计划
1. 时间安排

90分钟为宜,其中15分钟阅读案例,15分钟小组讨论,20分钟小组代表发言,15分钟师生互动交流与问题解答,15分钟学生书面分析总结,10分钟教师最后总结。

2. 黑板板书设置不作严格和固定要求

3. 小组的分组及分组讨论内容

建议3~5人为一组,每组自行推选小组代表进行发言。讨论包括两方面:一方面是整体对于"好客山东"区域旅游品牌定位、传播的讨论;另一方面是对于其中某一关键要点的讨论。各小组各有不同的关注点。

六、其他教学支持材料
视频:"好客山东"旅游形象宣传片

1. 网络链接

http://www.sdta.cn/dtss/media/rotateMedia.action？whichType=video&param.categoryId=1

2. 简介

旅游形象片《好客山东》在"2009年度新中国60周年中国城市形象片大赛"中获得金奖。该片以"文化圣地,度假天堂"为主题,以崭新的拍摄视角,全面展示了山东省历史文化与自然风光相融合的"好客山东"文化旅游品牌形象,生动反映了山东旅游的新概念、新气象、新变化;同时以独具匠心的创意及手法,突出展现了山东人质朴、豪放、好客的性格特点,将"好客山东"的内涵阐述得更加全面和透彻。

广州增城绿道系统旅游管理

吕 宁　张劲丽

【摘　要】绿道,是一种线形绿色开敞空间,通常沿着河滨、溪谷、山脊、风景道路、铁路、沟渠等自然和人工廊道建设,内设可供游人和骑车者进入的景观线路,连接主要的公路、自然保护区、风景名胜区、历史古迹和城乡居民居住区。绿道主要由人行步道、自行车道、非机动车途径和停车场、租车店、旅游商店、特色小吃店等设施及绿化缓冲区组成。增城市建有国内最美、最长、最安全、穿越景区(点)最多的绿道网,以"幸福市民,快乐游客,致富农民"为宗旨,以"藤结瓜"的形式,将绿道与沿线新农村旅游、扶贫结合,利用山水田园和优美生态资源,因形就势,建设了200公里自驾车游、335公里自行车休闲健身游、50公里增江画廊水上游绿道网。增城变有形绿道为市民休闲健身之道、游客观光消费之道、农民增收致富之道,属国内首创。本案例对增城绿道系统的建设背景、旅游产品管理、营销管理、保障体系等进行了具体的阐述,并对增城绿道系统旅游管理提出了针对性的建议。

【关键词】增城;绿道;旅游管理

1　引言

工业化的发展、城镇化的崛起,使中国的环境压力越来越大,环境竞争力成为了长远且根本的竞争力。而且目前中国普遍存在着的紧张的日常工作、忙碌的日常生活、躲无可躲的雾霾污染使得国民的旅游需求本身就蕴含了对绿色的追求,同时青年一代也不能容忍传统的生活方式。绿道就像是一抹曙光出现在了繁华的都市中,它是绿色崛起的象征,也必然会成为普遍的追求,这也是绿道发展的未来。增城区是全国著名的"荔枝之乡"、牛仔服装名城、新兴的汽车产业基地和生态旅游示范区,先后荣获"全国生态文明建设示范市""联合国和谐城市提名奖""中国最具幸福感城市""中国和谐之城""中国金融生态城市""中国全面小康十大示范市""全国绿色小康县(市)""全国绿化模范县(市)""全国科技先进市"等称号,具有发展绿道系统得天独厚的优势。

2　相关背景介绍

2.1　绿道内涵

我们现在的道路几乎是为机动车服务的,这样的道路压迫了人的出行空间,也压迫了人的生存空间和感受空间,所以应该构造绿道。所谓绿道,是景观路、交通路、文化路、生态路四路合一,很大程度上,绿道不是交通工具,而是观赏工具、娱乐工具、体验工具、休闲工具。

这样一种绿道,作为区域化的推行项目,可能会产生更大的作用,因为它不是一个简单的道的问题,实际上是产品发展的突破,这种绿道本身,就体现了总体的绿色崛起。绿道,一般意义上,是乡村旅游的慢行系统,以自行车和步行为主要方式,满足慢生活、深体验的诉求,"看得见山,望得见水,记得住乡愁";拓展意义上,是连接城市和乡村的生活系统,是衔接乡村旅游的体验系统;发展意义上,是绿色旅游的体现、载体和抓手,是目的地水平的标志。

与一般道路比较,绿道不以交通功能为主要功能,而以联通功能为主;不求快捷,而求好玩;多种方式组合,而非单一。与其他休闲设施比较,绿道以道路的形式表现,以综合的方式享受,以户外的运动突出。

2.2 绿道性质

绿道是准公共性的,共同推进。一般而言,道路是公共性产品,由政府运作,但是多年以来的变化,成为市场性产品,违背了本来性质。而绿道的起点就是准公共性,既有公共性的一面,也有商业化的一面。绿道是大众性的,全民参与;不是为少数人的,是大众休闲娱乐的场所,是新的生活体验。

绿道是二元性的,内外兼修,既满足本地市民的需要,又满足外来旅游者的需要。绿道是提升性的,锦上添花;早期自然形成,发展过程中以顺畅为主,绿道阶段是提升。绿道是多样性的,百花齐放:生态功能,社会功能,文化功能,体验功能,娱乐功能。

3 绿道国内外发展概述

绿道概念的提出有100多年的历史,绿道的规划建设在全球溯源于19世纪末期,兴起于20世纪后半期,正在成为21世纪的热点和潮流。世界绿道,在欧洲长存,从美国推进,到世界遍布。

3.1 绿道国外发展概述

(1)美国的绿道研究是最广泛也最深入的。研究层次涵盖全美的绿道系统规划、区域层次的绿道网络规划、地方和城市级别的绿道建设。国家层面,美国已经建立了国家游步径体系(national trails system)。1986年,该体系规划形成时一共有三种游步径形式:国家风景游径、国家游憩游径、边缘连接型游径(connecting-and-side trails)。1987年又增加了国家历史游径。该体系发展至今,已经有30条国家风景游径、超过1 000条国家游憩游径、2条边缘连接型游径,总长度超过80 000公里,为人们提供慢跑、骑马、山地自行车、露营的场所。区域层面最具代表性的是新英格兰地区绿道体系规划。新英格兰地区规划绿道将覆盖6个州,并增建19 300英里(31 000公里)的绿道和8 000 000英亩的保护地区,形成由游憩节点、历史文化资源、东海岸绿道、历史文化绿道、游憩路道、游步径、风景道叠加在一起的综合性绿道网络。地方和城市级别的绿道除波士顿公园体系外,还有马里兰州的水上游览系统(water trails)和宾夕法尼亚州的都市区绿带(capital area greenbelt)。马里兰州水上游览系统根据当地的地形、气候及河流分布情况,拟出了各河段适宜游憩的项目和独特的景观,满足不同游憩需求的水上游览体验。宾夕法尼亚州的都市区绿带是一个以游憩为主,旨在给居民和游览者提供徒步、骑自行车、滑冰、慢跑和遛狗的自然景观良好的空间。

表1　美国绿道概况

年度	绿道数量、规模
2015	>10万公里
1993	3 000多条
1989	250多条

（2）欧洲对于绿道的研究重在绿道的生态功能。欧洲绿道研究有两个分支，东欧研究者们从自然生态系统出发，认为绿道是连接、保护"生态垫脚石"的联系框架，并有利于物种迁徙；西欧研究者们从人的角度出发，研究重点是在人类活动影响下的自然生态环境的承载力、自净能力、稳定性。另外，整个欧洲还于1998年1月成立了欧洲绿道联合会（EGWA），并在2000年对绿道作了如下的界定：专门用于轻型非机动车的运输线路；已被开发成以游憩为目的或为了承担必要的日常往返需要的交通线路，一般提倡采用公共交通工具；处于特殊位置的、部分或完全退役的、曾经被较好恢复的上述交通线路，被改造成适合于非机动交通的使用。以伦敦东南绿链为例，伦敦东南绿链始建于1977年，由伦敦的东南部4个行政区和大伦敦委员会合作建设。现今，在伦敦的周边已经建设了将近300个绿色项链状的开放空间，面积相当于伦敦市区的7倍，而东南绿链为其中最有代表性的部分。总的来说，伦敦东南绿链的建设实现了几个主要的功能目标：保护环境的基地；市民的休憩场所；追忆历史的走廊；运动健身的空间。

（3）新加坡绿道运动始于上世纪80年代末期。新加坡对于绿道的定义为公园连接网络（park connector network）。其绿道规划设计经常利用排水系统和道路系统。新加坡绿道规划不仅仅是为了拯救城市环境，还兼具预留机场用地、港口用地、水库、发电站用地、军事训练场地的目的。新加坡绿道规划的两个目标是：达到每1 000人拥有0.8平方公里公园绿地；提供更多的自然廊道的方式保护生物多样性。

（4）日本通过绿道网的建设来保存珍贵、优美、具有地方特色的自然景观。日本对国内的主要河道一一编号，加以保护，通过滨河绿道建设，为植物生长和动物繁衍、栖息提供了空间；同时，绿道串联起沿线的名山大川、风景名胜地，为城市居民提供了体验自然、欣赏自然的机会和一片远离城市喧嚣的净土。

3.2　绿道国内发展概述

中国绿道，从增城起步，在广东推广，到句容升级，再到全国探索。

2000年，《国务院关于进一步推进全国绿色通道建设的通知（国发［2000］31号）》中指出绿色通道建设是我国国土绿化的重要组成部分，主要任务是对公路、铁路、河渠、堤坝沿线进行绿化美化。

2008年国家率先在增城市建成80公里绿道，是国内绿道建设的先锋，其建设模式成为珠三角绿道网建设的典范。

2010年，广东省出台了《珠江三角洲绿道网总体规划纲要》，提出全面启动省立绿道建设，计划用3年时间在珠三角区域率先建成6条总长约1 690公里的区域绿道，串联200多处景区景点，构成珠三角区域绿道网的主体框架。与此同时，珠三角各城市将建设城市绿道与社区绿道,与6条区域绿道相连通,形成贯通珠三角城市和乡村的多层级绿道网络系统。

2011年,嘉兴市区共建设包括"两环、八放射、三连"的13条生态绿道,重点串联起公园、片林、湿地,为市民提供休闲观光场所。

2012年,武汉市政府常务会正式确定《武汉市绿道系统建设规划》和《实施方案》,并于同年开放首条绿道。

2012年,《浙江省省级绿道网布局规划》初稿向社会征求意见。

2012年,青岛17条城区绿道正式公布。

2013年,北京市发改委发布了市级绿道建设总体方案,未来5年,将投资30多亿元建设1 000公里以上的市级绿道,覆盖16区县,串联200多处公园、风景名胜区、历史文化遗迹。

4 增城绿道系统建设背景与现实意义

4.1 建设背景

(1)中国旅游30年发展中,国民旅游从无到有,从小到大;随着收入水平的不断提高和闲暇时间的不断增加,旅游者也不断成熟,旅游需求特征的升级也逐渐显现。长三角、珠三角、京津等经济发达地区城市居民人均GDP已突破了3 000美元,许多城市都已超过5 000美元,具备了休闲度假的能力。2006年中国的人均GDP首次超过2 000美元,根据世界旅游组织对旅游与GDP发展关系的研究,这正是旅游需求快速从观光到休闲过渡的时期,可以说中国旅游整体趋势已经从观光旅游开始走向休闲度假旅游。

随着休闲旅游的发展,休闲开始成为一种生活方式。首先是旅游者得益于经济的发展,对休闲度假的需求越来越旺盛。其次,国家假日制度的改革给了人们更多的休闲度假旅游的闲暇时间,尤其为中短距离的旅游目的地发展创造了条件。再者,单纯依靠原先的观光旅游发展模式已经不能适应市场的发展需求,难以获得跨越式的发展,转型发展休闲度假旅游已是提升核心竞争力的有效途径。

(2)增城市是隶属于广州市的县级市。近年来,增城划定了三大主体功能区——农业向北,工业朝南,城市生活在中间。南部作为重点开发的新型工业园区,中部作为优先开发的城市生活安居文化休闲区,北部作为限制工业开发的生态产业区,重点发展都市农业和度假休闲旅游业。北部为丘陵区,有3个镇,面积约1 000平方公里,以农业为主,经济比较落后,但生态环境良好。为了配合主体功能区的规划建设,发展北部生态旅游经济,为市民提供休闲健身的空间。2007年底,增城提出了修建一条从市区到北部景点白水寨的自行车慢行道。2008年建成,总长80公里,成为全省乃至全国绿道建设的先行者。

4.2 现实意义

6年时间过去,增城已建成由自驾车游绿道、自行车休闲绿道、增江画廊水上绿道组成的477公里绿道网络。

绿道网的建设促进了当地经济的发展。增城以"绿道为藤""以藤结瓜",让绿道串起沿线村庄,建设了桥头、高坡头等旅游驿站和汇康阁、聚龙庄、金瑞峰等农家旅馆,市民出游蔚然成风,外地游客纷至沓来,原本僻静的乡村渐渐热闹起来,旅游人次逐年直线递增,带动农业、地产、林业、交通运输、餐饮、住宿等行业全面发展,致富了当地农民。例如沿线农副产品的销售量和价格同时上涨,收购方式也由以往农民到集市兜售变成了居家摆卖。在其带动下,全年农民人均纯收入 9 281 元,增长 17.18%;绿道沿线的村集体经济增长速度比非沿线村集体经济快 53.6%。

表 2 增城旅游统计

年度	旅游接待总人次(万人次)	旅游总收入(亿元)
2010	1 536.61	33.16
2011	1 690.00	41.97
2012	1 764.02	45.80
2013	1 869.52	52.67
2014	1 998.26	63.01

表 3 农村经济增长

年度	农村集体经济总收入平均增长速度(沿线)	农村集体经济总收入平均增长速度(非沿线)
2008	53.1%	
2009	121.7%	68.1%

通过绿道建设,建设珠江三角洲生态大公园,丰富城市内涵,提升城市品位,优化生活环境和投资环境;促进沿线城市、村庄环境的升级与优化,并布设健身设施,让市民幸福、安康;连接南、中、北主体功能区,连接沿线农村,引导南部资金到北部投资生态休闲和度假旅游业,吸引周边发达地区市民到增城市中、北部地区休闲度假,带动北部农民就业创业和增收致富。增城市以"幸福市民""快乐游客""致富农民"为宗旨,通过有形的绿道建设形成无形的绿色经济之道,即市民休闲健身之道、游客观光消费之道和农民增收致富之道。

5 增城绿道系统旅游产品管理

增城绿道建设走在全省前列。2010 年 1 月 5~7 日,广东省委十届六次全会充分肯定了增城近年来建设自行车休闲绿道的做法,号召全省向增城学习绿道建设的经验。2010 年 1 月 19~21 日,中共增城市委十一届十次全会提出:科学规划,统筹推进,力争在两年内建设 500 公里的 3 条绿道:一是自驾车绿道,以广汕、荔新、增白、新新和增正等公路沿线为主干道,建设多层次、多色彩的生态景观林带和景观节点;二是休闲健身绿道,以自行车道为主线,突出乡村体验、健身休闲功能,打造成富有田园风光特色的休闲旅游精品线;三是增江画廊绿道,以增江画廊为主轴,把从初溪水利枢纽到湖心岛的增江两岸打造成为现代生态型的"清明上河图"。通过"以藤结瓜"方式,将绿道建设成为发展绿色经济之道、市民休闲健身之道、游客观光消费之道、农民增收致富之道。

目前,增城已建成初具规模的旅游绿道,有以下 3 条:

5.1 自驾车游绿道

目前,比较成熟、完善的自驾车游绿道有两条:

一条是从凤凰城到白水寨的 80 公里自驾车游绿道。包括凤凰城碧桂园、荔枝文化村、增城广场、挂绿广场、自行车休闲健身道、莲塘春色景区、何仙姑旅游景区、小楼人家景区、白水寨风景名胜区等在内的旅游景区(点)以及农家乐、驿站、厕所、停车场等自驾车游的配套设施,沿途植树、种花、种草形成绿色经济产业带。

一条是从鹤之洲至湖心岛的 30 公里自驾车游绿道。沿途可饱览增江河秀丽风光,游玩鹤之洲旅游景区、凤塔、雁塔、白湖水乡景区、正果寺、湖心岛旅游景区等旅游景区。这条绿道设置农家乐、驿站、厕所、停车场等自驾车游的配套设施,沿途植树、种花、种草形成绿色经济产业带。2010 年 1 月 20 日,增城举行荔城到白水寨自驾车旅游绿道开通暨公交客车、出租车新车投入营运剪彩仪式,首条较为完善的自驾车旅游绿道正式开通。全市投入 5.3 亿元对荔城到白水寨、荔城到三江两条公路进行了高等级路面大修,第一条自驾车旅游绿道正式开通。市委、市政府积极引进省属企业参加当地交通建设,将原增城市运输公司 51% 的股权转让给省汽运集团,并成立了广州市粤运汽车运输公司。新公司刚成立就一次性投入了 76 辆一级公交客车运营,对改善增城旅游交通形象、拉动自驾车旅游绿道发展将起到较好推动作用。

5.2 休闲健身绿道

目前,增城休闲健身绿道以自行车休闲健身绿道为主。"以藤结瓜"的模式,充分利用原有的自然景观,以自行车健身绿道为"藤",以沿线村庄、景点、农家乐、驿站、停车场、购物点等配套设施为"瓜",串起风格各异的旅游节点,铺就农民致富路。全市目前已建成 100 公里的自行车休闲健身绿道,具体如下:

(1)南段——荔城街路段:增江秀色尽收眼底

荔城自行车休闲健身道是增城最早开通的自行车路段,从增城大桥到八仙沙滩公园,全长 25 公里,道宽 3.5 米,路面铺设彩砖,是目前广州地区最长的彩色自行车道。

自行车道的走向沿路、沿江、沿村落蜿蜒穿行,遇村绕道,遇水搭桥,设有观景台、亲水平台等,将增江河沿岸风光、田园风光、山林风光、农家风光融入其中。沿途有荔江公园、观海长堤、三忠古庙、佛坳公园、莲塘农业生态园、荔城临江公园、湿地风光、增江望月等 30 多个景点,游客穿游其中,步移景换,美不胜收。当然,你如果有雅兴的话,还可在长堤江边停下来垂钓一番,也别有野趣。肚子饿了就可以到附近的酒家或农庄尝尝这里的荔枝宴和生猛河鲜。

整段自行车道设置了多个服务区,服务区内配置有游客服务中心、停车场、购物点、自行车棚、凉亭、小卖部、洗手冲凉间等设施,在西堤公园服务区和三忠古庙服务区都提供自行车租赁服务。

(2)中段——小楼镇路段:小楼人家诗意田园

小楼自行车休闲健身道全长 12 公里,南接荔城,北接派潭,路径以水泥路面为主,部分路段铺设青砖。沿途有何仙姑家庙、千年仙藤、荔枝文化公园、报德祠、小楼人家等景点。

小楼自行车路径线面结合因地制宜,利用不同的地理生态背景,突出田园小路、荷塘清道、果林幽径三个主题风格。沿途设有两个自行车路径服务区(驿站),驿站里有游客服务中心、小卖部、凉亭、停车场、休息长廊、洗手冲凉间等设施。且在小楼江坳服务区设有自行车租赁点,在荔城租赁的自行车可以在这里返还,在这里租的车也可以在荔城返还,轻松方便。

骑车转入小楼段时,可以选择在何仙姑家庙和报德祠或小楼人家等景区停下来,稍作休息。值得一提的是,"小楼人家"这个景区有6大休闲体验主题:以荔枝为主题的始祖鲜荔园;由栈道、荷花、游鱼围合的八仙湖;融道、佛、儒三教于一体的古迹报德祠;可容纳1 000人同时就餐的农庄美食休闲中心;田园风光壮丽的农耕体验基地——冬瓜菜心万亩园;及历经800年沧桑的东西境古街。这6大主题都是岭南文化、广府文化、自然景观、农耕文化的有机结合。小楼冬瓜和增城迟菜心既是小楼的土特产,又是这里的名吃,大家可以一尝为快,当然还可以捎带些回去犒劳家人。

(3)北段——派潭镇段:叹尽山水美景

派潭自行车休闲健身道全长18公里,南接小楼,北止于榕树下村。沿途风光旖旎,有派潭河风光、高陂头驿站、高滩温泉、白水寨乡村生态公园、金叶子度假酒店、白水寨风景名胜区等景区景点和配套设施。一边是翡翠般秀丽的清溪小河,另一边是繁茂绵延的山林,游客可以悠然优哉地骑着自行车一路漫游,饱览沿途山水美景。且在白水仙瀑景区和金叶子度假酒店服务区都设有自行车租赁点,来到这一站最好是先在白水寨登山、观瀑布、玩漂流,然后再骑自行车去寻找美味,烧鸡、山水豆腐、粉葛、白茶是派潭的传统美食,只有派潭才有的,一定不要错过。在白水寨山脚下的北山村,有当地政府精心打造的农家乐,游客可以在这里吃上地道的农家饭,蔬菜、鸡鸭鱼肉都是自家产物,口感特别清甜新鲜。游客还可以在这里的农家客栈租一套"乡野别墅",在环形的天井里,坐着古老的木板凳与憨厚的农夫聊家常,感受客家人的院落文化,还可以跟农夫一起学习浇水种菜、摘草莓、挖地瓜,感受郊野乡间的悠然生活。

(4)东段——增江街段:酷似非洲、欧洲风情

正果镇段:水的世界、花的海洋、鸟的天堂。增江街、正果镇路段自行车休闲健身道全长45公里,南接荔城鹤之洲景区,北至正果湖心岛景区,自北至南沿途经过黄河乡村公园、二龙古渡、湖心岛景区、汀塘榄园竹海、蒙花布乡村公园、正果佛爷寺、烟囱飞榕、南山古胜、鹤之洲景区等景区景点。且在湖心岛景区设有自行车租赁点。该段自行车道游的观光重点是湖心岛旅游景区,那里一条河道围绕整个岛,风光旖旎迷人,骑着自行车环绕着河道欣赏增江美景,凉风习习,花香淡淡,令人沉醉其中。附近的汀塘榄园竹海,乌榄树龄超过百年,十分罕见,榄树间隙里布满翠竹,在这里倾听鸟语水声,感受清风榄香,无比舒适。

增城市率先在全省建成的100多公里的自行车休闲健身绿道,被称为广州最长自行车休闲健身绿道,串联城乡,沿途建设了鹤之洲、白湖水乡、增江画廊、莲塘春色等一批生态景点,初步形成了绿上添花产业带,有效带动了农民增收致富。自2008年10月开通以来,已接待游客达12万多人次,带动了沿线乡村菜心、红薯、鸡蛋等农产品脱销,大大提高了当地农民收入。全年城镇居民人均可支配收入21 932元,增长12.3%;2009年增城农民人均现金纯收入9 281元,同比增长17.18%,增幅连续3年超过城镇居民。自行车休闲绿道沿线的小楼、正果、派潭三镇去年税收分别增长157.59%、71.46%和44.03%。

5.3 增江画廊水上旅游绿道

增江画廊,顾名思义,就是增江河上一幅绵延的天然山水画。我市规划建设了起点初溪水利枢纽工程,终点正果湖心岛旅游景区,全长约35公里的增江画廊水上旅游绿道。增江画廊由东、西两岸组成,画廊整合了两岸从初溪水利枢纽工程到白湖百年飞榕、湖心岛河岸

线的自然景观,伴随着正在规划建设的增江河两岸一年四季的鲜花带的映衬,将使市民和游客坐在游船上饱览"一江春水醉游人,两岸百花望荔乡"的美好景象,增江河两岸犹如一幅巨型、滚动的自然山水画卷。

画廊东岸以增江街沿江自行车健身道为主轴,结合田园风光和原有自然景观及历史人文资源,打造沿线鹤之洲湿地公园、增江公园、雁塔飞虹、南山凤塔、水乡龙舟屋、三桥倒映、联益亲水码头、沿岸钓场、光耀乡村码头和古木奇树、百年飞榕、湖心岛、榄园竹海等几十个主题景点。

画廊西岸景区有天然泳场、生态湿地公园、雁塔公园、西堤体育公园、荔江公园、滨江公园、万亩荔园、何仙姑故里、月亮湾公园、西湖滩人家、自行车健身路径、莲塘春色等多个节点。

远眺增江两岸,山清水秀,风景优美,古树名木,连绵青山,宽阔的柏油大道、漂亮的路灯、葱郁的绿树、绚烂的花草、耸立的高楼,令人赏心悦目。增江画廊风光旖旎,白天碧波荡漾,晚上霓虹倒映,置身其中,可真真切切地感受到"船在水中行,人在画中游"的人间仙境,其乐无穷。目前,增城市已建成10多个码头,沿途两岸景观正在规划布局,水上的"三无"船只(无证、无照、无船主)正得到有效整治,高档次的环保游船正在定制中,2015年5月份前后游船开通。

5.4 增城绿道服务设施

(1)绿道服务设施

根据绿道不同路段的不同类型和接点的规模,合理配置方便市民步行、游览、骑车、游憩的景观设施。

绿道驿站:绿道驿站是绿道最主要的服务设施,根据路段的长度适当设置。驿站采取联网式经营,自行车可以在任意一个站点租用或归还。驿站内主要设置自行车租赁处、服务商亭、公共卫生间等配套设施。增城绿道根据不同需求设置了两种不同规模的驿站,大型驿站配置了机动车停车场、自行车租赁处、餐饮区、服务区、观景亭、小游园等;中小型驿站配置了休息亭、公共卫生间、小卖部等。

指示和解说系统:设置各类指示牌,为市民编印绿道交通图和导游小册子,解说沿途的自然和人文风光,让市民在游憩的同时获得诸多的自然和历史人文知识。

绿道维护、环卫和治安:采用服务外包的形式,鼓励服务的公司尽量雇佣当地的村民,提供就业岗位。

(2)增城特色

增城绿道每隔几公里就有一个驿站,对游客来说十分方便。比如100多公里绿道沿途有10个驿站,以后还会适当增加。每个驿站必配备一个停车场、一个休息场所、一间公共卫生间、一家士多、一个医疗站。驿站是增城绿道建设的一大亮点。增城区旅发委主任史寿山介绍,驿站建设的标准是"五个一":一个能停放10至20辆车的停车场、一个能容纳20至40人休息的休息场所、一间规模适中的公共卫生间、一家精致美观的便民商店、一块醒目美观的旅游指示牌。"绿道其实处处有,但增城进行了一点小小的创新,统一了道路标识,突出休闲特色,种一些花草树木美化,沿线再配套一些休憩、娱乐、健身设施,这样就完全不同了。"史主任说一系列的创新和尝试,使得"牛场变广场,小河变大河,砍树变看树,小道变绿道,采石坑变景湖,猪场变泳场,山区变景区"。

同样,例如在小楼江坳绿道综合服务区,里面的房屋统统为农家小屋风格,与周边自然风景融为一体。服务区经理胡轲介绍,这里可为游客提供单车租赁、洗浴、休憩、住宿、旅游向导、邮寄、手机卡充值、上网等服务。游客可在服务区休息、选购农产品,还可到服务区后面的乐游原生态景区垂钓、登山、摘水果。而在桥头服务区等几个服务区里,还配有足球场、篮球场等。绿道附近都有公路,公交车频繁经过,交通衔接很完善。

6 增城绿道系统旅游营销管理

增城的旅游主要以自驾车旅游市场为主,基本上占据了60%的比例。从客源地域分析,主要是以广州、东莞等省内地区的旅游者为主,占全部来增城旅游的60%,这是增城旅游的现实的主体市场。

6.1 营销现状

(1)新闻媒体、图文声像资料宣传

主要是通过多种新闻媒体,并制作《新增城 新穗东》《增城印象》《增城纯视觉》《寻找中国最美的荔乡增城——增城乡村旅游手册》《增城旅游指南》《增城美食》《瞩目增城 南方新跨越》旅游画册、DVD光盘等图文声像资料,向中外客人展示增城的风土人情、人文景观,通过媒体的力量和渠道,向旅行社及各大旅游运营商、旅游者宣传、推介增城旅游。

(2)旅游推介会

2009年5月,增城市旅游局在江苏昆山市举办旅游推介会,向昆山市民推介增城山水、古村落和即将举行的荔枝节。推介会上,两地旅游局同时签订了旅游合作协议。今后,两市将实现资源互享、市场互动、人员互往、信息互通,并共同协商、设计、编排适合对方旅游者需要的产品及线路,互推旅游精品及线路。为拓展旅游客源市场,增城市将继续在充分利用好国内旅游交易会、国际旅游交易会等促销平台的同时,主动出击,在长三角、珠三角城市启动一系列推介活动,进一步扩大增城旅游的影响力和吸引力,打响生态、休闲的旅游品牌,拓展地接业务。

(3)节事活动

增城近年来大做旅游文章,策划宣传旅游热点、亮点、卖点,推进旅游业发展。举办荔枝旅游节、牛仔服装节、广场音乐节、登山旅游节、菜心美食节、仙姑文化节等旅游文化节庆活动吸引众多旅游者参与。荔枝节每年接待国内外游客达数百万人。

2009年5月1日至5月3日,增城市35家旅游企业参加"2009广园东(新塘)"春季房地产展销会,着力挖掘潜在游客,全力推广看楼观景团。据不完全统计,展销会期间,逾10万名游客、市民参观展销会,热情索取增城旅游资料。

(4)发展文化产业

在歌舞演艺、影剧业方面,由当地160多位业余演员编排的大型歌舞剧《挂绿魂》,细分"挂绿传说、挂绿梦、挂绿颂、挂绿魂"四章,气势恢宏,跨越古今,情节感人。20集古装神话电视喜剧《素女的故事》则以何仙姑的传说为主线,充分展示了荔乡深厚的历史文化底蕴,深受增城人民喜爱。增城市目前正抓紧拍摄和推广电视剧《小楼姑娘》、歌舞剧《挂绿魂》和《畲酒香》、电影《崔与之》和《湛甘泉》、动漫剧《八仙过海》。这些都将有力地推动增城旅游的市场拓展,为增城旅游起到推介和宣传作用。

6.2 存在的问题

（1）联合营销不足

一是区域之间的联合。增城的许多旅游资源都是世界级/国家级的，同时也是跨区域的，这样的产品使增城能够在地区竞争中脱颖而出，是最具核心竞争力的。但这样的产品和资源也不单单是增城自身营销就能取得效用最大化的，而更多的应该和相关的地区、国家联合起来，共同做好营销工作。如牛仔就应该充分和美国的西部牛仔等形象联合起来营销。

二是区内企业之间和政企之间的联合。除了每年的旅游交易会是政府统一组织区内的企业和政府部门共同参加外，饭店和饭店之间、饭店和景区之间、旅行社和饭店之间、旅行社和景区之间、企业和政府之间缺少一个联合营销的中介组织，将各方面的力量组织起来，共同对外宣传和营销。

（2）营销创新不足

增城这几年在市场营销方面做了不少的工作，如参加国内旅游交易会、东亚国际旅游博览会等；也邀请了一些国内外的旅行商前来考察踩线，取得了一定的效果。但从发展的角度看，仅局限于目前的一些传统营销方式，而在创新方面稍显不足，在运用网络营销、影视营销、演艺营销等方面都还处于没有起步或刚起步的阶段。

7 增城绿道系统旅游管理建议

7.1 神来之笔

增城的自驾车道、水道、自行车道和步行道这四个交通系统堪称增城休闲旅游发展中的"神来之笔"。

第一是自驾车道。自驾车道应该是交通道、生态道、文化道、景观道四道合一，这样一个自驾车道现在大体上已经形成了，交通上四通八达，道路两侧鲜花盛开，植物配置也具有立体层次，除了一些细节上尚须"打磨"外，交通道、生态道、景观道的要求已经基本达到，但是文化上的感觉明显不足。下一步需要在充分利用道路两侧的文化赋存、打造主题自驾线路上做些文章。

第二是水道。水道不仅仅是景观的水道，还应该是具有娱乐体验的水道，是一个多功能的水道。其中典型的代表应该是增江画廊的开发。

第三是单车道。在自驾车服务方面，增城自行车服务体系已经初步建立。全长50公里的增城休闲自行车道已经贯通。整条自行车道设置了多个服务区，服务区内配置停车场、自行车棚、凉亭、小卖部、洗手间等设施，并提供自行车租赁服务。自行车休闲健身道委托安达国际旅行社经营，运营半年来，接待人次已达2.8万人次，自行车休闲健身已逐步成为增城旅游的一个新亮点。单车道虽小，但不可小觑。很多发达国家都专门规划有景区的步行道和单车道，尤其是生态型旅游区域，这种单车道实际上是工业化后期的象征，是一种重要的休闲方式，是充满怀旧情感的集体活动。为了给游客带来真正的乐趣、独特的体验，还需要研究单车道的人本化设计，考虑改善单车道两侧的林木配置、改善单车道的路面铺装设计、改善单车道与水道的亲近性、提高单车道骑行与自行车租赁的便利性、促使单车道旅游驿站服务功能的完善等方面的问题。

第四是步行道。相比于自行车道，国外对步行道给予了更多的关注。在增城除了有些山路要研究步行道外,可以将更多的重点放在能够创造特色的步行道设计上,尤其是在榄园竹海、老荔枝林中的步行道。步行道的设计不要采用城市化的铺装设计,也不要单调地使用水泥道路方式,而是应该采用简单硬化、沙石路面的方式,这更能体现出步行道的休闲本质来。

7.2 增江画廊

丰富江岸景观;体验江中风情;创造船上生活;小桥流水人家;夜间亮点突出。

从国内外内河水上游来看,基本上可以分为长程游和短程游两种模式。埃及的尼罗河之旅、我国的长江三峡游都是长程游模式,在水上旅游的时间多为数天。上海浦江夜游、广州珠江夜游则都属短程游模式,在水上旅游的时间多为1~2小时。从现有水上游产品看,花时一天左右的中程游旅游产品较少。中程游的基本旅游安排是上午九十点钟上船,下午三四点钟下船,中午在游船上吃饭。国内中程游的代表是漓江游,由于有"三山两洞一条江"的特色资源匹配,漓江游从一开始就是漓江的品牌性产品。若以漓江游为参照对象,可以发现增江较之于漓江在景观质量上存在不足,没有"人在画屏中"的感觉,但景观质量上的不足可以通过浑厚的文化赋存和适度的游船活动安排来弥补,从而将增江画廊打造成增城旅游业的一个品牌性旅游产品,在国内形成一定的垄断性。

从国际视角看,增江旅游文化带的开发可以以莱茵河为参照对象。莱茵河水上游的特色也在于岸上的旅游景观极好、山水相间及众多古堡和村镇掠岸而过,而且以欧式风格建筑为主的村镇也如同风景画般。其特色之二在于设施和服务上,不仅游船设计非常精致,而且还可以根据游客的构成及重要性有选择地悬挂国旗,船上安排有丰富的娱乐活动,使游客觉得悠闲、惬意、愉悦、自豪。因为增江旅游文化带沿岸景观的精致性程度不足,所以在一定意义上而言,其水上游开发需要结合漓江游和长江游各自的长处,形成"江上游,岸上看,陆上玩"的模式。在增江沿岸有比较好的停泊条件,修建小型游船码头也不复杂,而且这种模式可以保证所设计的旅游节点可被有效组合到游览过程中来,而且在发展实践中还能创造出一些新的产品来。

为此,在增江画廊的后续开发中要注意到以下几个方面:

第一是丰富江岸的景观。现在江岸的景观不错,但景观的重复性较强,时间长了容易造成审美疲劳。在下一步的开发建设中,要从"观"和"听"这两个方面着重来丰富江岸的景观。对增江画廊沿途村庄的开发,总思路是通过从农业文明到农业旅游的转化,选择若干个村庄作为农业旅游点将其培育出来。由于农业旅游点的主要功能就是餐饮、观赏和购物(农副土特产品),所以操作的难度不大,关键是要选择比较合适的地点。通过培育这样的农业旅游点也为客人"岸上看"提供了相应的内容。

此外,还要对沿途村庄进行适度美化。过分美化没有必要,强迫老百姓掏钱进行美化也不可取,为此需要在各个村庄之间营造出一种竞赛式、渐进式的美化模式。相信只要江上来来往往的客人多了,上岸来购物消费的客人多了,老百姓就会想方设法进行美化改造。当然这个过程需要政府及相关部门进行引导。可以考虑首先在拟推出的农业旅游点上对临江的村容进行调整,体现出岭南民居的气息和文化感觉来,这样游客就会觉得"可看、可玩、可消费",示范点的效益就能够创造出来,老百姓就能够得到实惠,其他的村庄自然就会相继跟进进行美化改造,沿江的民居的调整就能够顺利完成,从而为增江提供了更具可观性的岸上风景。

第二是体验江中的风情。这条江水质很好,作为一条水源江,体验可以采用的方式基本上就是两类:一种是大船的方式,比如画舫,上了画舫本身就是一种品位,就是一种体验;此外,还可以研究搞一些竹排漂流式的利用方式,行路可以不必太长,可以增进游客与自然更直接的接触。

第三是创造船上的生活。尤其是在类似画舫之类的游船上,可以在船上开个小会,也可以在船上享受一次船餐,还可以把游船设计成移动的娱乐场所,这样就创造了一种船上的生活。

第四是小桥流水人家。增江上有一些桥,数量不多,这些桥只具交通功能,几乎毫无景观价值,与增江美好的大自然景观显然不相匹配。我们不求增江上的桥都像塞纳河上的桥那样各不相同且充满艺术气息,但至少应该在建设中将桥作为城市文化的重要组成部分来对待。

第五是夜间亮点突出。目前江上夜游做得比较成功的主要有上海的黄浦江夜游、广州的珠江夜游。要想让游客能够在增城停留下来,就需要有吸引他们的夜游产品,从增江夜游切入是一个不错的选择,通过努力增江夜游完全可以成为一个新的吸引物、一个独具吸引力的产品。

7.3 建立以环境整治为重点的常态化管理机制

绿道建设的不断推进,将促进乡村休闲旅游蓬勃发展。在此背景下,为营造城乡统筹发展的大环境,需要建立常态化的环境整治和卫生保洁制度,发动广大农民主动参与到新农村建设和农村"清洁美"工程中,积极配合打通自然村道、栽树绿化、改造公厕等工作的开展,自觉做好门前保洁、村道保洁、池塘净化、污水处理等工作,按照农家旅馆和旅游村的标准建设新房、新村,促进农村面貌焕然一新,逐步优化当地农村生产、生活方式,全面提高城乡文明程度。

8 增城绿道系统旅游管理保障体系

8.1 组织保障

增城市构建政府主导、群众参与、市场运作的良性工作机制,充分调动各方的积极性和创造性。政府制定绿道规划和建设标准,并根据规划制订实施计划和资金安排计划,充分整合农、林、水、城建资金,将绿道建设与农田标准化、林网和水利建设相结合,充分发挥资金的综合效应;设立绿道建设竞争性奖励资金,重点支持积极性高、行动快、方案科学的项目,并充分调动镇(街)、村、社和经营者的积极性。

增城市绿道建设遵循不征地、少租地和保护原产权的原则,充分发挥属地镇(街)的建设主体作用,调动农村集体和农民的积极性。由市政府制定规划、建设标准和技术指引,将任务分解到各属地镇(街)全权负责,镇(街)将提供土地和清障的任务分解到村和合作社,具体落实到户,形成镇、村、社三级联动的局面。由于增城市的自行车休闲健身绿道大多数在果园、田园中穿行,传统的测绘、设计和施工图设计模式不但费时、费力、费钱,而且起不到实质作用,因此必须更多地依靠实地设计、放线以及根据设计大样进行施工,打破传统的建设工程管理模式。

鼓励农村集体和农民参与绿道建设,整合农村果园、田园、林木、村道、农村物业等资源,大力发展集体经济,为生态旅游做好配套服务。在自行车道、休息驿站、游客服务中心建设的过程中,基本不新增建设用地,不向农民征地,少向农民租地,由政府负责补贴基本建设费用,由农村集体提供闲置、废弃土地或闲置房屋,建成后交由农村集体经营或者共同委托市场主体经营。例如,荔城街莲塘村以绿道建设为契机,通过经营电瓶车、出租单车和销售农产品,使该村集体经济收入同比增长50%,农民人均纯收入增长20%以上。

8.2 产业保障

(1) 规划保障

制定旅游基础服务设施发展规划、重大旅游项目建设规划、旅游集散体系建设规划和各类旅游专项规划,并将其纳入增城国民经济和社会发展中长期规划体系。在编制和调整城市总体规划、村镇规划、风景名胜区规划、土地利用规划等全市性规划时,要充分考虑旅游产业发展的需要,预留和保障发展空间。

(2) 质量保障

参照国际和国家标准,建立涵盖商业、餐饮、娱乐、住宿、交通、旅行服务等领域的完善的服务标准化体系。制定和推行旅游绿色标准体系。支持行业协会、中介组织发挥作用,推行标准和相关认证制度。

建立质量评估体系,通过评定"增城旅游优质服务推荐单位""增城诚信旅游服务企业"等活动,在政府层面的旅游营销中进行推荐,鼓励旅游企业争创优质旅游示范企业,提高旅游企业美誉度。

建立和实施旅游企业的诚信评价、信誉监督、失信惩戒和违规退出制度,建立和完善旅游企业信誉公示系统,利用大众媒体,定期发布旅游企业和导游人员的信誉状况,引导理性消费,规范旅游企业和从业人员的经营行为。

开设增城旅游投诉热线。在所有涉及旅游的景点、企业、单位、出租车上明示热线投诉电话号码,方便游客对旅游服务标准、质量、价格等进行咨询和投诉。

选择特定日期,确定为"增城旅游日"。通过政府主导、社会参与、合作协作、公益活动等多种方式,形成"增城旅游日"的品牌和影响,促进国内国际各方面支持和参与,利用多种资源推进增城旅游发展。

8.3 投资保障

抓住国家构建和谐社会等机遇,结合国家投资重点和政策走向,争取国家发改委、财政部等部门加大扶持,进一步落实和完善各项政策措施,加大政策扶持和财政转移支付力度,为增城旅游振兴创造良好的政策环境。

加大省级财政投入,并逐步纳入公共财政预算,确保稳定资金渠道。部门联动拓展资金渠道,形成旅游业发展合力。把农村旅游的清洁、环保、道路等制约发展的瓶颈问题纳入支农工程中加以解决;重点交通项目纳入交通建设规划统筹安排;规划中的重点生态建设与环保工程纳入相关规划统筹安排;文物保护与非物质文化遗产抢救纳入相关规划统筹安排;旅游城镇基础设施建设纳入相关规划统筹安排;对旅游促销与大宣传的结合进行统筹安排;旅游科技信息发布和教育培训项目由旅游联合相关部门统筹安排。

建立市旅游发展基金。市财政每年安排不少于100万元的资金,作为旅游发展基金,并纳入财政预算,主要用于旅游规划、宣传促销、项目前期经费以及相关奖励。

鼓励和引导社会资本以多种方式参与旅游区的开发和重大旅游项目的建设。

8.4 人力资源保障

加大旅游人才培养力度,适应旅游发展需要。旅游院校应适应发展的需要,适时开设急需和紧缺专业。建立一套科学灵活的教育培训机制,完善中初级旅游教育体系,以增城旅游产业的实际需要为导向,采取多种形式培养各种层次的旅游人才。设立旅游人才培养专项基金。用专项基金支持旅游教育、培训、科研。

加强从业人员培训,提高从业人员素质。加强职业技能培训,全面推行旅游从业人员职业资格认证制度。逐步推行旅游企业职业经理人制度、旅游教育培训机构资质认证制度;从旅游饭店管理人员、导游人员资格认证扩充到旅游区、旅游娱乐场所等旅游全行业管理人员的资格认证;形成覆盖全行业的资格认证体系。

加大对旅游规划、旅游管理、旅游营销等方面人才的培育和引进,提高从业人员整体素质。确立和倡导"人才资源是第一资源"的理念,把人才的培养和引进提上重要的议事日程;加大人才引进力度,为增城旅游发展提供人才支撑,增强发展后劲。

设置增城旅游人才考评体系和标准,使增城旅游人才建设制度化、规范化。建立社会化考评认定机构,杜绝考评中存在的弊端,使考评工作名副其实,被社会认可。

8.5 区域旅游合作保障

旅游业发展已由景点竞争、线路竞争、城市竞争进入到区域竞争的阶段,加强区域合作是旅游业发展的必然趋势,旅游活动的"无边界行为"特点,也要求旅游产品必须打破行政界限和人为分割,实施区域合作。

加强增城与珠三角地区的旅游联合,在旅游资源共享、促销联动、线路组合、客源组织等多方面实现共赢,促进区域旅游经济快速发展。

9 增城绿道系统旅游管理未来展望

2015年,《增城区2015年绿道网建设工作实施方案》(以下简称《方案》)经区政府同意实施。该《方案》称,2015年年底前完成新增35.4公里绿道建设任务。《方案》提到,计划在11月30日(部分为12月10日)前,完成挂绿湖环湖绿道、增派公路绿道连接线、新塘镇瓜岭村环村绿道等35.4公里绿道网络建设。其中,挂绿湖环湖绿道新增部分长达11.3公里,为路线最长的一个子项目。另外,要完善2个绿道节点和1条绿道精品线路,即挂绿湖周边绿道节点、增江画廊绿道节点和增江画廊之旅绿道精品线路,以构建结构合理、配套完善、交通便捷、功能丰富的绿道网络体系。

 案例使用说明

一、教学目的与用途

1.适用的课程、对象

本案例适用于学习管理学、旅游景区开发与管理、旅游规划与开发、旅游地理学等相关课程的本科生与研究生。

2.教学目的

通过本案例的教学,使案例学习者对于绿道系统特别是增城绿道的成功之处有初步的了解,引导案例学习者对于休闲度假时代大背景下的绿道管理理念和管理方式的思考。

二、启发思考题

1. 增城绿道系统旅游管理的推广性如何?对于其他城市有何借鉴意义?还可以在哪些方面继续完善和提升?
2. 从区域合作角度审视增城绿道系统旅游管理,还可以在哪些方面继续改进和完善?
3. 增城绿道系统旅游管理对于国民休闲观念普及的意义何在?
4. 立足于空间拓展和产品创新的视角,策划一条增城绿道旅游线路,要求线路主题明确、特色鲜明、内容充实、操作可行。

三、分析思路

绿道内涵—国内外绿道发展概述—增城绿道系统的建设背景与现实意义—增城绿道系统旅游产品管理—营销管理—建议—保障体系—未来展望

四、关键要点

1. 绿道内涵
2. 增城绿道系统旅游管理的特色与不足之处
3. 增城绿道系统旅游管理的总结思考

五、建议的课堂计划

1. 时间安排

以 90 分钟为宜,其中 15 分钟阅读案例,15 分钟学员进行小组讨论,15 分钟小组代表发言,15 分钟师生互动交流,20 分钟学生书面分析总结,10 分钟教师最后总结。

2. 黑板板书设置不作严格和固定要求
3. 小组的分组及分组讨论内容

建议 3~5 人为一组,每组自行推选小组代表进行发言。讨论包括两方面:一方面是整体对于增城绿道系统旅游管理的讨论;另一方面是对于其中某一关键要点的讨论。各小组各有不同的关注点。

六、其他教学支持材料

视频:骑行线路——增城绿道线

1. 网络链接

http://v.youku.com/v_show/id_XMTUwOTkxNDc3Ng==.html?from=s1.8-1-1.2&spm=a2h0k.8191407.0.0

2. 简介

从骑行者的视角感受完善的绿道系统为增城带来的无限活力。

河西走廊线路型文化(遗产)旅游管理

陶　静　林越英

【摘　要】 位于丝绸之路经济带上的甘肃河西走廊,以其独特的地理位置自古以来成为丝绸之路的咽喉要道和连接中原地区与西部边陲的黄金通道,在古代中国的政治、经济、文化发展及东西方交流中,占有十分重要的位置。在"一带一路"国家战略的大背景下,在"美丽中国——2015丝绸之路旅游年",通过河西走廊分析线路型文化(遗产)旅游管理具有十分重要的理论和现实意义。本案例在对国内外线路型文化(遗产)旅游开发与管理以及河西走廊分别进行概述、对河西走廊线路型文化(遗产)的旅游资源与旅游市场进行分析的基础上,通过对河西走廊线路型文化(遗产)旅游的产业管理、产品管理、品牌管理、空间管理、合作管理、保护管理进行阐述,对河西走廊线路型文化(遗产)旅游管理进行综合分析,并最后进行总结与展望。

【关键词】 河西走廊;旅游管理;线路型文化(遗产)旅游;丝绸之路

1　引言

驼铃叮当、羌笛悠扬,"丝绸之路"的申遗成功,不但丰富了我国的世遗类型,古老的丝绸之路也迎来了崭新的机遇。丝绸之路经济带是在古丝绸之路概念基础上提出的一个新的经济发展区域,对当前世界经济版图产生了重要影响。位于丝绸之路经济带上的甘肃河西走廊,以其独特的地理位置自古以来成为丝绸之路的咽喉要道和连接中原地区与西部边陲的黄金通道,在古代中国的政治、经济、文化发展及东西方交流中,占有十分重要的位置;在今天的西部大开发战略和丝绸之路经济带战略构想中,更具有独特的地位和良好的发展机遇,迎来了打造河西走廊旅游文化黄金线的最佳时机。

2　河西走廊在丝绸之路中的历史地位和在新丝绸之路经济带建设中的现实意义

2.1　河西走廊在丝绸之路中的历史地位

丝绸之路见证了公元前2世纪至公元16世纪期间,亚欧大陆经济、文化、社会之间的交流,尤其是游牧与定居文明之间的交流;它在长途贸易推动大型城镇和城市发展、水利管理系统支撑交通贸易等方面是一个出色的范例。甘肃河西走廊,是闻名遐迩的丝绸之路最重要的一部分,是我国远古文明诞生与发展的重要地区之一,也是民族大迁徙、大融合的舞台。

在我国古代文明的诞生、成长、发展过程中,留下了许多像敦煌学、简牍学、西夏学这样光彩夺目、名扬中外、令人惊叹的文化瑰宝①,也赋予了大漠风光神秘的魅力。事实上,纵观中国历史,自汉代以来,河西走廊即是中西文明交流的中心。可以毫不夸张地说,在河西走廊的历史文明进程中,中国传统文明与外来文明的融合从未停止过。这种融合表现在宗教、文化、艺术、服饰、饮食、音乐、舞蹈等各个方面,内容非常广泛。随着入华的来自中亚地区的粟特九姓胡人的进入,河西走廊成为商业民族粟特胡人重要的聚居地,沿着走廊重镇沙州(敦煌)、瓜州(安西)、肃州(酒泉)、甘州(张掖)、建康(高台)、凉州(武威)一线,形成入华胡人定居的文明景观,其中像唐天宝年间敦煌沙州城东的"从化乡"有胡人1 400余口,规模之大,未曾有之。

据敦煌汉代烽燧遗址出土的粟特文古信札,早在西汉时期河西走廊的敦煌、武威即是中西文明交流的重镇。三国时期,曹魏敦煌太守仓慈就从官方的角度保护胡商的利益,给他们优惠的政策,鼓励胡汉通婚。而到隋朝,杨广派宰相裴矩专门到河西走廊管理丝绸之路的胡商,隋炀帝更是不远万里西巡张掖,这是中国历史上中原皇帝唯一到过河西走廊的事件,此举充分表明了隋中原王朝对河西走廊的重视,是对丝绸之路商业的有力推动,因此之后"商旅相望,不绝于道",丝绸之路畅通且盛极一时,为其后盛唐文明的出现奠定了良好的政治、经济、文化的基础,终致"天下富庶,莫过于陇右"②。

2.2 河西走廊在新丝绸之路经济带建设中的现实意义

展望未来,建设"丝绸之路经济带"的提出,为欠发达的甘肃后发跨越发展指明了新的方向,为孜孜以求美好、幸福生活的陇原人民带来了新的愿景。甘肃河西走廊是丝绸之路经济带的必经之地,"一带一路"战略的实施对河西走廊的社会发展、经济建设、文化传播、生态保护等都会产生重要的影响。河西走廊是连接丝绸之路经济带的咽喉要道和我国向西开放的战略大通道,一定要从整个丝绸之路经济带的视角来确定它的发展定位,应当把它当作丝绸之路经济带黄金段的核心组成部分,以新型城镇化建立相应的空间结构战略支撑体系和新型增长极③。

在"一带一路"国家战略的大背景下,在"美丽中国——2015丝绸之路旅游年",通过河西走廊分析线路型文化(遗产)旅游管理具有十分重要的理论和现实意义。

3 国内外线路型文化(遗产)旅游开发与管理概述

线路型文化(遗产)是指与一定历史时间相联系的人类交往和迁徙的线路,是包括一切构成该线路的内容和密切联系的自然元素的一种线型文化景观。其一般表现为一种陆地道路、水道或者混合型的通道,其形态特征的定性和形成基于它自身的和历史的动态发展以及功能演变,代表了人们的迁徙和流动,代表了一定时间内国家和地区内部或国家与地区之间人们的交往,代表了多维度的商品、思想、知识和价值的互惠及持续不断的交流,代表了因此产生的文化在时间和空间上的交流与相互滋养,这些滋养长期以来通过物质和非物质遗产

---

① 王国华.从地方志看河西走廊可开发的旅游资源[J].丝绸之路,2013,29(1):41-45.
② 丝绸之路黄金段河西走廊的历史地位[EB/OL].http://www.xzbu.com/7/view-6641063.htm,2015-01-29.
③ 要从丝绸之路经济带的视角,确定河西走廊的发展定位[EB/OL].http://www.wokeji.com/kbjh/zxbd_10031/201505/t20150517_1174578.shtml,2015-05-17.

不断得到体现①。

文化线路遗产有利于将更多国家的文化遗产纳入到世界遗产保护体系中来,有利于缓和与解决世界遗产分布的不平衡。并且,"文化线路"倡导以线路为纽带,对遗产进行整体性保护,可以有效扩大遗产的保护范围,同时为多国合作保护遗产构建了平台。目前世界上已有西班牙德孔波特拉朝圣通道、阿根廷科布拉达·德·胡迈海卡山谷、日本纪伊朝圣之路、丝绸之路、京杭大运河等多处线路型文化(遗产)进入《世界遗产名录》②。

在我国,悠久的中华历史文明孕育了丰富的文化线路遗产景观,丝绸之路、茶马古道、川陕古栈道、京杭大运河等都举世闻名,但文化线路遗产在我国还没有引起普遍足够的重视。以丝绸之路为代表的文化线路遗产项目综合性大、复杂性强,在合作保护、管理、联合申遗等具体操作层面存在很多困难。丝绸之路沿线包括了中心城镇遗迹、商贸城市、聚落遗迹、交通遗迹、宗教遗迹和关联遗迹6类代表性遗迹共33处,包括25个考古遗产、3个历史建筑、1个古墓葬和4个石窟寺。虽然得到沿线各国及相关国际组织的支持,并进行了多次调研和讨论,但在沟通和协调上终究存在诸多不便。同时,展示利用形式单一、内涵不够丰富、没有充分彰显遗址的价值还是沿线遗址存在的较为普遍的问题。"文化线路"有利于文化遗产的开发利用、旅游业的发展,尤其是整体性保护规划和旅游规划的建立,但这种跨时空、大维度的规划在实践中又存在难度③。

4 河西走廊概述

甘肃河西走廊(如图1所示)是位于黄河以西且又夹在祁连山和走廊北山之间的长约1 000公里、宽约10公里至100公里的狭长地带,有武威、张掖、酒泉、金昌、嘉峪关5个市。

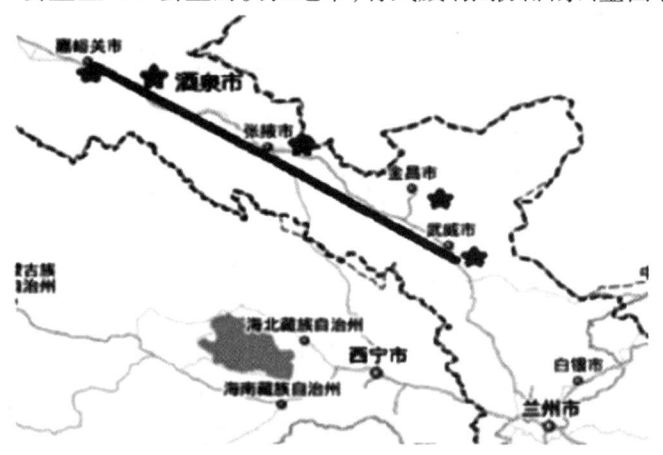

图 1 河西走廊地理区位示意图

资料来源:王丽.甘肃省河西走廊区域旅游品牌建设初探[J].洛阳师范学院学报,2014,33(9):74-77.

---

① 刘小方.中国文化线路遗产的保护与旅游开发——以茶马古道滇藏线为例[D].成都:四川师范大学,2007.
② 刘小方,李海军.世界文化线路遗产的保护与旅游开发——以四川省为例[J].桂林旅游高等专科学校学报,2017,(18)2:300-303.
③ 王珏.文化线路遗产如何保护[EB/OL].http://travel.people.com.cn/n/2014/0626/c41570-25201531.html,2014-06-26.

河西走廊位于青藏高原与蒙古高原的结合部,东起甘肃省会兰州市永登县附近黄河岸边的乌鞘岭,西至甘肃、新疆交界的星星峡,南面是东西连绵千余公里的祁连山,北面是东西数百公里的北山山地、鸟兽绝迹的腾格里沙漠和巴丹吉林沙漠。走廊之上,却是地势平坦,绿洲相连,物产丰富,交通便利。河西走廊以其特殊的自然地理单元,成为自亚洲东部太平洋西岸通向欧洲的亚欧大陆大通道的组成部分和必经之地,是丝绸之路黄金路线的重中之重,是甘肃历史文化资源中最有优势、最具光彩和魅力的旅游品牌[1]。

5 "一带一路"国家战略的大背景下甘肃省的重大举措

建设"一带一路",是以习近平同志为总书记的党中央主动应对全球形势深刻变化、统筹国内国际两个大局作出的重大战略决策。它对推进我国新一轮对外开放和沿线国家共同发展意义重大。"一带一路"战略构想的提出,契合沿线国家的共同需求,为沿线国家优势互补、开放发展开启了新的机遇之窗。"一带一路"在平等的文化认同框架下谈合作,是国家的战略性决策,体现的是和平、交流、理解、包容、合作、共赢的精神。

在"一带一路"发展战略中,甘肃的历史、地理位置,决定了其通过文化的力量寻求发展机遇的可行性。在2014年5月,甘肃省印发了《"丝绸之路经济带"甘肃段建设总体方案》,其中提到要充分发挥甘肃省的历史文化、资源能源和产业基础等优势,努力把甘肃建设成为经贸物流的区域中心、产业合作的示范基地[2]。能源、文化、旅游、农业、工业历来是甘肃的优势产业,在"一带一路"建设中,甘肃省正是借助于传统优势产业打下的良好基础,迎来了新的发展机遇。

甘肃认真落实中央"一带一路"建设的重大战略布局,取得了积极进展和初步成效。主要体现在[3]:

研究和确定了自身战略定位,紧扣国家总体战略布局,结合甘肃的区位、资源、文化、产业及平台等优势,明确提出了加快打造丝绸之路经济带甘肃黄金段的战略定位和奋斗目标;谋划和实施了"13685"发展战略,围绕打造丝绸之路经济带黄金段"一大构想",构建兰州新区、敦煌国际文化旅游名城和中国丝绸之路博览会"三大平台",实施道路互联互通、经贸技术交流、产业对接合作、经济新增长极构建、人文交流合作、战略平台建设"六大工程",强化兰白城市圈、酒嘉城市圈等"八大节点",努力实现建成丝绸之路经济带的黄金通道、向西开放的战略平台等"五大目标"。

加快了合作发展步伐,以搭建战略平台、畅通交流合作渠道为先导,既主动"走出去"开展经贸往来,组团到中西亚国家考察交流、洽谈合作,又积极"请进来"协商对话,成功举办"亚洲合作对话—丝绸之路务实合作论坛""中国—中亚合作对话会"等重要国际会议,去年首次与中西亚国家签署了涉及基础设施、文化教育、经济贸易等领域的多个合作协议,投资总额达10亿美元,实现了零的突破,提升了甘肃的对外影响力和知名度。构建我国向西开

---

[1] 邵如林.把握丝绸之路经济带发展机遇,打造河西走廊旅游文化黄金线[J].丝绸之路,2014(14):7-10.
[2] "一带一路"究竟让甘肃人提升了多少身价[EB/OL]. http://gansu.gscn.com.cn/system/2015/03/30/010972549.shtml,2015-03-20.
[3] 甘肃省委书记王三运:构建兰州新区等三大"一带一路"平台[EB/OL]. http://www.ce.cn/xwzx/gnsz/gdxw/201503/06/t20150306_4740216.shtml,2015-03-06.

放的重要门户和次区域合作战略基地,其中,与丝绸之路沿线国家加强经贸合作,包括资源开发、装备制造、新能源、特色农产品加工等产业[①]。

甘肃省将认真贯彻中央决策部署,抢抓机遇,锐意进取,强化举措,更加有力地融入国家"一带一路"建设的战略布局,倾力打造丝绸之路经济带甘肃黄金段,不断开创对外对内开放和经济社会发展的新局面。甘肃省突出抓好4个方面的重点工作:

5.1 着眼让黄金段真正"通"起来

进一步推进互联互通建设。加快打通空中通道,巩固和拓展兰州中川机场现有国际航线;打通口岸通道,争取敦煌机场口岸尽早对外开放,力争嘉峪关机场列入国家口岸发展规划,协调推动马鬃山口岸早日复关;打通铁路通道,以运营中欧国际货运"天马号"班列为依托,建设向西开放的国际物流平台和出口产品加工基地。

5.2 着眼让黄金段真正"亮"起来

进一步构建向西开放平台。提升已有平台,积极争取将"兰洽会"升格为"中国丝绸之路博览会",使其成为具有国际影响力的向西开放重要战略平台;充分运用"亚洲合作论坛""丝绸之路(敦煌)国际文化博览会"以及"敦煌行·丝绸之路国际旅游节"等载体,向世界展示甘肃、推介甘肃;搭建新型平台,积极争取国家丝绸之路基金在兰州新区设立办事处,争取中亚、西亚国家在兰州设立领事机构。

5.3 着眼让黄金段真正"活"起来

进一步加快经贸合作步伐。充分发挥甘肃传统产业、先进农业技术等方面的优势,拓展交流合作渠道,培植面向沿线国家的生产加工贸易基地。

5.4 着眼让黄金段真正"强"起来

进一步抓实节点城市建设。要把黄金段建设同新型城镇化建设有机结合起来,要努力把兰州打造成为重要的交通枢纽和陆路进出口集散中心,建成丝绸之路经济带上的核心节点城市,辐射和带动全省串珠状分布在丝绸之路上的节点城市发展,不断强化黄金段建设的骨干支撑。

在旅游方面,甘肃省依托"一带一路"建设,出台《甘肃丝绸之路经济带建设大景区总体规划纲要》,计划到2020年建成20个年接待游客300万人次以上的大景区,形成精品丝绸之路线、黄河风情线、华夏寻根线、民族风情线、中医药养生线、红色旅游线6条主题品牌线路[②]。

6 河西走廊线路型文化(遗产)旅游管理基础——旅游资源与旅游市场

6.1 旅游资源

河西走廊有着较为丰富的自然、人文旅游资源,而且旅游资源大多分布于城市周边,资源关联性强,类型、功能多样,且一部分具有垄断性地位[③]。河西走廊5市虽然地域相邻、地

---

① 20省份全面布局"一带一路" 甘肃定位打造"丝绸之路经济带"黄金段[EB/OL].http://news.163.com/15/0129/10/AH4BT22A00014AEE.html,2015-01-29.

② 甘肃依托"一带一路"建设打造旅游大景区[EB/OL].http://news.xinhuanet.com/photo/2015-04/13/c_127684621.htm,2015-04-13.

③ 蔺国伟.河西走廊发展城市旅游初探[J].河西学院学报,2010,26(3):70-73.

貌相似,均在古丝绸之路沿线,但其旅游资源构成既有互补性又有独特性,整合后会有更加丰富的视觉效果和文化内涵。据统计,该区已开发的人文资源 97 个,包括石窟、古寺院、古建筑、古塔、钟、古墓、碑刻、古文化遗址、博物馆、革命纪念地、现代工程及民俗活动等;自然资源达 73 个,既有壮观的北国风光、浩瀚的戈壁沙漠、巍峨的祁连雪峰,又有秀丽的水乡景色、广阔的草原牧场①。

河西走廊灿烂的古代文明遗留下了众多珍贵的文化胜迹,古道、古城、驿站、雄关、城堡、烽燧、佛寺、石窟、古长城、烽火台和古墓葬比比皆是。自西向东分布着敦煌、张掖和武威 3 座中国历史文化名城,并享誉全球。西部大漠上的阳关和玉门关,最能引发人们思古之幽情,特别是敦煌莫高窟以现存洞窟规模最大、艺术价值最高、内容最丰富而成为我国众多石窟中的佼佼者。"透明梦柯"冰川以全国最美的 6 大冰川之一而吸引四方游客。万里长城在走廊内绵延数百公里,嘉峪关雄踞戈壁大漠,巍峨雄伟,黑山石刻和魏晋古墓砖画风格独特。酒泉卫星发射中心驰名中外。张掖因大佛寺的全国室内第一泥塑卧佛、亚洲第一马场——山丹军马场、中国最美的 6 大草原之一——祁连山草原以及我国干旱地区最典型的丹霞地貌而冠绝全国,在"河西四郡"中历来就有"金张掖"之赞誉。金昌市因全国最大的镍钴生产中心而被冠以祖国"镍都"的美誉。武威市雷台汉墓出土的东汉艺术珍品"马踏龙雀"被定为中国旅游标志,武威还因唐代边塞诗《凉州词》的诞生地、中国葡萄酒的故乡、西藏归属祖国版图的历史见证地(百塔寺)、世界白牦牛的唯一产地被冠以"银武威"之盛誉而雄踞河西走廊东段②。

表 1　河西走廊旅游资源在甘肃省和西北地区所占比例③

类型	河西走廊重要旅游资源(处或座)	占甘肃省比例(%)	占西北地区比例(%)
世界遗产	1	50	33.3
国家重点风景名胜区	1	25	10
国家历史文化名城	3	75	23.1
中国旅游胜地 40 佳	1	100	25
全国重点文物保护单位	14	57.2	.713

依据河西走廊旅游发展在全省和西北地区所处层次(如表 1 所示),其旅游资源优势依然尚未充分发挥出来。河西走廊 5 市都有精品旅游资源,很多文物景点被列为全国重点文物保护单位(如表 2 所示)。经过多年的投入、建设、经营,河西走廊旅游资源开发和景区景点建设初具规模,打造出独具特色的旅游产品和旅游形象。目前,该区拥有世界文化遗产两处:敦煌莫高窟和嘉峪关关城,国家地质公园 1 处:敦煌雅丹地貌,被国家旅游局评选为中国旅游胜地 40 佳两处:鸣沙山—月牙泉旅游景区、嘉峪关长城文化旅游景点。

---

① 贾芳.甘肃河西走廊地区旅游合作研究[J].丝绸之路,2011(7):123-126.
② 王世金等.河西走廊地带旅游营销策划战略[J].地域研究与开发,2009,28(1):73-77.
③ 高翔等.河西走廊旅游业发展定位与优化升级对策研究[J].科学·经济·社会,2002,20(2):9-12.

表2　河西走廊全国重点文物保护单位[①]

地级市	县(区、自治县)	全国重点文物保护单位
酒泉市	敦煌市	莫高窟、玉门关及长城烽燧遗址、悬泉置遗址
	瓜州县	榆林窟、锁阳城遗址、破城子遗址
	金塔县	居延遗址
	肃州区	西河滩遗址、果园魏晋墓
	玉门市	火烧沟遗址
嘉峪关市		万里长城及嘉峪关城楼、嘉峪关新城墓群
张掖市	高台县	骆驼城遗址、许三湾城及墓群
	民乐县	圆通寺塔、八卦营遗址
	肃南裕固族自治县	马蹄寺石窟群、文殊山石窟群
	甘州区	西来寺、张掖会馆、黑水国遗址、大佛寺、鼓楼
金昌市	永昌县	钟鼓楼、圣容寺塔
武威市	民勤县	瑞安堡
	凉州区	重修护国寺感应塔碑、文庙、白塔寺遗址、雷台汉墓、天梯山石窟

6.2　旅游市场

根据2014年《甘肃省河西五市旅游联动发展总体方案》,2015年,旅游人数和旅游综合收入在2013年的基础上年均增长30%,分别达到5 000万人次和320亿元;2020年,5市旅游人数和旅游综合收入在2015年基础上翻一番,分别达到1亿人次和650亿元;2025年,5市旅游人数和旅游综合收入在2020年的基础上翻一番,分别达到2亿人次和1 300亿元[②]。

河西走廊旅游者中,性别比例以男性旅游者居多,年龄结构以中青年为主、少年次之、老年旅游者所占比例最小,收入结构以中等收入者为主,游客度假时间普遍较短,学历结构中高学历者比重大,游客到河西走廊旅游最为关注的旅游主题是文化遗迹(如表3所示),其次是人文、自然景观融合以及自然风光和休闲度假。

表3　河西走廊旅游者旅游偏好[③]

单位:%

旅游产品类型	全部游客	省内游客	省外游客	国外游客
文化遗迹	38.7	24.3	38.6	53.2
自然风光	18.1	20.5	21.3	12.6

---

① 刘丽娟.河西走廊旅游资源及其旅游空间结构的优化研究[J].河西学院学报,2008,24(6):56-59.
② 甘肃河西走廊五市开创区域旅游联动发展[EB/OL].http://www.chinanews.com/df/2014/12-22/6900903.shtml,2014-12-22.
③ 焦世泰.河西走廊区域旅游开发研究[J].西北师范大学学报(自然科学版),2011,47(6):110-115.

续表

旅游产品类型	全部游客	省内游客	省外游客	国外游客
民俗风情	6.8	5.6	6.2	8.5
风味饮食	6.1	9.3	5.8	3.2
人文、自然景观融合	22.8	21.1	26.2	21.3
休闲度假	7.5	19.2	1.9	1.2

河西走廊对国外、省外游客非常具有吸引力（如表4所示），分别高于省内28.8%和17.1%，国外和省外游客都认为河西走廊非常具有吸引力，一定程度上说明河西走廊的市场开发前景非常好。

表4 河西走廊旅游吸引力构成①

单位：%

旅游资源吸引力	全部游客	省内游客	省外游客	国外游客
非常有吸引力	77.8	62.5	79.6	91.3
一般	18.4	31.6	16.3	7.2
不具吸引力	3.8	5.9	4.1	1.5

7 河西走廊线路型文化（遗产）旅游产业管理

近年来，甘肃河西走廊的旅游业发展很快，基本形成了食、住、行、游、购、娱6大要素齐全的旅游体系。旅游总收入在地方财政中所占的比重日益增大，酒泉市下属县级市敦煌的旅游总收入在GDP中所占比例已达到25%②，旅游业已成为当地不可缺少的产业。河西走廊5市的年平均旅游人数和旅游总收入均占到了甘肃省的25%及以上水平，其中入境旅游人数及外汇收入更是达到了80%之多③，河西走廊5市的旅游产业在全省旅游业中占有相当重要的地位。但同迅速发展的全国旅游业和同类资源条件下的区域旅游业发展实际相比，无论是发展速度还是接待规模都有很大差距，社会化、规模化、市场化程度都较低，且发展不平衡，东热西冷差异大，旅游淡旺季不均衡，丰富的旅游资源尚未得到合理而充分的开发利用，旅游业尚未成为本地区的增长性产业。

未来，应该推动旅游服务由低层次、单一化向精细化、差异化优质服务转变，加快旅游业改革发展，建设利益共享、互动共赢的旅游发展战略联盟，建设一批具有较强国际竞争力的跨区域旅游企业和优势产业集群。力争在2021—2025年进入旅游产业成熟运行阶段，旅游

---

① 焦世泰.河西走廊区域旅游形象定位研究[J].干旱区资源与环境,2010,24(8):190-194.
② 贾芳.甘肃河西走廊地区旅游合作研究[J].丝绸之路,2011(7):123-126.
③ 王丽.甘肃省河西走廊区域旅游品牌建设初探[J].洛阳师范学院学报,2014,33(9):74-77.

产业联动发展规模、体系和结构成熟,示范功能和引领作用突出,旅游产业成为区域战略性支柱产业和先导产业①。

在市场经济的背景下,政府应搭建信息平台,加大河西走廊旅游业发展的投入。同时,政府要重视旅游业发展对河西走廊环境和社会的影响,加强对自然和文化资源的保护,坚持旅游业可持续发展战略。河西走廊旅游产业的升级、促进主要从两个方面展开:一方面,创造力成为河西走廊旅游产业的主要动力,旅游新价值来源于新创造,河西走廊旅游产业带的发展要走出依靠资金大投入的误区,通过智力投入从而对现有的自然资源、经济资源和社会资源进行有效的整合、转化,建立旅游新品牌,构建新型产业链;另一方面,河西走廊旅游产业带的发展要靠文化资本和社会资本等要素的启动,实现旅游产业带的升级②。

同时,文化和旅游密不可分,文化是旅游的灵魂,旅游是文化的重要载体,要进一步提高认识,深入挖掘文化内涵,把旅游产业和文化产业相互融合,促进其共同繁荣发展;要积极争取国家和省上相关部门的支持,加大河西走廊交通运输等基础设施建设力度,破除制约当前文化旅游产业发展的瓶颈,优化旅游接待环境,切实解决通道"通而不畅"的问题;对重大项目建设要搞好科学论证,强化项目管理,切实为地方经济及河西走廊经济社会全面发展奠定良好的基础③。

8 河西走廊线路型文化(遗产)旅游产品管理

目前,河西走廊凭借以高品位、高知名度的历史文化遗迹为主的旅游拳头产品,已经形成以敦煌莫高窟、嘉峪关长城历史文化景观为主,集自然生态、民俗风情、历史古城观光于一体的旅游产品组合模式。综合河西走廊旅游带的各种旅游资源,可以将该区域的主体旅游产品划分为以下4种类型:

8.1 文化遗址观光旅游

主要旅游景点有:由敦煌莫高窟、中国石窟鼻祖天梯山石窟、榆林石窟、文殊山石窟组成的石窟文化景区;以嘉峪关长城、敦煌阳关文物景区、玉门关及长城烽燧、西汉酒泉胜迹为核心的边塞历史文化景区;以有全国最大室内卧佛的张掖大佛寺、号称"陇右学宫之冠"的武威文庙、凉州百塔寺等著名寺庙为核心的宗教历史文化景区。

8.2 自然生态旅游

主要旅游景点有:沙漠奇观"鸣沙山-月牙泉"、敦煌雅丹地质公园、腾格里-巴丹吉林沙漠、安南坝和安西极旱荒漠、敦煌西湖等自然生态旅游景区。

8.3 民俗文化旅游

河西走廊处于西北干旱、半干旱内陆河流域,特殊的地理区位孕育了独特的少数民族民俗文化旅游资源,别具一格的民族服饰、独具特色的生活习俗、风格独特的民族建筑、丰富多彩的民族节庆、别具韵味的民族歌舞以及民族风味饮食都可融入民俗文化旅游项目。

---

① 甘肃河西走廊五市开创区域旅游联动发展[EB/OL].http://www.chinanews.com/df/2014/12-22/6900903.shtml,2014-12-22.

② 曾庆辉.建设河西走廊旅游产业带的思考[N].甘肃日报,2011-01-24(11).

③ 李梁.挖掘文化内涵,树立品牌意识,助力河西走廊文化旅游和大通道建设[N].民主协商报,2012-09-28(1).

8.4 休闲度假旅游

在祁连山风景区,黑河、石羊河和疏勒河3大内陆河沿岸绿洲风景区,肃南马蹄寺旅游区,腾格里-巴丹吉林沙漠边缘旅游区等独具特色的风景区开展休闲度假旅游。

图2 河西走廊旅游线路

资料来源:东方旅游在线[EB/OL].http://www.east-trip.com/.

河西走廊旅游业发展现状与旅游资源状况远不成比例,其原因之一在于河西旅游产品单一、老化,不能适应激烈的市场竞争。河西走廊旅游产品因地理因素限制,长期以来依托312国道和兰新铁路呈现点轴式布局(如图2所示),行程安排以人文古迹类景点为主,比较单一[1]。目前,河西走廊城市旅游开发大部分是以物质类产品为主,主要集中于参观游览现有的自然和人文旅游资源,而对非物质类的文化产品重视不够,缺乏对深层次文化内涵的挖掘,缺少对参与性、体验性、享受性、度假性旅游产品的开发[2]。另外,旅游资源管理条块分割现象严重,旅游线路布局不合理,景区(点)之间缺乏互动性、互补性,没有形成闭环式回路。

因此,河西走廊旅游产品开发应有"资源整合"的理念,而且必须凸显其资源特色和主体形象,发挥河西"大资源导向"作用,构建"大旅游格局",构筑多层次的功能互补的旅游产品体系;推动旅游资源由多头管理、粗放开发向统筹整合、集约开发转变,推动旅游产品由传统游览向观光、休闲、度假并重转变;实施资源与线路联动开发,形成规模优势和经济效益,提质增效,以推进本区经济社会的协调发展。

---

[1] 刘丽娟.河西走廊旅游资源及其旅游空间结构的优化研究[J].河西学院学报,2008,24(6):56-59.
[2] 蔺国伟.河西走廊发展城市旅游初探[J].河西学院学报,2010,26(3):70-73.

9 河西走廊线路型文化(遗产)旅游品牌管理

河西走廊作为丝绸之路上的黄金路段,其旅游资源既有相似继承性,也有旅游资源较强的互补性,其资源价值在国内外都具有相当高的知名度,其旅游资源开发、客源市场开发和旅游营销策划中必须突出河西走廊在丝绸之路中的特殊地位和区域品牌。"丝绸之路、敦煌飞天"一直是河西走廊乃至甘肃在全国范围被默认的旅游总体形象,其旅游形象有失客观、全面性,敦煌飞天也不能完全代表河西走廊在丝绸之路区位中的旅游形象[①]。

旅游形象定位要有前瞻性、全面性、客观性。随着旅游产品和人们消费需求的日趋多样化,过去的旅游形象宣传口号已难以适应河西走廊旅游业的快速发展。在河西走廊经济一体化的大背景下,旅游整体形象缺失已经无法适应河西走廊旅游业发展的需求,因此旅游形象策划与旅游营销必然需要以整体推进为主。

目前,河西走廊旅游开发大部分是以传统人文景观型为主,区域内众多价值和品位都很高的资源都未被消费者所认知。缺乏对深层次文化内涵的挖掘,缺少参与性、体验性、度假性强的旅游产品以及吸引高端消费者的卖点,没有形成鲜明的旅游整体形象[②]。河西走廊必须克服以往只打敦煌莫高窟一张牌的弊端,重新审视旅游形象,设计与河西走廊旅游整体形象相一致的宣传口号、视觉标识,改变以往的营销模式,对旅游业各要素要进行全面开发,对旅游资源的规划、开发、宣传进行优化重组和整体推进,对旅游线路进行整合开发,以此来提升河西走廊旅游景区(点)的档次,打响旅游品牌,增强旅游竞争力,创造新的经济增长点。

10 河西走廊线路型文化(遗产)旅游空间管理

早在2008年,国家旅游局牵头发起《丝绸之路旅游区总体规划》编制工作,其规划打破区域界限,突破行政管理障碍,构建丝绸之路国际旅游区的经济利益共同体;突出整体化打造与差异化开发理念,打造丝绸之路旅游整体品牌形象;同时,丝绸之路沿线地区按照历史文化线路和产业类型特色,实现"一(省)区一特色""一段一亮点"[③]。

但是统计数据显示,河西走廊目前旅游发展为酒泉市一枝独秀,嘉峪关市、武威市处于中游,而张掖市、金昌市旅游业发展缓慢。从地域空间上来看,河西走廊旅游业东西两头好,中间差,区域发展不平衡。受自然地理条件和绿洲经济的影响,河西走廊城镇间距离过长,景区、景点分布分散,造成了河西走廊旅游经济发展缓慢、区内旅游经济发展不平衡的现状。针对这种状况,应构建以武威、张掖、酒泉(嘉峪关)、敦煌为"旅游中心地",以古丝绸之路(陇海、兰新铁路线)为"轴线"的空间开发模式。对国内游客的吸引力低和旅游发展不平衡的现状决定了优化空间管理是河西走廊旅游业快速发展的必然选择。

根据2014年《甘肃省河西五市旅游联动发展总体方案》,河西走廊各市要建设聚集优化的产业空间和发展体系,做大做强一个龙头——敦煌国际文化旅游名城,着力打造优势互补、差异化发展的4大旅游区——酒嘉丝绸之路世界文化遗产深度体验旅游区,金武历史文

[①③] 王世金等.河西走廊地带旅游营销策划战略[J].地域研究与开发,2009,28(1):73-77.
[②] 王世金等.河西走廊地带旅游资源整合开发思路[J].经济地理,2007,27(2):372-331.

化、葡萄酒文化和大漠风光体验旅游区,金张掖地理奇观民族风情旅游区和酒泉航天科技文化体验旅游区,重点培育马踏飞燕、紫金花城—神秘骊靬、张掖丹霞、嘉峪关、酒泉卫星发射中心、敦煌莫高窟—月牙泉、敦煌阳关—玉门关7个大景区①。

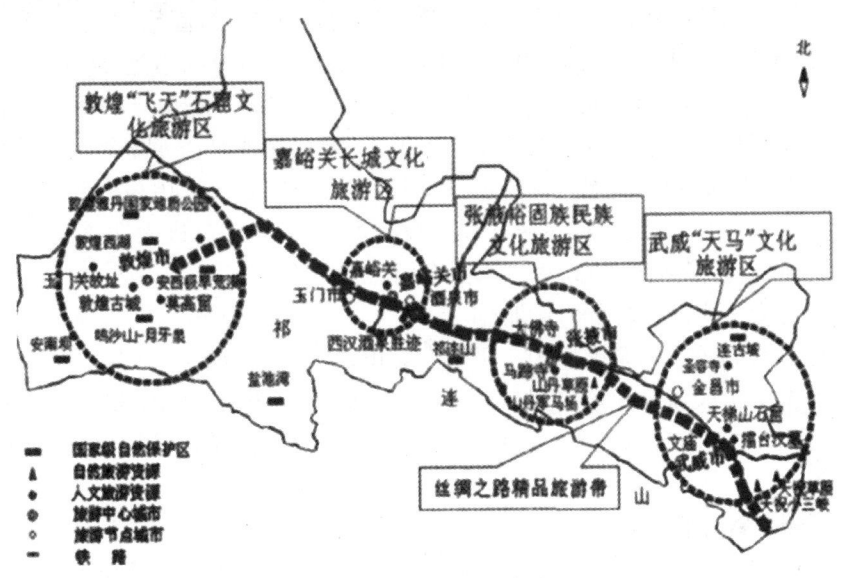

图3　河西走廊旅游空间布局

根据中科院院士陆大道的"点—轴系统"理论,旅游资源整合必须在空间上以点为发展基础,线为发展轴,由点到线到面渐进发展,突出开发重点,实施板块整合,以优势旅游资源区(点)整合开发为先导,逐渐建成精品旅游景区(点),通过景区(点)整合形成旅游线,旅游线整合形成旅游带(圈)。根据河西走廊旅游资源的分布特征,景区地域组合条件,交通、区位条件以及社会经济条件,其旅游资源空间布局(如图3所示)可以构建为1个旅游带(丝绸之路历史文化精品旅游带)、4个旅游核心城市(敦煌、嘉峪关、张掖和武威)、3个旅游节点城市(玉门、酒泉和金昌)、4个重点片区(敦煌"飞天"石窟文化旅游区、嘉峪关长城文化旅游区、张掖裕固族民族风情文化旅游区和武威"天马"文化旅游区)②。

同时,加快3大旅游圈的建设,即武威—张掖旅游圈、嘉峪关—酒泉(肃州区)旅游圈(包括金塔县、玉门市)、瓜州—敦煌旅游圈(包括阿克塞哈萨克族自治县、肃北蒙古族自治县)。要建立和完善3大旅游圈,其首要任务是解决交通问题。以各旅游节点城市为中心,围绕国道312线,加快旅游辅线的建设步伐,以辅线连接各旅游圈内的各级各类旅游资源,加强节点城市的辐射作用。同时要加大对区域内拥有较大市场潜力的旅游资源的规划与开发,并大力完善旅游基础设施,使河西良好的旅游资源优势转化为产品优势,在旅游可持续发展的前提下,使经济效益最大化③。具体而言:

---

① 甘肃河西走廊五市开创区域旅游联动发展[EB/OL].http://www.chinanews.com/df/2014/12-22/6900903.shtml,2014-12-22.
② 王世金等.河西走廊地带旅游资源整合开发思路[J].经济地理,2007,27(2):372-331.
③ 刘丽娟.河西走廊旅游资源及其旅游空间结构的优化研究[J].河西学院学报,2008,24(6):56-59.

10.1 武威—张掖旅游圈

位于河西走廊东段,东临宁夏回族自治区,南接青海省,北与内蒙古自治区接壤,地处黄土高原、内蒙古高原与青藏高原的交界处。境内不仅有丰富的历史文化遗存,更有雪山草原、沙漠戈壁等大西北奇丽风光,也有绚丽多姿的(藏族、土族、裕固族、蒙古族等)少数民族风情。该旅游圈的开发建设可以最大限度地弥补敦煌辐射力量的不足,对于整个河西旅游业发展至关重要。该旅游圈以凉州区及甘州区为一级旅游节点城市,天祝藏族自治县、民勤县、山丹县、肃南裕固族自治县为二级旅游节点城市,要加快抓喜秀龙草原与藏族风情、天祝小三峡与天堂寺、天梯山石窟、黑水国遗址、肃南马蹄寺石窟及祁连山裕固族风情、山丹马场等景区景点的建设步伐,加大基础设施建设的投入,尽快提升其可进入性,打通宁、甘、青、蒙4省旅游通道,彻底改善河西走廊旅游"西强东弱"的弊端。

10.2 嘉峪关—酒泉(肃州区)旅游圈

该旅游圈以嘉峪关市和肃州区为一级节点城市,玉门市、金塔县为二级节点城市。要在继续完善现有嘉峪关长城文化旅游景区的基础上,加快新城魏晋壁画墓和七一冰川旅游景区的开发建设,建立玉门石油工业旅游景区,并在国家政策允许的范围内做好酒泉卫星发射基地的旅游开发。

10.3 瓜州—敦煌旅游圈

以敦煌、瓜州为一级节点城市,肃北、阿克塞为二级节点城市。其建设重点是:继续深入挖掘以敦煌莫高窟为代表的历史人文类旅游景区的文化内涵和经济价值,加快自然风光与民族风情旅游资源的建设步伐,完善圈内旅游产品结构。其建设关键是要加快圈内旅游交通的建设,为更多自然风光和民族风情旅游资源的开发创造条件,增强区域竞争力。

最终,形成由点、线、面相结合的区域旅游一体化共生体系,以重点旅游景区为核心,以旅游中心城市为依托,以交通、通信、能源等综合运输管道干线为骨架,以产业发展为纽带,辐射、带动沿线各景点的发展,形成旅游景点、旅游城市和旅游线路有机整合的区域旅游地域系统。

11 河西走廊线路型文化(遗产)旅游合作管理

随着旅游业的快速发展和行业竞争的日趋激烈,实行区域旅游合作已成为旅游业发展的必然要求。武威、金昌、张掖、酒泉、嘉峪关5市地缘相近,人文相亲,旅游资源丰富多彩又各具特色。加强区域合作,实现资源共享、优势互补,既可降低成本,又能提高相互间的竞争力,是河西走廊旅游业发展的必然选择,对增强河西走廊城市旅游的核心竞争力有积极意义[1]。河西走廊是丝绸古道上历史遗存最集中、最丰富的一个地区,具有空间上的同一性、文化上的同源性、资源上的互补性及区域交通的便利网络,发挥整体区域优势也是区域旅游业快速发展的必然选择。

河西走廊线路型文化(遗产)旅游的合作具有重要的现实意义和深远的历史意义,应该以中心城市为依托、重点旅游区为支点、特色旅游热线为纽带,打造旅游精品,重塑旅游形

---

[1] 蔺国伟.河西走廊发展城市旅游初探[J].河西学院学报,2010,26(3):70-73.

象,创新管理体制,构建旅游产业带,带动区域旅游发展[①]。河西走廊应与甘肃周边省区(四川、青海、宁夏、内蒙古)加强横向联合,共同实施"大旅游发展战略",同时与周边地区协调规划环状旅游线、三角旅游线(如青海塔尔寺、青海湖、兰州、宁夏沙坡头、沙湖之间),改变以往单线往复格式,减少距离成本,充分发挥区域旅游资源整体优势,提高规模效益,同时可实现不同地区旅游旺季互补,以避免旺季过旺与淡季过淡[②]。

区域旅游合作可以破除各自为政、条块分割、孤立发展的传统发展方式,确立资源共享、优势互补、合作共赢的一体化发展理念。河西走廊5市各级政府及旅游管理部门应通力合作、相互配合,建立区域旅游战略联盟,形成灵活、高效的磋商与协商机制,通过区域旅游战略联盟建立政府间合作平台,协调旅游业的发展。为了适应河西走廊旅游一体化发展的趋势,要通过区域旅游战略联盟推进区域旅游发展规划的制定,共同协商并制定区域性旅游产业政策,实现旅游资源联合开发、客源市场共同开拓,以调控区域旅游产品开发和旅游产业升级,推进区域旅游市场一体化建设,解决河西走廊5市之间旅游发展各自为政、旅游产品重复建设、恶性竞争等问题。通过区域旅游战略联盟组建若干旅行社、旅游饭店、旅游交通、旅游景区等大型集团公司,引进旅游市场化运作机制,拓宽旅游开发融资渠道,促进旅游要素与旅游资源有机结合和优化配置,实现旅游要素一体化经营,形成开发、销售、服务一体化,形成完整的区域旅游产业体系,使旅游业真正"上规模,成体系,创品牌"[③]。

12 河西走廊线路型文化(遗产)保护综合管理

12.1 甘肃华夏文明传承创新区建设背景下的保护与利用的协调

甘肃河西走廊绵延几千里的路上,历史遗迹和珍贵文物不计其数。长城、石窟、壁画、古墓葬……这些经历了千百年的"老人"或躺在博物馆里,或屹立戈壁,为不计其数的人讲述当年的历史,尽管它们本身已经伤病缠身。在甘肃华夏文明传承创新区建设十三板块的具体方案里,文物保护是首个被列出的板块。若只将重点放在修复文物本身,文物存续并不能久远。对文物保护之余尽可能对外开放,让更多人亲临观赏,这也是处理好文物保护与利用关系的意义所在。

在河西走廊,对文物遗址周围的环境进行治理和调节是十分重要的,它直接关系着文物保护的成果和游客的舒适度。为了避免湿度过大对莫高窟的影响,景区内的植物灌溉方式全部由普通灌溉改成了滴灌;在靠近景区的地方,种树的品种和数量均有所限制。嘉峪关景区制定了详细的环境保护规划,把0.09平方公里的文化遗产核心区置于3.4平方公里的大文物保护区范围,在文化遗产核心区外建设湿地生态展示区、农业生态展示区、公园服务功能区和社会服务功能区[④]。

12.2 敦煌莫高窟保护、利用工程全面竣工并投入运行

该工程是莫高窟文物保护史上规模最大、涉及面最广的一项综合性保护工程,总投资2.61亿元,于2008年开工,2014年全面竣工。莫高窟崖体加固工程被评为首届(2013年度)

[①] 贾芳.甘肃河西走廊地区旅游合作研究[J].丝绸之路,2011(7):123-126.
[②] 高翔等.河西走廊旅游业发展定位与优化升级对策研究[J].科学·经济·社会,2002,20(2):9-12.
[③] 焦世泰.河西走廊区域旅游开发研究[J].西北师范大学学报(自然科学版),2011,47(6):110-115.
[④] 边思玮.河西走廊文物保护修复行思录[N].中国文化报,2013-08-16(4).

全国十佳文物保护工程。特别是通过在数字展示中心观赏高清数字电影与莫高窟实地体验相结合的复合参观模式,使莫高窟单日最大游客承载量由3 000人次增加到6 000人次,实现了莫高窟文物保护与旅游开发的双赢[①]。

12.3 嘉峪关文化遗产保护工程

因受西北地区风沙大、日照强等自然因素的破坏,嘉峪关关城的古建筑和城墙出现木构件开裂、油饰彩画起甲脱落等安全隐患,2011年国家文物局启动了嘉峪关文化遗产保护工程,并列为国家文物局"十二五"重大文物保护工程,实施全面、系统的保护维修。嘉峪关文化遗产保护与展示项目总投资20.3亿元,集遗产展示、文化演艺、生态展示、遗产监测、社会功能于一体,于2015年全面完工[②]。其中,嘉峪关遗产监测中心的建设,将对嘉峪关历史文化遗址进行全面监测和实时监控,实现数据采集、分析、研究系统化,提升遗产地的科学管理水平,使嘉峪关文化遗产保护由抢救性保护向预防性保护过渡[③]。

值得注意的是,民营和公司化的修复机构逐渐开始在文物修复中发挥力量。嘉峪关文化遗产保护工程中的子工程——嘉峪关关城木结构建筑修缮工程和油饰彩画重绘工程,都是由山西省古建筑保护工程有限公司承担的。2011年12月7日公布的《山西省文物局授予山西省第二批文物保护工程勘察设计和施工资质的单位名单及其业务范围的公告》中,该公司被确定为文物保护工程勘察设计丙级资质单位,业务范围为古建筑维修保护、近现代文物建筑维修保护以及文物保护规划。

12.4 文化遗产"历史再现"工程

2015年4月,甘肃省政府办公厅印发《关于实施文化遗产"历史再现"工程的意见》。实施文化遗产"历史再现"工程的主要目的是以博物馆建设为抓手,进一步创新和拓展甘肃省丰富多样的文物资源展示利用方式,更好地发挥其价值功用和综合效益,保障满足基层群众多样化的精神文化需求。"历史再现"工程实施期限为2015—2020年,其发展目标是全面提升甘肃省文物保护单位及博物馆的等级和管理水平,积极探索文物保护单位特别是大遗址展示利用模式和遗产资源富集地区博物馆规模化发展模式,使甘肃省珍贵的文物资源和多彩的文化资源得到更为有效的保护和更加充分的展示利用[④]。

12.5 可移动文物普查

甘肃省第一次可移动文物普查于2013年1月全面启动,目前已完成全省27 793家国有单位收藏文物调查、非文物系统单位收藏的26 069件(套)文物的认定工作。全省有普查任务的316家国有单位共采集录入文物数据235 511件(套),进度位居全国第八位。2015年已完成全省文物系统2002年以来新增文物的鉴定定级工作以及所有可移动文物数据采集登录工作和50%的数据审核工作。

12.6 文化海外交流工作

甘肃省继续做好全省文化特别是以河西走廊为代表的丝绸之路文化的海外交流工作。

---

① 【第十个中国文化遗产日特刊】保护成果,全民共享[EB/OL].http://gsrb.gansudaily.com.cn/system/2015/06/12/015566831_02.shtml,2015-06-12.

② 嘉峪关文化遗产保护与展示项目今年将全面完工[EB/OL].http://gs.people.com.cn/n/2015/0126/c183348-23683149.html,2015-01-26.

③ 边思玮.河西走廊文物保护修复思录[N].中国文化报,2013-08-16(4).

④ 【第十个中国文化遗产日特刊】保护成果,全民共享[EB/OL].http://gsrb.gansudaily.com.cn/system/2015/06/12/015566831_02.shtml,2015-06-12.

其主要工作包括:挑选甘肃文化艺术精品,大力宣扬"丝绸之路花雨"、裕固族歌舞、"甘南藏文化千幅唐卡"等代表的全省"敦煌、丝绸、多民族"的特色文化。利用一切对外文化交流时机,积极与国外文化机构、企业等洽谈文化交流合作事宜,推动文化交流与旅游、商贸等"打包"、组团走出去,着力提高甘肃省与中亚、西亚等国家的文化交流水平。积极发挥甘肃特有文化资源优势,充分利用国际性节会、展会平台,积极协调文化部邀请丝绸之路沿线国家文化官员及文化机构、企业代表来甘参会参展,在丝绸之路沿线国家寻求文化合作伙伴,促进对外文化交流。组织文艺院团参加相关国家举办的文化活动,不断扩大敦煌文化的国际影响力,推动甘肃文化走出去。加强甘肃文化的国内交流力度,筛选优秀剧目,积极参加全国性的文博会、艺术节等,发挥西北5省区文化发展战略联盟、京剧院团联盟的作用,抓好面向国内其他省区的文化交流。深入开展调研工作,挖掘、整理一批对港澳台文化交流精品项目,加强地区间文化交流、合作活动。2015年上半年,精选代表甘肃省区域特色的典型非遗项目,组团"打包"赴香港进行展演展示活动①。

13 河西走廊线路型文化(遗产)旅游管理未来展望

13.1 建立完整的遗产监测系统,实施标准化保护与发展

丝绸之路申遗过程中,各地已经开展制定和颁布、实施保护管理法规、规划,设立保护管理机构,实施文物保护、环境整治、展示监测等工作。甘肃省应对丝绸之路沿线遗址提供监测系统并建立标准,监测系统包括:对文物本体价值的监测,对影响文物的人为和自然环境的监测,对影响遗产地的人流状况的监测等。通过动态监测可以把管理方式规范化,形成遗址管理模式,用制度保障遗产价值②。

13.2 借鉴国际遗产保护经验,实施廊道化保护与发展

在文化线路遗产保护实践方面,美国很早就作出了有益探索。甘肃省在开展绿色通道保护实践的基础上,应根据文化遗产保护区域化的趋势,逐渐形成遗产廊道概念,将其作为拥有特殊文化资源集合的、具有动态特征的文化景观加以保护与开发。

13.3 打造多元精品旅游线路,实施综合化保护与发展

河西走廊古战争遗址与特殊地域环境造就的荒漠、戈壁等苍凉的自然景观和少数民族风情相互映衬、相得益彰,河西走廊旅游发展应该突出丝绸之路文化、边塞风情两大主题,将丝绸之路文化和边塞风情深度挖掘与开发,"寓无形于有形,变形定为神动",展示有形旅游产品的同时还要展现其博大精深的文化内涵,实现河西走廊旅游保护与发展的综合化,将丝绸之路文化、边塞风情作为旅游线路设计的灵魂,打造精品旅游线路,同时将观光、考古、修学、宗教朝觐、少数民族生活探奇等旅游形式融为一体③。利用多种旅游资源,面向多重旅游市场,打造多元精品旅游线路,实现综合化保护与发展。

---

① 甘肃今年实施文化遗产保护工程,建20个艺术创作基地[EB/OL].http://gansu.gscn.com.cn/system/2015/02/10/010923748.shtml,2015-02-10.
② 王珏.文化线路遗产如何保护[EB/OL].http://travel.people.com.cn/n/2014/0626/c41570-25201531.html,2014-06-26.
③ 焦世泰.河西走廊区域旅游开发研究[J].西北师范大学学报(自然科学版),2011,47(6):110-115.

13.4 整合区域旅游信息系统,实施智慧化保护与发展

旅游信息系统是旅游行业内部各个环节联系的纽带,网上预订服务系统、网络咨询系统、可视图文系统、电子货币交易系统、救援系统、移动通信、网上招商、网上旅游推介会等均为旅游信息系统的重要组成部分①。因此,河西走廊应该尽快以科技含量创新旅游体系,以知识经济提升产业效率,推动河西走廊旅游保护与发展的智慧化。

 案例使用说明

一、教学目的与用途

1.适用的课程、对象

本案例适用于学习管理学、旅游规划与开发、旅游地理学、区域地理学等相关课程的本科生与研究生。

2.教学目的

通过本案例的教学,使案例学习者对于线路型文化(遗产)旅游管理特别是河西走廊相关管理有初步的了解,引导其对于"一带一路"国家战略背景下的线路型文化(遗产)旅游的管理理念和管理方式的思考。

二、启发思考题

1.河西走廊线路型文化(遗产)旅游管理的推广性如何?还可以在哪些方面继续完善和提升?

2.从区域合作角度审视河西走廊线路型文化(遗产)旅游管理,还可以在哪些方面继续改进和完善?

3.河西走廊线路型文化(遗产)旅游管理对于丝绸之路旅游发展的意义何在?

4.立足于空间拓展和产品创新的视角,策划一条河西走廊旅游线路,要求线路主题明确、特色鲜明、内容充实、操作可行。

三、分析思路

"一带一路"国家战略的大背景—丝绸之路旅游的发展—河西走廊概述—管理基础:旅游资源与旅游市场—产业管理—产品管理—品牌管理—空间管理—合作管理—保护综合管理

四、关键要点

1."一带一路"国家战略

2.河西走廊旅游资源与旅游市场的分析与评价

3.河西走廊旅游产业与旅游产品的整合与创新

4.河西走廊旅游空间与旅游合作的布局与协调

5.河西走廊旅游品牌的策划与创新

五、建议的课堂计划

1.时间安排

以90分钟为宜,其中15分钟阅读案例,15分钟学员进行小组讨论,15分钟小组代表发

---

① 王世金等.河西走廊地带旅游营销策划战略[J].地域研究与开发,2009,28(1):73-77.

言,15分钟师生互动交流,20分钟学生书面分析总结,10分钟教师最后总结。

2.黑板板书设置不作严格和固定要求

3.小组的分组及分组讨论内容

建议3~5人为一组,每组自行推选小组代表进行发言。讨论包括两方面:一方面是整体对于线路型文化(遗产)旅游管理特别是河西走廊相关管理的讨论;另一方面是对于其中某一关键要点的讨论。各小组各有不同的关注点。

六、其他教学支持材料

视频纪录片:《河西走廊》

1.网络链接

http://jishi.cntv.cn/2015/03/04/VIDA1425460321873533.shtml

2.简介

纪录片《河西走廊》分《使者》《通道》《驿站》《根脉》《造像》《丝路》《敦煌》《会盟》《苍生》《宝藏》10集,每集50分钟,用影像方式立体展现了河西走廊斑斓多彩的自然风光和生态风貌,画面美轮美奂,可看性很强;同时对不同历史时期富有传奇色彩的人物和故事,采用电影化的手法再现其历史场景,增强了真实性。

"印象系列"旅游实景演出管理

闫 奇 马爱萍

【摘 要】自 2004 年 3 月 20 日《印象·刘三姐》首次公演以来,张艺谋、王潮歌、樊跃组成的"铁三角"又陆续打造了《印象·丽江》《印象·西湖》《印象·海南岛》《印象·大红袍》《印象·普陀》和《印象·武隆》6 部作品,十几年以来,印象系列已成为中国旅游演艺的知名品牌。虽然大部分都反映良好,但还是有个例失败。本案例首先梳理了我国实景演出的现状,然后着重对"印象系列"进行了介绍,并分析了其主要特征;其次,从商业模式、效应分析、成功经验、反思启示等方面进行了阐述和剖析。

【关键词】印象系列;实景演出;商业模式;旅游管理

1 引言

如今,实景演出作为新兴的演出形式已广泛存在于我国各大旅游景区之中。各地旅游景区积极筹备各类实景演出节目,以期拉动旅游消费,提升景区知名度。据不完全统计,至今为止全国大大小小的实景演出已有 200 余台,这庞大的数字背后折射出的是实景演出所拥有的巨大市场。实景演出如此迅猛发展的现状也对相关理论研究提出了要求,其发展的内、外因素,持续盈利的能力,可持续发展的途径都是亟待解答的现实问题。

2 我国实景演出的现状

我国实景演出热潮中最具知名度的是《印象·刘三姐》,这也是世界上第一台大型山水实景演出。在《印象·刘三姐》之后,导演张艺谋、王潮歌、樊跃又相继推出了《印象·丽江》《印象·西湖》《印象·海南岛》《印象·大红袍》等印象系列山水实景演出节目。《印象·刘三姐》的总策划和制作人梅帅元目前在全国运作的山水实景演出剧目有:河南的《禅宗少林·音乐大典》和《大宋·东京梦华》、江西的《印象·井冈山》、内蒙古的《天骄·成吉思汗》、湖南的《天门狐仙·新刘海砍樵》、四川的《道解·都江堰》、山东的《中华泰山·封禅大典》等。2009 年中国著名导演陈凯歌开始了其第一部大型山水实景演出《希夷之大理》的筹备工作,并于 2010 年在大理公演。冯小刚也在 2010 年加盟执导实景演出《梦幻北部湾》[①]。目前我国旅游景区上演的实景演出已经有 200 余台,具有一定知名度的大型山水实景演出有 30 余台,各省市也纷纷涉足山水实景演出的筹备工作。

---

① 侯建娜,杨海红,李仙德.旅游演艺产品中地域文化元素开发的思考——以《印象·刘三姐》为例[J].旅游论坛,2010(3):284—287.

表1　我国目前实景演出分类①

类型	项目名称	导演	时间、地点	主要内容
历史文化型	印象·刘三姐	梅帅元、张艺谋、王潮歌、樊跃	2004.3 漓江	桂林山水/壮族山歌/刘三姐传说
	长恨歌	张小可、和谷	2007.4 华清池	唐明皇/杨贵妃/爱情故事
	井冈山	梅帅元、李前宽	2007.10 清明上河园	汴梁市井/历史沉浮
科技支撑型	蓝色幻想	崔亚楠、张良	2009.8 奥帆中心	3D影像/全息影像/帆都青岛/海洋文化
宗教文化型	禅宗少林·音乐大典	梅帅元、易中天、释永信、谭盾	2007.4 嵩山	中国禅宗/少林文化
民族文化型	印象·丽江	张艺谋、王潮歌、樊跃	2006.7 玉龙雪山	玉龙雪山/纳西民族
	希夷之大理	陈凯歌、久石让	2011.4 大理	望夫云/白族民俗
自然文化型	印象·海南岛	张艺谋、王潮歌、樊跃	2009.4 海口	海南风情

3　"印象系列"简介

表2　印象系列基本情况②

项目类型	公演时间	演出地点	投资规模/元	票价/元
印象·刘三姐	2004.3.20	桂林阳朔漓江	6 000万	188/320/680
印象·西湖	2007.3.30	杭州西湖	1亿	220/450/600
印象·丽江	2008.7.23	云南丽江、玉龙雪山、大研古城	2.5亿	190/280/680
印象·海南岛	2009.4.14	海南海口	1.8亿	168/238/688
印象·大红袍	2010.3.29	福建武夷山	2亿	218/298/588
印象·普陀	2010.12.31	舟山朱家尖白山	1亿	238/298/888
印象·武隆	2012.4.23	重庆武隆仙女山	2亿	195/280/480

2002年起,实景演出创始人梅帅元创造了山水实景演出形式并邀请著名导演张艺谋合作一起在中国桂林制作并实施了中国第一部山水实景演出《印象·刘三姐》,创造了一个全新的演出形式。由此开始,张艺谋、王潮歌、樊跃3人组合又陆续推出了6部各具特色的"印

①② 王长松,杨裔,马千里.实景演出的商业模式探究——以"印象系列"为例[J].国际文化管理,2014:67-74.

象作品"。"印象系列"不仅开创了我国大型山水实景演出的先河,也吸引更多团队加入,"印象系列"中的其他剧目《印象·丽江》《印象·西湖》《印象·海南岛》《印象·大红袍》《印象·普陀》《印象·武隆》陆续诞生。

3.1 《印象·刘三姐》

《印象·刘三姐》表演舞台为两公里的漓江水域及十二座背景山峰,构成全世界最大的天然剧场①。"山水剧场"坐落在阳朔县城漓江与田家河交汇处,与闻名遐迩的书童山隔水相望。观众席以绿色梯田造型构成,设席位2 000位,其中普通席位1 800个,贵宾席位180个,总统席位20个,180度全景视觉,可观赏江上两公里范围的景物及演出。《印象·刘三姐》启用了当时国内最大规模的环境艺术灯光工程及独特的烟雾效果工程,创造出如诗如梦的视觉效果,剧场音响采用隐蔽式设计,与环境融为一体,并巧妙利用山峰屏蔽及回声,形成天然的立体声效果。

演出以"印象刘三姐"为总题,大写意地将刘三姐留给人们印象中的经典山歌、民族风情、漓江渔火等元素创新组合,不着痕迹地融入山水,还原于自然,成功诠释了人与自然的和谐关系,创造出天人合一的境界,被称为"与上帝合作之杰作"。演出把桂林、阳朔举世闻名的两大旅游、文化资源——桂林山水和刘三姐留给人们的印象进行巧妙的嫁接和有机融合,让自然风光与人文景观交相辉映。演出立足于桂林,与桂林的音乐资源、自然风光、民俗风情完美地结合,我们看演出的同时,也在看漓江人的生活。

3.2 《印象·丽江》

《印象·丽江》的演出地是一个巨大的碗状露天剧场,看上去简朴、粗犷,玉龙雪山就在不远处耸立。来自10个少数民族的铿锵汉子、来自16个乡下村庄的普通农民、500多个有着黝黑皮肤的非专业演员,用他们原生态的动作,用他们质朴的歌声,用他们滚落的汗水,与天地共舞,与自然同声,带来心灵的震撼。

《印象·丽江》大型实景演出克服了白天演出的诸多弊端,在经过近百次的修改之后,终于将白天的劣势转化为优势,让每一个身临其境的观者都能真实地感受到一种从未体验过的情感。演出全长1个小时,启用了先进的造水工程和烟雾效果工程,与自然交相辉映,营造出令人赞叹的视觉效果。

3.3 《印象·西湖》

《印象·西湖》以西湖浓厚的历史人文和秀丽的自然风光为创作源泉,深入挖掘杭州的古老民间传说、神话,使西湖人文历史的代表性元素得以重现,同时借助高科技手法再造"西湖雨",从一个侧面反映雨中西湖和西湖之雨的自然神韵。整场山水实景演出通过动态演绎、实景再现,将杭州城市内涵和自然山水浓缩成一场高水准的艺术盛宴,向世人推出。世界级的音乐巨匠喜多郎先生受邀出任音乐主创,其空灵悠远的乐章与西湖的神韵相得益彰。张靓颖友情演唱主题歌,她那天籁般的声音也给整场演出增色不少。观众看到了一场高艺术水准的山水实景演出,同时也享受到了一场世界级的音乐会。

3.4 《印象·海南岛》

大型实景演出《印象·海南岛》是世界著名导演张艺谋以及他的"印象·铁三角"团队

---

① 李青山,顾艳伟.山水实景演出疑问的调查[N].中国消费者报,2004-09-10(A04).

继奥运会开幕式后的力作[①]。演出将时尚、休闲、浪漫的元素带给游客,通过新颖的艺术形式和丰富的艺术元素演绎出海南岛上真正的海岛风情、休闲文化和浪漫椰城,将大家带入一种新型的旅游文化体验之旅。这场演出的艺术表现形式不同于此前任何一部印象实景演出,节目形式更新颖、丰富,演出内容不拘泥于展现海南岛的民土民风,更注重娱乐性,是导演梦中意象的关于大海的一场演出。奇特的时空交错感和轻松愉悦、梦幻浪漫的观演感受是这台演出的一大亮点。

3.5 《印象·大红袍》

《印象·大红袍》是目前全世界唯一在第二十三个世界自然文化双遗产胜地创作的"印象"作品。茶既是很高雅的东西,古代文人认为茶"六碗通仙灵",同时茶又是一种生活必需品,老百姓家里有"柴米油盐酱醋茶"。《印象·大红袍》也的确从这两个角度入手表现茶文化,时而很雅,时而又很俗。"筛茶"的场景尤其漂亮,看上去就像是一场"茶神的狂欢"。该演出以独特的视角,向来自世界各地的观众展示不同的武夷"山水茶"文化。《印象·大红袍》山水实景演出的推出,打破了固有的"白天登山观景,九曲泛舟漂流"的传统旅游方式与审美方式,不仅首次展示了夜色中的武夷山之美,同时还创造了多个世界第一。与其他4个"印象系列"作品不同的是,《印象·大红袍》突出故事性和参与性,不仅展示了茶史、各种制茶工艺,还借助当下流行的"偷菜、炒房、蜗居"等语汇,说大王与玉女的爱情故事,说大红袍的来历,说现代人所有的烦恼,说一杯茶所带来的幸福和感悟。

3.6 《印象·普陀》

《印象·普陀》是一台以观音文化为主轴,结合普陀佛教文化和海洋民俗文化,集参与性与观赏性于一体的实景演出。它能让广大游客在礼佛观光的同时,了解观音文化的内涵所在,并在呈现视听美感的同时,传达与人为善、营造和谐的主题。《印象·普陀》延续印象系列的一贯风格,将丰富的舞台元素与壮阔的表演形式紧密结合,完美融入声、光、电等高科技视听手段,倾力打造海天佛国的悠扬气象。《印象·普陀》整场演出借佛教文化中的大爱、善意、美德与自悟为主题元素,表达了所有时代人类社会中的共通情感,通过不同角度的思考与发现,体验生命之美。

在表演呈现上,延续了印象系列秉承的原则:在保有原本实景的前提下,将需要的灯光、道具、节目串排,用最巧妙的方式融入其中,绝不破坏和挪移。此次最为人津津乐道的是主创人员在360度旋转观众席的基础上,打造出效果绝妙的魔幻剧场,不仅剧场本身有一个环绕的外壳,令观众有多角度的视觉体验,而且前面还有8块可随意推移的挡片,使眼前有限的景物,变得无限大。

3.7 《印象·武隆》

《印象·武隆》实景歌会由印象"铁三角"张艺谋任艺术顾问,王潮歌、樊跃任总导演,近200位特色演员现场真人真情献唱,以濒临消失的"号子"为主要内容,让观众在70分钟的演出中亲身体验自然遗产地壮美的自然景观和巴蜀大地独特的风土人情。

剧场选址在重庆市武隆县桃园大峡谷,距仙女山镇约9公里。峡谷呈"U"形,高低落差180米,远山神秘,近山雄奇,沟壑清幽。剧场的选择不仅保护了生态,也为演出提供绝佳的表现空间。剧场共设计安装观众座位2 688个,舞台延伸至看台,看台又融入舞台,演员与观

[①] 刘艳,张河清.真实性角度透视实景演出之成败[J].企业导报,2010(5):237-239.

众零距离接触。《印象·武隆》实景歌会将在幽静的山谷里重新唱响久违的"号子"。

4 "印象系列"实景演出特征

"印象系列"是北京印象创新艺术发展公司打造的大型山水实景常年演出项目。所有的项目都创造性地采用了"全景式,大舞台,总调度"的构思,采用历史悠久的当地民歌,利用世界著名的旅游风景,以天地为舞台,山水为道具,融合现代声、光、电技术,演出天人合一、情景交融。导演之一樊跃认为,为了达到"大片"的视觉效果,每一台演出都有一个舞台奇观;为了打动观众的情感,每台演出中都有几个情感爆发点,使得此"印象"非彼"印象",每一场都各具特色。其基本特征如下:

4.1 以实地景观,演实地文化

"印象系列"的一大突出特点就是以真山真水为演出舞台,同时深入挖掘当地的历史文化,精准定位其最具代表性的文化符号来进行内容上的创作,以此避免整个系列的同质化和地方特色的隐性掩盖。

《印象·刘三姐》的演出地坐落在阳朔漓江和田家河的交汇处,由玉屏峰、雪狮岭和书童山等12座山峰和水域构成①。观众席为180度全景视觉的绿色梯田造型。《印象·西湖》的表演舞台选在了西湖的岳湖景区。在岳湖楼南边设置可容纳1 800人的升降式、可收缩、可移动阶梯形看台。与此同时,《印象·西湖》以西湖浓厚的历史人文和秀丽的自然风光为创作源泉,深入挖掘杭州的古老民间传说、神话,使西湖人文历史的代表性元素得以重现。而《印象·海南岛》则着重突出了海南岛休闲、浪漫的时尚元素,充分演绎出了海南岛的海岛风情和休闲文化。

4.2 名家大手笔,全景大制作

所有的"印象"系列作品都是由张艺谋、王潮歌和樊跃三人组成的"铁三角"的联手打造,这有力提升了"印象系列"的知名度和在国际国内的影响力②。除导演之外,每一部"印象系列"作品都邀请到多位国际顶级艺术家联手加盟创作。以《印象·西湖》为例,演出中的音乐皆由在国际上极负盛名的日本顶级音乐家、作曲家喜多郎先生一手打造,他为《印象·西湖》创作的歌曲高潮部分《西湖雨》,由我国著名歌手张靓颖演唱,唱出了西湖的烟雨朦胧、浪漫诗意。

"印象系列"从《印象·刘三姐》开始,就定位为"高投入、大制作"。从上文也不难看出,"印象系列"的投资规模之大并呈现出进一步增大的态势。目前,《印象·西湖》《印象·海南岛》等投资成本已然超过2亿元。

4.3 高科技支撑,新舞台场景

在舞台场景方面,"印象系列"完全展示了实景演出区别于传统舞台演出的优势,通过高新科技,令观众体验到前所未有的视觉冲击力。《印象·刘三姐》运用灯光、烟雾技术营造出不同季节变换的景象,增强了舞台效果的时空感,并且利用水面屏幕播放电影《刘三姐》的经典镜头,影像技术的运用极大地丰富了舞台表现效果。《印象·大红袍》则采用了300盏视

---

① 卢璐.从《印象·刘三姐》看融资在文化旅游项目开发中的作用[J].金融经济,2007(2):21-22.
② 李朝晖.丽江文化产业发展浅析——以《印象·丽江》为例[J].时代经贸,2008,6(114):242-243.

频数码灯和电脑灯,利用灯光效果为观众呈现出一场视觉盛宴,同时还配合了世界顶级音响设备、实景电影等高科技技术。

4.4 市场化运作,品牌化开发

"印象系列"巨大的投资规模,要求必须在政府引导之下,通过市场化的运作,吸引社会资本的参与。大量的民间资本通过有限公司的形式,按照现代企业制度充分参与到"印象系列"的项目管理之中。

通过产品系列化的开发战略,张艺谋的"印象铁三角"和他们的"印象系列"已经成为在国际国内都具有一定知名度的文化品牌。品牌效应为"印象系列"日后推出新作品提供了融资、营销、名家引入等多方面的便利。"印象铁三角"已经成为国内实景演出的金字招牌,"印象系列"已经成为各地方为打造文化旅游、吸引游客增加旅游收入而争取的利器。

5 "印象系列"的商业模式

5.1 制作团队

在团队高层方面,铁三角有着自己的分工:"被称作有商业天赋"的王潮歌出任 CEO,樊跃更多的是做个不折不扣的艺术把控者,而张艺谋的力量更多体现在大局的灵感和建议上。

在实景演出的一线演员方面,"印象系列"的演员是由民间演员与专业演员相结合而构成的,其中民间演员大多是来自于当地的居民,他们最生活化、最质朴的表演成为实景演出原生态的重要体现。为了充分挖掘、培养艺术人才,保证剧目的高艺术水准,《印象·刘三姐》演出过程中成立了张艺谋漓江艺术学校,学生在演出中提升表演才能,也可以通过参加演出获得相应报酬。通过这种新型的人力资源开发途径,"印象团队"不仅培养了一大批艺术人才,而且一定程度上降低了"印象系列"的人力资源成本。

5.2 融资模式

"印象系列"的融资模式概括而言就是由政府牵头,吸引非公有制资金投入。"印象系列"的融资模式主要有政府政策性扶持资金、民营公司资金、银行贷款、品牌无形资产投资经营 4 种形式。以《印象·刘三姐》为例,2005—2010 年 6 年间,《印象·刘三姐》受惠西部大开发税收优惠政策,累计获减免企业所得税 4 802 万元[①]。政府的责任在于通过服务、引导和协调创造一个良好的投资环境,而投入和经营的主体是市场。《印象·刘三姐》项目运作具体交给广西维尼纶集团有限公司。广维董事会仅用了 1 个月时间便作出了投资决定,投资总额达到 8 000 多万元。2006 年以后,风投公司 IDG、SIG、云峰基金等先后入股北京印象创新艺术发展有限公司,公司业务经营模式开始以股份形式参与投资,三大导演都享有一定的股份。

5.3 营销模式

在"印象系列"的前期宣传上,主要借用名人、名胜、异域文化达到明星效用,再用媒体造势,加大宣传。在项目营销上,主打品牌组合牌、与旅游公司联合牌。特别是在票务销售中,实景演出项目一般将票务销售与当地旅行社业务紧密联系起来,让旅行社充当演出票务销售的主力军。另外,进行目标市场细分,采取差额定价,吸引不同群体的游客。

---

① 孙海兰,焦勇勤.山水实景演出的意义与问题[J].山东行政学院学报,2010(3):48.

5.4 运营模式

以 2006 年风险投资巨头 IDG、SIG 相继入股北京印象创新艺术发展有限公司为界限,演出管理可以分为两个阶段:

第一阶段,即《印象·刘三姐》《印象·丽江》的生产时期。这一阶段"印象"尚未成为系列产品,生产与产品市场运营相分离,产品运营环节主要交给当地的政府与融资企业负责。产品设计由张艺谋、王潮歌、樊跃三人来完成,硬件是指舞台搭建、灯光舞美、服装制造等,它以工程项目的形式分别外包给相关专业团队来完成;在软件上主要指演出内容的编排,项目导演、制作人、总监等为编排主体,对当地农民演员和少部分专业演员进行专业的演出培训。

第二阶段,也即 IDG、SIG、云峰基金等入股北京印象创新艺术发展有限公司之后。原来发起组建北京印象创新艺术发展有限公司的三位导演也成为新公司股东。公司业务经营模式开始以股份形式参与投资。除"丽江"项目没有股权外,"刘三姐"项目有少量股权,在其他项目中都持股 30%~40%。这一阶段,作为股东的三位导演不再处于之前产销分离的状态,而是在设计、生产产品的同时考虑到产品的生产成本、内容卖点及包装等问题。此外,在整个经销过程中,在确立每个"印象"投资后,北京印象创新艺术发展有限公司和几个合作方再成立一个当地企业。比如《印象·海南岛》的出品公司是海南印象文化旅游发展有限公司,由后者负责该项目的运营。"

整体来说,"印象"的商业模式可概括如下:首先由地方政府向著名导演张艺谋领衔的北京印象创新艺术发展有限公司发出邀约,之后主创团队("铁三角"张艺谋、王潮歌、樊跃)到景区进行实地考察,确定是否合作。确定合作后,地方政府牵头组成的投资方与北京印象创新艺术发展有限公司合资成立独立出品公司,创作团队结合景点特色和文化,打造演出项目。独立出品公司进行项目日常管理和运营。根据协议,"印象"的艺术主创团队将从每年的演出收入中提取版税,同时还要每年对演出进行维护性排练和改进,保证演出的质量。具体模式如下:

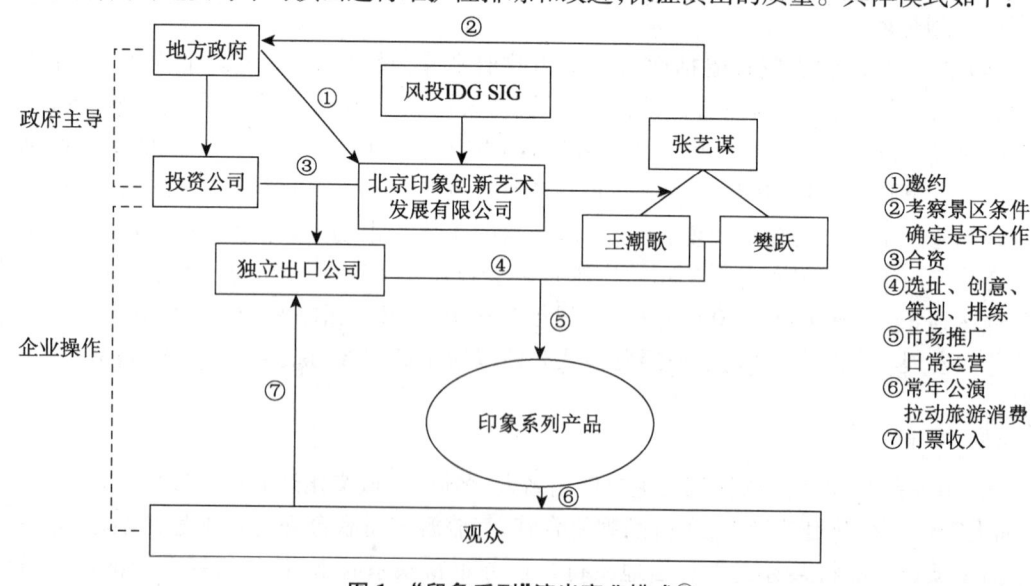

图 1 "印象系列"演出商业模式①

---

① 王长松,杨裔,马千里.实景演出的商业模式探究——以"印象系列"为例[J].国际文化管理,2014(00):67-74.

张艺谋团队的商业模式和梅帅元团队是完全不同的。梅帅元走的是一条"轻资产"的道路。所谓"轻资产"运作是指运用最少的成本去撬动最大的资源以获取最大的利润,其中的关键点就是整合资源。梅帅元坚持的理念是要让实景演出在瞬间聚合起巨大的资源。正因为如此,他的公司状态松散,每个项目都是独立的公司,没有统一的名称和LOGO。梅帅元以整合文化资源的模式制作了10部大型实景演出。他的团队主要负责前期演出的策划和部分创意,然后根据不同的项目,选择不同的导演、艺术家、文化人合作。

6 效应分析

6.1 经济效应

《印象·刘三姐》是"印象系列"的开山之作,也成为了文化与旅游结合的典范。它以真实的山水实景为舞台背景,用高科技的灯光、舞美为观众呈现了一场梦幻般的饕餮盛宴,把壮族文化和桂林山水有效地结合为一体。许多观众在看过《印象·刘三姐》之后,都认为这是自己所看到过的最震撼人心的演出。如今《印象·刘三姐》已成为广西旅游的一张王牌,并为阳朔经济带来了直接或间接的效益[①]。

自2004年3月正式演出以来,《印象·刘三姐》不仅创造了持续攀高的票房,还强有力地拉动了阳朔地区的旅游产业和其他关联产业的发展,极大地促进了县域经济的发展。从2004年3月20日《印象·刘三组》正式演出到2004年底,观众达到35万人次,直接经济效益6 000万元,其中门票收入3 000万元。2005年《印象·刘三姐》的经济效益达到8 000万。与此同时,《印象·刘三姐》也在不断完善其产业链,先后开发了"东方迪斯尼乐园"——东街壮族民俗文化街以及诸多房地产与商业项目等。有关专家测算,《印象·刘三姐》的演出给阳朔带来1∶5以上的拉动效益,仅演出区域及周边土地增值平均就达5至10倍,由这台演出形成的"印象经济",为阳朔的经济增长作出了巨大贡献。《印象·刘三姐》还直接创造了阳朔当地大量就业机会,拉动了整个经济链条的快速运转。据阳朔县有关部门估计,目前全县的劳动力人口中,《印象·刘三姐》产业运作的受益人口占5%。演出前,阳朔县宾馆的床位是8 000多个,演出后便快速增加到了12 000多个,房价则平均提高了20至30元。由于演出,通往演出场地的唐人街到歌圩的数百米道路已成为了新的商业消费、餐饮及住宿一条街。同时,演出使得阳朔县改变了游客不过夜的旅游瓶颈,过夜游客曾达到了惊人的20万人次,2004年更是一举达到50万人次左右。《印象·刘三姐》推动了阳朔的产业升级,使其原本以农业为支柱产业的情况得到了极大改善。

丽江,是一个以旅游为龙头的城市,其旅游业总产值占国民生产总值的一半。《印象·丽江》的公演不仅给丽江带来更多的高端游客,也使丽江的旅游业注入更多的文化成分,大大提升了其文化品位[②]。《印象·丽江》不仅为促进丽江旅游业的蓬勃发展作出了积极贡献,更带动了丽江地区经济的全面发展。截至2009年3月,《印象·丽江》累计演出1 300多场,销售门票100多万张;2008年共接待观众60多万人,门票收入6 700多万元,创造利税

[①] 蒋桂斌.《印象·刘三姐》缘何成为文化产业成功"范本"[EB/OL].新华网,209-05-01. http://news.xinhuanet.com/newscenter/2009-05/01/content-11294500.ht.

[②] 徐世丕.旅游演艺的历史、形态、格局与类别[N].中国文化报,2009-05-15(3).

3 000多万元。

当地政府官员认为,《印象·丽江》也为丽江这一国际旅游目的地、世界文化遗产地注入了新的文化内涵,有力推动了当地旅游业的发展,它将成为大香格里拉旅游圈形成的催化剂、黏合剂和稳定剂。相关人员调查显示,以往游客在丽江的停留时间仅为1.65天,《印象·丽江》雪山篇的演出增加了游客游览线路,将游客在丽江滞留时间提升为2天以上,并增加了旅游车、餐厅、酒店等相关产业的收入。《印象·丽江》这个原生态演出,在为当地创造经济效益的同时,还改善了停车场和景点周边设施,开设了艺术学校,并养活了一个520人的演出团队,有效地缓解了当地的就业问题。

同样,《印象·西湖》也为杭州的旅游业带来了不小的变化。"上有天堂,下有苏杭",这个以旅游著称的城市长期以来都是我国旅游业的佼佼者。然而,夜游市场一直以来都是制约旅游发展的一个瓶颈。《印象·西湖》的出现对杭州的夜游市场的发展起到了一个很好的推动作用。有了夜间的高品质演艺项目,留宿杭州的游客有所增加,同时带动了西湖周边夜游项目的发展。《印象·西湖》不仅与城市的气质相吻合,在加深游客对城市的理解的同时,也为其赢得了经济效益。

6.2 文化效应

文化效应是当今旅游演艺事业不可忽视的重要方面,文化深度以及文化品位的高低是决定一个旅游演艺团体水平的重要方面。经济效应在于提高社会物质生活而文化效应更注重提高人们的精神境界、审美趣味。文化效应是刺激经济效应的重要触媒,高质量的文化旅游项目是一个旅游地区取得良好市场效益、获得快速发展的前提。《印象·西湖》自开演以来,吸引了大量国内外的游客,它不但使国内的游客对杭州的文化有了更深刻的了解,也有助于增长我国文化的国际影响力。许多国外的游客对"印象"系列的演出给予了很高的评价,演出使他们的旅游有了全新的收获,不仅是对风景的欣赏,更是一次对当地文化的品位之旅、体验之旅,不仅是休闲之旅,更是文化之旅。

广西境内居住着壮、瑶、苗、侗、水、仫佬、仡佬、彝、毛南、京、回等少数民族,少数民族种类及人口众多。在千百年的历史长河中,少数民族的文化成为了当地文化的重要组成部分,为当地留下了丰富而珍贵的文化遗产。《印象·刘三姐》主要针对壮族文化的继承、发展和创新。电影《刘三姐》的上映,让刘三姐这个形象在全国家喻户晓,俨然成为了广西文化的一个品牌。事实上,刘三姐的传说在广西自古便广为流传,是广西文化的一个标志。《印象·刘三姐》正是在刘三姐传说的基础上,整合了其他广西少数民族文化资源,通过科技手段和真实的山水呈现,为传统的广西文化赋予了新的时代内涵。《印象·刘三姐》逐渐成为了阳朔旅游文化市场的金字招牌,不但为阳朔赢得了经济效益,同时让全国乃至世界的游客了解了广西少数民族人民的故事及生活方式。可以说,《印象·刘三姐》强化了广西少数民族的认同心理,它使表演主体对民族民间文化元素产生深层次的认同感。

"印象"系列的演出已然成为了一个高品位的文化现象与标志,到当地旅游的游客,很多无不怀着对演出的期待,将观看演出作为既定的行程。而当地政府通过旅游与文化的结合发展旅游,不仅宣传了旅游地优美的风光,还把底蕴丰厚的当地文化在最短时间内介绍给中外游客,有效地提升了城市的形象,也为当地乃至我国文化的传播作出了应有的贡献。

6.3 社会效应

每一个旅游演艺团体都是立足于社会之中,具有各自的社会地位和社会功能。"印象"

系列演出的蓬勃发展促使其社会效应日益明显。"印象"系列演出不但为当地的经济发展作出了贡献,从演员到当地从事旅游产业相关的居民,也都从演出中获得一定利益,形成了一条完整的产业链条。以《印象·刘三姐》为例,它的演员多是当地的农民,参与演出让他们的年收入增加了几千元。同样,《印象·丽江》也是500多名演职人员赖以生存的支撑点。在《印象·丽江》的演员中,有很多人原本家庭一贫如洗,现在,演员们不但有吃有住,还可以靠唱歌、跳舞赚钱养家。那些演员本就是少数民族,生来能歌善舞,他们不曾想象还可以靠自己的爱好养家糊口而不用去靠血汗卖苦力。《印象·丽江》将那些原本人们感到陌生的当地少数民族文化展示到了游客面前,让演员们看到,正是他们自己的文化给游客带去了无尽的感动与欢乐。演出的成功不但给了演员们好的生活,更让他们感到了由衷的自豪,从前只会种地、做苦力的他们,如今在做着一件保护和弘扬本民族文化的工作,这让他们找到了更高的目标和人生价值,精神境界得到了很大层次的提升。即使是参与过演出已回到家乡的村民,也从此改变了人生的追求,非常乐观、勤劳,这感染着其他当地的居民。通过旅游演艺产业的发展,使得当地居民过上了小康生活,"印象"的演出在全国开创了文化产业发展产生社会联动效应的先河。

"印象"系列演出的社会效益不单体现在对当地居民生活的改善上,还体现在其对于当地生活环境改善所作出的贡献上。由于"印象"系列的演出场地全部采用真实的山水实景,外界便产生了许多对演出污染环境的质疑。实际上"印象"系列的演出本着"绿色艺术,环保先行"的理念,不但尽可能不破坏环境,还投资对环境进行改善。整个《印象·刘三姐》园区工程由清华大学建筑学院设计,着重保护漓江两岸和水面的原生状态。演出用的水雾设备、灯光设备、浮岛式水上舞台,都采用了当时先进的环保型技术。同时,为了方便游客到达演出地区,演出区域周边新修了乡村道路达6.2公里,大大方便了当地人的生活。为了营造干净、和谐的演出环境,演出地还清除了垃圾死角,定期对道路和屋前屋后进行清扫。有些地区还修建了污水处理工程,同时用上了自来水,改善了村民的生活卫生条件。可见,"印象"系列的演出对旅游地居民生活和环境的改善起到了很大的推动作用。

7 成功经验

7.1 产品创新:拓展旅游产品的内涵

旅游产品开发过程中同质化竞争激烈,导致了众多提供无个性产品的旅游企业惨遭经营失败,如全国各地纷纷仿照深圳而兴起的主题公园的失败就是同质化竞争的后果。山水实景演出的亮点在于:有机结合原本已经存在的、基本处于分割状态的山水自然资源和人文资源,通过整合而赋予旅游产品新的内涵,形成全新的文化旅游产品,促进了旅游更高层次的发展。具体而言,主要体现在以下几方面:

7.1.1 自然山水和人文资源的有机结合

在传统的旅游中,旅游者能看到的基本上是单纯的自然风光或人文旅游产品,这些产品以单纯的静态或动态为展现形态,因此,旅游者以"走马观花"的观光旅游方式为主,难以对这些旅游过程产生深刻印象。与传统旅游方式不同,山水实景演出对自然山水和人文资源进行有机结合,使演员演绎和诠释的当地人文表现出的动态和作为舞台背景的山水的静态巧妙融合,动静相宜,带给旅游者文化与山水共融的双重旅游感受,是一种颇具创意的旅游方式。

7.1.2 主题鲜明,形式多样

山水实景演出的舞台背景和演出内容具有明显的地域性特征,从而突出其鲜明的主题,在内容和形式上独具特色。《印象·刘三姐》和《印象·丽江》同为山水实景演出,但演出的山水背景及表现的民族风情都不同,主题和形式各异,避免了产品同质性引发的市场竞争。因此,山水实景演出难以模仿,具有明显的差异性特征,易于培育持久的市场竞争力。

7.1.3 高科技手段并用,注重体验感受

人类社会进入了一个"企业以服务为舞台,以商品为道具,以消费者为中心,创造能够使消费者参与、值得消费者回忆的活动"的体验经济时代,体验活动集娱乐、教育、逃避现实和审美于一身,形成独特的个人遭遇。体验经济时代的旅游者在旅游活动中越来越注重旅游的体验性,并把旅游体验的满足与否作为评判旅游活动质量高低的一个重要标准。山水实景演出充分运用高科技手段辅助演出,使旅游者置身于天然剧场中,在山水美景背景下得到了娱乐的享受,实现了对现实的暂时逃避和人文知识的积累,并在声、光、色等的配合中增强了审美体验,因此,山水实景演出满足了旅游者体验的需求。《印象·刘三姐》摒弃了传统的说教戏剧模式,在《印象·刘三姐》的演出现场,观众坐在梯田观众席上,全身心地参与在演出当中,满足了旅游者体验的需求。

7.1.4 充分利用季节的差异性,富有表现力

自然山水旅游,如森林景区、海洋景区旅游等等,季节性明显,淡旺季的时间分配制约了旅游者的流量和景区的收益。人文旅游产品较少受到季节影响,但单一性使其表现力不强。作为自然和人文融合的山水实景演出不仅淡化了旅游的淡旺季色彩,还可以根据不同气候进行个性化的演出设计,丰富演出的内容和形式。《印象·刘三姐》的演出利用季节的差异性,根据晴、烟、雨、雾不同自然气候和春、夏、秋、冬不同季节设计出了不同版本,还针对漓江水流、水位的变化对演出进行相应的调整,使每场演出都可能是新的,使不同季节的观看效果各不相同,表现力很强。

7.2 市场细分:有效地抓住特定的目标市场

市场细分就是以消费需求的某些特征或变量为依据,区分具有不同需求的顾客群体。国家旅游局对美、日、英、法、德五国游客访华动机的综合调查表明,排在第一位的是为了了解当地民众的生活文化,占100%;第二位的是了解历史文化,占80%;第三位的是游览自然风光,只占40%。各国去欧洲的旅游者中,65%是进行文化旅游[①]。由此可见,文化旅游已成为旅游者需求的新趋势,这给旅游企业市场细分提供了一定依据。山水实景演出融山水、人文和高科技为一体,既是文化产品,也是旅游产品,可以同时满足旅游者的文化需求和观光需求,对文化修养较高或喜欢猎奇的旅游者具有强烈的吸引力,因此,这部分人群理应成为山水实景演出市场细分的首选目标市场。《印象·刘三姐》面临的大的市场环境为:桂林作为老牌且知名度高的旅游城市,客源市场广阔,如2004年全年旅游接待总人数为1 111.43万人,其中国内旅游者为1 030.66万人,入境旅游者为80.77万人;2005年桂林旅游接待总人数为1 205.08万人次,其中境内游客1 104.99万人次,境外游客为100.09万人次;2006年1~4月,桂林接待入境过夜旅游者30.1万人次,外国人占总量的57.28%。这表明《印象·刘

---

① 谢大京,一丁.演艺业管理与运作[M].上海:上海音乐出版社,2007.

三姐》所依托的游客市场数量巨大且稳定,抓住文化层次较高、喜欢猎奇、收入较高的旅游者作为目标市场,会使《印象·刘三姐》在竞争中处于优势,获得良好的经济效益。据调查,《印象·刘三姐》演出时,座无虚席的观众席上老外的比重不小,这印证了《印象·刘三姐》市场细分的准确性。

7.3 市场运作整合:最大化地形成轰动效应和品牌效应

好的产品创意要转变为旅游者的购买现实,需要被旅游者所认知并认同,而这需要一系列的市场运作,把旅游产品推向市场①。山水实景演出不仅是一种文化旅游产品,更是一场演出,是一个过程,因此,事件营销是山水实景演出的重要营销手段,和该演出事件有关的诸多要素都可以成为市场营销策略的卖点。演出需要编剧、导演、演员等,如果这些演职人员中人的要素具有一定知名度,则打出诸如某山水实景演出由"某某著名编剧创作""由著名的某某任导演"或"由某某著名演员担任演出主演"等宣传将很容易形成市场的轰动效应。山水实景演出的山水和人文结合的创新方式及其独特景观和壮观的演出画面有助于制作精美的震撼心灵的图片、宣传片和音像、图书等进行广告宣传。经过一系列的市场运作整合,山水实景演出为市场所认知并促使旅游者产生购买行为,由此将最大化地形成轰动效应和品牌效应。

《印象·刘三姐》在市场运作中有诸多市场营销策略的卖点:运用了其作为"中国第一部山水实景演出和演出场地为世界上最大的山水实景剧场"进行宣传,非常能抓住已经看腻了传统舞台演出的观众的心;齐秦、齐豫、刘欢等著名歌手的加盟让许多歌迷心向神往;由指导过多部在国内外享有盛誉的电影的国际级大导演张艺谋任该实景演出的总导演,足以使之令人期待;《印象·刘三姐》在语言使用上有效地把汉语和英语结合,如歌曲《多谢了》和《对歌》中英文合璧,《蝶恋花》则有中文和英文两个版本,在给观众美的享受的同时,既能吸引国内观众,也极大地争取了国外观众。《印象·刘三姐》的诸多宣传广告卖点使其成为媒体追捧的宠儿,新华社、中央电视台等媒体曾进行过大量报道,并且好评如潮,《印象·刘三姐》自上演以来,成为桂林旅游最大热点。

7.4 市场开发延伸:形成山水实景演出的联动经济效应

山水实景演出的独特、新奇和成功的市场开发吸引旅游者的大量涌入。旅游者有"食、住、行、游、购、娱"的需求,这将拉动山水实景演出所在地餐饮、住宿、交通、娱乐、购物、房地产等行业的发展,带动和山水实景演出有关的音像制品、图书等衍生产品的开发,从而促进文化产业的新市场开拓,延伸了山水实景演出的市场开发范围。人气的汇聚也将更有助于山水实景演出保持市场繁荣,从而形成良性的联动经济效应,促进当地的经济发展。《印象·刘三姐》的火爆上演引发了桂林阳朔的"印象经济",表现在:《印象·刘三姐》的演出让到阳朔的游客旅游时间平均增加了 0.3 天,给阳朔经济带来的直接或间接的增长点在两位数以上;阳朔餐饮和住宿业火爆;增加了当地农民的收入,带动当地农民向城市发展;因大量游客的出入和停留,催生了旅游新景点——东街;根据演出内容衍生出相关的图书、光盘出版物等文化产品。

---

① 张玉玲,王齐国.印象系列:打造文化产业的中国品牌[N].光明日报,2010-02-24(9).

8 反思启示

实景演出并非个个赚钱,也不是哪个景区都适合。大型实景演出动辄需要几千万、上亿元的投资,一旦不能保证观众数量,无法保证演出场次,就意味着巨大的投资风险。同是知名团队"印象"系列的实景演出,《印象·海南岛》却一直惨淡经营。有的实景演出,仅演了几场就难以为继,还有一些实景演出长时间不温不火,能够在蛰伏多年后走出困境的寥寥无几。有的景区不顾游客规模不够、气候条件不适合长期户外演出的限制,甚至冒着破坏环境的风险,硬是斥巨资打造实景演出,结果必然事与愿违。

作为"印象"系列的第四部作品,《印象·海南岛》演绎着与之前的作品不同的命运。投资近2亿元的《印象·海南岛》在2009年4月公演时虽以其高科技效果吸引了一些眼球,但短暂的绚丽过后,是长时间的落寞。不少看过《印象·海南岛》的观众有一个共识:缺乏艺术内涵,缺少海南本土文化。《印象·海南岛》只是一个现代时尚的高科技产物,就像好莱坞制作的商业片,除去绚烂、光鲜的外壳,内里却显得单薄空洞。许多看过《印象·海南岛》的观众认为,节目单靠声嘶力竭地颂扬大海,而海南少数民族和本土文化元素却成了点缀,缺乏内在的神韵和激动人心的力量。除了热闹之外,演出没有留下多少让人联想、回味的东西,缺乏碰触人心灵深处的文化内涵。

作为我国独创的艺术表现形式,虽然实景演出市场日益红火,但大多数演出未能真正实现盈利。高投入与低收益的强烈反差引来质疑:盲目跟风、简单重复、浪费资源……大型实景演出未来的发展趋势值得探讨。

地方政府一哄而上造"印象",由此产生的后果不容小觑:一是动辄数百上千人的实景演出,难免污染景区环境;二是一出"印象"开价上百元,有的与门票捆绑销售,加大了公众旅游成本;三是巨额资金投入回报没保证。

在张艺谋"印象"感召下,各地一哄而上,集体克隆,大多数景区赚了吆喝赔了买卖;演出从形式到内容大同小异,表现手法老一套;只考虑演出效果,不考虑投资利益。"印象"耗资巨大、经营惨淡,其实和以前搞"主题公园""世界之窗"并无本质区别。

为什么有风险却依然有许多地方不遗余力地炮制呢?这种对"名牌"的模仿和跟风是当前社会上普遍存在的一种心理弊病,在市场运作中尤为突出,体现了一些企业和地方政府急功近利的心理状态。

实景演出要想成功,必须山水给力、演出精彩、文化与环境相得益彰。真山真水是否奇特美丽,是实景演出成功的基本条件。缺少了有吸引力的真实山水,缺少了真实山水与舞台表演的相互映衬,即使高科技设备制造的效果再震撼、舞台再华美,带给观众的也只是现场的强烈视觉冲击,而没有看完演出后的回味无穷。比如《印象·刘三姐》以漓江上的山峰为背景,《印象·丽江》的背景则是神秘、美丽的玉龙雪山,这样的实景,本身极具美感,且不可移动、不可替代,也就成为演出难以复制的核心竞争力。

文化底蕴与艺术特性同样重要。实景演出不依靠明星阵容的号召力,演员多是当地的普通百姓,并且需要天天演出,因此,演出内容的设计是否有吸引力、是否有创新,也是制约实景演出市场效果的重要因素。实景演出的消费主体,既不是当地的居民,也不是文化专家,而多是"到此一游"的游客。因此,实景演出必须有文化内涵和艺术特色,艺术地展现当地的自然生态和人文风情,既不能过于抽象艰涩,也不能缺乏普通观众易于接受和喜爱的美感。遵循市场的需求,创造出具有地区特色的文化旅游品牌,演艺产业才能实现可持续发展,也才能带动旅游经济发展。

不仅如此,实景演出要想常演不衰,还必须有比较完备的旅游基础设施条件的配合,如交通、餐饮、住宿等条件的同步完善。配套条件跟不上,再出色的演出也难以留住游客。

对于实景演出的创新意义和带动作用,应该予以肯定。实景演出目前存在的一些问题,不少都是发展过程中必须经历的,会随着实景演出产业和旅游产业的逐渐规范、成熟而得以改善。至于实景演出到底多少为宜,不可能给出具体数字,也没有必要给予硬性限制。在快速扩容的旅游市场面前,如果实景演出能够量质齐增,跟得上观众的需求,继而转化成有效的市场消费,这种扩张就不是虚肿和泡沫。

 案例使用说明

一、教学目的与用途

1.适用的课程、对象

本案例适用于学习旅游管理、旅游市场营销、景区管理、旅游人文地理等相关课程的本科生与研究生。

2.教学目的

通过本案例的教学,对于旅游实景演出有初步的了解,引导案例学习者对于旅游实景演出的管理理念和管理方式的思考。

二、启发思考题

1."印象系列"对于其他旅游实景演出有哪些值得借鉴的地方?

2."印象系列"旅游实景演出的产业、产品、营销还有哪些?在旅游实景演出方面还可以进行怎样的提升?

3."印象系列"旅游实景演出有哪些不完善的地方,如何做得更好?

4."印象系列"旅游实景演出面临的问题还有哪些?针对所有这些问题,你有什么应对措施?

三、分析思路

我国旅游实景演出现状简介—"印象系列"旅游实景演出介绍—"印象系列"旅游实景演出特征—"印象系列"旅游实景演出商业模式—"印象系列"旅游实景演出效应分析—"印象系列"旅游实景演出成功经验—"印象系列"旅游实景演出反思启示

四、关键要点

1.我国旅游实景演出现状简介

2."印象系列"旅游实景演出运营模式

3."印象系列"旅游实景演出融资模式

4."印象系列"旅游实景演出营销管理

5."印象系列"旅游实景演出反思启示

五、建议的课堂计划

1.时间安排

以 90 分钟为宜,其中 15 分钟阅读案例,15 分钟学员进行小组讨论,15 分钟小组代表发言,15 分钟师生互动交流,20 分钟学生书面分析总结,10 分钟教师最后总结。

2.黑板板书设置不作严格和固定要求

3.小组的分组及分组讨论内容

建议 3~5 人为一组,每组自行推选小组代表进行发言。讨论包括两方面:一方面是整体对于整个旅游实景演出市场的讨论,另一方面是对于旅游实景演出市场中某一关键要点的讨论。各小组各有不同的关注点。

丽江古城
——古城(文化遗产)旅游管理

彭 瑜　林越英

【摘　要】 丽江古城由大研古城(含黑龙潭)、束河民居建筑群、白沙民居建筑群3部分组成。古城山水、树木和建筑融为一体,充分体现了从宋元时期(公元12世纪)开始各历史阶段的社会经济文化发展,以及为丽江古城人居环境不断改进与完善而进行的不懈努力。本案例首先对丽江古城进行了简单介绍,并梳理了丽江古城主要的物质文化遗产和非物质文化遗产资源,然后从丽江模式、旅游产业管理、旅游产品管理、旅游营销管理、旅游形象管理、旅游保护管理和丽江古城旅游面临的问题等方面对丽江古城(文化遗产)旅游管理进行了阐述和综合分析。

【关键词】 丽江古城;东巴文化;古城(遗产)旅游;旅游管理

1　丽江古城概况

1.1　丽江古城简介

丽江古城由大研古镇(含黑龙潭)、束河民居建筑群、白沙民居建筑群3部分组成,位于云南省境内海拔2 400米的丽江坝子中,建于宋末元初,盛于明清,迄今已有800余年历史。丽江古城总面积为7.279平方公里,古城内居住着原住居民6 200多户,共25 000多人,其中纳西族占73%以上。从公元12世纪开始,丽江古城就逐步成为中国川滇藏贸易重要的物资集散地,是南方丝绸之路与茶马古道的交汇点。自元代(公元13世纪)与中原朝廷建立统属关系后,木氏土司始终保持着与汉族地区的友好往来,改土归流之后(公元18世纪初),丽江古城更成为纳西、汉、藏、白等各民族经济文化交流的重要枢纽。1997年12月,联合国教科文组织世界遗产委员会一致通过将丽江古城列入《世界遗产名录》,随着丽江旅游业的发展,现在丽江古城已经成为了丽江市旅游景点中的"景脉"。

1.1.1　大研古镇

大研古镇是丽江古城的主体部分,有很多人也直接用丽江古城来意指大研古镇。大研古镇的纳西名叫"巩本知","巩本"为仓廪,"知"即集市,可知大研古镇曾是仓廪集散之地。大研古镇位于丽江坝子中部,北依象山、金虹山,面积3.8平方公里,始建于南宋末年,有800多年的历史。象山西麓的黑龙潭是大研古镇的主要水源,发源于象山脚下的玉泉河水分3股(西河、东河、中河)流入古城,穿街绕巷。古城四方街是一个大约4 000平方米的梯形小广场,五花石铺地,不仅是街巷的核心,也是滇西北地区的集贸和商业中心。古镇以四方街为核心,从四方街四角又延伸出光义街、五一街、七一街、新华街四大主街,众多街巷从这些主街岔出,形成逐层外延、缜密而又开放的格局。整个古镇布局错落有致,既有山城风貌,又富于水乡韵味[1]。

1.1.2 束河民居建筑群

束河,纳西语称"绍坞",意为"高峰之下的村寨"。束河民居建筑群(束河古镇)位于大研古镇西北4公里处,是纳西族先民在丽江坝子最早的聚居地之一,是茶马古道上保存完好的重要集镇,历史上曾是从事皮革和其他手工业的工匠云集之地。束河古镇现归属于束河街道,属古城区管辖范围内,核心区域面积约5平方公里。束河古镇的设计布局是丽江古城的姊妹篇,整个古镇西靠聚宝、龙泉、莲花3山,从九鼎龙潭流出的九鼎河、青龙河、疏河"三河并流"穿街过村。四方街是整个古镇的心脏,四方广场长32米、宽27米,街道从这里向四面八方延伸。建筑群内民居房舍依山傍水、错落有致。另外,建于明代(公元1368—1644年)的青龙桥横跨于青龙河上,是丽江境内最大的石拱桥。著名的"束河八景"为夜市萤火、烟柳平桥、鱼水亲人、断碑敲音、石莲夜读、龙门望月、大觉宫、千年银杏[2]。

1.1.3 白沙民居建筑群

白沙民居建筑群(白沙古镇)位于大研古镇北面8公里处,是木氏家族的发祥地,宋元时期(公元10—14世纪)曾是丽江的贸易、政治、文化中心。白沙民居建筑群分布在一条南北走向的主轴上,中心为梯形广场,一股泉水由北面引入广场,四条巷道从广场通向四方,极具特色。白沙古镇保留了完整的纳西风格建筑和文化古迹,是最具纳西遗风的古镇,其民居建筑群的形成和发展为后来丽江古城的布局奠定了基础[3]。白沙古镇的非物质文化遗产以传统表演艺术为主,具体指白沙的回话艺术和"白沙细乐"。白沙古镇原生态保持较好,古朴清幽,相比喧闹的大研古镇,对外国游客更具吸引力,目前正处于旅游开发的初期阶段。

1.2 丽江古城的旅游发展历程

丽江旅游业起步于上世纪80年代中后期。1985年,丽江的游客量很少,丽江基本上是发展"外事接待型"旅游。上世纪90年代以后,丽江开始把旅游业作为一种经济产业来规划发展。1994年10月,云南省政府明确把旅游开发重点转向滇西北地区,旅游业被列为丽江的支柱产业,丽江旅游业进入高速发展阶段。1997年底丽江古城被列为"世界文化遗产"、1999年国际世界园艺博览会的成功举办、2003年7月丽江地区的"三江并流"区域被列入《世界自然遗产名录》,以及同年8月纳西东巴古籍文献被列入《时间记忆遗产名录》,无疑都对丽江古城旅游业发展起到了推波助澜的作用[3]。

自成功申遗之后,丽江古城内多个行业得到了迅猛发展,形成了旅游、餐饮、住宿、商业、休闲娱乐以及文化等业态融合发展的局面。这些业态大致可以分为4类,即住宿(特色客栈)、餐饮(主题餐馆、特色餐厅)、购物(特色购物商店)和休闲娱乐(酒吧、咖啡馆、书吧等)。从业态配比上来看,4类业态相对均衡,没有占绝对压倒性的业态类型。以大研古镇为例,总体来看古镇内住宿所占比重较大,达到了37%;其次是购物和餐饮,分别占25%和23%;最

---

[1][3] 世界文化遗产:丽江古城[EB/OL].http://www.people.com.cn/GB/wenhua/1087/2517543.html,2004-05.
[2] 张信.束河·云南的新名片——丽江束河保护与发展的体会[J].丽江文化,2015(6):62-72.
[3] 张巍.以旅游开发为主导的丽江古城遗产保护案例研究[D].重庆:重庆大学,2007.

后是各种休闲娱乐类场所[①]。2014年,丽江接待国内外游客人数已达2 663.81万人次,比2013年增长28.09%;实现旅游总收入378.79亿元,比2013年增长35.94%[②]。而2014年丽江市古城区接待的海内外游客就达到了1 731.17万人次,比2013年增长39.85%[③],占丽江旅游业总接待人数近65%。

1996年以来,丽江以大研古镇为起点创造了民族文化与经济对接、世界遗产保护与旅游业协调发展的"丽江模式",成为国内旅游市场中异军突起、众所瞩目的亮点。

1.3 丽江古城的旅游资源

1.3.1 物质文化遗产

丽江古城的物质文化遗产丰富,大致可分为4类:山水资源、传统建筑、集市桥梁、旅游商品。

(1) 山水资源——登高览胜,临河就水

丽江古城以坝子北面的玉龙雪山为背景,北侧以深入平坝的山体为屏障,东面、南面为田园平川。丽江古城巧妙利用山水资源,三山为屏、三河穿城,避开了雪山寒气,接引了东南暖风,藏风聚气,占尽地利之便。上文所提到的大研古镇的狮子山、象山、金虹山,古镇内的东河、西河、中河;束河古镇的聚宝、龙泉、莲花三山,九鼎河、青龙河、疏河三河就是很好的例子。

(2) 传统建筑——走街入院,街巷相连

丽江古城的古街顺水而设,"雨季不泥泞,旱季不飞灰"。古城街道以红色角砾岩铺就,石上花纹图案自然雅致。四方街是丽江古街的代表,如上文所述,大研、束河、白沙古镇的四方街都有着相似的形制。而古城建筑多为古朴的院落民居,房屋构造简单粗犷,庭院布置与房屋装饰丰富、细腻。其中纳西民居多为土木结构,比较常见的形式有:三坊一照壁、四合五天井、前后院、一进两院等。另外,纳西民居中最显著的一个特点是,家家房前都有宽大的厦子(即外廊)。代表性的传统建筑还有大研古镇内的木府、五凤楼等。

(3) 集市桥梁——入市过桥,商贸往来

丽江古城历史上就是川藏滇重要的商贸集散地,主要有集市贸易地摊、柜台式小店、单间商铺、多间商铺、前店后坊、综合商场店、跳蚤市场等,其中前店后坊是丽江过去常见的经营模式,目前在古城内前店后坊的形式已经非常少,古城内东巴造纸术展示作坊是一个很好的示例。丽江古城以水为系,水上以桥相连,形式有廊桥(风雨桥)、石拱桥、石板桥、木板桥等。丽江古城较著名的桥梁有锁翠桥、大石桥、万千桥、南门桥、马鞍桥、仁寿桥、青龙桥等,均建于明清时期,其中大研古镇大石桥由明代木氏土司所建,因从桥下的河水可看到玉龙雪山倒影,又名映雪桥;而束河古镇的青龙桥是丽江境内最大的石拱桥。

(4) 旅游商品——纳西菜肴,地方特产

丽江美食以纳西菜色为主,特色菜品饮食主要有:丽江凉粉、吹猪肝、丽江粑粑、岩巴玖(即鸡炖豆腐)、纳西火锅、纳西窨酒、蒙自过桥米线、黄豆面、腊排骨火锅、八大碗、水焖粑粑、酸奶、纳西烤肉、洋芋鸡火锅、黑山羊火锅、野生菌、米灌肠;当地特产主要有:东巴挂毯、小凉

[①] 丽江古城(搜狗百科)[EB/OL].http://baike.sogou.com/v6526.htm.
[②] 2014年丽江市国民经济和社会发展统计公报[EB/OL].www.lijiang.gov.cn,2015-02-28.
[③] 2014年丽江市古城区国民经济和社会发展统计公报[EB/OL].http://ynxxgk.yn.gov.cn,2015-05-11.

山苹果、猪膘肉、丽江雪桃、东巴扎染、螺旋藻、松茸、苏理玛酒、雪茶、土布、布农铃、东巴木雕、青刺果等。

1.3.2 非物质文化遗产

丽江古城的非物质文化遗产以大研、束河和白沙古镇为文化空间,资源丰富,种类齐全,特色突出,也是丽江古城旅游的核心吸引物。

表 1 丽江古城主要非物质文化遗产一览表①

非物质文化遗产	亚类	具体景观和形式
口头传统类	文献古籍和传说	《鲁班鲁饶》《崇搬图》《东埃术埃》《东巴经》等
	语言文字	纳西语和东巴象形文字
传统表演艺术类	音乐类	纳西古乐、白沙细乐、丽水金沙等
	舞蹈类	东巴舞、"窝热热""阿丽里""打跳"、丽水金沙等
	绘画艺术	白沙壁画登封
民俗活动、礼仪、节庆等	民俗活动与礼仪	东巴教祭祀活动、纳西族婚俗与丧葬等
	节庆	三朵节、棒棒会、七月骡马交易会、三月十五龙门庙会等
传统手工艺技能类		木雕、扎染、皮毛皮革制作、刺绣、编织、民间纺织、金属加工制作、造纸等
文化空间		大研古镇、束河古镇和白沙古镇等

根据表 1 内容,丽江古城的东巴文化主要有以下几个部分:

(1)口头传统类

丽江古城的纳西族人民创造了丰富的口头传统类非物质文化遗产,主要包括传说、文献古籍、文字和语言。丽江古城文献古籍主要为纳西族东巴教祭司使用的宗教典籍,现藏有 2 万余卷 1 000 多种。2003 年 8 月,收藏在丽江的 5 000 余卷东巴古籍被联合国教科文组织列入《世界记忆名录》。东巴文学的主体构成是东巴经神话和东巴经史诗,其中创世史诗《崇搬图》(《创世纪》)和英雄史诗《东埃术埃》(《黑白之战》)与后期的叙事长诗《鲁班鲁饶》(《牧儿、牧女迁徙记》)一起构成了东巴文学的三根鼎柱②。丽江古城的纳西族有自己的文字——东巴象形文。东巴象形文是一种兼备表意和表音成分的图画象形文字,尽管只有 2 000 多个单字,但它的词语丰富,能充分表达情感、写诗作文,被誉为"世界上唯一活着的象形文字"。

(2)传统表演艺术类

音乐类非物质文化遗产主要为纳西族的"纳西古乐"或者"丽江古乐",其中东巴唱腔音乐有 50 种左右,吟唱以纳西族民族曲调为基础,在乐器上主要是用板铃、板鼓、锣等,节奏单一,谱点简单。"白沙细乐"主要流传于白沙古镇,被认为是我国屈指可数的大型古典管弦乐

---

① 罗冰清.丽江古城非物质文化遗产旅游开发利用研究[D].云南师范大学,2007.
② 谢朝武,郑向敏.关于文化遗产旅游研究的若干思考[J].桂林旅游高等专科学校学报,2003,(4):27-31.

之一,丝竹合奏,分章节,其旋律与和声的独特在全国是唯一的①。舞蹈类非物质文化遗产主要有东巴舞蹈、"窝热热""阿丽里"和"打跳"等。东巴舞蹈是指东巴教在进行宗教仪式过程中,东巴祭司根据不同仪式,按照到场规则所跳的一种宗教舞蹈。"窝热热""阿丽里"和"打跳"在民间比较盛行,前两者是纳西先民在举行丧葬礼期间于夜间通宵唱跳的风俗性原始歌舞,也是栽秧时唱的劳动歌曲;"打跳"是在年节、婚丧、庆典之时表演的群众性、自娱性乐舞。绘画艺术类主要代表为白沙壁画,这些壁画分布在丽江古城的10多处寺庙中,为明初至清乾隆年间所创。其中白沙的大宝积宫壁画,被认为是"丽江壁画"的中心,保存得比较完整,在12堵墙壁的壁画里有道教、佛教、喇嘛教的神佛像以及汉、藏文的款识,更为珍贵的是壁画内容除宗教题材外,还反映了当时纳西族的一些生产和生活情况,生动逼真。

(3)民俗活动、礼仪、节庆类

纳西族有自己所信仰的东巴教。东巴教是纳西族原始宗教向人为宗教过渡的一种宗教,有30多种仪式。纳西族的婚俗、丧葬等习俗与其他民族有很大的差异,具有自身的特色。在节日方面,纳西族采用夏历纪年,几乎月月都有节日并一直沿袭下来。现今的不少节日如春节、清明、端午、中秋节等与汉族相同,但春节的活动内容却与汉族不同。纳西族本民族的传统节日主要有春节大祭天、白沙农具会、北岳庙会、骡马会等,呈现出热烈、开放的民族风情。另外,丽江地区各民族多有祭天(纳西语叫"猛本")的传统习俗,其中以纳西族尤为流行,也是纳西族古老而又最为隆重的节庆。纳西族每年年初要举行隆重的"孰谷"大典,五月要举行"除骡"仪式,以调整人与自然的矛盾。除此之外,纳西族地区普遍存在不破坏生态环境的风俗习惯和乡规民约,以及种种禁忌,这些集中反映了纳西民族传统中尊重自然和保护生态环境的意识②。

2 丽江模式

2.1 "丽江模式"的内涵

丽江古城成功申报为世界文化遗产以来,丽江市本着对人类文明瑰宝高度负责的精神,举全市之力积极探索遗产保护的有效途径,走出了一条具有丽江特色的遗产保护之路,为亚太地区乃至全世界遗产保护工作作出了积极贡献,荣获"联合国教科文组织2007年亚太地区遗产保护优秀奖",被联合国教科文组织誉为"丽江模式"③。

"丽江模式"的核心内容就是将世界文化遗产保护的要求落到实处,并正确处理世界文化遗产开发与保护的关系。

2.1.1 将世界文化遗产保护的要求落到实处

"丽江模式"中将世界文化遗产保护的要求落到实处的具体内容如下:第一,广泛开展宣传教育,增强全民遗产保护意识,使各级、各部门和广大干部群众充分认识到:保护遗产就是保护丽江发展的生命线。第二,全面实施美化、亮化工程,大力改善软硬件环境。实施古城保护具体措施包括改善消防、电力、道路等系统,加强维护文化设施、旅游接待设施,修缮古

---

① 杨福泉.策划丽江[J].北京:民族出版社,2005:88.
② 张巍.以旅游开发为主导的丽江古城遗产保护案例研究[D].重庆:重庆大学,2007.
③ 和自兴.说说"丽江模式"[N].云南经济日报,2008-08-05.

城内的古街,降低古城建筑密度和人口密度,提高古城环境质量,拆除不协调建筑物,关闭古城及周边所有污染企业,实施环境整治项目。第三,多渠道开辟资金来源,加强古城民族文化保护。积极探索旅游反哺遗产保护的路子,完善丽江古城维护费征收体系和运行机制,加强对各民族文化、民族民间工艺等的收集、整理、保护、传承,采取措施吸引和留住古城原住居民,启动文化名人回落古城项目和名人故居修复工作。第四,积极完善政策和法律体系,依法管理文化遗产。第五,合理利用文化遗产资源,促进经济社会全面发展。正确处理遗产保护与发展旅游之间的关系,积极探索古城保护与旅游发展的新模式。

2.1.2 正确处理世界文化遗产开发利用与保护的关系

第一,正确处理民族传统文化传承与创新的关系。丽江纳西族文化以其独特的魅力和顽强的生命力受到世人的青睐,它的活力就在于立足传统并不断创新。第二,正确处理好硬件建设与软件建设的关系。在古城保护管理中,要从以硬件建设为主向软硬件同步建设转变,使古城的地方文化特色更加鲜明、旅游环境更加舒适。第三,处理好原居住民与外来居民的关系。不仅要鼓励和大力扶持古城原居住民守护好文化遗产,而且要教育、引导外来居民和经营者遵守丽江古城保护条例与有关规章制度,尊重并学习、接纳丽江各民族文化,严格履行古城千百年来形成的共同行为规范和乡风民俗。第四,处理好古城保护与新城建设的关系。善于把丽江古城保护的成功经验、现代新城建设的先进理念、民族文化的精神内涵融入到古城保护和新城建设管理的方方面面,尤其要把新城建设甚至周边卫星小城镇、新农村特色小镇建设,作为丽江古城的扩大和延伸,作为建设国际精品旅游城市的重要组成部分。

2.2 "丽江模式"的评价

"丽江模式"以管理促保护,以保护促发展,为丽江古城的旅游发展开辟了全新的道路,为世界古城旅游发展提供了宝贵的经验。随着丽江市"文化立市,旅游强市"战略的不断推进,以文化为内核动力的"丽江模式"不断发挥自身的优势,使文化旅游成为丽江的经济支柱产业,也成为了丽江古城的经济支柱产业。然而,作为遗产地与旅游业有机结合的典范——丽江模式,盛名之下也有隐忧。早在2004年,建设部国家历史文化名城研究中心主任、同济大学建筑城市规划学院阮仪三教授就忠告了丽江发展所面临的5大问题:外来商户过多过滥,对古城文化历史内涵侵蚀作用太大;假古董建筑不应出现在丽江;丽江被外来经济牵住了鼻子;古城居民生存环境是否得到实质性改善;新城的建设出现对老城的挤压现象[①]。近些年丽江古城旅游发展如火如荼,说明了"丽江模式"有它不可比拟的优势;但同时各类问题也逐渐显现,表明"丽江模式"也正如阮仪三教授所言存在着缺陷。

3 丽江古城旅游产业管理

近10多年来,丽江古城旅游产业经历了一个从小到大、由弱到强的发展过程,保持了持续、强劲、快速的发展势头。

3.1 基本形成古城旅游的品牌文化

"丽江古城"一直从战略高度来经营民族文化产业,努力打造"纳西古乐""丽水金沙"

---

① 木基元.从"丽江模式"看世遗的保护与利用[N].中国旅游报,2004-07-05.

"太阳火"等文化产业品牌,竭力挖掘古城旅游的品牌文化——东巴文化。2007年4月,丽江古城获得"2006年度全国民族文化旅游十强品牌"。以"纳西古乐"为例,原来"纳西古乐"一般用于丽江民间婚丧、休闲娱乐等活动中。1981年,由民间艺人组成的丽江大研古乐会恢复活动,当时只有会员23人。古老而神秘的"纳西古乐"依托丽江古城,随着丽江旅游的崛起,逐渐走出国门。2000年,大研古乐会改制为丽江宣科纳西古乐文化有限责任公司,"纳西古乐"品牌效益也日渐显现。2008年,这个仅有几十个人的古乐会年收入突破800万元。现在丽江境内已经涌现出近百支古乐队,超过了历史上最兴盛时期的规模①。

3.2 旅游经济效益连年大幅递增

2014年,丽江古城区地方生产总值(GDP)达891 053万元,增长速度为6.1%。其中,第三产业完成增加值496 887万元,增长9.4%,增幅较去年上升了1.3个百分点,占生产总值的比重为55.7%。第三产业占地区生产总值的比例有所提高,三次产业比例由上年的5.9∶40.5∶53.6调整为5.8∶38.5∶55.7。从丽江市古城区生产总值及增速图(图1)中,可以看出丽江古城区经济快速发展的趋势,而其中旅游业对经济发展起到了功不可没的作用。

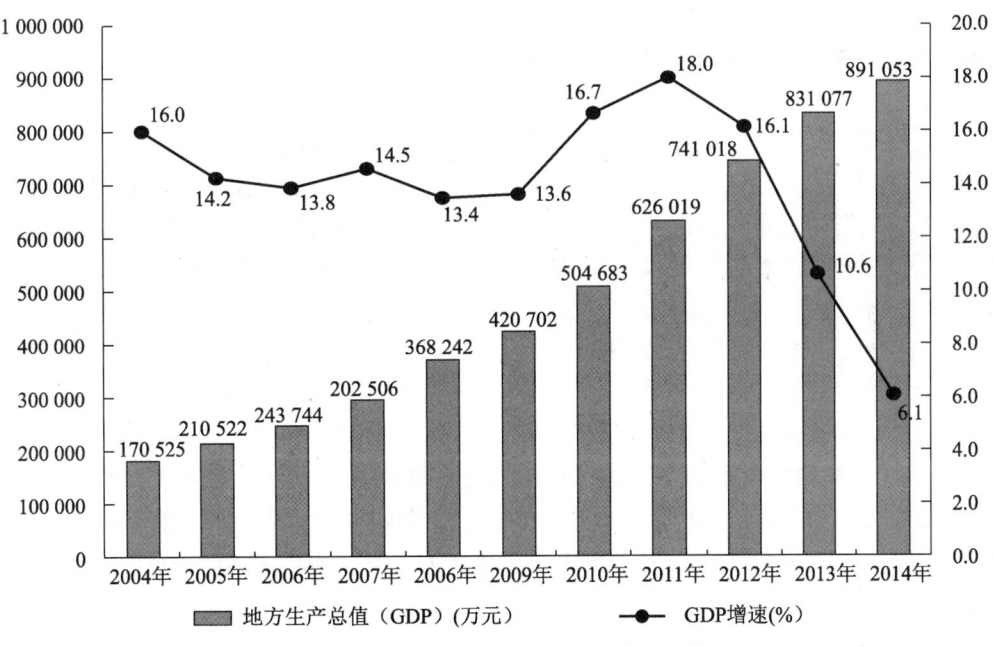

图1 丽江市古城区生产总值及增速图②

到2014年末,丽江市古城区共有星级宾馆268家,其中五星级宾馆4家,四星级宾馆21家,三星级宾馆48家;旅行社29家;A级旅游景点13个,其中:5A级景点5个,旅游配套设施服务水平和接待能力进一步得到提升,丽江古城旅游业框架已经形成。2014年,丽江古城区接待海内外游客1 731.17万人次,比2013年增长39.85%,其中接待海外游客92.68万人次,比2013年增长14.81%,接待国内游客1 638.49万人次,比2013年增长

---

① 杨杰宏.旅游与文化相结合的"丽江模式"[N].中国社会科学报,2012-02-02.
② 丽江市古城区2014年国民经济和社会发展统计公报[EB/OL].http://ynxxgk.yn.gov.cn,2015-05.

41.59%;实现旅游综合收入238.38亿元人民币,比2013年增长44.52%,其中旅游外汇收入达34 762.13万美元,比上年增长19.66%,国内旅游收入216.92亿元,同比增长52.65%①。由以上数据可知,丽江古城旅游产业要素在不断完善,旅游产业链在不断完备,旅游产业环境在不断改善。

3.3 丽江古城的知名度大幅度提高

2004年,丽江被评为"世界上最令人向往的旅游目的地";2005年,丽江分别被列为"中国最令人向往的十个小城市之首""地球上最值得光顾的100个小城市之一""欧洲人最喜爱的中国旅游城市";2007年,丽江古城分别获得"2006年度全国民族文化旅游十强品牌""2006年度海内外游客最向往的景区""联合国教科文组织亚太地区文化遗产保护优秀奖""首批国家旅游名片""2007年度中国青年人最喜爱的旅游目的地"等殊荣;"天雨流芳,梦幻丽江"城市营销和建设策划案获"2006年中国最佳品牌建设案例";2008年4月,丽江"丽水金沙"演艺有限公司获"全国文化体制改革优秀企业"称号,丽江古城被评为"2008中国最佳旅游品牌景区"。丽江的美誉度、知名度响彻国内外,成为国内外旅游者的逐梦天堂。

4 丽江古城旅游产品管理

产品是旅游区的核心,其他一切配套设施的规划与建设,都必须以产品项目为依据。旅游产品项目体系是一个旅游区的特色与形象的主要树立者。根据丽江古城旅游资源的性质,可以相应地把丽江古城旅游产品项目分为两大类:游览观光类和民风民俗体验类。以下从古城民居建筑旅游产品和民风民俗文化旅游产品两方面来分析丽江古城的旅游产品管理。

4.1 古城民居建筑旅游产品管理

纳西族的住房大多都是"三坊一照壁,四合五天井"的格局。《丽江市丽江古城维护费征收暂行办法》中提到,经云南省发展和改革委员会、省财政厅批准,向到丽江市古城区、玉龙纳西族自治县境内旅游及从事其他活动的人员收取专项用于世界文化遗产丽江古城保护的费用,征收标准为每人次80元。丽江市人民政府授权丽江古城保护管理局负责丽江古城维护费的征收工作,丽江古城保护管理局古城维护费征稽支队具体负责丽江古城维护费的征收稽查工作。

4.2 民风民俗文化旅游产品管理

丽江民俗民风文化中比较典型的就是东巴文化和纳西古乐。如上文所述,东巴文化内涵丰富,包括东巴教、东巴经、东巴画、纳西古乐等等。而纳西古乐是人类共同的珍贵文化遗产,是人类文明的音乐活化石,在中国乃至世界音乐研究领域中具有极其重要的价值,它不仅在中国和世界文化发展史上具有独特的地位,而且还将在今后的民族文化发展中继续起到不可替代的作用。面对这类珍贵的文化旅游产品,丽江设有文化保护管理局,其中专设文化保护管理科主要负责民俗文化的保护、教育、培训工作。

---

① 丽江市古城区2014年国民经济和社会发展统计公报[EB/OL].http://ynxxgk.yn.gov.cn,2015-05-11.

5 丽江古城旅游营销管理

作为一个闻名世界的旅游景区,丽江古城的旅游营销管理有很多经验值得探究和借鉴。

5.1 创新的营销理念和方式

丽江坚持"政府引导,企业参与,多方联动,市场化运作"的原则,努力营造"人人是形象,呵护丽江从我做起"的社会新风气,形成旅游宣传促销的良好氛围。同时,调动产业要素,精心策划促销活动,全面实施"走出去"与"请进来"相结合的促销策略,借助海内外强势媒体的"注意力经济"效应,实现丽江旅游在全球范围内的推广和传播。

5.2 旅游推广营销

丽江古城先后获得"世界文化遗产""全国文明风景旅游区示范点""地球上最值得光顾的100个小城镇之一""世界记忆名录成员""全球人居环境最佳城市""CCTV2006年度中国十大魅力城市"等各项殊荣。通过争取各类殊荣桂冠,丽江古城对外构建了自身的旅游形象,在旅游形象推广方面不断向前迈进。为进一步拓展丽江古城旅游发展空间,扩大旅游市场占有份额,丽江积极参加国际国内旅游交易会、"中欧旅游论坛"等各类旅游商务会展活动,并组织东巴文化艺术展演团到各地进行文化艺术展演活动,形成东巴文化"学术国际化,产业市场化,传承民间化"的局面,掀起了国际纳西学研究的热潮。通过这些特殊的推广营销,使丽江古城的影响效应不断扩大。

5.3 旅游节庆营销

立足本土文化举办具有鲜明特色的节庆活动,已成为丽江古城旅游营销的重要组成部分。丽江古城节庆旅游已成为海内外旅游者体验丽江、感悟丽江的极佳途径。通过节庆营销为海内外旅游者提供了丰富多彩的体验性旅游活动,加深了旅游者对丽江古城的印象和认识。丽江古城借此也可以不断推出旅游新亮点,进一步提升和丰富其文化旅游的品位和内涵。

5.4 名人效应与媒介营销

名人效应的作用是显而易见的,通过高层政治人物和名流人士的口碑效应和社会影响力的带动,丽江古城吸引了越来越多的国内外旅游者来此旅游。与此同时,丽江古城充分运用《一米阳光》《千里走单骑》《木府风云》《大东巴的女儿》等影视、歌曲、广告等进行宣传促销,利用强势媒体提高了宣传促销的影响力、覆盖面和科技含量。另一方面,丽江古城通过影视剧、媒体、杂志等对丽江古城旅游资源、旅游产品和民俗文化进行了深度宣传,从而吸引了更多的国内外旅游者来丽江观光旅游、休闲度假。丽江古城还通过实时制作宣传资料、各种高品位的旅游宣传音像制品,出版各种旅游宣传图书、画册,利用各种旅游商务洽谈机会等,及时地向旅行商和媒体记者等发送,不断扩大丽江古城旅游的影响力。

6 丽江古城旅游形象管理

6.1 旅游形象变化管理

丽江古城的旅游形象以"世界文化遗产地"为主要内容,自1997年以来,随着丽江古城的旅游发展,古城旅游形象的表述也在不断地变化,如"高原姑苏""东方威尼斯""小桥、流水、人家",彰显了"清新可人"的旅游形象,同时也折射出丽江古城作为旅游目的地刚刚崭露头角并尚处于文化个性探索中的状态。2003年6月,丽江撤地设市,此后丽江市接连荣膺"地球上最值得去的100个小城市之一""世界最新锐城市""欧洲人最喜欢的中国旅游城市""CCTV 2006中国十大魅力城市""最佳人居环境优秀城市""全国十大文明风景旅游区"等外在评价,从这些外在评价中,可以窥测出丽江古城旅游形象进一步的变化和发展,对于丽江古城的形象不再是简单的解释说明,而是意象的传达以及世界旅游者对丽江古城的认同。21世纪伊始,丽江的旅游形象开始隐喻历史、文化、民族与现代信息,譬如"世界殉情之都""艳遇之都""神奇丽江""梦幻丽江""世界的丽江"等;及至2006年大型山水实景演出,《印象丽江》(雪山篇)公演,丽江被赋予苍茫、古朴的高原草甸风貌与原始、迷人的土著气息。可见,在现代社会的多重建构下,丽江古城的旅游形象涵盖了自然与文化、传统与现代、保护与旅游的多种融合[1]。

6.2 旅游形象标识、标牌等管理

6.2.1 公共信息图形符号设置整改

在公共信息管理方面,丽江古城委托专门的数字化公司负责完善古城内各种公共信息符号设置等相关工作。如引导标识,在景区内设置了位置合理、指示清楚的规范标识导览系统,分别设有中文、英文、日文、法文4国文字,增加特色文字——东巴象形文字,向游客展示纳西族传统文化。

6.2.2 视觉标准体系

丽江古城在视觉标准体系构建与完善方面,由专业的数字化公司对古城视觉标准的格式、分类调整工作以及视觉标准的识别进行了补充,如设置旅游咨询电子触摸屏,在古城南北出入口、各旅游厕所内、人流比较集中的地方,设置30个联网查询、旅游咨询发布系统——LED电子触摸屏,为广大游客提供实时更新的旅游资讯查询服务。

6.2.3 标准化试点氛围营造与宣传

这一方面的重点为工作宣传栏、宣传标语和宣传报道的落实等。通过选取有代表性的宣传报刊、网站对丽江古城旅游形象进行宣传和及时更新,联合各大媒体和相关视频网站进行丽江古城大事件的连续跟踪报道,让丽江古城的旅游形象、旅游产品、旅游信息以更便捷、快捷、实时、及时的方式进入人们的视野。

6.3 丽江古城旅游解说系统

丽江古城旅游解说系统主要有两种方式:一是语音导游,为加强古城讲解服务,投入资金近400万元,建设国内领先的丽江古城无线语音导览系统,向游客提供1 000台彩屏无线感应语音导游租借服务。语音导游讲解内容翔实广泛,含10国语言讲解。二是导游现场解说,一般由旅行社总体负责派遣导游,带领旅行团在景区内提供导游服务。

7 丽江古城保护管理

丽江古城严格遵循"保护为主,抢救第一,合理利用,加强管理"的方针,坚持保护世界遗产的真实性和完整性的原则,对丽江古城基础设施建设、保护项目实施、民族文化保护、拓宽

---

[1] 赵红梅.世界文化遗产——丽江古城浪漫意象的生产与消费[J].百色学院学报,2014(11):63-69

保护资金、对外交流等方面,投入大量的人力、物力和财力,探索出一条保护与利用共赢的科学发展之路。

7.1 物质文化遗产保护管理

丽江古城在列入《世界遗产名录》的18年来,实施了以基础设施建设为重点的一系列保护性建设工程。首先,实施了古城保护"五四三二一工程":新建和完善了5个系统工程,即古城排水、排污系统,街巷照明系统,供水管网与消防系统,电力、电信系统及古城路网(五花石铺设、三线两管入地)系统;增加了4个设施,即高标准的公共厕所和环卫设施,绿化、绿地设施,文化设施和旅游接待设施;改造了3条街道,即以修旧如旧原则修缮和改造了新华、光义、四方街等主要街道;实现了两个降低,即通过拆除部分影响古城景观和整体风貌的不协调建筑物,实现了建筑和人口密度的降低;达到了一个提高,即提高了古城的环境质量。其次,在拆除大量不协调建筑的同时,重新恢复了建筑和园林的历史原貌。例如对军分区整体迁建后,在原址上恢复历史上马帮文化的典型代表"马家大院",建成以园林绿化为主的休闲园区——白龙文化园,供市民和游客休闲;搬迁了武警丽江支队和丽江市医院,恢复了流官文化园区和基督教堂;拆除了部分沿狮子山脉的现代建筑以及原机床厂、食品公司、古城酒厂等不协调建筑,改造、新铺了五花石路面10万多平方米。最后,实施了数字古城建设,完成了古城视频监控系统、古城数据库及古城多媒体联网查询系统建设,目前古城核心区域内的全球眼视频采集点已达142个。

7.2 民族文化原真性保护管理

丽江古城始终坚持"文化立市,旅游强市"的战略目标,加大资金投入,每年安排1 000万元作为民族文化保护发展基金,用于古城传统民族文化的挖掘、整理、传承和展示等保护工作。

一是有计划地留住古城居民,从2003年开始,每年安排近300万元用于古城居民生活补助发放。二是组织实施了古城民居修缮工程,与美国全球遗产基金会共同签署了《丽江古城传统民居修复协议》,并根据《丽江古城传统民居保护维修手册》规定,共同出资完成了具有历史文化保护价值的299户传统民居、236个院落的恢复性修缮,该项目获得了"联合国教科文组织亚太地区遗产保护优秀奖"。三是实施了文化名人回落古城、地方民族特色店铺保护、名人故居修复等项目,逐步收回古城内政府直管公房铺面的使用权和经营权用于丽江古城传统民族文化的保护工作。目前,在古城内已有"纳西古乐""东巴宫""东巴文化传承院"等一大批民族文化传承展演经营门店,形成了以"方国瑜故居""和志刚书斋""东巴纸坊""雪山书院""玉河书院""王丕震纪念馆""纳西喜院"等为代表的一批民族文化示范窗口。四是抓好丽江古城文库建设,出版、发行《世界文化遗产丽江古城志》《丽江古城楹联集》《丽江古城对联集》《纳西文化丛书》等图书,促进了民族文化的保护与传承。五是对本土作者、艺术人才等的民族文化研究书籍及音乐光碟的出版给予相应补助。通过这些措施,加强了对古城物质与非物质文化遗产的保护与传承力度,逐步建立起民族文化原真性保护体系。

7.3 保护管理法制体系

近年来丽江古城依靠各级地方人大的立法和政府的行政立法,先后制定实施了很多关于保护古城的地方性法规、规章、规定和办法。在行政立法方面,丽江古城从实际出发,在全国率先对某一单项世界遗产进行了行政立法,制定、实施了《云南省丽江古城保护条例》以及

《云南省东巴文化保护条例》。在技术立法方面,丽江古城委托上海同济大学编制了《世界文化遗产丽江古城保护规划》,指导丽江古城的保护和发展;制定、实施了《世界文化遗产丽江古城管理规划》,对现有古城保护管理的程序、方法作了相应的技术规范和管理规划;制定、实施了《世界文化遗产丽江古城传统商业文化保护管理专项规划》,对丽江古城商业经营行为实施专项规划,使丽江古城的商业与传统风貌及民族历史相协调、统一,其科技课题获丽江市科技进步一等奖;制定实施了《丽江古城环境风貌保护整治手册》和《丽江古城传统民居保护维修手册》;下发了《关于在丽江古城实行风景名胜区准营证的通知》;制定实施了《丽江古城施工队伍管理办法》。这些法律法规的制定实施,为丽江古城实现依法和科学管理、持续发展提供了强有力的法律保障。

7.4 保护资金支撑体系

与国内其他遗产地一样,丽江古城也面临着保护管理资金严重匮乏的局面。为了切实解决保护经费问题,实现以旅游业收入反哺古城保护的目的,丽江从2001年起对到古城旅游及从事其他活动的人员开征古城维护费。近年来丽江古城积极探索征收方式,启用古城维护费票据实名制,建立了征收电子信息系统,采取每年两次的古城维护费票据票号抽奖等办法。同时不断加大查征力度,实现了古城维护费最大化征收,并将征收的资金全部投入到古城的保护、管理中。丽江还不断拓宽资金筹集渠道,建立了政府收费与银行贷款相结合的资金支撑体系。推进了债券发行工作,协助国信证券有限公司于2012年8月成功发行了7年期7个亿的企业债券,为实现古城的有效保护与管理提供了强有力的资金支持。

7.5 遗产监测体系管理

根据《世界文化遗产监测规程》的要求,丽江古城在国内率先成立遗产监测中心,加强对古城内古建筑、环境保护、人为影响等的日常性监测,并逐步实现监测范围向世界文化遗产地束河和白沙延伸,监测内容也逐渐从物质文化遗产拓展到非物质文化遗产领域,加快了丽江古城保护、管理水平与国际接轨的步伐。通过监测平台建设,进一步加强对古城环境、消防、治安、噪声的管理和执法监察,有力促进了古城的保护。

8 丽江古城旅游管理面临的问题

8.1 严重商业化

商业化是任何产业不能避免的趋势,但如果过度商业化而威胁到丽江古城文化的传承、利用与保护,那商业化就已成为丽江古城旅游发展中首当其冲的问题。丽江古城商业化的严重性主要体现在商铺数量过多与商业化对建筑的破坏两个方面。

8.1.1 商铺数量过多

近些年,丽江古城的商铺不断增加。由图2看出,商铺已经占据了丽江古城核心区绝大部分的空间位置。丽江古城商业经营者实际上已经把古城的建筑、街道作为主要面向游客的经营场所,古城的商业活动与当地居民的生活缺乏有效的联系,致使古城内缺少真实的生活氛围,失去了丽江古城以日常生活为基础的贸易商业城市和生活城市的特质。甚至一些标榜丽江特色的商品,并非是丽江生产,大多数都是从外地批发而来,比如摩梭人家手工披肩。2004年,电视剧《一米阳光》在各地方电视台热播后,古城里仿佛一夜之间冒出了无数家以"一米阳光"为名的商店、客栈和酒吧。

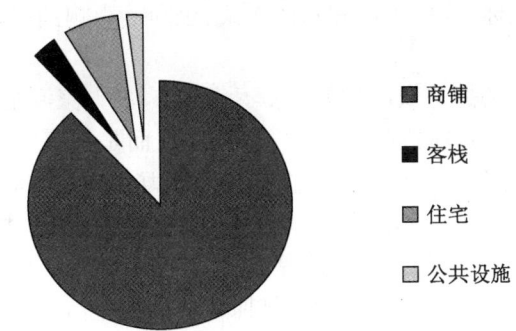

图2 四方街地区门面性质统计图

(资料来源:上海同济规划院《世界文化遗产丽江古城保护规划》)

8.1.2 商业化对古城建筑的破坏

随着旅游的迅速发展、游客数量的急剧增多,商业化对古建筑的破坏也越来越明显。比如,商铺的装修和改造,游客在建筑上刻字,攀爬建筑拍照等。古城的旅游化、商业化过程,也是人为破坏的过程,从表2可以更清楚地感受到这一点。

表2 丽江古城新旧建筑对比[①]

传统建筑形式	以石料为建筑的基座,以土坯为外墙,再用草泥抹灰、石灰粉刷。木构架为房子的整体骨架,青瓦覆顶,青砖做墙角的装饰。房子局部用木质雕刻进行装饰。整体建筑风格质朴 古城建筑体量一般较小,多为两层建筑。同时整体建筑注重屋顶的高低错落,天际线富有变化
新建筑出现的问题	用现代的建筑材料进行建筑,与原建筑材料风格相差较大,同时建筑结构也与古城原建筑不符。用现代涂料代替青砖,用水泥等材料代替木质雕刻。同时有些建筑出现涂鸦现象 地震后重建的和正在进行改造的建筑屋顶平直没有了变化。传统建筑随地势起伏的变化消失,使古城整体缺少了灵动感

丽江民居是一种"合院式住宅"形式,基本构成为正房、厢房、过厅、独立的门楼以及照壁,但为了适应古城商业化的进程,提供商家营业的场所,将面向街道的墙面打通用于商铺,使其整体的建筑形式发生了改变,如表2所示。纳西族建筑风格中强调的私密内向的空间形式被打破,失去古城民居"合院式住宅"的重要特色。古旧的老式民房在多年不断的改造翻新中也已经完全失去了原来的风貌。

8.2 环境污染与破坏

8.2.1 水体污染

水是丽江古城的灵魂,但是由于旅游和商业的发展,许多店家却将未经处理的生活污水直接排入小河,部分游客也随手将垃圾丢进河内,导致古城的水系污染严重。水系上游的水清澈见底,到下游部分水却污浊发臭。特别是银器店制作和清洗银器的污水直接排放,导致

[①] 李超.丽江古城旅游的可持续发展研究[D].昆明:昆明理工大学,2011.

河水中的有害金属物质超标，造成土地和水体污染，也间接影响到居民的身体健康。

8.2.2 噪声污染

丽江古城内的酒吧一条街是众所周知的娱乐场所。数十家酒吧聚集在一条街上，能感受到酒吧内的狂躁和火热。音响震撼的也许不是心灵，而是耳膜。如此大的声响必然会造成噪声污染。66岁的和国栋老人自小出生在古城百岁坊一带。2007年，他决定搬出古城，将住了一辈子的老房子租给了外地来的投资商开客栈。老人说："周围的客栈隔音效果太差，睡了一觉半夜醒来，还能听到游客在说说笑笑。周围装修房子的太多、太吵，根本住不得。"这样的噪声污染环境已经严重影响到古城原住居民的生活。

8.2.3 光污染

宁静、安然的丽江古城，人们曾是日出而作，日落而息。现在的古城，到了晚上是灯红酒绿、五光十色。这样肯定会影响居民的正常休息，也导致了能源的浪费。

8.2.4 固体废弃物污染

有人类活动的地方就会产生垃圾，这类问题的管理难度很大。古城各种小吃遍布街头，但是小吃街的环卫设施严重不足。随处可见生活和食品垃圾，造成环境的污染。尤其是油渍类的垃圾会导致安全问题，容易引起滑跤。

8.3 古城"空心化"

丽江古城原住民大部分迁入新城，古城内出现了严重的空心化现象，现在土生土长的纳西族的生活方式在古城基本不复存在。与新城相比，丽江古城的基础设施以及生活设施都相对落后，本地人也希望能享受现代化生活带来的便利，于是选择到新城居住，而将古城内的住宅租给了前来此地做生意的外地经营者。丽江古城四方街地区的房东有超过80%选择在新城居住，留在中心地区居住的人不足，而这些留下的居民也是仅仅参加对古城的管理或清洁工作，真正的生活中心也在新城中。古城内取而代之的是进入古城做生意的商户，而这部分人其民族成分和地域来源相对复杂，文化背景各不相同，这种现象使古城内居民呈现出"非本地化""非民族化"的特点。

8.4 文化资源出现衰弱

民族的才是世界的，东巴文化、纳西民族风情等文化资源才是丽江古城的灵魂。然而，由于古城的旅游开发，大量古城原居民已经外迁，居住习惯被汉化，具有民族特色和生活韵味的民居建筑逐渐消失，取而代之的是商铺林立的古城街区。古城内很少再看见穿纳西服饰的居民，传统的民族服饰也消逝在古城的大街小巷。纳西族文化产生了表面化、片面化、符号化的情况。古城内售卖的东巴文商品大多是一些批量生产的符号化产品，有些产品的东巴文还出现疏漏、错误的地方。丽江古城旅游的开发，仅仅将纳西族文化中有商业开发价值的元素抽出，而那些真正精髓的纳西族文化精神却仍旧面临着巨大的危机。例如，东巴教这一纳西族重要宗教的活动在民间已很稀少，熟悉东巴经典和古老风俗的老东巴越来越少，东巴民众活动及其继承者会因此而消失。

8.5 旅游产品开发简单化

丽江古城的核心吸引力在于古城的内涵，然而丽江古城的旅游开发却过于简单化、趋同化。商铺内出售的又大多是批量生产、毫无特点的商品，如表3所示，古城商品中缺少了能够展现纳西人生活特色的内容，失去了丽江古城旅游的精髓。因为这些简单刻有"丽江"地名的商品会使游客对古城的民族文化产生误解而失去兴趣，最终失去其特有的文化吸引力。

表3 丽江古城商品及其特点①

古城商铺种类	特点
酒吧	占据了古城的中心位置,一到晚上灯红酒绿,还开了大的音响,十分嘈杂,与古城所应该体现的文化不一致
银首饰	几乎每一家店铺的首饰样式都一样,虽为手工制作,但丽江文化地域感不强
小的纪念品	商业化严重,几乎是批量生产的重镇。有一定的丽江特色,但店铺过多,产品样式重复性高
服装店	产品样式重复性高,有批发的嫌疑。但有几处自织的披肩店,尚有一定的丽江特色
小吃	价钱过贵,丽江独有的小吃过少
客栈	古城内的一大特色,客栈价位不等,内部装修大部分下了一定的功夫。但外地人开的居多,丽江建筑风格也因此而改变,不再是古城内原有的建筑格局
其他	东巴古纸:具有一定的古城特色。但其商业化突出,价位过高。碟吧:给人一种远离尘世的感觉,但和古城的文化联系不多,如果加入一些古乐可能会更好

8.6 旅游承载力超负荷

每年的旅游旺季中,丽江古城会接待大量的中外游客,于是在小小的古城内聚集了密度极大的游客。古城内人潮拥挤、熙熙攘攘,这极大地破坏了旅游体验的质量,同时也超出了古城的旅游承载力,对古城是一种无形的破坏。丽江目前每天游客接待数量高达 8 000～10 000人次,丽江市古城区2014年接待的海内外游客就达到了1 731.17 万人次,这远远超出了古城的接待能力。因此,对于丽江古城旅游接待量和承载力亟须引起高度重视。

案例使用说明

一、教学目的与用途

1.适用的课程、对象

本案例适用于学习旅游管理、旅游规划与开发、景区管理、旅游人文地理等相关课程的本科生与研究生。

2.教学目的

通过本案例的教学,对于古城、古镇(文化遗产)旅游管理有初步的了解,引导案例学习者对于古城、古镇(文化遗产)旅游管理的理念和方式的思考。

二、启发思考题

1.丽江模式对于其他古城镇旅游管理有哪些值得借鉴的地方?

2.丽江古城(文化遗产)旅游的产业、产品、营销、形象管理还有哪些?在古城旅游营销方面还可以进行怎样的提升?

---

① 李超,张兵."丽江模式"缺陷的探讨[J].昆明理工大学学报,2010(10):71-75.

3.丽江古城(文化遗产)保护管理方面有哪些不完善的地方,如何做得更好?

4.丽江古城(文化遗产)旅游面临的问题还有哪些?针对所有这些问题,你有什么应对措施?

5.立足于古城镇开发利用和产品创新的视角,策划丽江古城内大研、束河和白沙3个古镇之间的互动旅游项目,要求主题明确、特色鲜明、内容充实、操作可行。

三、分析思路

丽江古城旅游简介—丽江古城的旅游发展—丽江古城的旅游资源—丽江模式—丽江古城旅游产业管理—丽江古城旅游产品管理—丽江古城旅游营销管理—丽江古城旅游形象管理—丽江古城旅游保护管理—丽江古城旅游面临的问题

四、关键要点

1.丽江古城物质文化资源和非物质文化资源

2.丽江模式的内涵和评价

3.丽江古城的旅游产业管理、旅游产品管理、旅游营销管理、旅游形象管理

4.丽江古城旅游保护管理

5.丽江古城旅游面临的问题

五、建议的课堂计划

1.时间安排

以90分钟为宜,其中15分钟阅读案例,15分钟学员进行小组讨论,15分钟小组代表发言,15分钟师生互动交流,20分钟学生书面分析总结,10分钟教师最后总结。

2.黑板板书设置不作严格和固定要求

3.小组的分组及分组讨论内容

建议3~5人为一组,每组自行推选小组代表进行发言。讨论包括两方面:一方面是整体对于古城镇旅游管理的讨论,另一方面是对于丽江古城旅游管理中某一关键要点的讨论。各小组各有不同的关注点。

六、其他教学支持材料

视频纪录片:丽江古城纪录片、古城视频

1.世界文化遗产——丽江古城

http://tv.xmtv.cn/2013/03/10/VIDE1362884780149755.shtml。

2.古城视频

http://www.ljgc.gov.cn/gcsp/917.htm。

海岛旅游项目的规划与开发：
南中国海海岛旅游开发项目案例

正果 李志

【摘　要】随着经济的发展、收入的提高和消费观念的变化，人们对旅游产品及其服务的要求越来越高，科学的旅游规划与开发显得尤为重要。近年来海岛旅游因其资源的独特性吸引了越来越多的旅游者参与其中。我国海岛旅游起步较晚，发展相对不成熟，在旅游规划和开发中借鉴国内外海岛度假产品的开发经验对实现海岛旅游可持续发展具有重要意义。本案例通过对一个具体海岛开发项目的回顾，客观展现项目前期发展的历程，阐述和分析不同开发模式和理念在开发过程中产生的冲突与争议以及磨合与融入，借此为关注旅游项目投资开发，特别是海岛旅游开发的人们提供借鉴，并期望针对相关问题引发更加深入的思考。

【关键词】海岛旅游；旅游开发模式；差异和融合

1　引言

海岛旅游是指以特定的海岛地域空间为依托，凭借岛上特有的自然和人文旅游资源以满足游客需要，同时以促进海岛社区经济、文化、社会全面、健康发展为目标而开展的旅游活动[1]。海岛具有相对完整而独特的生态景观系统和人文面貌，其狭小地域空间更能给游客以完整、鲜明的印象感知，其旅游资源的独特性形成了海岛的核心吸引力。2015 年发布的《世界海岛旅游发展报告》显示，全球海岛旅游呈井喷状态，游客人数年均增长率超过 20%。目前全球共有超过 50 个国家 70 个成熟的海岛旅游目的地。2014 年，超过 40%的海岛旅游目的地旅游收入对 GDP 的贡献率超过 20%，旅游业出口总值达到 730 亿美元[2]。

我国的海岛旅游业兴起于 20 世纪 80 年代中期，一直受到旅游者的喜爱。随着社会物质生活水平的提高，以及人口增长和城市化所带来的城市拥挤、生存空间狭小等问题的出现，人们希望能在闲暇时间里远离城市的喧嚣，到有山有水的自然空间里放松身心。海岛因与陆地相隔，远离人群和喧闹城市，拥有独特且保留相对完整的自然和人文景观，相比陆地景观更能满足人们回归自然、减轻压力以及探新求异的需要，海岛旅游和海岛开发也因此成为新的旅游热点现象。我国拥有大小岛屿共 7 000 多个，旅游开发潜力巨大。目前，已开发

---

① 王雪.海岛旅游资源特点与开发方式研究[J].旅游纵览月刊,2014(8):195-196.
② 搜狐财经新闻[EB/OL].http://business.sohu.com/20151013/n423143620.shtm.

的有海南岛、舟山群岛等。但我国海岛旅游起步较晚,发展相对不成熟。借鉴国内外海岛开发经验,结合具体情况实现海岛旅游健康、可持续的发展具有重要现实意义。本案例通过对一个具体海岛开发项目的回顾,客观展现项目前期发展历程,并就此梳理和分析不同经营、投资理念碰撞背后的问题本质,借此为关注旅游项目投资开发,特别是海岛旅游开发的人们提供借鉴,并期望针对相关问题引发更加深入的思考。

2　场景再现:海岛旅游项目投资战略高级管理层会议

在针对国内某海岛旅游开发项目投资战略发展方向召开的高级管理层会议上,在国外接受旅游管理高等教育,并工作、生活十多年后归国的公司副总经理提出了这样一个问题:"在国外的同行企业,一个项目投资,通常不取决于任何一个人的主观判断,哪怕他是公司的董事长,也不会用长官意志去主导投资决策。项目的投资决策有一套科学严谨的流程,应该在专业机构对市场和产品客观分析、科学论证的基础上,就项目产品定位提出规划方案,再由公司集合政府有关部门、相关行业专家、资深人士组成投资委员会,以集体智慧予以论证、评判,最终由公司董事会结合项目与公司的实际情况作出决策。目前,我们要从事的是一个数十亿的海岛开发项目,开发体量在过往的中国海岛项目开发史上是不多见的。面对海岛项目开发错综复杂的条件和挑战,我们到底应该以什么样的方式方法去决定项目的未来?"

针对以上观点,管理层有人回应说:"没有人比我们自己更清楚项目的实际情况,目前市场上的同类项目本来就不多,可供借鉴的成功经验更是少之又少,没有所谓的专业机构可以给出我们想要的答案。从成本的角度考虑,不值得花费上百万的资金聘请咨询机构去做市场调研,拿到一份所谓的咨询报告,我们自己就可以展开一些必要的工作,能够做好项目的定位与规划。"

以上两种截然不同的观点引发了更为激烈的讨论和问题的提出:

"正是因为国内的海岛项目没有成功经验可以借鉴,而且我们并不具备足够的专业能力去把握如此一个项目。我们自身规划的海岛旅游地产项目是不是能够被市场接受?合理的功能配套有哪些?项目开发的合理规模应该是多少?六十多万平方米的开发面积,密度如此之大,在远离大陆的海岛上,到底有多少人能够来购置?他们是谁?我们的合理售价是多少?投资回报又如何?……这些问题谁来回答?怎样回答?"

"不会有人把这个项目当成自己的孩子看待,真正去解决实际问题的,只有我们自己。以往的经验也说明开发企业自身的积累尤为重要,只要选对了规划设计单位,把设计方案做好了,不愁没有市场。我们的资金应该用在工程建设及市场推广上,能节省的资金就要节省。"

"前期合理控制资金投入固然重要,但是如果项目定位出现失误,导致项目产品不能与市场实现及时、有效对接,带来的损失将无法挽回。所以,项目前期的调研、论证、定位、规划都是非常重要的环节,每一个环节都应该与专业的机构进行合作,通过他们的参与,帮助我们梳理、分析、论证,尽可能地规避风险。"

诸如此类的争论在公司项目讨论会上屡屡发生。这究竟是一个什么样的项目?这个开发企业又是怎样的人员结构?这样争论说明了什么问题?这些问题是否有了最终的解决?项目开发的结果又如何呢?

3　项目背景

中国的群岛以东海的舟山群岛和南海群岛最为著名。本案例所述的项目就位于中国第二大群岛——南中国海群岛的一个岛屿。

本案例项目所在的海岛是南海群岛中较大的海岛之一，经过多年的发展已成为众岛的政治、经济、文化、交通中心，其居住人口已近8 000多人。该岛经早年填海，由3个岛组成，陆地面积达10平方公里。周边大西、大濠等6条国际航道贯穿其中，著名的珠江口国际锚地设在其间。渔业向来是海岛的支柱产业，这里有经济价值的鱼类有200多种，丰富的海产品使其成为新中国成立初期的四大渔场之一，同时也成为广东全省最大的网箱养殖基地，年海鲜产量2 000多吨。这里栖息着珍贵的白海豚2 000多头，是国家级的中华白海豚保护区，名列我国四大自然保护区之一。周边水域还有我国唯一的国际游艇垂钓区，面积达800多平方公里。此外，这里还是中国人民解放军海军新中国成立后首次海战的战场，南宋爱国名将文天祥的千古绝唱《过零丁洋》之"人生自古谁无死，留取丹心照汗青"也是在这里唱响。丰富的旅游资源和人文历史资源，吸引了每年超过百万的游客到此观光旅游、体验渔家风情。

2003年国务院批复在此设立国家一类口岸，希望借助该岛独特的区位优势和周边岛屿丰富的资源，带动周边海岛的发展。当地政府希望通过产业升级转型，以该岛为中心逐步发展成为以中转仓储、海岛旅游、海洋渔业为核心的产业集群。经过几年的努力，产业转型因受自然条件、基础设施、交通等方面条件的制约，未能取得成效，有些项目难以推进实施。口岸码头及堆场一直处于闲置状态，资源没有得到合理有效的利用，产业未能实现真正意义上的转型。而海岛旅游业，在缺少科学规划和专业化、规模化统筹开发的情况下，旅游产品呈单一、粗放式、低端化特点，未能形成统筹管理，旅游配套设施和服务都相对滞后，对游客的吸引力不足，多年来该区域旅游业的发展始终没有取得大的突破。

4　项目公司背景

这是一家从事旅游地产开发的项目投资公司，集合了高学历、专业性强的海内外人才，其中项目总经理具有多年国内房地产企业的工作经历，参与过土地一级开发、高端住宅产品、商业地产项目的开发、建设；另外两名核心管理人员，一位是前面场景回顾中提到的海归人才，其常年从事旅游度假项目开发与管理，经验丰富；另一位在美国留学，在规划设计公司从事建筑设计、结构设计工作17年后回国，成为本案例项目的规划设计总监。众所周知，近20年以来国内房地产企业，在中国人口红利、城市化进程等大的历史背景下获得了迅猛的发展。其间为了快速抢占市场、实现投资收益，很多企业的项目开发方式是以小额资金撬动巨额融资，通过快速销售回笼资金，不断增强企业资本的滚动能力及收益能力，这种模式已经成为国内房地产企业快速发展的重要战略。本案例涉及的公司就是带有这类明显特征的民营房地产企业。而国外项目开发的体制与国内完全不同，房地产项目的所有权、开发权、经营权三权分离，项目开发不完全以资金效率为先，而是在论证项目可行性的基础上，充分挖掘和发挥其核心价值，统筹开发建设，强调资本效益的可持续性，尤其是在综合性很强的商业地产和旅游地产的开发上更是如此。

两种不同的开发诉求必然导致对项目的开发理念、产品定位、开发节奏和资金安排等重大问题的差异与分歧。公司内部形成了以本土开发经验为主的(A方)和以海归人员为主的(B方)两大完全不同理念的阵营。本案例项目发展历程就是一个鲜明的例证,充分展现出两种理念在海岛旅游开发实践中产生的冲突与争议以及磨合与融入。

5 项目概念性规划

2010年,项目公司投资方一行来到海岛考察,发现该岛已具备基本的基础设施条件、交通条件和口岸通关条件。登高远眺,港澳及在建的港珠澳大桥近在咫尺,四周波光粼粼湛蓝的海景令人心旷神怡。岛上早年为石场开采区域,采石企业将主岛山顶夷为平地,用以填海连接两个岛屿,建设口岸码头及堆场,现在已成为闲置空地。海岛多为山地,如此规模的空地实属稀缺土地资源,如果能够用来开发,可以规划建设一个非常好的地产项目。鉴于该岛临近珠港澳三地,有独特的区位优势,且具备国家一类口岸的通关条件,项目公司投资方提出开发以游艇会、酒店为主的旅游地产项目的大胆设想。多年来,受基础配套设施的制约,海岛中转仓储业务始终不景气,政府苦于困局,找不到产业转型的时机。企业的这一设想引起了当地政府的浓厚兴趣,政府表示有意将过千亩土地连同周边海域一并交由企业展开整体规划,政府在通过相关审批后,逐步实施土地出让。

项目公司于2010年成立,进驻项目属地开始前期筹备工作。开发初期,项目公司投资方基于多年积累的开发经验,对项目整体定位提出了充分利用现有土地,提高建设密度和容积率,多建度假物业,以谋取利益的最大化的要求,并通过提出开发以游艇会、酒店、度假别墅为主的综合性旅游地产项目,向政府申请项目建设用地,最终在海岛上完成大规模度假物业的开发。因游艇会的开发需要大量资金进行基础设施建设(如防波堤、码头和浮桥等),为了节约资金投入,方案制订过程中,投资方要求建设一个可供临时停靠的游艇会,作为香港游艇的出海停靠地。在这一主导思想下,项目团队与国内一家建筑设计公司合作完成了项目的初步概念性规划,规划中除了因地质条件不能进行开发建设的山坡外,其余大部分区域均规划了高密度的住宅。虽然规划中也包含了游艇俱乐部泊位、会所及配套商业,但这些设施呈点状分布,与如此大规模的住宅难以匹配,企业内部就产品定位产生了分歧。这一概念性规划最终上报了政府,企业提出的项目主题与规划方向得到了政府领导的肯定,但也特别强调了海岛生态的脆弱性,要求企业以保护利用为前提,注意项目的开发强度、建设规模,以及游艇会、商业、酒店、度假物业等产品比例的合理性,希望企业进一步优化项目概念性规划,最终需通过市、区两级政府、市规划委员会和市相关部门的审批后,才能实施项目土地出让及开发。

2010年,项目公司与当地政府签署了战略合作框架协议,进一步明确了公司开发海岛项目的方向。与此同时,项目公司展开了概念性规划的优化工作。公司内部B方坚持海岛项目的开发不同于内陆房地产项目,因海岛远离大陆、开发成本高、受气候和交通的制约,项目各类产品的客观、科学定位至关重要。国内海岛项目开发缺乏成功案例,而游艇会项目建设又要求有丰富的专业经验作为支撑,因此项目应当借助专业机构,尤其是国外专业机构的力量共同完成。项目公司应与国内外咨询顾问公司展开前期接洽,其中包括戴德梁行、卡尔森(Carlson) Tour、WATG、JONE CORROUGH、悦榕庄等国外知名机构,希望借助这些机构的专业力量和品牌影响力,对项目各类产品定位、功能配套设施的布局、可行性研究、规划设计等方面做专业梳理,构建"咨询顾问+规划设计"的组合,展开概念性规划工作。

海外机构专业实力很强,但费用之高也毋庸置疑。国内房地产项目已经形成的固有开发模式对市场调研、产品定位的重视程度相对较弱,很多项目多是在规划设计阶段由开发商内部或规划设计方按照开发企业的利益诉求提供参考案例及产品定位,开发商直接委托规划设计师落实在规划设计方案上,这种情况同样出现在本项目。考虑到成本因素,项目投资方提出了缩短土地出让周期、锤炼管理团队专业能力的意见,决定先不与咨询策划公司合作,在概念性规划阶段通过设计方案框定项目用地规划指标,明确各类产品功能及开发规模,市场调研和产品定位等工作待获得土地后再另行安排。而项目公司内部对于项目定位展开了一系列的探讨,如市场在哪里?目标客户群是谁?他们的消费能力、消费理念和消费习惯是什么?他们为什么会到岛上置业?喜好的度假物业类型、面积、功能和户型是什么?经过论辩,公司内部认识到制约海岛项目发展的因素错综复杂,没有以客观市场调研为基础的产品定位将可能给项目带来巨大风险。最终,双方意见碰撞的结果是公司决定由项目团队自行展开一定的市场调研工作,同时从海外设计团队中筛选具有海岛、滨海项目开发和游艇会项目开发经验的规划设计方来开展规划设计工作,暂不委派咨询顾问机构。

随后,项目团队展开了一系列的市场调研工作:实地调研深圳大梅沙湾游艇俱乐部、海南鸿洲时代游艇俱乐部项目、半山半岛帆船港项目、香港皇家游艇会项目、香港深湾游艇会项目;考察海南东方文化、悦榕庄、丽思·卡尔顿等几个著名酒店管理品牌的度假酒店项目,香港赤柱(Stanley Bay)中原地产公司代理的滨海别墅豪宅项目,包括富豪海湾(中国海外发展)、皇府湾(新鸿基发展)、玫瑰园、20 大潭道、32 赤柱村道等。在调研中很多实际问题越发凸显出来,引起了项目团队的高度重视。比如,在深圳大梅沙湾游艇俱乐部,虽然泊位区域已经非常封闭,但因开放式入口只有一道浮动式的防浪堤,在台风季节时,港池里的波浪依然能够达到 1 米,对游艇的安全造成了很大威胁。而项目所处岛屿的气候条件要比大梅沙湾复杂得多,海域年平均风力 3~5 级、无风三尺浪,对于游艇会来说,良好的防风避浪条件是必要的,港池内的波高超过 20 厘米即会对船艇或浮桥造成安全隐患。本项目拟建游艇会的水域水深超过 10 米,原有防波堤因年久失修,被历年的台风吹毁。港池面对 ESS(东南南)的主浪向,而且有积淤,经测算,修建理想的防风避浪防波堤需要每延米 20 多万元的投入,整个项目过亿元,对公司来说,面临巨大的资金压力和投资风险。

鉴于国内的游艇产业刚起步,管理经验和专业能力均有待提升,公司考虑引进专业俱乐部探讨合作,香港的游艇会当属首选。香港共有各种类型及规模的游艇会 7 家,会员 13 000 多人,大小船艇 6 000 多艘,拥有亚洲最成熟的游艇市场。经与诸游艇会接触发现,香港游艇会多数为游艇会员制,发起人来自各行各业。管理委员会以更好地服务于会员为宗旨,除了提供游艇及会员所需的必要设施和服务外,他们并没有意愿赴其他区域开展游艇会委托管理业务。与此同时,经与戴德梁行北亚中部(香港)、香港中原地产豪宅部等机构的主要管理人员沟通,专业人士认为海岛的度假物业作为旅游产品,预计置业者每季度或半年使用一次。建议项目在产品定位上,应具有足以吸引人的拳头产品,同时项目经营者的品牌影响力也显得尤为重要。否则,项目在市场认知度、消费者信心以及后续产品推广等方面都会面临诸多挑战。专业人士同时认为,岛上度假物业的面积不宜过大,销售价格要具有一定的竞争优势,小面积、低总价物业会更有利于打开市场空间。

此时，项目投资方已在加拿大委托了一家以城市规划设计为专长的设计公司开展了项目概念性规划设计工作。这家加拿大设计公司的主设计师是一名加拿大籍的意大利人，熟悉地中海小镇的规划。结合海岛的地形地貌及自然条件，在原概念性方案的基础上，他通过一条水系将项目的主要片区相连，并以此丰富项目的景观元素，达到提升景区档次和价值的目的。其设计的水系完全采用了地中海小镇的规划理念和风格，但受公司内部 A 方高容积率、高产出观念的影响，建筑布局高度密集，平地区域的建筑排布犹如棋盘，形成了鲜明的房地产项目特征，缺乏海岛休闲度假氛围。而游艇会、酒店及其他休闲度假元素在此规划设计中没有得到合理优化和充分体现。

至此，项目产品定位、功能布局、开发规模、建筑风格等一系列问题该如何解决，成为摆在项目公司面前的一大挑战。面对这种情况，公司内部再次系统梳理、分析项目的特殊性与复杂性，仔细研究项目需要解决的重点问题，结合公司的实际情况，经内部充分沟通，开展了进一步的规划设计工作。

6　项目开发的复杂性、特殊性与重新定位

海岛的自然资源独具特色，海洋和海岛对大陆消费市场充满了神秘和浪漫，一些水上运动还具备一定的冒险性和挑战性。因此，海岛项目具有成为一个优质旅游度假产品的巨大潜力。但在开发过程中，企业也要面对包括地质条件、自然资源、水文气象、交通保障、运输成本、基础设施、市政配套和政策限制在内的诸多制约海岛开发的复杂因素的挑战。

6.1　项目开发的制约因素

6.1.1　地质条件

作为房地产开发者，最初发现该岛相比于其他岛屿的特殊价值在于岛上有两处具有一定规模的、可以建筑度假社区的成片平地，这使得项目的开发拥有了良好的基础条件。项目初期的概念性方案没有详细分析海岛地质和气候资料。在意识到其重要性并开展了地质初步勘探工作以后，项目公司充分认识到开发地的地质情况比想象中的要复杂得多，填海区域地质持力层深度超过 20 米。因采用抛石回填为主，该区域地下海水在一定程度上存在渗透与贯通的情况。这一地质状况将对项目未来的建筑地基处理、运河开挖及护岸处理等工程产生重大影响，项目因此而面临设计、施工的挑战和成本的增加。

6.1.2　自然资源

项目所处海岛的地质多以花岗岩为主，沙砾土壤，土层浅薄，亚热带季风气候使得海岛上不适宜多数的大陆物种生长，除了可以有效避风的山坳里有少数树木可以存活，山地的植被均是耐盐碱、耐风、耐旱的灌木植物，物种不够丰富，加之土壤和淡水稀缺，海岛的覆绿投入非常大。项目部分区域为石场尾矿，地貌遭到了严重破坏。尾矿呈阶梯状分布，每级高达 12 至 16 米的落差，形成 5 层超过千米长的阶梯。岩石裸露，在如此薄弱的地质基础上建筑住宅产品、覆土绿化、恢复植被景观、铺设道路及管线、开挖水系或运河，将面临诸多挑战，如何做好规划和产品设计是项目面临的另一难题。

6.1.3　水文气象

项目介于北纬 21°至 22°间，这个纬度上的海岛自然生态条件与赤道周边的海岛有很大的不同。区别主要源于其相对恶劣的气候条件，而这通常是开发商容易忽视而又对项目开

发至关重要的问题。项目所处海域受季风影响显著,大于7级风和6级风的年平均频率约为16天和49天,海浪波高实测最大值为3.6米;每年平均雷暴天气近60天;每年的台风、热带气旋形成的灾害性天气3~4次,暴雨与巨浪伴随出现。已有资料显示-10米到-20米海区水深处,台风浪为5~6米。这一海域潮汐特征为一个太阳日有两次高潮和低潮,最高潮位2.53米,最低潮位-0.02米;平均高潮位和平均低潮位分别为1.93米和0.81米;平均潮位为1.4米。开发海岛项目不同于内陆地产项目,除了地震之外,上述自然灾害天气以及特殊的海洋水文条件等诸多因素,都需要进行综合考量,以确保建筑与游艇在恶劣天气下的安全,同时建筑还需充分考虑防风、防潮、防腐等更多方面的问题。

6.1.4 交通保障

《联合国海洋法公约》对岛屿的定义是:"四面环水并在高潮时高于水面的自然形成的陆地区域。"海岛因不与大陆相连,航运成了海岛的生命补给线。受不稳定客源的影响,大陆往返海岛的航班并不频繁,每天固定2~3班,运力400~700人,遇到7级风以上的天气即要停航。这对大型综合性度假项目无疑是个挑战。交通问题是海岛开发大型大众旅游产品的瓶颈,是影响项目成败的至关重要的因素之一。

6.1.5 运输成本

海岛物资匮乏,开发建设所需的设备、材料以及生活所需物品全部需要通过海上运输供应,由此带来了巨大的运输成本。项目的建筑材料全部需要海运,费用高昂的两地码头租用、装卸加船运,致使海岛的建筑成本增加了50%。因地制宜、合理控制开发体量,充分利用现有海岛资源进行开发建设,客观上给项目开发工作提出了更高的要求。

6.1.6 基础设施

受资源和交通所限,海岛的基础设施普遍不完善,制约着海岛的发展。由于原防波堤设计的抗风量等级偏低,多年来受台风和热带气旋的侵袭,防波堤因处于迎风面,受到很大程度的损坏,海平面以上部分大量坍塌,失去了港湾的掩护功能。防波堤是游艇会建设的重要组成部分,但修缮的资金投入量大,给项目游艇会的建设带来了巨大的挑战。

6.1.7 市政配套设施

水和电是制约海岛发展的最大因素。小型的海岛难以开发,主要是因为没有淡水。海岛的淡水主要靠大陆运水和依赖地表水的收集,由于运输和储存成本高,岛上的生活用水价格高达12元/吨左右。虽然政府已投入资金建设了一座25万立方米的水库,设计容量可满足1万人的生活用水,但因降水量未达到预期,至今仍面临枯水期。目前的风能或太阳能发电技术存在投入大、维护成本高、蓄能差等问题。有居民的海岛多数利用柴油发电,这种传统的发电模式存在高成本、高污染、电压不稳定,以及油品运输、储存过程中的安全隐患等问题。到了台风季节,受气候条件或油料补给不及时影响均有断电的可能。项目所处岛建有相对大型的发电厂,但柴油发电成本高,每度2.8元。供水和供电的不足,以及高昂的成本,成为制约海岛发展的主要因素,对于旅游度假项目的开发、运营,尤其是酒店,带来了巨大的财务压力和风险。解决以上问题,需要巨大的资金投入,而且要在规划阶段需充分考虑海水淡化、中水回收利用、节能环保、绿色建筑以及引入风能、太阳能、波浪能等清洁能源等诸多问题。

6.1.8 政策限制

目前,地方政府严格执行国家相关的土地政策和规划设计规范,严禁别墅类产品的土地供应,海岛上严禁住宅类房地产项目的开发,而且政府对游艇、旅游、商业配套设施在项目开发中的比重尤为关注,将是审定项目概念性规划的焦点,如何形成有机、合理的产品结构,已成为摆在项目面前的另一大问题。

6.2 项目的特殊性和挑战

基于对以上各种制约因素的深入分析和理解,项目公司重新讨论和梳理了项目的特殊性以及在开发中面临的潜在风险和挑战。项目最初的开发构想一直以传统的房地产开发为主线,游艇俱乐部的设想更多的是为了进行一定的旅游产品搭配,以获得政府方面的支持,顺利拿到项目土地。传统房地产项目大多利用贷款、投资回报期短的投资模式,尽可能通过分期滚动开发,减少资金投入。这种开发模式希望借助规划设计单位的专业力量解决项目定位及产品定位的问题,导致项目的规划方案中带有明显的房地产印记,即建筑密度高而其他的产品功能明显不足。

海岛远离大陆,有限客轮航班往返于大陆市区,交通不算便利,基础设施及城市配套功能也与大陆有较大的差距。即便政府允许在海岛开发部分住宅产品,海岛的房地产也与城市有很大区别,其特性决定了海岛只能是那些具有一定消费能力客户群的度假目的地。论自然资源,该区域的海岛远不如东南亚的岛屿,甚至可能不及海南岛,那么能够吸引目标客户群关注本项目的是什么?单纯的居住产品留不住游客在岛上长期逗留。因此,游艇仅作为一个概念是远远不够的,除了强化游艇俱乐部的开发之外,其他旅游配套设施的有效补充更为重要,这样才能用丰富的旅游资源吸引客户群上岛消费和购置物业。因此,海岛旅游地产,要做足旅游的文章。然而,旅游地产开发远比单纯的房地产开发更复杂、艰难,前期的论证需要更加系统,后期的运营也需要更加专业,而不只是一个简单的设计、建造、销售、后期物业管理的过程。

6.2.1 旅游地产开发的综合性

旅游地产项目的运作并非只是一个旅游产品和房地产的搭配,而是更多产品在产业、市场、资源等多方面的有机结合,例如交通、住宿、餐饮、零售等。单一地产项目开发相对简单,从论证拿地到开工建设周期较短,所涉及的基本为设计、建造、销售、物管等单一产业链上的过程。旅游地产项目开发则更为复杂,是以旅游为载体,整合多种产业(商业、旅游业、体育、休闲娱乐、酒店、运动等),大部分产业与单一地产开发无关,行业跨度大,运营复杂程度高。产业与产业之间需要有效契合、高度互补,这样才能赋予项目生命力,实现效益最大化。因此,旅游地产项目对开发企业而言具有极大的挑战性,但一旦运营成功,回报非常丰厚,深圳的华侨城可谓其中的成功案例。

6.2.2 项目所需的资金投入大

地产行业作为资金密集型产业,前期资金的投入很大。单一房地产的启动资金占总投资的30%~40%。旅游地产的前期投入多为持有型物业,例如酒店、基础设施、配套旅游项目等,具有资金投入大、投资回报期长的特点。目前,国内在旅游地产的开发上,通常有两种运作方式:一种是先做旅游再做地产;一种是先造概念,然后启动地产,根据地产开发回款情况而适时启动旅游项目。前者通常是资金实力相对较强的企业采用的方式。从开发实例来看,真正后期成功的多为第一种开发模式,即先打造旅游、景观、配套,提升人气和价值、建立品牌,再开发房地产,以此创造更大的成功概率和利润空间。本海岛项目,如果没有旅游配套作支撑,首期产品面世后,不但不能体现出产品的价值,而且可能会给项目品牌形象塑造、后续开发节奏安排、资金回笼等等方面带来挑战,增加投资风险。因此,先开发旅游产品是相对科学合理的选择。但对开发企业而言,资金压力无疑是巨大的,如何及时有效筹集资金、适度安排开发进程、合理把握资金回笼节奏是关键,否则可能导致资金断链、项目停滞。

6.2.3 运作周期长

单一房地产项目通常有运作周期短、资金回笼快的特点,这与房地产信贷资金的特性相关。而对于旅游地产综合开发而言,由于开发面积大、产业多,且后期不仅仅涉及房地产物业管理,还涉及资产运营管理和未来的维护维修以及升级换代,其开发周期比单一地产要长很多,资金占压久,相应的财务成本也就高。由于开发周期长,产品开发节奏与投资回报非常重要,要求销售型物业与持有型物业合理搭配,否则会导致开发不到位、达不到预期效果,或是给资金投入造成压力。因此,开发企业不但要有充沛的资金渠道,还要有扎实的专业知识和统筹能力。

6.2.4 地方关系更复杂

单一房地产运作流程成熟,涉及的政府审批手续主要是发改、国土、规划、建设、消防等,而旅游地产项目因其业态相对多样致使对接的审批部门更为广泛。就海岛项目开发而言,涉及到港口、海洋、海事、口岸、边检、海关,甚至军队,沟通面更广,相关制约的政策及法规也就更多。所以,旅游综合项目的开发要求企业具有一定的政府公关和沟通能力,以及很强的专业能力,这样才能有效地开展与政府部门的对接工作,获得相关部门的支持与配合。

6.2.5 开发节奏控制难度大

旅游地产综合开发具有涉及产业多、资金需求大、开发周期长等特点。综合开发能否成功,关键是在深入理解市场的基础上,如何客观把握产品开发程序和节奏、有效统筹资金投入和回笼。先期启动的项目应遵循的原则包括:(1)在先期资源有限的情况下,选择开发成本相对低,能够迅速成市、成势的产品进行开发;(2)吸引具有较强品牌或宣传效应的产品;(3)产品与后期开发的地产项目有较好的衔接性和互补性;(4)能够在后期运营中持续盈利,不给后期项目运营造成压力。传统地产项目后期运营主要是物业管理与后期增值服务,而旅游地产项目后期会涉及各类旅游度假产品的运营管理,开发企业很难做到跨行业经营,如何有效整合资源,实现持续盈利,是摆在开发企业面前的大课题。

6.2.6 预期利润更高

虽然旅游地产综合开发相对复杂,运作周期长,资金投入大,但随着开发功能与服务的不断完善、市场认知度和接受度的不断增强,在形成了规模、带来了人气的同时,也提升了土地的价值,使原有的低成本资源大幅度升值。新加坡升涛湾地产项目就是一个成功的案例,该项目在圣淘沙旅游发展近30年后才推出,借助圣淘沙优质的旅游品牌、完善的基础设施和休闲度假配套设施,地产项目面世后受到全球买家的热捧,企业获得了非常丰厚的回报。

6.3 项目重新定位

通过对海岛开发项目复杂性和特殊性的不断摸索和逐步认知,项目公司内部对项目定位的想法进一步清晰起来。项目所处岛屿远离大陆,海岛的体量、资源、基础设施以及旅游资源有限,项目的出路在于提高投资强度,丰富度假产品内容和功能,突出其独特性,以吸引富裕群体上岛消费与置业。富裕群体的普遍特点是具有一定的经济实力和社会地位;多数有文化内涵,兴趣爱好广泛,消费品位高;可自由支配的时间相对充裕,精力充沛。这一群体在消费理念和习惯上普遍追求便利、快捷、私密、差异化的消费体验,消费水平较高,其中娱乐、住宿、餐饮等花费所占比例较大;其消费特征和档次具有重访率高、对配套设施要求较高、停留时间较长等特点。

针对这类客户,高起点的规划、高标准的建设、国际化的品牌,配以丰富的特色配套功能及服务设施,打造高端休闲度假产品显得尤为重要。高端休闲度假项目必然形成高投入,但高端并不简单意味着追求奢华。高端休闲度假产品的品牌是神、品味是魂、品质是本、功能是根,这要求开发企业对产品具有深刻的理解与专业能力上的把控。"高端"的内涵应该突出产品的高端化、搭配的合理化、建造的专业化和品牌的国际化。产品的高端化并非仅仅是一味地追求奢华、高价格,而是挖掘和提升产品的特色,使其独具一格。高端休闲度假产品的功能、体量、布局需合理并符合高端人群的消费理念和消费习惯。开发的专业化是指产品应由对旅游市场需求、休闲度假产品有较强把握能力的专业化团队来定位、设计、建造和管理。品牌的国际化是借助国外品牌的品牌效应、管理理念、运营经验、对市场及资源的整合能力和服务的专业化,提升项目竞争力,扩大项目影响力。

7 针对项目开发中重大问题的争论与共识

通过一系列的梳理与思考,项目公司内部对项目产品定位有了统一认识,但在项目开发的诸多具体环节上,两种开发主导思想的激烈交锋仍凸显在以下一些重大问题上。

7.1 休闲度假功能与价值

B方提出海岛项目如果没有形成一定规模的休闲度假配套,其房地产产品不可能具有好的市场反馈和价值体现,因此,游艇会及其他旅游度假配套功能设施的档次和规模的定位尤为重要,只有这些功能先期有效开发、良好运营,才能实现对整个项目的价值提升。这与项目前期贯彻的游艇会实现简单的停靠功能、靠游艇会概念支撑整个房地产项目开发的A方思路截然相反。B方坚持项目定位决定项目的命运,因此此项工作必须依靠专业机构的人员完成,即便不能做到由专业咨询机构给予项目产品定位方案,至少要聘请富有滨海度假项目、游艇会项目成功经验的国外设计师领衔项目概念性规划的调整与编制。

7.2 基础设施建设

B方认为要想建设正规的游艇会项目,海岛独特的气候、气象条件不容忽视,游艇港池的抗风浪能力必须满足游艇的安全停泊,因此港池的防波堤需要予以修复,以支撑一个正规游艇会的正常运营。而A方认为没必要下大力度投资建设此基础设施,遇到恶劣天气或台风,项目人员可以考虑把小船拖上岸,大型游艇开回所属俱乐部或沿海避风港作短期停留。这种处理方式从实际操作和经济性上都不可行,亦非游艇会的常规运营模式,因此遭到了B方的强烈反对。

7.3 旅游度假配套设施

按照加拿大设计师的规划方案,项目建设用地约70万平方米,项目开发规模约35万平方米(其中游艇会、酒店、商业等公共设施仅占10.8%),约1 100多户,项目建成后将承载2 000~3 000人在岛上生活。对于一个海岛项目而言,超过0.5的容积率,开发密度相当高。从规划总平面来看,几乎所有的空地都布局了建筑,这种棋盘化的排布方式如同城市规划,更多地考虑了房地产功能,其他功能设施的配备比例没有得到应有的重视,因此失去了其应有的休闲度假氛围。加大旅游度假产品及配套的比重,降低房地产产品的密度,成为了双方争执不下的又一大焦点。

7.4 委托管理的早期介入

在海岛开发上,项目公司处于与诸多国内一流开发企业同台竞技的局面。国企上市集团开发的海岛项目,投资11亿元,引入了法国地中海俱乐部(Club Med)品牌,建成了我国一流的海岛度假酒店。其旗下地产公司在另一个海岛投资开发的高端精品酒店项目获得了业内和市场的一致认可。这些企业已走在了海岛开发的前列,而本案例项目团队从资金实力、品牌效应、社会关系、开发经验以及企业的组织架构等各个方面,都无法与这些大型企业相比。要取得海岛项目的成功开发,势必需要充分整合并植入国外设计公司、酒店管理公司、游艇俱乐部公司的先进理念和丰富经验,借助国外知名品牌先进的规划理念及成功的运营经验,充实自身实力,增强项目品牌影响力。

通常国外的酒店管理品牌、游艇俱乐部品牌在项目概念性规划阶段即开始介入,尽早地将专业团队的意见落实到规划中,对双方都是事半功倍的举措。国内有不少开发商先期启动规划设计,再去寻求酒店或项目托管方,最终方案多需重新修改、调整,不但浪费了时间、精力,而且造成更大的资金投入。以国企上市集团开发的海岛酒店项目为例,在酒店封顶以后决定由地中海俱乐部取代豪生品牌,新托管方对酒店布局有不同要求,最终企业追加投入数千万元,历时半年对项目进行改造。托管团队的早期介入自然会增加项目的前期投入,在尚未获得项目土地的情况下,这样的投入不符合一些国内民营或私营企业的开发模式。一旦项目未能运作成功,前期投入过大必然增加资金损失。因此,通常认为控制拿地风险最好的办法是降低前期投入,A方认为国外品牌植入可以待土地获取后再去考虑,这一理念与B方先期引入国际品牌、利用国际品牌更多地从经营方面指导概念性规划方案,并以此进一步取得地方政府对项目及项目团队的认可与重视,从而推动项目取得开发土地的观念,形成了两种截然不同的选择。

经过反复地沟通,不同执见的双方逐步达成共识,公司最终决定引入具有滨海项目经验的国外设计方,强化规划设计力量,为项目评估、把脉,确定项目定位与产品定位,并指导概念性规划。海岛资源的稀缺性决定了项目产品的高端性,走高端路线必然要引进国外有影响力的品牌。公司决定探讨与国外的游艇俱乐部、酒店管理公司签订战略合作意向,取得一定的规划设计咨询意见,为概念性规划提供有益的帮助,之后在必要的阶段引入品牌落地。通过概念性规划设计工作,落实项目用地指标、初步的产品结构及开发规模,并在此基础上由国内的咨询机构对概念性规划方案开展可行性研究,再对产品结构及开发规模给予一定的调整。为了满足项目游艇会的开发建设,同时充分规避资金投入风险,对于项目必要的基础设施,如防波堤,项目团队将努力争取由政府参与投入,组织实施修缮工程。自此,一套基本科学、相对成熟的海岛旅游开发构想逐步形成。

8 项目前期开发进程

2010年底,公司邀请法国知名水岸地产设计大师作为项目概念性规划的专家顾问,为概念性规划方案出谋划策。这位设计师和他的团队曾经参与过闻名于世的法国和新加坡等滨水度假项目的规划设计工作,这些项目已发展成为世界上最富有的游艇爱好者的天堂和休闲度假胜地。

通过对项目实地考察,并在了解加拿大设计方初步概念性规划方案的基础上,面对海岛复杂的气候条件,法国设计师提出"台风是我们的朋友"的观点,旨在恶劣的环境中创造良港以提升项目的差异化和独特价值。他提出,海岛项目可以通过在原有填海区域开挖运河引入海水来调整规划方案,提供私家泊位,充分挖掘和提升水系的作用与价值。其中的意义在于:(1)海岛依靠现有的沙滩、海景等自身资源支撑一个旅游地产项目非常有限,地中海式的运河和游艇度假社区的加入,可以合理、有效地解决游艇出入、停泊的问题。度假别墅配以私家泊位,极大地方便了高端客户的便捷性和私密性,使游艇真正成为了交通工具,打破了仅依靠客轮的局限性,很大程度上提升了度假物业的价值。(2)配以水闸的运河,可以确保河道内的水位平稳,使运河成为游艇的防风避浪良港,从根本上解决恶劣气候带来的挑战。(3)运河及游艇不仅提升了项目腹地的价值,而且丰富了景观,有效地解决了平地上大面积建筑之间相互遮挡视野、无法充分获得景观资源的弊端,使整个项目在产品类型和景观上呈现多元化。(4)随着港珠澳大桥的建设,珠三角石材价格暴涨,政府严控对现有山体的石材开采。而如此大规模的海岛基建,砂石外运将带来巨大的成本,而回填区运河的开挖将可以为项目提供大量所需砂石。

法国设计师提出的开挖运河、引入海水、提供私家泊位的方案,在公司上下产生了不一致的看法。A方认为当初政府填海造地,现如今再挖开有一定的政治风险。大面积的运河占用了项目建设用地,影响了项目开发的规模。而且运河的开挖成本巨大,需要先期投入,这对公司资金层面会造成极大的压力。而B方认为运河开挖能够进一步强化项目游艇会的核心因素,突出海岛、海洋文化的特色,营造休闲度假氛围,从而提升项目整体的品质。为此损失的开发面积与工程造价,可以在项目价值提升等其他部分取得回报,同时更加有利于向政府证明公司开发海岛项目的能力与实力,得到政府部门的肯定与支持。最终,双方辩论达成的结果是股东方同意采用法国设计师开挖运河调整概念性规划,但是项目团队需要对运河的开挖展开工程论证及经济可行性论证。

要想清晰地判断出挖河工程的可行性及相应的造价情况,首先要了解项目区域内的地质条件对于开挖工程的影响。因此地质勘探工作被提上工作日程。但股东方对运河开挖面积大、在项目尚未获得土地的情况下展开地质勘探、工作周期长、投入成本增加的做法仍存有顾虑。为了项目整体规划顺利完成,在征求专业水利工程设计院工程师的意见后,公司内部最后达成共识,即开展初步勘探,在项目一期填海平地区域内由法国设计师提供钻孔具体位置,每孔钻至持力层,通过勘探了解填海区域的回填情况及相应的地质结构,其勘探成果将作为概念性规划运河方案的设计基础。

2012年下半年,在法国设计师规划理念的指引下,加拿大团队历时一年半,最终完成了项目概念性规划方案,通过对规划重点内容的调整,强化了项目游艇会及其他休闲旅游度假内容:引海水规划长2公里、宽30~50米的运河,贯穿填海区域;游艇会作为项目规划的一大核心内容,将运河入口东侧港区全部调整为游艇会及配套功能;低洼区域利用已有的自然积水,通过整治形成湖泊,打造湿地公园,丰富石场的景观,以湿地公园来柔化旧石矿场的硬朗;将中央湖地的生态景观延伸至石场内,进行生态恢复,打造山体运动公园。

2011年至2012年,公司委托国内一流咨询顾问机构就项目展开整体定位及规划可行性研究,并委托国内权威酒店咨询公司就酒店项目进行了定位分析及财务可行性分析。2010年至2012年,管理团队先后赴法国、摩洛哥、迪拜、新加坡、加拿大、夏威夷等多个国际著名滨海和海岛旅游度假胜地考察,学习和借鉴其成功之处。同时启动与新加坡的游艇俱乐部战略合作的沟通和洽谈。该游艇俱乐部自2007年成立以来,屡获国际大奖和殊荣,包括2012年"亚洲最佳游艇港"、2009年"亚洲最佳游艇/帆船俱乐部"和"五金锚认证游艇码头"。该俱乐部举办了多项国际知名活动,其中包括2006—2007年亚洲游艇展、2008/2009年沃尔沃环球帆船赛、2009—2012年亚洲超级游艇大会,以及亚洲唯一的超级游艇展——2011—2012年新加坡游艇展。2012年11月底,经过针对规划咨询、投资建设、品牌引入、托管服务等各方面的多轮磋商,项目公司与该游艇俱乐部就游艇会项目正式签署战略合作协议,并于2015年初就游艇会的托管服务达成一致意见。

2012年,公司就酒店项目与一世界500强企业酒店管理集团开始接洽。海岛项目的独特性引起该集团中国业务发展部的很大兴趣。该酒店管理公司是世界500强企业,全球规模最大(以酒店数量统计)的酒店集团之一。旗下管理及拥有的酒店超过7 000多家,覆盖了从经济型旅馆到豪华酒店各种类型,全球拥有700多万会员,分布于40多个国家,为集团各品牌带来可观的忠诚消费。经过10多年的开发,集团的中国区网络已经覆盖超过210家酒店。2013年,项目公司与该集团就酒店管理服务展开深入的探讨与沟通。酒店托管方基于海岛酒店项目优越的地理位置以及当地政府对未来城市规划与发展的大力支持,同意以旗下一著名品牌为酒店提供品牌运营管理服务,并正式签署了合作意向书,充分表达了参与此海岛项目的意向和决心。

2013年,经项目团队与政府有关部门长时间的沟通,地方政府同意由政府申请国家相关资金补贴,由下属的投资公司组织项目防波堤的修缮工程。经企业及政府有关部门多方面的积极努力,2015年初,地方政府取得了国家主管部门关于修缮防波堤工程可行性研究报告的批复,顺利获得了专项修缮资金。

9 项目最终整体定位和规划的确定

几年来,经过一系列的探讨与磨合,本案例项目最终确定了开发的总体定位:依托南中国海群岛的区位优势,借助项目岛屿的独特自然资源、口岸资源和人文历史资源,打造一个以游艇俱乐部、精品滨海度假酒店、商务会所为主,融游艇海钓、特色餐饮、康体养生、商务会议、海岛观光等功能为一体的综合性海岛休闲旅游度假产品。项目规划建设用地60万平方米,总建筑面积约20万平方米,项目总投资人民币数十亿元,分期开发。

项目一期包括游艇俱乐部及山顶精品酒店,其中游艇俱乐部已与新加坡游艇俱乐部品牌签订战略合作协议,规划建设游艇俱乐部会所、商业、游艇泊位以及游艇销售租赁、维护保养等配套设施。山顶精品酒店拥有客房200~250间,已与国际酒店管理公司签订合作意向书。2014年,项目公司顺利竞拍一期百亩用地,这是整个项目最核心、景观和岸线资源最丰富的地块。游艇会和酒店项目的规划设计工作随即启动。

项目二期包括运河度假区及半山小镇,来自法国的世界著名滨水项目规划设计师借助他在国际上的成功案例经验,将项目腹地引入运河,打造良港,运河的设计规避气候和地质条件的不足,丰富和提升整体景观,意在展现鲜明的现代海洋文化特色,彰显私密、便利和奢华。山区小镇规划了艺术景观、餐馆、咖啡厅、商店等便民设施,以丰富海岛居民及游客的休闲活动。

项目三期面积最大,其中石场占地规模大,经过大面积开山取石,岩石裸露,目前无生态迹象。项目将在石场中心腹地修建人工湿地,进行生态恢复,并打造特色山体运动区域及生态度假项目。西侧沿海区将规划设计为多功能、综合型滨海风情街,与西侧岸线的游艇功能形成互动,重点规划项目包括航海培训中心、海钓俱乐部、渔人码头等,以及各式海鲜美食的餐饮一条街、滨海商业等设施,将为游客提供完善的休闲度假设施及配套服务。

10 总结

经过5年的风风雨雨,本案例项目已经实现了阶段性的开发目标。不同开发理念间的碰撞和磨合伴随了项目前期运作的各个阶段,随着项目开发的深入,仍不断延续、时有发生。

例如,在项目三期的规划方案中,为了增加项目的旅游度假元素,与投资方合作的国内规划设计机构建议在石场中心腹地原本规划用作湿地公园的区域,开发水上乐园,甚至增加海洋动物表演。这一想法引起了投资方的极大兴趣。对此,公司中B方提出了不同意见,认为此设想未能尊重市场、充分考虑海岛面积小、生态脆弱、基础设施条件等制约因素,单是交通方面的限制和挑战,就将给主题公园带来巨大的运营压力。海岛自身的特点决定其不可能承载大型主题公园项目,而且主题公园也并不适合追寻宁静的海岛高端休闲度假物业。同时,近在咫尺的横琴长隆海洋王国是世界最大的海洋主题公园,香港有世界级的迪士尼、海洋公园等类似项目。鉴于三期的开发将在几年后进行,双方决定保留意见,待项目后期再对此定位作出判断。

在项目一期酒店控制性详规的设计中,A方坚持按照容积率、建筑密度等上限指标用足项目土地控规条件,并指导设计方完成了一个颇具现代都市酒店风格的作品。B方则认为海岛生活应该完全脱离城市的喧嚣,因为人们在岛上希望充分亲近自然、融入自然、身心放松,而不是生活在钢筋水泥的建筑里,酒店的建筑形式及布局应该突出海岛休闲度假的特点,与自然相融合,同时突出生态、环保理念。通过设计、规划,除了充分享受自然景观外,设计方案应以平铺、散落式的低密度、小体量建筑组团构成酒店多重景观。相比之下,此类型建筑形式将大大降低资金投入以及投入运营后的维护成本。度假酒店的布局一方面营造轻松、舒适的休闲度假空间,另一方面在海岛旅游淡季,可以选择性地关闭部分酒店客房和部分设施,节省运营费用。海岛可供开发的土地资源有限,既有优质景观又可供开发的区域更是稀缺,因此海岛项目应合理控制项目规模,把每个产品的高端品质做出来,把度假氛围打造出来,通过提高销售单价价值来实现项目经济收益目标,而不是依靠规模大、低成本、低售价达到盈利预期。基于此,B方认为无论是游艇会、商业、还是酒店,甚至后期石场的开发,首先应侧重于海岛度假氛围的营造上,项目的开发规模、建筑体量,乃至建筑形式都应与之相匹配。

本案例中决策双方在开发理念上的诸多分歧背后有其深刻的原因。很长一段时期以来,国内房地产开发基本处于卖方市场,即开发商只要盖好房子,甚至只有一块地和一张图纸,即可以轻松售楼。这种情况下,开发商不需要考虑科学谋划、理念创新,不需要对产品定位及功能精雕细琢。一些开发企业更多的是希望占有土地资源,资金快进快出,迅速实现资本收益。由此他们追求开发规模,以小资金搏大收益,轻经营,重销售,以实现项目利润为核心目标,因此无论做旅游地产、商业地产还是养老地产等项目的开发,难免都会冠以住宅的开发理念与模式。然而,随着需求逐渐放缓而市场环境竞争越来越激烈,原来粗放式的开发模式已一去不复返。行业的分工越来越精细,项目开发势必要尊重客观市场、遵守科学流程,否则会在激烈的市场竞争中失去优势。国外企业的项目开发,通常是所有权、开发权、经营权三权分离,开发商负责拿地投资开发,项目定位、策划、规划、设计、建设、招商、运营等各个环节均有专业团队完成。这样的开发理念与模式有效地避免了不尊重市场需求的主观决策。同时,他们更加注重的是对项目特质的挖掘,以及项目特色、品质的追求。项目要拥有自己的灵魂,才能具备良好的竞争力和持续的生命力。在本案例中,国外开发理念与成功经验的引入,给国内企业的项目规划和建设带来了一系列的冲击。在激烈的碰撞中,熟悉国外开发模式的管理团队也逐渐了解到国内开发项目的流程与规范,并学会了如何与开发企业沟通,从企业的实际情况出发实现发展目标。在这个过程中,借鉴国外先进开发理念并将其与中国具体实践有机结合的做法,帮助企业在开发前期规避了一些未来项目开发中可能发生的重大问题或隐患,使得项目获得了阶段性的成功。

在当今社会,随着经济的发展、收入的增长,人们对生活质量的要求日益提高,其消费观念也随之发生了巨大变化。表现在旅游休闲方面,人们对旅游专业化、多样化、品质化的需求日益强烈。旅游不再是简单的到此一游,而是逐步发展为精挑细选、物有所值、各取所需的身心体验,由此使得科学、专业的旅游规划与开发愈发重要。它不仅仅要根据市场的变化设计适合人们需求的多样化旅游产品和服务,也要保证企业和旅游地的可持续发展。如本案例所述,海岛休闲旅游度假产品在前期开发中遇到的不同开发模式间的冲突与磨合,为探索如何在中国海岛旅游开发的实践中坚持科学规划、尊重市场、追求品质的理念从而获得项目核心竞争力和永续发展提供了有益的借鉴。时至今日,项目公司已顺利展开一期后续建筑设计、工程报建及施工建设等各项工作,一期的部分产品已于2016年完成建设,投入试运行。一个独具特色的精品海岛度假地的建成值得期待。

案例使用说明

一、教学目的与用途

1.本案例适用于学习旅游管理、旅游规划与开发、景区管理等相关课程的本科生与研究生。

2.教学目的:通过本案例的学习,引导案例学习者对海岛旅游开发管理理念和模式进行深入思考。

二、启发思考题

1.海岛旅游开发的优势和机遇有哪些?

2.海岛旅游资源的整体特点是什么?

3.案例中海岛旅游开发的资源——优势与劣势是什么?

4.案例中两种海岛旅游开发模式的主要差异和差异产生的原因是什么?

5.案例中两种开发理念的融合如何体现?

三、分析思路

海岛旅游度假资源总体特征—海岛历史、地理、人文背景和旅游资源—海岛旅游开发缘起—海岛旅游开发项目背景—海岛旅游开发项目的定位与概念性规划—项目前期开发中遇到的问题与争论:两种开发理念的碰撞—对旅游房地产开发特殊性和复杂性的深入理解—项目开发概念性规划的调整与重新定位:两种开发理念的融合—对海岛旅游开发的启示与借鉴意义。

四、关键要点
1. 海岛旅游发展的重要性
2. 海岛旅游资源的主要特点
3. 本案例项目旅游开发的背景和人文地理环境
4. 本案例项目旅游开发定位与概念性规划
5. 本案例项目旅游开发前期两种开发理念的碰撞及主要原因
6. 本案例项目旅游开发前期概念性规划及定位的调整

五、建议的课堂计划
1. 时间安排

建议案例学习时间为 120 分钟,包括:

案例阅读 30 分钟

分组讨论 30 分钟

小组代表发言 15 分钟

集体讨论 20 分钟

学生书面总结 15 分钟

教师最后总结 10 分钟

2. 黑板板书依课堂具体情况布置,不作固定安排

3. 小组的分组和讨论内容

建议 3~5 人为一组,每组自行推选小组代表发言。讨论内容包括:回答案例中提出的启发思考问题;对案例所述的不同开发理念,提出自己的看法,不同小组可侧重不同的开发理念;对于本案例项目前期开发模式和理念进行批判性分析。

六、其他教学支持材料
关于项目属地的视频资料和延伸阅读材料。

第二部分
旅游景区管理

古镇经营之乌镇模式

张 萌　周志斌　郑 杨

【摘　要】 近几年乌镇旅游步入了发展的快车道,后来居上成为古镇旅游的首选之地。不管是学界还是旅游景区的开发与管理者,对其开发经营模式的研究与借鉴都具有十分重要的意义。本案例在对乌镇旅游资源及其旅游经营管理状况进行客观介绍的基础上,对其旅游资源开发与经营管理进行剖析,最后对其旅游开发经营管理经验进行提炼和总结。

【关键词】 乌镇;旅游开发;经营管理

1　乌镇景区概况

1.1　资源概况

1.1.1　区位条件

乌镇地处浙江省嘉兴市(地级市)桐乡市(县级市)北端,西临湖州市南浔区,北接江苏苏州吴江市,为浙江、江苏二省三市(嘉兴、湖州、苏州)交界之处。陆上交通有县级公路姚震线贯穿镇区,经姚震公路可与省道盐湖公路和国道320公路、318公路以及沪杭高速公路相衔接。乌镇距桐乡市区13公里,距周围嘉兴、湖州、吴江三市分别为27公里、45公里和60公里,距杭州、苏州均为80公里,距上海140公里。一条流水贯穿全镇,以水为街,以岸为市,两岸房屋建筑全部面向河水,形成了水乡迷人风光。

乌镇地处河流冲积和湖沼淤积平原,地势平坦,无山丘,河流纵横交织,气候温和湿润,雨量充沛,光照充足,物产丰富,素有"鱼米之乡,丝绸之府"之称。由于处于杭嘉湖平原腹地,属亚热带季风气候,四季分明,年气温16℃,一月最低气温3℃,七月平均气温30℃以下;年降水量1 200毫米,以春雨、梅雨为主;夏秋之际有台风侵袭。

1.1.2　旅游资源

乌镇是个有着1 300多年镇史的古镇,人杰地灵。旅游资源可以分为人文和自然两大类。自然旅游资源主要是河网密布的水乡景观,而人文景观主要是保存完好的古建筑和历史文化名人曾经的居所。古镇保存完好的文物古迹中有茅盾故居、谭家湾古文化遗址、六朝遗胜、唐代银杏、修真观戏台等。整个古镇街道被河网分割,呈"十"字形分布,分为东南西北四个栅(四条街)。古镇的整体风貌保存较好,景点连片分布,便于开发成旅游景区。

1999年,桐乡市人民政府成立了乌镇古镇保护与旅游开发管理委员会,并联合中青旅、IDG共同成立了乌镇旅游股份有限公司,目前完成开发并投入经营的包括东栅景区和西栅景区两部分,占地面积4.3平方公里。

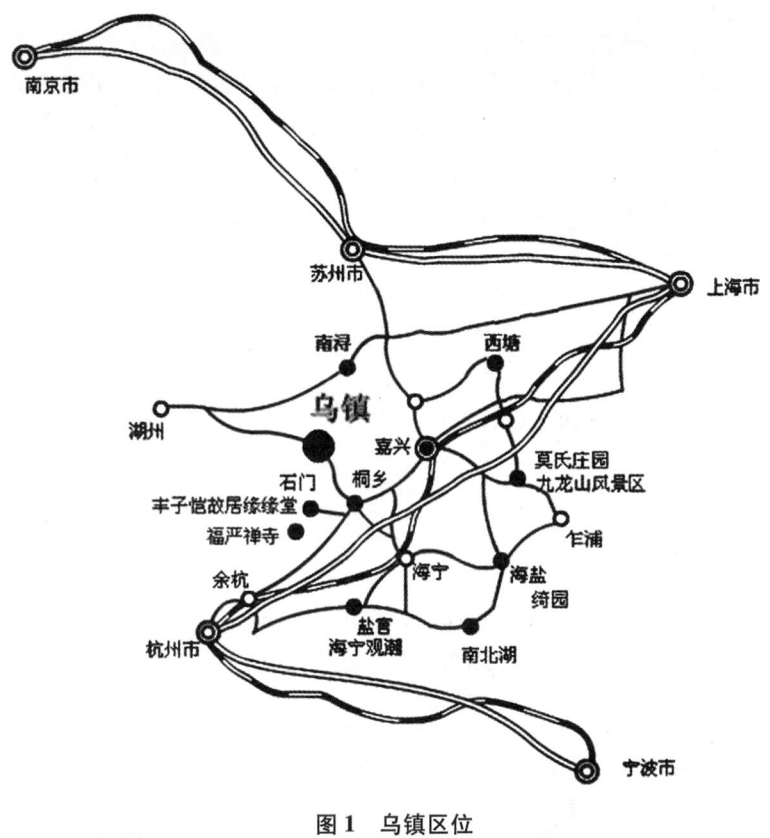

图1　乌镇区位

2010年乌镇景区被正式授予全国AAAAA级景区称号。

东栅"一日游":1999年景区制定了《乌镇古镇首期整治保护总体规划》,开始着手修复与整治工作,2001年正式对外开放,以其原汁原味的水乡风貌和深厚的文化底蕴,一跃成为中国著名的古镇旅游胜地。景区包括汇源当铺、访庐阁、皮影戏、翰林第、修真观、古戏台、茅盾故居、余榴梁钱币馆、木雕馆、蓝印花布染坊、公生糟坊、乌镇民俗风情馆、江南百床馆、传统作坊区、香山堂、拳船表演、逢源双桥(通济桥、仁济桥)等20多个景点。

西栅"休闲度假商务游":西栅景区主要以"休闲度假商务游"为主。在乌镇一期开发(东栅景区)获得成功后,西栅景区的开发紧随其后。2002年开始建设,历时4年多,投资近10亿元、占地面积3.2平方公里的乌镇西栅景区于2006年11月揭开神秘面纱。与东栅保留原住民不同的是,西栅一开始就买断了原住民所有的民居产权,精心规划成"理想中的水乡",以供游客"体验度假和观光休闲",与东栅景区形成特色与功能上的错位互补。

1.2　发展现状

1999年上海同济大学历史文化名城研究中心根据乌镇历史和现状制定了《乌镇古镇保护规划》,计划在3~5年内分区、分3期完成乌镇的保护和修缮工程。一期工程先后投资1.1亿元,完成中栅与东栅区整治,该期工程于2001年1月竣工正式对外向游人开放,呈现在游人面前的是100年前古色古香的水乡古镇风貌,当年接待游客数达78.9万人次,门票收入4 000余万元。开业以来,乌镇每年吸引200多万海内外游客前来观光游览,成为浙江省年接待外宾数量最多的单个景点。

工程全部完工后,东栅景区占地面积约为 0.9 平方公里,设有 10 多个景点,景区游程达 2 公里,可供游客游玩一天。其间被评为国家首批 AAAA 级景区之一,并获得联合国颁发的 "2003 年亚太地区遗产保护杰出成就奖",更连续 3 年进入"全国重点旅游景区旅游信息定点播报单位"系统。2010 年 4 月 9 日,乌镇终于跨进了全国 AAAAA 级景区的行列,成为浙江省第 4 家、嘉兴市首个 AAAAA 级景区。

以南栅、西栅老街古建民居群和老街立面整修为重点的二期工程于 2002 年 1 月动工兴建。鉴于乌镇有大量的经典明清建筑群尚待保护、修复,乌镇古镇保护一期工程成功运作后,开始逐步更大、更深层次地对二期西栅进行了规划,从 2003 年开始,启动省级重点项目乌镇古镇保护二期工程(西栅景区),投入 10 亿元巨资对乌镇西栅实施保护开发,保护工程实施范围近 3.4 平方公里,是东栅景区的 3 倍多。

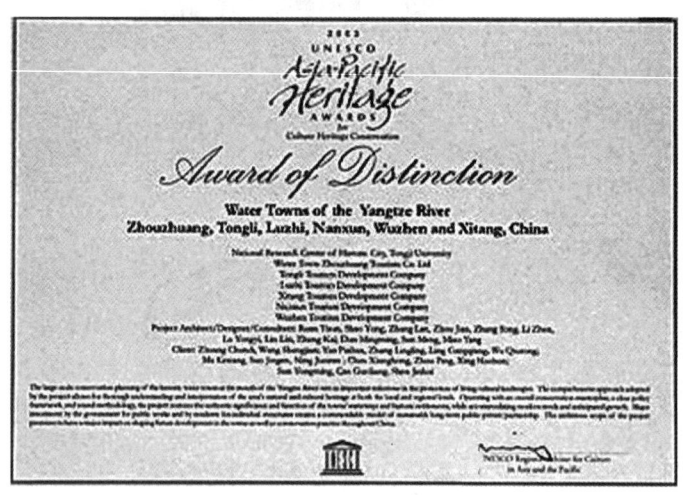

图 2　联合国颁发的 2003 年亚太地区遗产保护杰出成就奖

西栅位于乌镇西大街,毗邻古老的京杭大运河,并有公路直通苏州、江苏其他地区和桐乡市区,交通十分便利。与东栅以旅游观光为主题不同,西栅着重打造商务旅游、休闲度假区。二期西栅街区秉承"保护利用历史建筑,重塑历史街区功能"的理念,相对一期保护开发工程,二期西栅景区的保护开发更加完善彻底,人和环境、自然、建筑更为和谐。

西栅景区占地 3.4 平方公里,纵横交叉河道 9 000 多米,环境优美,而且需坐渡船出入,有古桥 72 座,河道密度和石桥数均为全国古镇之最。景区内保存有精美的明清建筑 25 万平方米,横贯景区东西的西栅老街长达 1.8 公里,两岸临河水阁绵延 1.8 余公里。景区北部区域则是 5 万多平方米的天然湿地。与一期工程的"观光型"景区相区别,二期是一个中国罕有的"观光加休闲体验型"古镇景区,完美地融合了观光与度假功能,街区内的名胜古迹、手工作坊、经典展馆、民俗风情、休闲场所让人流连忘返,自然风光美不胜收,泛光夜景气势磅礴。还有各类风格的民居特色客房和各种档次的度假酒店、多家设施齐全的会议中心和商务会馆,可供 800 余人住宿。游客服务中心、观光车、观光船、水上巴士、直饮水、天然气、宽带网络、卫星电视、电子巡更、泛光照明、星级厕所和智能化旅游停车场等配套设施一应俱全,整体上创建了一个食、宿、游、购逐渐完备的新型古镇社区。

1.3 设施与产品

1.3.1 酒店

乌镇的酒店分为两类：一类为民宿，即沿河北侧的民居，通过整体改造，形成准 4 星标准的度假酒店，每幢冠名为"××客栈"，每个客栈有 4~8 间客房、两张餐桌、4~5 名工作人员。客房形式多样，有标准双人房、大床房、家庭房等，装修风格家家各异，但都充满了浓浓的江南人家风情。尽管是民宿，但得益于西栅街区的保护开发，每间客房都配有现代化的生活设施，安装有空调、热水器、电话、有线电视、免费宽带网络及免费直饮水、独立卫浴。被褥与盥洗品每客更换，统一送洗衣房洗涤消毒。这些客栈由开发公司统一经营管理，工作人员即为原住居民，他们需要对客房进行打扫和清洁服务，公司给予餐饮的经营权，但控制在两桌。乌镇用此类方式盘活了民宅的使用价值，也提高了就业率，同时也调动了原住居民的积极性，培养其服务意识。

另外一类是标准的酒店，目前已形成以乌镇行馆、度假酒店、青年旅舍和经济酒店为体系的住宿接待体系。更有享誉全球的小型豪华酒店组织（SLH）授权经营的乌镇会所，部分会所达到了五星级标准。酒店均布局在民宿的北侧，不沿河设置，但提供高端的商务配套，满足商务客的需求，成为举行商务会议、公司年会的不二场所，由此也扩大了古镇旅游的客源面，提高商务客源在此居住的可能性，消费水准趋于高端。

在酒店预订方面，住宿预订有专门的在线预订网和电话预订中心，房东一般不接受私人预订，游客经预订中心预订成功后得到一个预订号，到景区内的民宿总台办理相关入住手续。为保障接待顺畅，西栅拓宽渠道，在"淘宝"上设立乌镇淘宝旗舰店，预订景区的客房及其他特色项目。

乌镇旅游股份有限公司注重对房东的管理。首先，要成为一名西栅民宿的房东，需要先经过公司客房部的常规培训，再进行托运行李、现磨咖啡、各类服务礼仪等专业培训，经过半个月至一个月的技能培训后，由本人提出房东入职考核申请，通过考官与公司的统一考核认证，才能成为一名真正的房东。其次，为提升民宿房东的业务技能，为游客提供更优质的服务，公司还常常组织房东参加各类才艺大比拼，让房东在技能比拼的过程中共同进步。除此之外，公司还安排酒店行政总厨和各个酒店的厨师长轮流给房东们开班授课，教授多种菜系的烹饪方法，以满足各地游客的口味。

酒店餐饮方面，每家民宿的墙上都贴了"民宿餐饮价目公开表"，不仅标明了菜名和菜价，还标明了每份菜的主料、辅料、分量和规格等，这就是乌镇景区与工商部门联手创建的"旅游消费无忧"景区的一项透明服务，一律明码标价，杜绝商家恶意竞争，游客们也消费得更加放心、明白。此外，乌镇的"民宿"都有统一的管理，每家"民宿"不论场地大小，都只能同时接待 2 桌客人，既保证了服务质量，又保证了就餐环境的悠闲气氛，有效预防经营中的拉客宰客行为的发生。"民宿"还包早餐，早餐分中、西两种风格，由游客自选，餐后还有咖啡、红茶和水果。

此外，乌镇旅游股份有限公司授权民宿管理部按季度开展"好房东"评选活动，旨在提升房东服务的个性化、亲情化和主动性。通过评选，树立优秀标杆，推动房东不断进步，从而使乌镇民宿的品牌更具特色，为更多人所认同。

1.3.2 餐饮与旅游商品

西栅景区由于拥有区内所有的产权，所以有效地规避了过度商业化与同质化的古镇旅游通病。目前的乌镇的收入结构中,门票和经营收入的比例为5∶5,优于大部分国内其他景区。

乌镇西栅景区除了门票收入外,物业商业性收入的获取显得非常谨慎。对外出租餐饮店面时,并不是价高者得,而是要求承租户给出经营的内容和装修的效果图,符合整体经营需要的承租户才有机会获得店面。乌镇西栅景区除了大型餐馆之外,原住户也可以租赁原有住宅开展餐饮服务。

为防止历史街区居民"第一步自己破墙开店,第二步转租开店,第三步满街开店"现象的出现,乌镇旅游开发公司采取了各种措施,包括招收老街群众到公司各个岗位工作,公司出钱对老街低收入者发放生活补贴,对开发形成的部分商铺及游船等配套设施以低价定向分配给老街上有劳动能力的居民经营。同时,在不影响古镇风貌的前提下新建旅游商品交易区,无偿提供给老街居民设摊。

在乌镇,商业不是简单地赚游客口袋里的钱,更多地表现为文化上的呈现。比如有一条女工街,主要用来展示当地的刺绣艺术;酱园,请来乡下的老师傅,专做手工酱菜和酱油。这些是不以营利为目的,甚至是亏本的。很难找到两家相同的店铺,因为这里遵循的是"一店一品",以避免同质化竞争。而为了减少对游客的干扰,商业区和居住区仍旧按照历史原貌加以区分。

1.3.3 商务会奖

乌镇二期内共有大小会议室100余个,其中包含了大型多功能会议厅、小型会议室、贵宾接待厅等,设施齐全。自2007年景区开放至今,已成功接待大小会议千余个,如中科院院士会议、中法文化遗产保护论坛、IBM全球总裁高峰论坛、拜耳医药和菲利普电器的有关会议等国际高规格会议都曾在此举办。2000年11月11日,第五届茅盾文学奖颁奖地从人民大会堂搬到乌镇,并将乌镇作为永久颁奖地,乌镇的文化雄心可见一斑。

1.3.4 文化演艺

文化演艺方面,一是延续历史文脉,举办大型节庆活动,如具有浓郁乌镇特色的香市节,相当于当地的"狂欢节",移植过来与旅游结合,聚敛了人气。二是将评弹、皮影戏等一些文艺节目按旅游需求重新编排,在夜间露天表演或公开表演,丰富旅游夜生活的内容。三是强调传统手工艺市场机制的建立和历史街区传统老店的恢复。值得一提的是,设施堪比悉尼歌剧院的乌镇大剧院业已竣工,成为乌镇新的名片,为乌镇搭建了一个戏剧表演和交流的舞台。

1.4 商业形式

乌镇的商业形式主要分为两类:一类是散落分布的特色小吃、书店、服装店等店铺,此类店铺多集中在民宿周边,通过购物加深游客对于水镇风情的情感体验,这也是众多古镇最常见的业态。另一类,也就是乌镇最大的特色,导入主题式的商业购物理念,设立了女红街,引入创意性的以女红工艺为主的商业业态。而且对于店铺的要求甚高,必须提交店铺的可行性方案,经过审批后,方可开业,同时,为了鼓励店铺的创意性,特设一定的创意奖励基金,一方面提高了商业的竞争力,另一方面也控制住了店铺之间的恶性竞争;最重要的是,对于商铺的整体管控,形成了古镇旅游重要的组成部分。

2　乌镇旅游股份有限公司概况

乌镇旅游股份有限公司的前身是1999年成立的桐乡市乌镇旅游开发有限公司,设立之初注册资本为1 300万元。2003年7月,增资1 130万元,公司注册资本增至2 430万元。2006年11月,通过第三次增资,公司注册资本变为1亿元。2007年1月,引入中青旅控股股份有限公司(以下简称"中青旅")增资扩股,公司的注册资本增至2.5亿元。2009年6月,引入风投,增加注册资本4 412万元;9月,经浙江省商务厅同意,桐乡市乌镇旅游开发有限公司变更为中外合资企业。2010年6月1日,公司以整体变更方式发起设立股份有限公司;21日,浙江省商务厅同意公司改组为外商投资股份有限公司,并变更为乌镇旅游股份有限公司。2013年7月23日,中青旅控股股份有限公司以4.14亿元收购美国国际数据集团(International Data Group,简称IDG)持有的桐乡市乌镇旅游的15%股份,交易后中青旅持有66%乌镇旅游的股份,桐乡市乌镇旅游投资有限公司不变,仍为34%,交易完成后,乌镇旅游变更为内资企业。

表1　截至2014年12月末公司股东名称及持股比例

股东名称	股份数(股)	持股比例
中青旅控股股份有限公司	194 120 000	66%
桐乡市乌镇古镇旅游投资有限公司	100 000 000	34%
合计	294 120 000	100%

公司自成立以来,按照《公司法》的要求不断完善法人治理结构,规范公司运作,并按照现代企业制度建立健全了董事会和监事会。公司本部设总裁办公室、战略法律部、综合保障部、财务资产部、人力资源部5个部分,负责公司战略决策,采用"大财务"的管理方式监管公司运营;4个分公司(景区经营公司、景区配套建设公司、景区管理公司、景区营销公司)采取"大销售""大配套""大配送"的方式进行统一管理,保证景区的环境、治安和维护有效运行。

乌镇是国家级5A旅游景区,也是中国江南四大名镇之一。1999年公司筹备时,一无游客、二无专业人员、三无雄厚资金储存,只有1 300万股本金,并且还面临已经拥有相当知名度的西塘和周庄两个古镇的竞争压力。在考察国内外景区建设经营模式后,2000年,依靠股本金和银行借款,乌镇开始开发东栅"观光"景区。2001年对外开放,当年盈利,获得了社会和各界的好评,被联合国教科文卫组织誉为"乌镇模式"。

2003年,公司在经过一年的筹划讨论后,决定启动"乌镇西栅"项目建设,在全国率先建设"休闲度假古镇社区",变"单一门票"为"复合经营",这项决定对乌镇转型升级至关重要。2007年对外开放后到2014年,景区年游客接待量从215万人次跃升到693万人次,公司年收入从1.57亿元增长到9.67亿元,净资产从6.11亿元增值到24.1亿元。乌镇旅游的经营业绩已经成功超越了国内景区上市企业丽江旅游、张家界旅游、宋城景区,仅次于黄山旅游和峨眉山旅游,成为中国景区类企业中最具潜力的企业。

3 乌镇旅游公司商业模式

景区经营以整体产权开发、复合多元运营、度假商务并重、资产全面增值为理念。目前，乌镇景区主要分为东栅和西栅，两者采取了差异化经营。东栅以古镇观光为主，在帮助修缮原有古镇民居的基础上，保留原住民，以此增加古镇的生活气息，提高游客体验。"乌镇西栅古镇休闲度假区"秉承"保护利用历史建筑，重塑历史街区功能"的保护理念，创建了"古镇社区"，打造了以"民宿"为代表、配套设施功能完备的集休闲、观光、度假、商务为一体的综合休闲度假区。

3.1 复合多元运营

乌镇旅游区分为"东栅"和"西栅"两个景区。其中东栅以观光旅游为主，重点接待旅游团体；西栅则重点发展休闲、度假旅游，侧重对中高端游客的接待。

乌镇东栅的开发在修缮古屋的基础上保留了原住民，部分原住民可以在自家拥有的房屋里经营当地传统的美食，也可以售卖旅游纪念品，赚取收入。这使得古镇的形象不仅仅是一排排的民居，更充满生活气息，给游客以畅游江南水乡古镇的真实体验。同时，为增加古镇的可游、可观赏性，东栅景区设置了浙江分府、江南百床馆、江南民俗馆、三白酒作坊、宏源泰染坊、江南木雕陈列馆、余榴梁钱币馆、文昌阁、茅盾纪念馆、茅盾故居、修真观、古戏台、皮影戏馆等超过 30 个景点。其中的很多景点不仅仅用来观光、还允许游客参与体验。如古戏台每天早上 8 时起就会定点上演地方戏"桐乡花鼓戏"；皮影戏馆每天也在上演精彩的节目；布鞋作坊里的"乡亲"也不断地纳着千层底，向游客们展示正宗的"土气"布鞋；刨烟作坊里不但原原本本地保留着一整套刨烟工具，更有老伯操作刨烟，有兴趣的游客可以现场亲自体验一番；在糕点作坊，游客可以一边听一段流传甚广的民间故事，一边观看制作过程，再一边品尝姑嫂饼……一言以蔽之，东栅的观光景点，不仅仅可以看，还可以听、可以品、可以触，使游客获得多重体验。

乌镇西栅古镇休闲度假区着重打造"古镇社区"的形象。"社区"以"民宿"为代表，配套以完备的功能设施，集休闲、观光、度假、商务为一体。所谓"民宿"，是指老房子经整修和改造，由景区统一管理的民居式酒店。民宿"房东"是其管理员，"房东"大部分是原古镇居民，他们是老屋原来的主人，现在生活在这里，除了负责客房的清洁、整理外，还自行经营一些富有当地特色的餐饮。民宿保留古镇的外貌，但每间客房都配有现代化的生活设施，这样就既保留古镇之美，又可以使游客享受生活的舒适。民宿由"房东"接待客人、清理房间，为客人提供餐饮，给客人宾至如归的感觉。而民宿被褥与盥洗品每客每换，并有统一洗衣房洗涤消毒；"房东"为客人提供的餐饮原料也由公司统一配送，以保证餐饮的品质。乌镇西栅古镇以创新的保护模式，打造了真正的"古镇社区"；以独特的经营模式、创新管理和营销方式，创造了良好的社会效益和经济效益，使"乌镇西栅古镇休闲度假区"成为了全国古镇开发保护的典型。

3.2 古镇保护优先

乌镇古镇以"历史街区再利用"的先进保护理念，提出了打造可以居住和生活的"古镇社区"。

首先，乌镇在改善历史建筑的居住质量上进行了重点突破，对涉及的 8 万平方米民居居住格局和居住功能进行全方位整体修缮改造,从而更好地为现代人所利用。古镇街区在电力、自来水、天然气、垃圾处理、消防管理、环境整治等城镇配套上采用甚至超越了现代小区的居住要求,但民居内的家具、装饰等仍保持古镇特色。这些做法使得古镇在保护理念和实践上大大提高了一步,一改老建筑"只能看不能住"的窘境,传统与现代、旅游与生活达到了较为完美的融合。譬如,在改善古镇生活设施的措施上,乌镇将电线、排水管等设施采取埋藏入地的处理方式,使游客和居民既能够享受现代生活的便利,又能保证现代化的生活设施不影响古镇原有的景观。

其次,通过恢复传统产品作坊的生产,借助场馆展现传统生活方式;举办专题展览,充分利用空间使游客了解过去;利用历史遗存,恢复历史人文环境,营造江南古镇气氛;将闲置传统建筑注入新的功能,如利用原有厅堂改造小型旅馆或特色酒店等一系列方式,实现对乌镇古镇的再利用。整体上创建了一个食、住、游、购、娱逐渐完备的新型"古镇社区",将历史街区功能的重新焕发作了独特而又创新的实践。

最后,乌镇是个真正的"古镇社区",这里的人们在延续古老生活方式的同时,享受着现代的生活氛围和热情。社区利用特色的民俗节日以及古镇建筑,组织了一系列具有现代气息的文化活动。例如,染坊里的亲子竞技、经营户的端午节包粽子以及民宿房东大拜年等,所有这些都是景区里活着的风景线,使得乌镇展现在游客面前的不是死气沉沉的古建筑,而是一个个真真切切的、拥有人情味的生活场景。

3.3 打破门票经济

乌镇西栅打破原有的门票经济,在景区内开设商店、酒店、酒吧、咖啡馆等,变单一门票收入为多元渠道创收,有效保持了景区收入的持续、快速增长。

乌镇的商店有两个特点:第一,商店不多,但个个是精品。进入乌镇西栅景区的商店,都要经过公司的严格筛选,以保证景区购物点所提供的产品质量和特色,并限制和防止景区内的过度商业化。第二,所有商店都体现着古镇的意蕴。首先,所有西栅景区商店的装修方案必须经过乌镇景区管理公司的同意,以确保商店的装饰符合古镇的格调;其次,部分商店的商品与游客体验性产品结合,如1859年始创的叙昌酱园,前店后坊,不仅供游客体验观光,也进行纯天然的"陶叙昌手工酱"的售卖;乌镇传统的蓝印花布的专卖店也开在印染坊的后面,让游客先看工艺,培养好感再购买。

乌镇古镇融合了观光与休闲度假功能,景区内拥有各种档次的度假酒店、设施齐全的会议中心和商务会所,拥有客房1 600余间。此外,着眼于满足休闲度假、商务会议市场需求,以推出古镇休闲商务度假产品为主,把乌镇打造成了休闲度假、商务会议目的地。乌镇目前拥有锦堂、盛庭、恒益堂3个商务会所,其中以锦堂为规模最大、装修最为豪华,其硬件配套设施按超五星级标准配置。占地15 000平方米的两层古典硬山式园林建筑却只设豪华单人间30间、套房4套、大小会议室2个、茶室和音乐厅各一个,主要服务于前来修身养性的高端顾客。

盛庭则提供完整的配套高级会议设施:董事会议厅、小型接待厅等,主要服务高端商务客人。恒益堂除了提供高档的住宿设施外,还以提供健康、营养的药膳汤煲等绿色养生饮食见长。除此之外,乌镇建设的枕水度假酒店和通安客栈,是集观光娱乐与商务休闲于一体的综合性豪华旅游度假酒店,不仅配以高规格的客房,还拥有超过6 000平方米的宴会、会议设施。同时,乌镇古镇也创造性地推出了与当地居民合作经营的新型住宿产品,即"民宿",且于2010年荣获"我最爱的特色酒店"国际品牌称号。

乌镇的酒吧、咖啡吧虽然是景区内的经营场所,但却主要扮演打造景区慢生活的角色。如"似水年华"红酒坊提供优质的葡萄酒,也提供适合多人聚会的宽敞明亮的大堂以及幽静的私密雅座。这里不但成为葡萄酒爱好者分享葡萄酒悠久历史、感受多元文化的高雅沟通舞台,更让游客在风格独具的环境中品味美酒,沉醉不知归处。乌镇有好几家咖啡馆和咖啡吧,多由老房子改建而成,用毫不张扬的装饰,打造咖啡馆的淡雅情致,给游客以美妙的体验。

3.4 整合营销模式

公司始终重视营销模式的创新,大胆改革,通过公司组织架构的设置管理,创新建立了"大销售"模式,将景区资源和酒店等整合为一个对外销售平台,实现了系统性销售,也实现了销售人员从"景区门票销售"到"景区产品销售"理念的转变。从预订、门票、酒店、餐饮、旅游商品乃至航空、车船等整体销售,通过预订平台,对公司资源作整体整合和调度安排,在使游客享受"食、住、行、游、购、娱"整体服务的同时,提高了资源的整体利用率,也加大了二次、三次销售的机会,使边际成本最低,从而实现边际效益最大化。

公司始终坚持营销渠道的创新,重视网络营销,先后花费3年时间、投入近2 000万元,全面打造了景区智能化管理系统、景区一体化销售系统和"E乌镇"网上预订系统,开设"淘宝"旗舰店。此外随着电子信息技术的快速发展,乌镇景区还推出二维码电子门票,消费者可以通过乌镇旅游"淘宝"旗舰店订购门票,系统会自动向游客手机发送二维码电子门票,游客到景区时凭手机上的二维码电子门票,通过终端设备验证后即可进入景区,既方便快捷,又环保节能。

通过加强对宾客反馈意见的收集、整理、落实和整改,做到每条必阅、每条必答、每条必改。10多年来,共收集和征集宾客意见、建议一万多条。由于对宾客意见的认真落实和整改,使景区的满意度和美誉度不断提升,通过口碑的传播效应,降低边际成本。

3.5 精细管理控制

乌镇古镇在管理上创新一体化管理方式,实行统一规划,统一经营、管理,确保了乌镇古镇建筑布局科学、商业经营有序、服务质量统一,也为游客的人身安全、食品安全提供了保障。

目前,即使在游客数量节节攀升、景区内商铺极为抢手的情况下,公司仍按照规划,重新界定"卖什么、怎么卖",并以预先确定的方式招租或自营,严格限制商业店铺泛滥,避免古镇重蹈"商业化"的覆辙。

在公司运营管理上创新一体化的景区经营管理模式:大销售、大配送、大配套,使成本得到有效的控制。景区大配送,通过公司组织架构的设置管理,建立公司层面的采购仓储物流中心及物流系统,避开批发商,直接从厂商批量采购,建立公司配套管理公司,并通过物流、保修系统及标准化的管理流程,整合了人力、物力等资源,最大限度地压制成本,实现了边际效益最大化。景区大财务,通过景区协同系统对公司各收银点进行管理,实行收支两条线,对资金进行统一调度,最大限度地提高了资金使用率。

乌镇景区的精细管理为公司赢得了良好的经济效益和社会效益。2014年乌镇景区全年共实现营业收入9.67亿元,同比增长25.72%,实现净利润3.11亿元,同比增长9.9%;全年累计接待游客692.6万人次,同比增长21.69%;其中东栅景区接待游客365.7万人次,同比增长17.22%,西栅景区接待游客326.9万人次,同比增长27.12%。

与此同时,乌镇也为解决当地就业问题作出了巨大贡献,目前乌镇景区提供近3 000个就业岗位,其中85%以上为本地员工,解决了相当一部分当地人的就业问题。受乌镇旅游的带动,除乌镇景区经营的酒店外,全镇各类涉旅商店、小旅馆达1 800余家,从事相关产业岗位人员超2.5万人,积极推动了当地经济的发展。

4 景区开发管理

4.1 开发背景

相比其他的江南古镇,乌镇的先天基础并不突出:开发时间远晚于周庄、同里;与上海市区的距离较远;除了原有的茅盾故居,并没有特别突出的文化内涵。

但是乌镇吸取了此前古镇的开发经验,凭借优秀的开发和管理能力,成为六大古镇中客流量第二大、收入最高的景区;同时脱颖而出,成为客户满意度最高、盈利能力最强的江南古镇。乌镇景区2012年的综合客单价为115元,远高于周庄、同里等景区30~40元的客单价。目前,乌镇已经成为全国净利润规模最大的单一景区公司。

4.2 开发理念

乌镇开发的理念可以总结为"文化传承,资源保护,改善民生,未来遗产构建"。在乌镇旅游开发前,桐乡旅游局局长陈向宏就提出了科学保护与合理开发相结合的理念。乌镇一开始并不是在做旅游,而是在做保护,在科学保护的前提下,合理开发。陈向宏认为只有把两者有效地结合起来,才能保持老街、老房子的原真性。另外,为了避免"边规划,边开发,边保护"的陋习,乌镇在开发之前就确立了"整体规划,分步实施,一次推出",确保了乌镇的有序、合理开发。

4.3 开发阶段

4.3.1 开发之前(2001年之前)

乌镇在向城市化、工业化迈进的过程中,逐渐失去以河道为中心的江南古朴水镇风光,新老建筑、残破建筑混杂,河道污染严重,文化资源也相对匮乏,仅有茅盾故居一个景点。

4.3.2 观光小镇(2001—2007年)

1999年,时任桐乡旅游局局长陈向宏成立乌镇旅游投资有限公司,开始东栅保护工程,在吸取了周庄等其他古镇的开发经验和教训后,为保证景观整体风貌,首创"整体开发""管线地埋""整旧如故"等模式,拆除不和谐建筑,清理河道,为居民进行改厕工程,同时采用泛光工程提升乌镇夜景。乌镇东栅2001年对外开放。河东以小型展览馆为主,包括江南百床馆、酒坊、染坊、茅盾故居等。河西以特色商品销售为主。

4.3.3 度假小镇(2007—2013年)

2007年西栅景区对外运营,西栅内居民全部迁出,保护和修缮工作进行得更加完整,西栅面积比东栅大3倍。景区内的酒店、餐饮、商铺基本都为公司直营,成为国内较少的"观光加休闲体验型"古镇景区。

4.3.4 文化小镇(2013年—)

挖掘小镇民俗文化,与中央电视台合作展现地方特色的年夜饭、长街宴、堂会等民俗活动。与黄磊、赖声川等演艺界人士合作,举办乌镇戏剧节,增加乌镇的文化元素,创建难以复制的旅游文化平台。

4.4 开发模式

乌镇成功的开发被联合国专家考察小组誉为古镇保护之"乌镇模式",成为"中国古镇保护进程中值得推广的典型"。总结来看,"乌镇模式"主要包括3点:整体规划,集中产权,注重休闲。

4.4.1 整体规划

公司建设初期就进行了一次性整体规划,强调保存水镇风貌。拆除不符合风格的新建筑,用"修旧如故"的方式保护原有老旧建筑。而管线地埋、河道清淤等方式保存了原有的古朴景观,使得游客能够更直观和强烈地感受到小镇的江南水乡特色。

4.4.2 集中产权

乌镇开发时吸取其他古镇开发的经验教训,把景区内所有店铺的产权都拿回,西栅内的居民全部迁出,酒店、餐饮和大部分的店铺均为公司直营,避免景区商铺过于雷同、商业化气息太重的风险;直营模式也保证了经营质量,提升了游客体验。

4.4.3 注重休闲

西栅建设更侧重体验性的旅游消费,高档会所、精品酒店、民宿满足了各个层次的住宿需求。同时结合中青旅自身优势,侧重发展会议旅游,符合旅游形态由"观光游"向"休闲游"转化的需求,也增加了游客在乌镇的逗留时间和人均消费。

另外,"乌镇模式"还体现在管理体制与运作机制的选择上。在政府主导下成立相应的项目股份分公司,由政府相关部门注入资产作为抵押再向银行贷款,滚动推进保护工程和旅游项目开发。探索所有权、管理权与经营权分离,乌镇旅游公司与管委会、镇党委、市旅游局不再实行主要领导兼职,政府只对古镇旅游开发进行宏观管理。2007年初,国内著名旅游运营商"中青旅"控股乌镇旅游景区,一个是充满魅力的旅游资源"内容商",一个是有着遍布全国旅游服务网络的"运营商",两者强强联合。

4.4.4 收入结构

乌镇目前的经营业态包括:门票(东栅100元,西栅120元,东、西栅联票150元),酒店餐饮、商铺租赁(约200余间房)和娱乐项目(乌镇游船和新建的乌镇剧院)。其中,门票占比40%~50%,酒店、餐饮占比30%~40%,租赁、游船和经营公司占比10%~20%。根据近7年的收入结构分析,散客收入超过团客收入,酒店收入大于门票收入,西栅收入超过东栅收入,可以看出当前乌镇旅游市场呈现散客化休闲游的特征。

表2 乌镇经营收入结构

类别	内容	占比
门票收入	东栅100元,西栅120元,东、西栅联票150元,旅行社通常能够拿到5~6折价格	40%~50%
酒店、餐饮	总计1 600余间客房,包括高端会所(宜园、锦堂、盛庭、恒益堂)客房100余间,消费对象定位高端个人客户;中高端度假酒店客房1000余间(枕水、望津里、昭明书社、子夜、林家客栈、西府客栈);民宿和青年旅舍客房500余间	30%~40%
其他	商铺租赁(200余间商铺)、景区游船(100余只游船)、乌镇剧院	10%~20%

4.4.5 发展前景

乌镇具有持续增长的潜力,集中表现在以下3个方面:

一是西栅景区定位散客休闲游,旅游需求持续旺盛。2013年受禽流感和炎热天气影响,整体浙江团客客流明显下滑,以团客为主的东栅上半年客流下滑19%。但西栅定位为休闲度假游,客流以散客为主,上半年仍然实现了19%的强劲客流增长,并拉动整体乌镇收入增长10%。未来乌镇西栅客流和客单价的提升将成为整体景区收入增长的主要动力。此外位于乌镇周边,由周星驰投资的"大话西游"影视公园,也将成为刺激客流长期增长的重要因素。

二是戏剧节吸引观演客流,创造难以逾越的旅游文化高地。2013年5月乌镇旅游与黄磊、赖声川、孟京辉等戏剧界知名人士成功举办首届"乌镇戏剧节",获得较大的业界反响和客流提升效应,为乌镇景区打造了独特的竞争优势。此后乌镇剧院计划打造常态化的戏剧演出,进一步延长盈利产业链。2014年木心美术馆也已开业迎接观众。

三是乌镇南、北栅还拥有开发空间。乌镇旅游公司具备南栅和北栅的开发经营权和部分土地储备,未来拥有进一步的开发空间。

4.4.6 后续建设

乌镇成功的开发成为中国古镇景区开发的标杆,多地政府希望能够与乌镇旅游公司联合开发项目。乌镇旅游曾计划在港单独上市,实现"走出去"的连锁经营战略,后由于景区门票问题而搁浅。北京密云古北水镇的开发是乌镇旅游实现外地扩张的第一步,未来预计将会有新的景区开发项目诞生。

目前,桐乡市正式获国家旅游局批复,成为全国首个旅游综合改革试点县,计划建设"中国旅游第一大县",将以桐乡城区为游客集散地,打造四大旅游特色精品小镇,即乌镇世界一流风情小镇、濮院时尚旅游购物小镇、石门乡村休闲体验小镇和崇福运河文化小镇。

濮院处于桐乡市东部,明清时代曾被誉为"江南五大镇"之一,未来规划成为以"历史文化和时尚购物"为主题的5A级景区。桐乡政府还计划将乌镇和濮院通过运河之水连接,串联整个桐乡旅游业。濮院已经开始建设样板区,连接濮院和乌镇的道路也在建设中。

5 景区经营管理

5.1 经营理念

以"价值营销"为核心,不断提升企业发展空间;以"追求品质细节"为要求,提高规范管理水平;"以人为本",培育企业核心竞争力;以"体验旅游"为方向,打造中国旅游第一品牌。

乌镇旅游公司近期战略规划是加快"古北水镇"项目建设,加速形成景区连锁经营管理核心优势;远期战略规划是成为中国休闲旅游目的地的供应商。

5.2 经营主体

乌镇旅游股份有限公司是由中青旅控股股份有限公司和桐乡市乌镇古镇旅游投资有限公司共同投资经营的股份制企业。公司主要投资乌镇旅游景区、北京密云"古北水镇"景区,拥有员工3 000余人,截止到2014年12月,公司总资产30亿元,净资产24亿元,景区年收入超过10亿元,年接待800万的海内外游客及众多中高端商务会议团体。乌镇景区已不是单纯的"观光游"景区,而是一个集观光、休闲度假、商务会奖于一体的国际化的旅游目的地。

5.3 经营业绩

受益于整体旅游市场的蓬勃发展和乌镇持续的开发创新,2007—2014年乌镇旅游公司年均客流增长22%,年均收入增长30%。2014年乌镇旅游接待游客692.6万人次,实现收入9.67亿元。

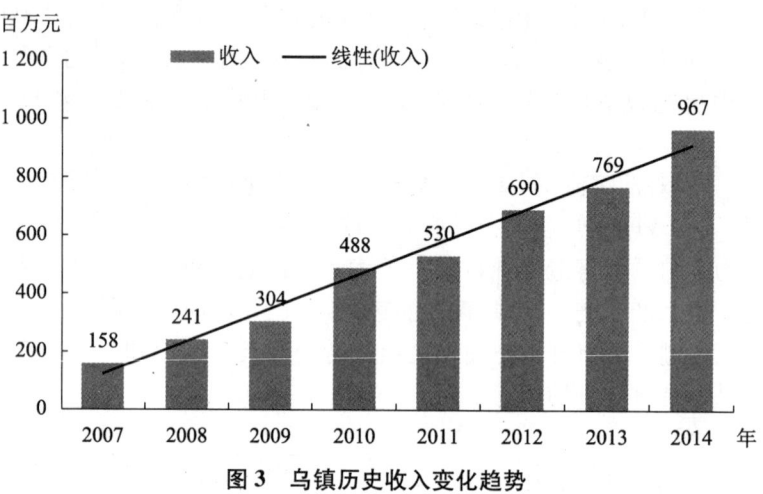

图3 乌镇历史收入变化趋势

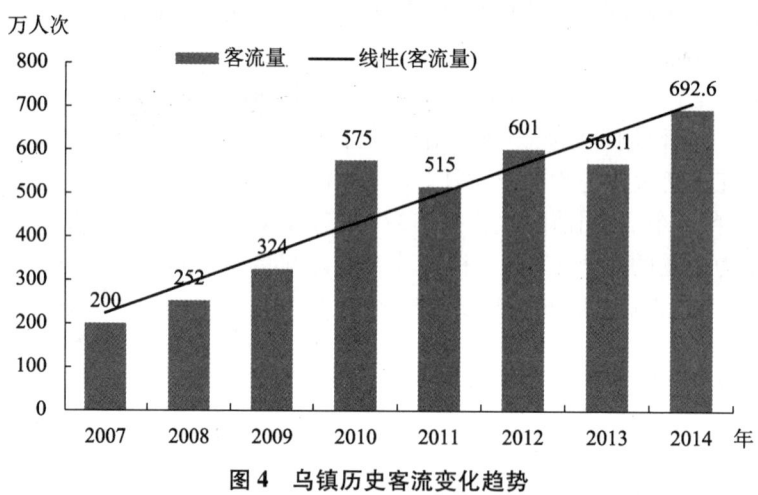

图4 乌镇历史客流变化趋势

表3 2014年国内主要景区收入和净利润规模对比

单位:百万元

景区	收入	净利润	附注
乌镇	967	311	门票、酒店、餐饮为主
黄山	1 558	209	扣除房地产
峨眉山	994	190	门票、索道、酒店为主

续表

景区	收入	净利润	附注
宋城千古情景区	935	361	以景区门票为主
丽江旅游	743	178	索道、演艺、酒店为主
张家界	484	61	环保客运、观光车为主

2014年乌镇景区继续保持快速发展的良好态势,多项经营数据再创历史新高,随着首届世界互联网大会和第二届戏剧节的成功举办,乌镇的品牌知名度和市场影响力空前提升。景区全年共实现营业收入9.67亿元,同比增长25.72%,实现净利润3.11亿元,同比增长9.9%;全年累计接待游客692.6万人次,同比增长21.69%;其中东栅景区接待游客365.7万人次,同比增长17.22%,西栅景区接待游客326.9万人次,同比增长27.12%。另外,乌镇景区加快推进电子商务平台建设,除原有的"淘宝"、OTA合作平台外,新增"京东商城"、Agoda、工商银行e购等销售平台,并开发有自有微信服务号,开通了门票、住宿、套餐和相应消费项目的预订和支付功能,乌镇景区电子商务平台基本搭建完成。最新数据显示,2015年上半年景区累计接待游客387.3万人次,同比增长25.3%;实现营业收入5.4亿元,同比增长26.7%。

为满足更多住宿客人的需求,景区持续推出新客房,截至报告期末客房总量达到1642间;通过对车船管理和销售模式的优化以及盘活存量资产,大大提高了营收能力;在硬件设施不断完善的基础上,建立商务会议标准化管理体系,提升商务接待质量,强化景区商务会议接待的竞争优势,尤其是世界互联网大会的圆满承接,使乌镇景区作为大型会议目的地的影响力空前提升,景区商务会议接待市场前景乐观。

以乌镇旅游为主体投资的濮院项目前期工作正在积极、稳妥地推进中。

5.4 品牌传播

东栅景区在营销古镇思想下采取不同的营销策略,作为各相关活动的总体指导,立足"原汁原味江南水乡神韵"的营销理念,打着"一样的古镇不一样的乌镇"的口号,既凸显了乌镇与其他景点的差异之处,又很好地保护和利用了该镇的特色民居资源。在发展中根据具体情况,运用传统营销手段进行推广。

5.4.1 推行门票价格优惠政策

2006年,古镇类景区都在同一时间涨价,乌镇坚持60元门票关卡,直到2006年10月8日,才将门票提升为100元,同时推出了多项优惠措施,以门票的优惠政策(免票、八折票、儿童票)吸引游客。

5.4.2 强调产品的创意与策划

与上海电视台结盟,进行高效率地宣传推销。在上海国际机场入口至上海地铁的门口,甚至社区街巷设立广告牌。通过参加上海旅游节等节庆活动,加快文化旅游业主动接轨上海的步伐,在上海打响乌镇品牌。

5.4.3 强调中长期形象和战略发展目标的重要性

乌镇领导层采取不同的营销策略以应对来自竞争者的挑战,在总体营销理念的指导下进行保护开发和营销策划,提高正面旅游形象知名度和独特性,有效避免了其他先发展古镇形象遮蔽的效应,在竞争中处于有利的地位。

西栅景区在原先营销理念的基础上有所创新,在保持古镇风貌的基础上注重"休闲体验游"的开发,提出了"最后的枕水人家"的口号。它的营销手段具有强势的预见性,采用网络营销、事件营销,充分利用了中青旅营销网络。积极运用媒体力量,宣传方式多种多样,营销向世界市场看齐。参加国际展销会,在国际平台上打造乌镇优质品牌。乌镇皮影戏应日本、韩国文化和旅游部门邀请,走出国门,登上国际舞台。参加了德国·柏林国际旅游展(ITB),引起国际旅游界广泛关注。乌镇建立门户网站"中国·乌镇——CHINA·WUZHEN"。乌镇党委书记陈向宏接受央视国际网站的在线采访,展现乌镇魅力。乌镇代表团一行赴京参加"CCTV2005中国魅力名镇"展示活动。著名导演黄磊一行到乌镇二期拍摄新片《红玫瑰白玫瑰》外景。充分发挥名人效应。国家领导人到乌镇西栅景区考察。2006年,第六届茅盾文学奖颁奖典礼在乌镇西栅景区昭明书院举行。中青旅高层领导蒋建宁成为乌镇旅游开发有限公司董事长,意味着乌镇景区成为中青旅的"长期合作伙伴",中青旅在长期投资乌镇的开发中为其提供了很好的营销网络。

目前,互联网平台已经成为知名旅游目的地的主要宣传平台。通过网络视频、博客软文等网站推广的手段宣传旅游景区已然成为旅游营销的新趋势。为了在国内旅游市场买方占据主导地位的形势下彰显优势,乌镇旅游部门利用互联网平台,全面撒网,广布宣传渠道,建设乌镇旅游官方网站,联手博客大巴网站进行旅游体验宣传,开设微博、微信等移动社交平台进行新媒体宣传,以及在"淘宝""天猫""京东"等电子商务平台进行旅游线路、住宿和产品的销售。网络平台的营销从宣传介绍到购买服务,形成立体营销的一条龙式推广。

5.5 市场营销

5.5.1 市场状况分析

作为江南古镇的典型代表,乌镇旅游业的发展离不开社会经济发展的大背景。改革开放以来,乡镇工业在小镇兴起,农业文明面临着工业文明猛烈的冲击,小镇道路、房屋结构、水文环境等也发生着巨大的变化,宁静、淳朴、轻松、洁净、保护完好的古镇成为人们追忆故乡的载体,客观上催生了乌镇景区的火爆。此外,景区本身错位互补的定位,有效地激发了观光客源与商务度假客源。

表4 乌镇市场状况分析

市场状况	江南一带就数江浙沪三省发展最快,而随着经济的发展带来的是一系列的城市病,人口密集、交通拥堵、住房拥挤、环境污染使得更多城市人逃离都市、重新下乡,"逆城市化"盛行
消费群体	以国内市场为主要客源,大部分为江浙沪地区居民或长期居住的外来人员、周边学校的大学生旅游爱好者、摄影爱好者、古镇研究者等。各年龄层次均有,收入中等以上,为具有一定文化水平的都市人。旅游以观光旅游为主,重游率不高
顾客需求	快节奏的现代生活,使得人们越来越希望寻求一份安静,驻足休息,放松心情,对文化观光旅游和休闲旅游的需求越来越大
购买力状况	所针对市场人群有一定的闲暇时间,并热衷于体验式的享受型旅游消费,购买力较强

5.5.2 竞争状况分析

自1983年费孝通先生发表"小城镇,大问题"的论述后,吴江同里镇以修复退思园和保护古镇为先导、为契机,使江南古镇旅游业首先在古镇同里萌动。接着周庄开始修复沈厅,为古镇旅游业做准备。至上世纪90年代中期,上海、江苏等周边省市越来越多的"城里人"(游客)到古镇寻踪访古,出现古镇旅游热。南浔、角直、西塘、朱家角、乌镇、木渎、锦溪等镇,也相继加入古镇旅游开发的队伍。

在同质资源基础上的江南古镇,实现差异化发展将是一大难题。从目前来看,乌镇景区通过创新产权结构和产品体系、规范经营和重视社区参与走出了一条与其他江南古镇差异化的道路。

表5　江南古镇竞争状况分析

古镇	价格	宣传口号
乌镇	东栅100元/人;西栅120元/人,西栅夜游票价40元/人;东、西栅联票150元/人	来过,便不曾离开 一样的古镇不一样的乌镇(东栅) 最后的枕水人家(西栅)
周庄	门票100元/人,夜游票价80元/人,环镇水上游40元/人	江南水乡第一镇
南浔	门票100元/人	江南最气派的宅门园林;游遍江南99,不如南浔走一走
西塘	门票100元/人	生活着的千年古镇
宏村	门票80元/人,团体票65元/人	中国最美的乡村;中国画里的乡村

5.5.3 分销状况分析

中青旅:中青旅旅游品牌价值及其在游客、酒店、景区等旅游全产业链强大的资源整合能力,使乌镇得以快速成长为国内盈利最强的水乡景区与一流旅游目的地。

其他旅行社:合作营销,建立综合性的合作关系网络,提高乌镇旅游的市场推广,特别是在近目标市场江浙沪地区争取更多的份额。

自主销售:乌镇旅游在自主研发的"乌镇预订网(Ewuzhen)"上销售自己的旅游组合产品,销量可观,且迎合了现代游客的自助购物的喜好。

网络直销:乌镇旅游进驻"淘宝旅行",在网购时代独占旅游景区销售领地,借助"淘宝"平台扩大了旅游产品的网络预订与销售,增强自己在旅游市场的主观能动性。

6　景区利益相关者管理

乌镇旅游公司在对景区开发时很好地解决了四大关系,即游客与景区承载力的关系、当地居民与旅游公司的关系、景观保护与公司赢利的关系、景区真实性与游客体验的关系。乌镇旅游公司做到了古镇景区保护与开发的协调;民宿模式和免费修缮房屋保证了公司与当地居民的和谐关系;东栅、西栅不同的经营方式满足了散客和团体客不同的游客体验;大销售、大财务、大配送和大配套保证了景区维护和盈利的统一。

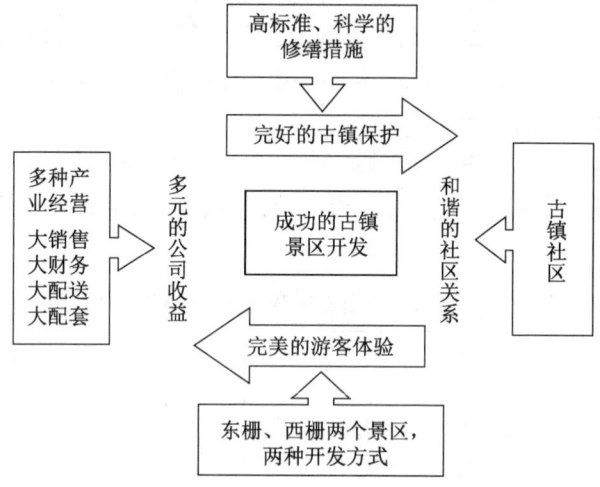

图5　乌镇旅游股份有限公司商业模式示意图

7　经营管理经验总结

7.1　突出规划的超前性

由于乌镇开发较晚,在制定规划时吸收、借鉴了其他古镇的经验教训,按照古镇保护的要求,坚持超前规划、高起点规划,确立了"一次规划,分步实施"的原则,先后从"面、线、点"三个方面对乌镇镇区、保护区、重点建筑进行不同功能的规划,自主编制了《乌镇古镇保护规划》《乌镇历史文化名镇保护规划》等,提出了"保护古镇,开发新区"的保护思路,明确了古镇保护和旅游开发的整体发展方向,使古建筑得到了及时保护。同时,市政府制定了《乌镇古镇保护条例》,以政府规章的形式规范了具体行为。

7.2　树立了"管线地埋"的典范

1999年3月,乌镇首次进入保护古镇遗产程序,面对纵横交叉、到处林立的电力线、电视墙和通信光缆,以及街面上横七竖八的自来水管、下水道、污水管道等,毅然作出了尊重历史、还其古镇本来面貌的决定。因此,在老街上开展了一场"管线地埋"的革命。如今,在乌镇东、西栅老街上,抬头不见电线、电缆,低头难觅水管、槽道。

7.3　在保护的前提下,适度进行了开发,避免过度商业化

旅游是一个大商业,要有商业的元素,但是要避免商业化。过度商业化是旅游业的噩梦。在乌镇,不会看到成堆成片的小商小贩,看到的是乌镇百姓祥和的生活状态。乌镇的夜晚是宁静的,没有现代城市的喧闹声,没有工厂机器的隆隆声,更没有汽车的轰鸣声。

7.4　突出管理的创新性

乌镇旅游开发是由市政府直接领导,而不是以镇政府为主,在组织领导、人员调配、资金投入等方面市政府发挥了积极作用,组建了市政府派出机构——乌镇古镇保护与旅游开发

管理委员会,确立了政府主导、市场运作、企业经营的运作机制。同时为加大资金投入,市政府联合市建设局、国土局等单位组建了乌镇古镇保护与旅游开发有限公司,与管委会合而为一,具体实施景区的保护整治与合理开发。

7.5 突出古建筑修复的原真性

为了使古镇达到历史性与现代性相统一的目标,在整个古镇保护过程中,在恢复原真性上下足功夫,将修复目标定位在100年前,多处征集寻求100年前的建筑材料,对部分重要厅堂、典型民居进行了彻底的整修,恢复了原貌,真正做到了修旧如旧,使游客一进入乌镇景区就犹如走入100年前的生活场景。

7.6 突出古镇的文化特性

"小桥、流水、人家"是江南水乡古镇的共性,乌镇在充分展现共性的基础上深入挖掘历史文化,突出抓住茅盾故居这一特殊历史文化资源,做好"名人文化"文章,争取中国最高文学奖——茅盾文学奖回到茅盾故里乌镇颁奖,并定期组织许多与茅盾相关的研究活动。同时,积极弘扬传统文化,在景区内重现传统节日"香市"、皮影戏、花鼓戏等表演活动,组建了乌镇越剧队、老年京剧队等群众团体,为乌镇的旅游增添了人文气息。

7.7 "乌镇西栅水乡民宿"体验区

乌镇水阁素有"枕水人家"之誉,这些错落有致、延绵数公里的水上阁楼,已经是江南留存不多的历史遗产,成为了江南民间建筑的杰出代表,更是乌镇民间生活原型的一道风景。乌镇民宿的经营者多半就是房子的主人,西栅修整之后,他们又由镇外返迁回来。乌镇西栅水乡民宿为来往的游客带来最贴心、最温暖的家庭式的旅游体验,让游客畅游在乌镇,感受乌镇悠游的曼妙时光。

7.8 突出市场宣传的针对性

对于不同的客源市场,乌镇在宣传促销方面加强针对性。对海外游客,大力宣传乌镇的中国古镇特色,体现中国传统文化;对北方游客,宣传乌镇"小桥、流水、人家"的江南水乡特色,用原汁原味的"枕水人家"吸引了大量的北方游客;对城市居民,则打出乡土品牌,吸引城市人来体验纯朴的乡土气息。通过科学的市场分析和定位,乌镇的旅游宣传取得了较大成功。

8 附录

世界互联网大会永久落户乌镇

首届世界互联网大会新闻发言人、国家互联网信息办公室新闻信息传播局局长姜军今日表示,世界互联网大会将永久落户乌镇,每年一届,持续举办。

11月19日至21日,首届世界互联网大会将在浙江乌镇举行。这是中国举办的规模最大、层次最高的互联网大会,也是世界互联网领域一次盛况空前的高峰会议。大会以"互联互通 共享共治"为主题,由国家互联网信息办公室和浙江省人民政府共同主办。国家互联网信息办公室主任鲁炜此前表示,举办世界互联网大会,旨在搭建中国与世界互联互通的国际平台和国际互联网共享共治的中国平台,让各国在争议中求共识、在共识中谋合作、在合作中创共赢。

最新数据显示,来自近100个国家和地区的政要、国际组织代表、著名企业高管、网络精

英、专家学者等1 000多人将参加这一全球互联网界的"乌镇峰会",外国嘉宾占比达一半。爱尔兰前总理伯蒂·艾亨、俄罗斯总统助理伊戈尔·肖格列夫等外国政要,美国信息技术产业理事会总裁兼首席执行官迪安·加菲尔德、互联网名称与数字地址分配机构总裁法迪·切哈德等国际组织代表,高通、脸谱、苹果等公司高管及部分世界知名专家确认参会。

此外,阿里巴巴、百度、腾讯、京东以及中国移动、电信、联通、华为、浪潮等中国著名网络和通信企业负责人,包括马云、马化腾、李彦宏、刘强东、雷军、周鸿祎等,也将悉数到会。

姜军表示,会议议题聚焦在具有全球关注度与中国代表性的8个领域,涵盖了国际互联网治理、互联网新媒体、跨境电子商务、网络安全、打击网络恐怖主义等共性问题、关键问题和重大问题。

首届世界互联网大会新闻发言人、浙江省委宣传部副部长鲍洪俊介绍,乌镇是苏杭之间的一颗璀璨明珠,是集悠久历史文化与优美江南水乡景色于一身的一块文化瑰宝。现在,嘉宾们可以在千年古镇里体会到数字化服务、互联网效率。在会场内,还采用了会议注册系统、多媒体会议系统、直播系统等先进设施。

"发展互联网产业的一个根本目的,是以人为本实现以网惠民。"桐乡市人民政府市长盛勇军说。乌镇作为世界互联网大会的永久会址,为桐乡的经济转型升级之路注入了更为强大的动力和无限想象的空间。今后,要通过"一核多点"的思路来推进桐乡的建设,即突出乌镇这个中心,在全市其他几个主要的经济平台上大力发展互联网产业,以形成整体推进之势。

我是如何操盘乌镇的
陈向宏

阅读引语

古镇是一种生活方式,也是一种商业模式。15年来乌镇经历了观光旅游、度假休闲和文化小镇三个发展阶段,从小镇成长为名镇,谨慎平衡文化与商业的关系。乌镇模式,是否可复制?管理者如何创造性地打造一个成功的历史文化产品?

一、从观光旅游起步

长三角的古镇确实都很像,乌镇也不例外,在保护之前,它与朱家角、周庄的建筑风格大同小异。1999年我刚到乌镇时,恰逢文保专家阮仪三教授牵头6个古镇联合申报保护,乌镇起步最晚,保护基本没有。触目所及,就是一片新房子、一片老房子、一片破房子。谈得上保护的只有茅盾故居,旅游业态几乎一片空白。所以乌镇的保护和发展,不是一蹴而就,或者天赋异禀,而是随着保护理念的推进,不断在与时俱进。

1999年,乌镇的开发保护正式开始,当时以观光旅游为主。我一开始先选了开发东栅,因为茅盾故居在那里,占地比较小,风貌却被破坏得厉害,比较适合作为试点进行开发,便于积累经验。

那时候,经常去参观其他古镇。看得越多越明确了一点:不能在古镇上选几个点,光保护好一个个点还不够,一定要强调整体风貌的保护。比如,很多古镇的天际线,几乎都被杂乱的电线分割得支离破碎,乌镇一律采取管线地埋。所以现在的乌镇,你几乎看不到一根错乱的电线,视觉感觉很好。

我们拆迁了一些与古镇风貌不和谐的房子。修复老建筑时,坚持用旧料恢复故居的模样,修旧如故。对街区我们也做了调整,有些房子之间密度太高,行人走路特别拥挤,为此搬掉了7家工厂。还重新整理了水系,把曾经填掉的河道重新疏通开来,让水乡里的水真正流动起来。乌镇的整体风貌感由此非常强烈,我自认为这个思路还是比较超前的。

修完后我发现,除了房子乌镇好像没什么东西,于是提出,把作坊请回街区,比如酒作坊、布作坊等,请本地人在景区里展示手艺,这样既可以作为一个参观点,也可以成为展示乌镇风貌的一扇窗。我们还修建了大型停车场、游客中心。这些做法后来被很多古镇效仿采用。

乌镇东栅是2000年建成的,市场反应很好,几乎后来居上。但我们坚持不在东栅建大型酒店,也不搞夜游项目,因为那里至今还住着很多老百姓,不能太过打扰他们的生活。到了2003年,东栅1亿元投资全部收回,一年营收3000万元,这就意味着我们可以活下来了,于是开始考虑进一步保护开发西栅。

二、从观光景点向度假休闲中心:古镇发展不能光靠门票收入

西栅的保护开发,并没有简单复制东栅的成功,而是选择了走不同的道路,主要从观光景点向度假休闲中心转型。

西栅风貌最好、最大,但离交通中心有段距离,破坏程度超过东栅,而且产权复杂。当时确实有两种做法:一种是照搬东栅,把建筑立面修复一下,就可以做观光旅游,很多古镇都这么做。

另一种,要全新开拓,转型成为度假休闲中心。为什么选择后者?因为我觉得古镇发展不能光靠门票收入,最好的配比是门票收入占1/3、住宿收入占1/3、综合性营收占1/3。所以西栅的保护开发特别注重与周边互动,注重街道的背后。目前西栅两条街背后,依然住着当地人。

西栅的开发,显然更有挑战性。先是搬迁。作为度假中心,需要给游客很好的体验,安静、休闲、舒适,而不是闹哄哄,不搬迁根本做不到。搬迁就花去了我们9个月时间。为此,我们在西栅周边先建了安置房如银杏小区,又建廉价房如长城公寓,再建廉租房,尽量做到让当地老百姓满意。

还有资金压力。很多人以为西栅主要是中青旅的策划，其实不是，中青旅直到2007年西栅开发建设好以后才入股加入。西栅10亿元的投资，当时全部靠我们公司自己贷款，压力很大。

度假中心的改造是由表及里的，不仅是看得到的外在，还有大量看不到的基础设施，比如直饮水管道、消防管道、雨水管道的排置。当时才2003年，我们已经铺设了21种管道，其中还包括宽带网络，这在当时非常超前。这样一改就改了4年。主要是政府放手支持，否则这么大个工程很难由某家民营企业单独完成。

2007年建成后，有人说好，也有不同声音，担心这些酒店没人来住。当时资金链已到极限，必须引进资本。我们就把资本分为两类：一类是保护性资本，比如乌镇的桥、房子，属于百分之百国资；另一类是经营类资产，比如酒店的经营，与中青旅合作分成，这样大大减轻了资金压力。西栅开放后，第一年税后收入3 000万，第三年9 000万，世博会那一年翻了几倍，至今仍以每年30%的速度在增长。

三、文化特征是一个古镇最大的个性

我渐渐觉得度假中心不能光看小桥流水，还要有文化导入。于是，乌镇保护到了第三个阶段，我称之为向文化转型阶段。我们曾经有句口号："一样的古镇，不一样的乌镇。"怎么避免古镇的同质化呢？小桥流水大家都一样，区别只能是文化，文化特征才是一个古镇最大的个性。于是2010年起，乌镇开始向文化小镇转型。

古镇保护尽管恢复了原样的建筑，但古镇原本的生活方式，已经不可能复原。不管有没有开发乌镇，当地原住民已经发生了变化。我自己是乌镇人，但我小时候的邻居，早就不住在这儿。人们的生活方式、生产力和生产关系都变了。现在的乌镇年轻人，也喜欢网购，旅游爱去香港淘货。所以传统文化是古镇的基调，但不能局限于传统不发展。

我希望乌镇是平台，是一个能承接现代艺术、科技、文化的平台，通过乌镇的平台，向周边地区的产业链和经济发展辐射，而不仅仅是旅游观光之后简单的农家乐。

"印象系列"演出的首创者也是我们的股东之一，曾经说服我们做"印象乌镇"，但我们认真考虑后觉得，这不是我们的路。最后选择了办戏剧节。

以戏剧为切入口，是因为它符合现代年轻人的文化需求。欧洲的戏剧节，都是在小镇上举行的。一开始我也没太大抱负，就想办一个年轻人喜欢的戏剧节，即使它并不赚钱。

第一年举办时有不同声音，但到了今年第二届，那一段时间80%的游客都是冲着戏剧节来乌镇的，一住就是10多天。全国大专院校、艺术机构的朋友，一下子都聚集在这儿。他们戏称"进了乌镇，都是戏剧人"。我希望乌镇将来可以发挥平台优势，真正成为戏剧的孵化基地。

现代文化引入古镇，反而让古镇魅力四射。比如世界互联网大会期间，老外们对媒体都会提一句：乌镇太漂亮。旅游加文化的驱动，才能带动整个镇的商业和产业。所以我们越是做一些与古镇旅游看似不着边的事情，乌镇反而越办越好。

今年乌镇营收达10亿元，迪士尼我不敢说，但除此以外其他市级景区很少能达到这个规模。单论历史风貌，乌镇哪里比得上丽江、宏村？但我们胜在有序，胜在安静地做商业。什么才是成功？时间是最好的回答。

四、乌镇模式小结

首先，必须要有中长期的目标，切忌急功近利。15年来，我们每年都做大量基础设施、

管理服务的细节工作,对标准化、精细化孜孜以求。指望马上找到一个大项目,生出一只金蛋,是不切实际的。

其次,乌镇不教条,而是结合自己的特点找到突破口。乌镇从来不办旅游节,办的是"乌镇过大年""童玩节""戏剧节"。活动要坚持办,办出特色。我们不唯上,但唯实。

最后,乌镇一直谨慎平衡文化与商业的关系。每家店铺,开店需要递交详细的商业计划,与乌镇的理念不冲突,才允许经营。不能随意抬高物价,不能低价恶性竞争。乌镇周边也没有大型商业房地产开发。

乌镇当然是一种好模式,但未必是唯一的模式。我期待古镇保护开发能诞生出更多元、更多姿的形态,与大家共同探索。

 案例使用说明

一、教学目的与用途

1. 本案例主要适用于旅游管理、市场营销、景区管理课程,也适用于旅游目的地开发与管理课程。

2. 本案例适用对象主要为大专及普通高校旅游管理专业学生及旅游管理从业者。

3. 通过学习本案例,了解乌镇开发与运营全过程,理解乌镇旅游公司资产重组细节,掌握乌镇模式的内涵以及乌镇管理运营的方法。

二、讨论参考题

1. 乌镇旅游公司在开发乌镇过程中承担了哪些社会责任?请分析其对企业发展的利与弊。

2. 在乌镇的开发与管理过程中,计划起到了关键作用,请分析乌镇是如何确立目标的,并制订了怎样的计划(例如,短期、长期计划)以及如何实施的?

3. 从市场营销的角度分析乌镇景区营销分为哪几个阶段,每个阶段的特点是什么?

4. 分析陈向宏在企业初创时期起到的作用以及在景区转型过程中的创新与突破。

三、分析思路

1. 分析乌镇在景区开发过程中是"先保护,后开发"还是保护与开发同时进行。

2. 分析乌镇是否确立了发展目标以及如何实施计划。

3. 分析传统媒介与新媒体在营销过程中发挥的不同作用。

4. 分析领导者的特殊身份以及政府在景区开发过程中发挥的重要作用。

四、关键要点

1. 乌镇模式的内涵

2. 景区保护性开发的理念

3. 管理模式的创新性

五、建议的课堂计划

1. 时间安排

以90分钟为宜,其中15分钟阅读案例,15分钟进行小组讨论,20分钟小组代表发言,15分钟师生互动交流与问题解答,15分钟学生书面分析总结,10分钟教师最后总结。

2. 黑板板书依课堂具体情况布置,不作固定安排

3.小组的分组和讨论内容

建议 3~5 人为一组,每组自行推选小组代表进行发言。讨论内容除了要对讨论参考题进行回答,还要从案例中找寻"乌镇模式"的亮点(如规划的超前性、管理的创新性),并指出在当前建设"特色小镇"的背景下,乌镇要想在古镇旅游竞争中保持生机还应该做哪些提升。

六、其他教学支持材料

乌镇旅游官方网站

1.网络链接

http://www.wuzhen.com.cn/

2.简介

官网目前在传统的旅游资讯宣传基础上推出了虚拟旅游和手机导游。

乡村旅游之桃源仙谷模式

朱 莎 何玉春 郑 杨

【摘 要】桃源仙谷是北京首家农民股份制景区,景区在经营管理过程中不仅努力吸收首旅集团等企业入股,增加基本股金用于景区开发,还注重吸取旅游开发领域专家的智力支持,成为北京乡村农民开发景区持续健康发展的典范。村民与景区利益捆绑,参与经营管理,这一举措不仅大幅度提高了村民收入,村民的参与意识也日益增强。桃源仙谷景区开发经营模式不仅是当时北京京郊旅游的创举,对于当今各地区乡村旅游的发展也是极好的借鉴。本案例首先对桃源仙谷开发背景进行概述,之后对景区经营与管理经验进行详细介绍,同时对景区利益分配机制及发展中出现的问题进行分析。

【关键词】桃源仙谷;股份制经营;乡村旅游;可持续发展

1 桃源仙谷资源概况

1.1 地理位置

桃源仙谷风景名胜区位于密云县石城镇南石城村,为国家AAAA级景区,距北京90公里。景区东起密云水库西岸,西至观峰台顶巅,全长8公里,总面积16平方公里。景区峡谷森林茂密,潭瀑众多,山峰雄伟,环境洁美,"一湖六瀑十三潭",冬天冰雪有奇观,天画八峰神仙界,远望云海碧水天,80余处景观镶嵌其中,构成了一条世外桃源的天然风景画廊。

1.1.1 密云县概况

密云县位于北京市东北部,地处燕山山脉与华北平原交界地带。县域东邻河北省兴隆县,西与怀柔区毗邻,南与顺义区、平谷区接壤,北靠河北省滦平、丰宁两县,县城距东直门65公里,是华北通往东北、内蒙古的重要门户。

密云县总面积2 226.5平方公里,总人口43万,有"八山一水一分田"之称。山多、水多、林多,自然风景旖旎,名胜古迹众多。旧县志记载有"八景",即冶塔仙灯、圣水鸣琴、白檀晴光、青洞晓色、霞峰散彩、水沼呈祥、五峰凌空、回阳返照。后又有"新八景",即黍谷先春、雾灵积雪、渤海涌珠、石湖映月、庵畔桃花、白河奇潭、潮河信泛、石匣拱镇。

1984年,密云县大力开发旅游资源,发展旅游业。1986年至1987年,聘请北京师范大学卢云亭、刘清泗等有关专家、教授对全县旅游资源进行了普查和科学论证。

1989年北京市开展"我爱北京山和水"旅游活动,密云县一举推出了白龙潭、司马台长城、黑龙潭、京都第一瀑和云峰山5个景点,1990年又推出云岫谷和天仙瀑两个景点。2000年,全县已发展到28个景点和40家旅游饭店,形成密云东北、西北两条旅游热线和云蒙山、白河、司马台-云岫谷三大旅游区。旅游经济效益和社会效益逐年提高,年接待海内外旅游者从1989年的68万人次增加到2000年的453.8万人次,旅游经济综合收入从1989年的1 394万元人民币增加到2000年的3.6亿元人民币,年均分别增长19.6%和35.26%。2014年接待海内外旅游者1 046.9万人次,旅游经济综合收入达到41.9亿元人民币,分别为2000年的2.3倍和11.6倍。

1.1.2 石城村概况

石城村位于密云县石城镇政府所在地,是全镇政治、经济、文化中心。2013年石城镇旅游收入达到8 342万元,是密云县开发西线旅游的中心地段,距密云县城25公里。石城村附近有京承高速、101国道,游客自驾前往十分便利,尤其是京承高速通车以后,从市区开车到密云县城只需要40分钟,大大缩短了游客的出行时间。

石城村地处密云水库西岸的密云水库水源涵养区内,东临密云水库,西倚云蒙山,三面环山一面环水,林木覆盖率达84.6%。山上有北齐时代的古长城遗址,植被丰富,多种果树和名贵药材可供学生进行植物标本采集和科普考察。密云水库的白河上游,是国家级一级饮用水源区,常年清澈见底,水里有几百种淡水鱼类,河里的鱼、虾鲜嫩好吃无异味,是上好的绿色食品。村中央穿流而过的小溪是从海拔1 400多米的云蒙山流入,水源充足,长年不断流、无污染,是游客避暑、戏水、垂钓的最佳场所。

石城村有南石城、北石城两个自然村,村域总面积533.2公顷。明洪武年间曾于此筑长城,并于该地设关口;嘉靖至隆庆年间,用土石修筑南北相对的守边营城,故名前、后石城,后按方位称南、北石城。石城村境内长城约3公里,基本保持长城原貌。明长城经白马关、黄峪口、鹿皮关进入石城村境内,经村西山脊向滴溜山、水关、五座楼方向延伸,走向大致为东北至西南。

南石城有桃源河,发源于观峰台下的山谷中,流程9公里。桃源仙谷景区由此得名。北石城有九道湾河,发源于原廊房峪村西的山谷中,流程7公里。两河在石城村东京东铁路大桥下汇合,后流入密云水库。

石城村全村302户,634口人,其中南石城村140户,300人左右。村民在景区开发之前的主要收入来源是务农、林木果树种植及外出打工。1997年桃源仙谷景区建设集资入股,大约2/3的村户入股成为股东,逐渐将桃源仙谷自然风景区和九道湾自然风景区打造成为该村的支柱产业。石城村也于2001年被密云县政府评为民俗旅游专业村。近年来,民俗旅游业的发展成为全村经济总收入的主要增长点,2003年全村经济总收入660万元,民俗旅游收入248万元,旅游业收入占经济总收入的37.6%,人均收入达到4 345元,2003年接待游客人数3.1万人次。

1.1.3 桃源仙谷资源概况

桃源仙谷自然风景区东起密云水库西岸的南石城,西至观峰台顶巅,东至桃源湖以南,是一条东西向山溪,全长8公里,总面积16平方公里。河谷海拔高度东端约220米,西端约400米,落差约180米。景区内峡谷陡峻,山峦如屏,林木茂盛,主要景点有桃源湖(库容4.9万立方米的山间水库)、童乐瀑、叠翠潭、金龟影、桃源瀑、青龙潭、青龙天梯、大帽石、天画、圣水瀑、群仙潭、悬空瀑、饮狍瀑、神古潭、观峰台等,构成了世外桃源之胜境。

表 1 桃源仙谷景区自然及人文资源普查

景观类型	景点及开发项目
自然景观	• 桃源瀑:落差 66 米,常年不枯;冬季结冰,形成冰瀑景观 • 桃源湖:湖容 5 万立方米,水面 1.4 万平方米,平均水深 8 米,最深 12 米,坝高 13.75 米,开发了划船、垂钓和水上娱乐等项目 • 青龙潭:长 80 米、宽 10 米、面积 800 平方米,水深 2~6 米,开发了皮划艇、水枪等项目 • 登山游览区:峡谷全程 8 公里,谷内森林覆盖率超过 85%,开发了春季踏春赏花、夏季玩水、秋季欣赏红叶和采摘野果、冬季攀冰等项目
人文景观	• 青龙天梯:桃源瀑布将景区一分为二,景区为方便游客攀爬桃源瀑布悬崖继续游览,在瀑布边用钢筋凌空架起的高 66 米的钢梯 • 长城:景区内明代古长城,景区已经制订了开发计划 • 休闲假山庄:景区内正按照三星级标准建设接待量为 200 人的休闲假山庄,建成后将与位于村里的桃源仙谷度假山庄形成内外呼应,共同为桃源仙谷游客服务 • 民俗接待户:2006 年南石城村有市级民俗户 35 户,县级民俗户 20 余户,民俗接待户规模大小不一,基本是利用自家院落改造而成

2 桃源仙谷景区经营与管理

2.1 景区创建历程

2.1.1 农民股份合作制雏形显现,景区进入初创阶段(1997—1998 年)

南石城村紧傍密云水库,任何污染和破坏生态环境的工业项目都被禁止,家禽饲养也不允许。南石城村村民受黑龙潭景区发展的启示,决定充分发挥村西山谷的山水资源优势,变山林资源为旅游资产,配套餐饮、住宿等休闲娱乐设施的发展,实现村民致富的美好愿望。

在经营方式的选择上,石城村村党支部、村委会和村民代表经过讨论后决定,以农民股份合作制的形式开发山林资源,兴办旅游业。以协议的形式确定村西的山场、林木、土地、山溪和水库由景区管理处独立使用。

1997 年 6 月桃源仙谷旅游管理处正式成立。密云县政府为鼓励首创的农民股份制旅游景区,给予 10 万元奖金,村西山林资源作价 5.4 万元,加上村民入股股金 12.6 万元,共筹得启动资金 28 万元。景区注册资金 18 万元。利用 28 万元的入股资金,景区管理处带领全体村民修建了必要的基础设施,培训了工作人员并制定了相应的规章制度。

根据股份合作制的章程规定每 1 000 元为 1 股,南石城村约有 120 户村民参与入股,占全村村户总数的 86%。年终税后利润分红的分配原则为自然股东即南石城村法人股东,和自然人股东分红占总额的 70%,南石城村法人股东占 30%,明确了红利。

1998 年,景区正式对外营业。开始经营的前两年,景区知名度不高,游客量不大,收入有限,同时景区每年需要投入一定的建设费用和维护费用,景区处于入不敷出阶段。

2.1.2 引入专业集团注入资金并参与管理,景区进入快速发展阶段(1999—2003 年)

桃源仙谷管理处作为北京市首批农民股份合作制旅游企业之一,在京郊景区的开发中已经具有两年的实际开发经验。但随着市场经济发展的不断深入,以及景区建设的需要,它与京郊许多旅游点一样都十分渴望与有实力的旅游专业公司合作,走社会经济和环境的可持续发展之路。

北京金凤凰旅游有限公司是北京市旅游公司与北京市中国旅行社共同出资组成的专业旅游景区开发管理公司。它融合中西旅游管理理论,力求延续北京历史文脉,特别是在旅游资源的可持续开发与使用上具有独特的理念与实践经验。桃源仙谷是继"京城水系游船开通"之后,北京首旅集团的主力企业北京市旅游公司的又一全新理念的特色旅游项目,也是华旅经纬旅游策划公司的又一成功案例。

合作双方开发的目标是建成北京生态旅游示范景区,为北京、天津、河北客源市场提供充满山野民俗情趣的休闲、度假旅游产品。同时,该景点还将培育成北京旅游集团特色旅游产品之一,作为北京旅游集团直接培育的第一个旅游景区项目,还将通过国内外销售网络,使桃源仙谷尽快走向华北和全国。项目开发的宗旨和口号是:搞活机制,推进专业大公司与农民股份制的合作;倡导共同致富发展,城乡携手建立旅游专业村。(注:《桃源仙谷邀专业公司开发旅游》,中国旅游报 1999.10.12)

2000年,北京金凤凰公司投资入股资金30万元。根据景区发展情况,经双方友好商定,北京金凤凰公司的入股资金按分红比例实行专项分红。在保证股东分红和村民分红的同时,景区管理处加大了风景区建设的投入。在"桃源瀑"的绝壁上修建了百米高的"青龙天梯",在溪流上修筑了10道截水坝。在风景区峡谷两旁的山坡上,栽种了六万棵红叶树和两万棵果树,建成了六大果品采摘区,既培育了风景区的景观,又涵养了水源,极大地保护了生态环境。

1999年中共北京市委农村工作委员会、北京市人民政府农林办、市山区办在《农口信息》等上给予报道,题目为"郊野小山村、旅游大集团携手开发山区旅游景点",强调桃源仙谷管理处与北京旅游集团下属公司签订合作协议,发挥各自优势,共同把景区建成京北生态旅游示范景区。同年《中国旅游报》也专门刊发了记者吴晓梅对桃源仙谷景区的采访报道。

"郊野小山村、旅游大集团携手共建京北生态桃源仙谷,城里名教授、乡村庄稼汉同心合筑渔阳山水锦绣家园"成为当年的一段佳话。更有评论称新桃源仙谷管理处作为首都首家引入著名专业大集团策划、资金、人才、管理等整体配置要素的贫困山村,充分展现人与自然环境的和谐关系,创造城乡优势互补的新型开发合作模式,探索旅游促进社会经济共同发展之路,将成为保护性开发自然生态旅游方式的探索者之一。

2.1.3 增效提质,景区进入稳定发展阶段(2004年至今)

近10年来,景区累计投入了700万元用于景区改造和建设。

2004年,景区被评为国家AAA级风景区,并在《中国旅游报》第一批公布;同时景区也被北京市政府评为"北京市风景名胜区",获得"紫荆杯"先进单位的荣誉称号。2009年1月,景区被评为国家AAAA级景区,门票价格为32元,年游客接待量为18万人次,门票收入500万左右,形成了春观花、夏赏景、秋采摘、冬冰雪的四季旅游产品,成功举办了攀冰节和书画节等活动,取得了较好的社会反响,吸引到了来自中国香港、中国澳门和日本的游客。此外,南石城村50%的村民可自行开办农家乐,为游客提供餐饮和住宿服务,住宿接待能力一般为4~6人,餐饮接待10人左右。南石城村内另有可同时接待200人的桃源仙谷度假山庄,山庄为3星级标准,投资人为石城村人。

2.2 桃源仙谷景区格局

桃源仙谷景区遵循"一山一水一园林"的原则进行旅游规划设计,主要分为水上娱乐区、世外桃源区、自然景观区和生态园林区,其中自然景观区主要包括童乐瀑、壁画天书片麻崖、隐形瀑、天书洞、鸳鸯槐、一线天等自然景观,生态园林区主要涉及各类珍贵树种及果林。

2.2.1 水上娱乐区

桃源湖:湖容5万立方米,水面1.4万平方米,平均水深8米,最深12米,坝高13.75米。湖的两端有古长城横跃。湖区可垂钓、划船、潜水、游览湖水全景。

2.2.2 世外桃源区

世外桃源区西、南、东三面环水,一面环山,东靠古长城,五谷掰珠之处,参天白杨丛中,是休闲、度假的好去处。东登长城看日出奇观,西望隐形瀑高悬,瀑下野草馥郁、鸟语花香、生态草屋、勃勃生机,松鼠、野兔更给游客增添情趣。西临涌泉潭,水面不大,形似长方看来无奇观,但传说:"大旱之年,水涌泉翻,永不枯干。"

2.2.3 自然景观区

童乐瀑、壁画天书片麻崖、隐形瀑、天书洞、鸳鸯槐、一线天等都是天然奇景。气势雄伟的桃源瀑高达66米;青龙潭长80米,宽10米,面积800平方米,水深2~6米,游客可登上青龙天梯观看近在咫尺、飞流直下的桃源瀑。向北登上一线天,东北半山上有一"金龟影"。群峰奇特,天画多变。迎客峰、将军峰、骆驼峰、五指峰、雄狮峰、金钟峰、仙女峰、莲花峰,群峰竞秀,山崖翠柏高悬。

2.2.4 生态园林区

天然森林,鸟兽栖息。高大的楸子树、野山杨、白桦树、青松、翠柏等,茂密丛生,给整个坡谷搭了个凉棚。神榆、古柳、迎客松、刺楸和九龙桦5棵名树令人称奇。矮些的榛子秸、芝麻角、山葡萄、猕猴桃等蔓生植物,互相攀绕,宛如迷宫。

2.3 景区经营管理模式——股份合作制运营模式

2.3.1 股份合作制及股份合作制景区

(1)农民股份合作制发展历程

改革开放30年来,股份合作制经济在我国得到了快速的发展。我国股份合作制经济大概经历了80年代的农民联营合作企业、党的十五大前后的国有中小企业改革、十六大以来的农业专业化合作社等几大阶段。股份合作制经济的发展,是在农村先实行,然后不断扩展到城市,与我国"从农村到城市"的改革进程是一致的。

从我国股份合作制的实践来看,股份合作制是合作经济的新发展,是一种具有公有制性质的新型所有制形式。股份合作制企业中,劳动者也同时是资本所有者,股份合作制把按劳分配与按股分红交融一体,其实质是以劳动者权益为主导,并与资本所有者权益相融合的一种企业制度。它的性质决定了企业所有权是劳动者利益主导的利益分享。从股份合作制的运行机制来看,股份合作制遵循的是"共同占有,权力共使,利益分享,风险共担"的原则,具有劳动者自主管理经营、利益分享的以按劳分配为主体的分配机制,使劳动者和资本所有者的利益与企业利益结为一体,保证以劳动者利益为主导的分享利益的实现。

在股份合作制企业内,劳动者主要是由经营管理者、技术人员和一般职工组成,少数企业也有外来雇工。这些劳动者都应分享劳动创造的利益。同时,分享利益不是平均享有,而是有差异的分享。这种差异主要看劳动者对企业经营活动的贡献,这不仅取决于劳动的复杂程度、体力程度、智力水平和技术熟练程度，而且还主要取决于他们的自主劳动态度和生产过程中的主体性。股份合作制不仅使劳动者分享企业的经营成果，更改变了劳动者被动参与的受控、受支配的地位，使他们成为企业权利的共同主体，直接参与企业经营管理决策的制定。因此有利于改善劳动者的自主劳动态度，提高他们的劳动主体性，真正体现社会主义分配关系的本质——劳动者所有权。

在现实中，许多股份合作制企业的改制由于没有体现社会主义分配性质的分配理论做指导，导致某些企业嬗变为私营经济性质的私人合伙制企业；或是发展到一定规模的股份合作制企业，转变为或与外资、国内其他企业联合为非公有制性质的股份制公司。目前，许多股份合作制的工业企业在组建初期就采取一股一票制。一股一票制与一人一票制的重要区别在于前者以资本权力主导。因此，企业的股份逐步向资本所有者方面大量集中在所难免，最终将会嬗变为由少数几个经营者持股合资、与大部分职工形成雇佣劳动关系的私营合伙制企业，背离了社会主义合作经济的本意。

（2）股份合作制景区运营模式

股份合作制景区运营模式是指采用农村集体组织、农户和外来企业成立股份制合作公司的形式，将旅游资源、土地使用权、不动产使用权、特殊技能和劳动等要素经过价值评估转化成公司股本，进行股份合作制经营的乡村旅游开发模式。

农村集体组织和社区居民通过土地、技术、劳动、现金等形式参与乡村旅游的开发经营活动，公司以按股分红与按劳分红相结合的方式分配收益。社区居民从旅游中获得收益至少有3个途径：一是成为公司的员工，取得工资收入；二是取得股份分红收入；三是自己经营纪念品、住宿、餐饮等，获得旅游收入。公司则通过公积金的积累完成扩大再生产以及乡村生态保护和恢复、相应的旅游设施建设与维护，通过公益金的形式支持乡村的公益事业（如导游培训、旅行社经营和乡村旅游管理），维护社区居民参与机制的运行等；同时，通过股金分红支付股东的股利分配。股份制运营模式明确了产权关系，广泛吸收各方面资金、物力、技术等生产要素，既考虑了外来投资者的利益，也重视当地社区居民的利益。在这种模式下，由于外来企业和社区居民具有共同利益和发展目标，风险共担，利益均沾，双方能够很好地协调和合作；同时通过乡村旅游的股份制运营，使得社区居民的旅游受益面扩大、就业机会增多、收入水平提高，农民的参与热情较高；外来企业作为自主经营、自负盈亏的市场主体，具有丰富的乡村旅游管理与运营经验，旅游产品的创新开发能力强，易于树立良好的乡村社区旅游品牌和旅游目的地形象。

2.3.2 桃源仙谷景区股份合作制历程

桃源仙谷风景名胜区位于密云县石城镇南石城村西的峡谷中。上世纪90年代这条8公里长的大峡谷野草丛生，杂木纵横，沟谷里零零碎碎的坝台地上长着稀稀疏疏的玉米、谷子。山谷里没有一户人家，除了春天播种，秋天收点栗子、梨，平日很少有人进去，几乎成了一个被人遗忘的角落。村民也曾想把村西的山谷开发成旅游风景区，然而把一个荒僻的山谷变成风景名胜区谈何容易，启动资金的筹集、经营的方式、景区的管理对村民们来说，都是新生事物。

1986年，石城乡开发了黑龙潭、"京都第一瀑"风景区，时任黑龙潭风景区总经理的郭宝发为南石城村人，在任7年，在著名旅游专家卢云亭、李庚教授的指导下，积累了丰富的风景区经营管理的经验，实现了从乡镇机关普通干部向企业管理者的跨越。在岗40年来，郭宝发走遍了原四合堂乡及石城的山山水水，积累了丰富的农村基层工作经验，他注重理论学习，在改革开放的大潮中勇于创新。

1996年，郭宝发退休回到了家乡，南石城人认准了这个人才，村干部和乡亲们找到他，只撂下一句话：带领乡亲们开发旅游风景区，帮助乡亲们脱贫致富。郭宝发清醒地认识到全村400多口人，只靠90亩贫瘠的土地，是不能脱贫致富的。充分发挥村西山谷的山水资源优势，开发桃源仙谷风景区，把闲置的山场资源变成资产，发展旅游，带动餐饮、住宿、娱乐、休闲的发展，是南石城村经济发展、人民生活水平提高的最佳途径。

在经营方式问题上，郭宝发坚持认为：无论什么经营方式，都要照顾全村人的利益。要让全村人受益，也就是要代表最广大人民群众的利益。经营方式有多种，个人租赁是其中之一。郭宝发根据自己多年工作的经验认为，改革开放初期那种以最小的投资获取最大利润的时代已经过去了。个人承包，为了追求最大利润，承包人往往进行掠夺式开发，这样会造成资源的浪费和环境的破坏。个人的发财致富建立在群众的贫困之上，很容易引起民怨，影响社会稳定，不利于可持续发展。何况，南石城大多数村民认为，"留得青山在，不怕没柴烧"。实行个人承包制，把"大好河山"拱手送人，承包人富了，村民却得不到实惠，从心理上也难以接受。因此，个人承包开发景区的思路，基本上是走不通的。

深思熟虑之后，郭宝发决定把桃源仙谷风景区办成股份合作制的旅游企业。自从承担景区开发任务以来，郭宝发就为景区的启动资金而犯难。引进外资，苦于一时没有投资者，远水解不了近渴。十几年前，村里办了服装厂，由于缺乏经验，疏于管理，欠银行贷款19万元至今未还。至1997年，本息已将近30万元了，再向银行贷款已经不可能了。

如果实行股份合作制，村民入股，投入资金，景区开发缺少启动资金的难题就会迎刃而解。另外，景区的山场土地使用权大部分为村委会集体所有，如果以山场土地集体入股，景区就有了山场土地的使用权和经营权，这样就解决了产权问题。郭宝发的设想得到了村委会的赞同和村民的拥护。以股份合作制的方式开发桃源仙谷风景区的工作很快进入了实施阶段。

村党支部召开了党员座谈会，村委会召开了村民大会。按照郭宝发的设想，统一思想和认识，发动村民集资入股，把村民变成股东，变成投资经营主体。根据国家相关的法律规定，成立了以股份合作制为基础的北京密云桃源仙谷旅游管理处，并制定了股份合作制企业章程。召开股东大会，选举郭宝发为董事长、总经理，并确定资产，明确产权。将南石城村西16平方公里峡谷山场自有部分用企业协议方式，将山场土地使用权转移到旅游管理处，占原始股份的30%，占原始股份分红的30%，全村人人有份。

特别值得一提的是，在郭宝发的倡议和坚持下，分红方案不仅包括自然人股东分红，还包括"资源分红"。由于集体山场资源也作价入股，所以，村中当时没钱入股的村民也能分享"资源分红"。这种特殊的分红方案，既照顾了自然人股东的利益，也照顾了没有入股的村民的利益，受到全村人的欢迎。

南石城村利用股份合作制发展旅游经济，引起了上级领导的高度重视。县政府奖励桃源仙谷10万元，用于开发建设资金，股东入股及县政府的奖励，使景区有了开发的启动资金。领导支持、群众满意、制度完善，桃源仙谷风景区进入了健康、高速的发展时期。

桃源仙谷经过10多年的发展，现已形成"四多三少两满意"。"四多"即：山多了，租赁友邻村的山地5 000亩；水多了，修建截流21道，增加容水量5万立方米，比原来容水量翻了一番；树多了，新栽风景树和果树 10 万棵；钱多了，村民人均年收入由开业时的 1 245 元提高到 8 530 元，翻了六番。“三少”即：泥石流少了，风沙少了，闲人少了。“两满意”即：旅游者满意，村民满意。

2000 年《北京日报》在开年之际又以《首家农民股份制景区提前分红》为题加以报道。全文如下：“对于密云县南石村的农民来说，新千年最好的礼物莫过于他们精心创办的桃源仙谷股份制景区提前半年分红，百户农家有 8.3 万元红利进账。

“桃源仙谷是南石村一条 8 公里长、1 公里宽的山谷走廊，地处云蒙山东麓，山清水秀林茂。1997 年 6 月，58 户村民以每股 1 000 元集资入股，集股金 28.1 万元开发景区，创办了京郊第一家农民股份制景区。并规定 3 年后分红，企业盈余除提取 10%公积金、5%公益金外，其余部分 30%分配给全村所有村民作为收入，70%按比例分配给所有股东。这种办法不仅保障了股东利益，也使暂时没有入股的村民得到了实惠，村民对此满意，桃源仙谷成了全村人的‘聚宝盆’，人人关心景区建设，修路，栽树，开发自家的果园供游人采摘。1997 年在建设中试营业收入 3 万元，1998 年收入 36 万元，又投入景区深度开发，1999 年收入 50 万元，同时又吸收了北京旅游集团金凤凰旅游公司加盟，投入 30 万元联手开发景区。为总结开业两年半的成功经验，鼓舞士气，董事会决定提前半年分红。

“手拈来自自己景区的红利，村民们交口称赞，党的好政策使村里的‘闲谷’变成了‘钱谷’。村民郭福军入 50 股，这次分红 9 000 多元。”

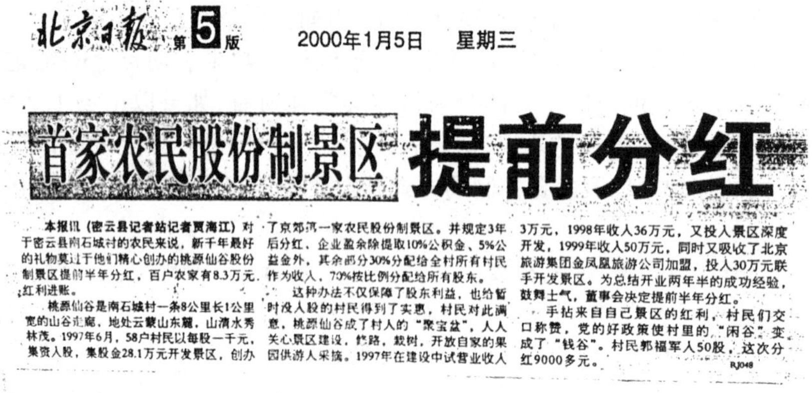
北京日报 第5版 2000年1月5日 星期三

首家农民股份制景区 提前分红

本报讯（密云县记者站记者贾海江）对于密云县南石城村的农民来说，新千年最好的礼物莫过于他们精心创办的桃源仙谷股份制景区提前半年分红，百户农家有8.3万元红利进账。

桃源仙谷是南石城村一条8公里长1公里宽的山谷走廊，地处云蒙山东麓，山清水秀林茂。1997年6月，58户村民以每股一千元，集资入股，集股金28.1万元开发景区，创办了京郊第一家农民股份制景区。并规定3年后分红，企业盈余除提取10%公积金、5%公益金外，其余部分30%分配给全村所有村民作为收入，70%按比例分配给所有股东。

这种办法不仅保障了股东利益，也给暂时没入股的村民得到了实惠，村民对此满意，桃源仙谷成了村人的“聚宝盆”，人人关心景区建设，修路，栽树，开放自家的果园供游人采摘。1997年在建设中试营业收入3万元，1998年收入36万元，又投入景区深度开发，1999年收入50万元，同时又吸收了北京旅游集团金凤凰旅游公司加盟，投入30万元联手开发景区。为总结开业两年半的成功经验，鼓舞士气，董事会决定提前半年分红。

手拈来自自己景区的红利，村民们交口称赞，党的好政策使村里的“闲谷”变成了“钱谷”。村民郭福军入50股，这次分红9000多元。RJ048

图 1 《北京日报》对桃源仙谷景区改革经验的报道

10 多年来，不仅股东的股金已经全部收回，而且从 2003 年开始股东分红以 30%、60%、100%、110%、120%、130%的比例逐年递增。石城村从事民俗接待的人员都经过了严格的训练，每户都有工商、卫生部门颁发的营业执照、健康证及卫生许可证，有严格的规章制度，以便为游人营造一个良好的休闲场所。旅游业的发展为石城村注入了生机，为了更好地做好旅游工作，今后要继续加大村内绿化、美化工作，做好村内环境治理工作，加强民俗管理，提高民俗接待档次，利用旅游淡季加大民俗户基础设施投资，扩大规模。

2.3.3 桃源仙谷景区利益相关者

• 法人股东：包括全体南石城村村民。由于南石城村将村集体所有的资源——桃源仙谷景区所在的山谷算作30%的股份加入旅游景区,因此全体村民都是桃源仙谷景区的权益人;由于南石城村地处山地,耕地少且贫瘠,因此,农业收入占比很小。2006年,据石城镇政府的统计,当地农民旅游相关收入占全年总收入的80%以上,因此景区的发展对南石城村村民意义重大。

• 自然股东:由于进行旅游开发的初始资金不够,景区面向全体村民进行招股,1 000元/股,村民自愿加入,当时全村有86%的村户入股。自然股东除了有30%资源股的平均收益权外,还享有股份分红。此外,按照景区管理处制定的管理章程,自然股东有权在景区开发旅游项目,如现在景区内的划船、皮划艇、滑道等项目,均为自然股东开发。

• 入股企业:北京金凤凰旅游公司在2000年投资30万元入股桃源仙谷景区,经过双方协商,北京金凤凰旅游公司的入股资金按分红比例实行专项分红,不参与景区管理。

• 旅游经营者:包括在景区内经营旅游项目的自然人股东和在村里经营农家乐的法人股东。桃源仙谷景区的旅游经营者全都是当地的南石城村村民,参与经营的项目主要是开办农家乐,提供餐饮和住宿服务;景区旅游项目,如划船、垂钓、滑道等,提供休闲娱乐服务。现村民中约有50%开办农家乐,规模均不大,接待餐饮能力为10人左右,住宿为3~4人。另村里还有一个能同时容纳200人的桃源仙谷度假山庄,也是本村人投资兴建。现景区内也在按照三星级标准建设度假山庄。

• 邻村村民:邻村村民不能直接参与桃源仙谷景区开发,但他们通过在交通要道上开办商店、餐厅,为桃源仙谷景区提供食品菜蔬,以及为游客提供租车服务等方式参与到景区发展中,从而也成为景区的利益相关者。另外,"黑车"司机们将接到的游客送到农家乐进行消费,或者直接送到景区游览,他们可以从中获取中介费用,因为景区的门票是一定的,所以,他们收取景区的提成不会影响游客的利益,但是因为农家乐的价格是变动的,缴纳了一笔中介费,游客在农家乐的消费单价往往就会比较高。

• 景区管理处:景区成立后,由股东大会选举出30名代表组成了景区管理处,负责景区的日常管理和维护,郭宝发任总经理,为景区的法人。景区的主要收益是门票收入,2009年1月以前,桃源仙谷是国家AAA级景区,门票为35元/张;从2009年1月起,景区升级为国家AAAA级景区,门票涨为45元/张。但景区严格遵守北京市景区的相关优惠政策,给予老人、小孩以及在校大学生(包括研究生)优惠。团购门票也有相应的优惠。

• 政府:桃源仙谷景区是北京市第一个完全由农民集资入股成立的景区,为表彰和鼓励该模式发展,密云县政府特奖励了10万元,村里将这笔资金作为初始启动资金的一部分。政府不参与景区管理和经营,只按照国家规定,从景区收入中获得税收收入。

• 游客:桃源仙谷景区的游客主要是北京城区居住人口,占总游客量的90%以上;其次为来自天津和河北唐山等地的居民。游客中80%为散客,其余为公司或者社区以及旅行社组织的团体游。

• 旅行社:现北京、天津和河北已有多家旅行社推出的北京乡村一日游、短途游包含了桃源仙谷景区的线路。

• 旅游交通运营商:包括公交公司和由村民自主经营的面的。目前,桃源仙谷景区尚没有形成直达常规的公共交通,北京游客如果乘坐公共交通出行,至少需换乘2次公交,然后再乘坐当地村民的面的到达景区。如从北京前往桃源仙谷往返旅途时间为6~7个小时,交通花费单人为40元左右,其中20~30元为面的车费。

- 媒体:桃源仙谷景区近年来每年投入近20万元,在北京、天津和河北三地多家报纸上做广告宣传。
- 北京观光休闲农业行业协会:北京观光休闲农业行业协会是在北京市民政局登记注册,由北京观光休闲农业行业的有关社团组织和企事业单位在平等自愿的基础上组成的全市综合性观光休闲农业行业协会,是非营利性的社会组织,具有独立的社团法人资格。协会实行会员制,设有北京乡村旅游网作为宣传北京乡村旅游以及为会员服务的平台。协会的组织成员中,有主管农业经济的政府官员、有研究农业及旅游的专家学者,也有北京著名旅游公司的经营管理者。协会拥有的网站可以为会员单位提供宣传、交流平台,协会定期举办的交流会、学习培训等活动,也可以促进乡村旅游整体水平的上升。
- 竞争对手:桃源仙谷地处密云县境内,密云几乎所有的景区都以山水风光见长,桃源仙谷景区周边就有幽谷神潭、京都第一瀑、五座楼森林公园、精灵谷风景区、云蒙峡风景区、黑龙潭、天门山自然风景区、清凉谷等多处景区。目前,由于桃源仙谷景区的旅游项目与附近景区基本雷同,因此,它们之间仅为竞争关系,尚未建立起合作共赢的合作关系。

表2 桃源仙谷景区股份合作制形式

利益相关者	入股方式	说明	分析
石城村村民	资源入股	将共有山场林地景区入30%股,每个村民享有收益权	发挥山场林地规模效应,提高每个村民收益,取得共赢效果
自然股东	内部集资	每股1 000元,村民自愿入股	向内募集资金保障旅游发展,收益保留在内部,同时可保护生态环境
部分股东及村代表	景区管理处代表股东大会	从股东中投票选出代表参与景区管理	村民自行管理,保障景区发展方向符合当地社区最大经济和生态利益

2.4 桃源仙谷景区经营管理制度

1997年6月,在景区筹备期间,桃源仙谷全体股民投票决定成立桃源仙谷景区管理处。2009年,景区共有工作人员30名,全部为南石城村人。景区管理处代表全体股东行使景区的管理和经营权,景区的管理方针是:合理规划,依法管理,保护环境,共同致富。管理处制定了"市场管理制度",于1999年7月12日股东大会表决通过,经过几年的艰苦努力,初步做到摊位设置有序,经营规范,符合工商、公安、卫生等部门的基本要求。景区管理处的日常工作内容包括:

- 景区收入管理及核算:门票售卖、收入管理、收入核算、税务事宜管理等。
- 景区卫生、安全、经营秩序的管理及维护:卫生实行一人一公里负责制,要求道旁无垃圾、垃圾不过夜;景区绵延8公里,景区在一些景点设置饮料、面包等小售卖点,允许村民进行小商品售卖,管理处对小商贩进行管理,防止缺斤少两等欺诈行为,控制商品价格。
- 负责景区项目的审批和监管:现景区内有划船、皮划艇、垂钓、滑道、采摘等多个旅游项目,经营者均为桃源仙谷的自然人股东,景区负责项目审批和监管,不参与经营,也不参与收益分配,这样可以保证景区管理的公平、公正性。

● 景区的建设和旅游设施维护等:景区的旅游设施需要定期进行检修和维护,其中青龙天梯的安全检查是重中之重。

● 管理处制定了"劳动管理制度",于1999年7月12日股东大会通过;同时建立各项规章制度,上岗职工人手一册,责任到人。景区内设有意见箱、投诉电话,投诉的事件由总经理亲自处理,于1999年至2001年,连续3年无曝光事件发生。

2.5 桃源仙谷景区市场营销

在景区的市场营销方面,景区每年均投入一定资金在北京、河北及天津等地的报纸、电视、杂志等平面媒体上进行广告宣传,并通过参加春节乡村旅游展销会等进行活动宣传,2009年的广告宣传费用达40多万元;景区还通过举办"桃源仙谷杯"书画摄影大奖赛、攀冰节、桃源仙谷冰雪健身游活动等活动吸引国内外游客,其中攀冰节成功吸引到了来自日本、中国香港的游客,取得了较好的品牌效应;此外,景区还邀请歌唱家录制《桃源仙谷之歌》,放在景区的官方网站上,游客只要点击进入"景区活动介绍",均可听见,可帮助增强游客对景区的印象。除此之外,石城村针对游客推出的特色民俗旅游活动主要还有:

(1)踏青赏花活动。春天是踏青赏花的好时节,在这里游人可踏青、观赏漫山遍野的红杜鹃、杏花、桃花、梨花交相辉映的美景。游人还可以采挖纯天然的各种野菜。

(2)民俗文化活动。民俗文化活动主要有野外篝火晚会、当一天农民活动、学干农家活、体验农家快乐、欢欢喜喜过大年等。

(3)举办民俗体育活动。民俗体育活动寻找童年的乐趣。主要活动有:推铁环、玩方宝、玩弹球、玩抽汉奸、玩跳格、砸包、踢毽子、跳绳等。

(4)四季旅游活动。桃源仙谷景区每年要开展4项旅游活动,春季举办杏花节、夏季举办保护水源节、秋季举办采摘节、冬季举办冰雪节,季季有活动。秋季采摘节是一年之际农民创收的关键季节,节日期间中央人民广播电台、中央电视台、北京电视台、河北电视台、天津电视台及各大报社做多次宣传,努力做好桃源仙谷景区的公关宣传工作。冬季冰雪节活动也是桃源仙谷景区的重头戏。桃源湖是学生团体冰车滑冰区,供比赛和游乐,除此之外,还开设冰上娱乐、冰瀑速滑等。另外还举办登山培训班和举行攀冰表演,从神古洞到观峰台登山,为不同年龄结构的体育健身爱好者提供最佳场所。游客还可以领略到北国风光,住在农家院、吃大年饭,并可以品尝到年糕、丝糕、驴打滚等具有民间特色的风味小吃,看到做豆腐、贴对联、贴窗花等。

(5)自做自吃农家饭活动。住在这里每一户,可以亲自到菜园采摘,回来自己做农家饭;也可以品尝农家的各色小吃,有小米粥、玉米粥、贴饼子、垮炖鱼、山野菜、炸河虾、年糕、发糕、柴鸡炖蘑菇、柴鸡蛋、咸鸭蛋和自行腌制的腊肉等。

2.6 景区投资建设

桃源仙谷风景名胜区是农民自己投资、自己建设、自己经营的股份合作制企业。桃源仙谷长期的发展方针是:珍惜风景,建设风景,保护风景,永续利用。这个方针,贯穿在景区发展建设之中。

● 用固定河床的方式,在桃源湖至涌泉潭投入6万元,打造一道宽2米、高1米、长800米的干砌石坝。这项工程是建设风景的具体实施,既是顺水坝,又是林荫漫步的游人步道,形成优美的绿道风景。

● 为了建设和保护风景,投入1万元,在桃源湖左侧打一道高1.5米、长120米的风景防护坝,增加桃源湖的景观。
- 在乘凉潭流水河床修建石拱桥一座,投入3万元,既解决了游人蹚河的困难,又形成了"世外桃源"的美丽景观。
- 由叠翠潭到"金龟影"投入2万元,新建一条宽2米、长98米、198步台阶的石条游人步道,为中小学生和老年游客提供了安全、便捷的通道。
- 在"金龟影"处投入0.3万元,加宽了游人步道和安装安全防护栏杆,为游人拍照"金龟影"提供良好的条件。
- 投资3万元在大停车场新建"北京市风景名胜区"石碑一座。
- 在栗柳潭投入10万元,新建二星级冲水厕所一座。
- 景区内地面、绿地、水面无果皮、纸屑等废弃物。
- 在停车场、桃源饭店、桃源湖、叠翠潭、青龙潭等处投入2万元,新建石条卫生箱10个,每天清理一次。
- 在北京北站售票口处投资2万元新设长6米、高3米户外广告牌一处。在宣武门教堂前,设3米×4米的大型广告牌一块;在密云县城奥林匹克公园对面建3米×5米的灯箱广告一块。在密云县大桥头设交通指示牌一块,在石城镇环湖路口设交通指示牌一块、户外广告牌一块。
- 为方便游人,投入3万元新建石拱桥一座,投入5万元修石条台阶500米。
- 景区还于2002年新建石门牌楼和爱新觉罗·傅任老先生题写的"桃源仙谷",还有朱守道先生题写的"云龙高卧""云海龙腾";常伯老先生题写的万里山河期一统,百年香港庆回归;湖南书法家协会杨丙南先生题写的京都仙境;北京师范大学刘清泗教授命名的"壁画天书片麻崖"等名人题词、题字。为了增加景区的文化底蕴和提高景观质量和景区的知名度,今秋投入资金60万元,硬化公路和停车场1.2万平方米,全年为基本建设投入资金80万元。
- 投资建设游客中心110平方米,设有医疗室、游客活动室、游客休息室,游客中心有电视机、录音机和单放机以及公用电话,还有图片展览、纪念品等。
- 在采摘区、观赏区建设方面,嫁接甜杏树500棵、栗子树460棵、沙果200棵,补植蜜桃600棵,2015年又栽树两万棵,共计栽了4万棵红叶树、1万棵蜜桃树。

2.7 景区安全防范管理

桃源仙谷景区管理处设有安全领导小组,景区内夜门有专人值班,汛期、节假日有领导带班,并与当地派出所及时研究安全工作,确保无重大治安案件发生。此外,景区下设的主要单位,无无照经营、强买强卖、尾追兜售以及出售假冒伪劣、淫秽物品等现象。
- 经营世外桃源度假村、桃源饭店及农家乐的农户,需要持卫生许可证和健康证上岗,保证饮食安全。
- 管理处制定了"市场管理制度",于1999年7月12日股东大会表决通过,经过几年的艰苦努力,初步做到摊点设置有序,经营规范,符合工商、公安、卫生等部门的基本要求。景区内各种经营活动没有破坏到自然环境,没有围圈地点收费现象。景区内各项收费执行明码标价制度,不以回扣为手段,强拉客源。景区内无乞讨、算命、卜卦等迷信活动。景区内有适合目前规范的停车场,车辆停放有序,行驶安全畅通。
- 景区设有专用道路,设计专项标志,有专人维护、疏导。景区内的险路险段已安装坚固的防护栏杆,有明显的警示标牌。景区内,在树木密集的地方设有护林防火、禁入区的石刻警示牌。世外桃源度假村、桃源饭店、停车场设有 10 个灭火器。每年 11 月 1 日至次年 5 月 1 日重点防火期内,景区设有专人管理,实行定点吸烟,严格防止森林火灾发生。景区做到长年不发生火灾,无死伤事故,无打架斗殴事件。水上游乐项目须经公安部门、交通管理部门验收批准,从业人员已经进行培训,持证上岗。

- 为确保游人安全,修整游人步道。2010 年施工队在神谷洞至观峰台内安全不达标的原始次生林区内修建 4 华里长度的弯道和步道,并且在观峰台主峰修建了 2 米宽、9 步高的石条台阶,既解决了上下游人问题,又非常壮观。
- 由观海峰至观峰台除原始次生林游人步道外还有 900 米长度陡坡存在不安全因素。管理处请施工队将石片陡坡路加工成步道台阶路,宽 1 米,长 900 米,永久解决了防汛期间的不安全问题。这项工作耗资多,施工难度大,修建后的现场路受到了游客的一致好评。

2.8 景区生态环境建设

为了加强景区的生态环境建设,桃源仙谷管理处于 2015 年提出加快生态绿色建设、提高景区旅游美誉度的目标。要建设生态旅游景区,首先要立足于保护生态环境,按照景区的发展规划,按照游人和景观的需要,有计划地开发景观,增加美誉度方面的建设。游人步道建设方面要尽可能利用原有山体步道,为确保游人安全,尽力加大安全系数,使生态旅游景区走可持续发展道路。

2.8.1 山是生态旅游景区的首要资源

桃源仙谷景区按照国家要求实行山场入股、租赁荒地等政策,尽量扩大使用面积,以满足景观和游人的需要。桃源仙谷目前拥有 16 平方公里的可使用面积,该区域内也是游人观看山、林、潭、瀑等景观的好地方,更是桃源仙谷增加新景观、建设新旅游活动项目的好地方,为了景区的长期发展,需要划定核心保护区。在核心保护区内不准开荒种地、不准放牧、不准砍伐林木、不准狩猎、不准采挖野生药材,加强生物多样性保护,严格禁止各种破坏山体的行为。

2.8.2 水是生态旅游景区之魂

要用科学的方法和手段加强水源的保护。桃源仙谷十几年来修建截流 23 座,容水量由原来的 5 万立方米增加到 10 万立方米。由于容水量的增加,保证了"一湖六瀑十三潭"美丽的水上景观。同时桃源仙谷在 10 多年里,大量栽植了黄栌、火炬等树木,起到了涵养水源的作用,保证了"一湖六瀑十三潭"的日用水量。桃源仙谷的方针是:治好一条川,绿化两面山,生态环境美,高效在桃源。桃源仙谷景区在这个方针的指导下,努力建设了 10 多年,于 2009 年 1 月 23 日被评定为国家 AAAA 级风景名胜区。

2.8.3 树木是涵养水源的根本

树木的栽培和建设是桃源仙谷的重要工作之一。年年栽树,年年管理,年年有效。景区的树木是各个景观形成的重要内容,桃源仙谷 10 多年来栽植风景树 10 万株,保护原有树木 100 万株。主景区由神谷洞至观峰台 5 华里的路程内,游人走的都是林荫步道,享受到进入林区的美好感觉。桃源仙谷南山回路一直到观海峰游人走的还是林区步道,感受到林区的凉爽风景。10 多年来栽植的黄栌、火炬,由桃源湖至观峰台形成了长 16 华里的红叶长廊,从而延长了秋游时间,收到了良好效果。

2.8.4 环境建设是桃源仙谷的长期奋斗目标

为了密云水库这盆净水,桃源仙谷的职工进行分段管理,做好各种废弃物的管理,并认真清理,以达到各岗位的标准。桃源仙谷全体员工的承诺是:生态绿色风景美,绿树蓝天健身游,风雨雪里奇景显,桃源仙境画中游。景区管理处以生态卫士、绿色卫士、安全卫士、野生动物保护卫士为评比先进职工的首要条件。桃源仙谷以生态旅游为品牌,在品牌建设上已经获得了各新闻媒体单位的赞赏,扩大了影响,增加了美誉度,达到了生态绿色景区要求,扩大了社会影响力。

3 桃源仙谷景区利益分配机制

3.1 桃源仙谷景区利益分配机制

3.1.1 以资源入股,确保每个社区居民的利益

南石城村属山地地形,全村有 400 口人,只有 90 亩贫瘠的土地。开发旅游之前,村民主要收益靠种植果树和外出打工,每人年均总收入仅 1 000 元左右。南石村村民受黑龙潭景区发展的启示,决定充分发挥村西山谷的山水资源优势,发展旅游,带动餐饮、住宿、娱乐、休闲的发展。并将村西村集体所有的山场资源作为资源入股,同时面向村民集资,这种以股份合作制的方式开发桃源仙谷风景区的建议得到了大多数村民的认同。实行股份合作制,村民入股,投入资金,景区开发缺少启动资金的难题就会迎刃而解;另外,景区的山场土地使用权大部分为村委会集体所有,以山场土地集体入股,景区就有了山场土地的使用权和经营权,这样就解决了产权问题。村西的山场作为资源入股景区,将景区的发展与每个村民的利益绑定在一起,使村民对景区的发展持肯定、支持的态度。同时,景区对资源的统一经营和管理,使原来分散的山林形成规模。同时,桃源仙谷景区通过承包的方式,将果树林包装成采摘区提供给社区村民经营,提高了资源利用效率,增加了村民的收益途径,同时也保护了生态环境。

3.1.2 内部集资,村民入股,将利益最大限度地保留在本社区

南石城村村委会在乡村旅游开发缺启动资金的时候,没有采取个人承包的快速发展方式,而是采纳了资源入股与村民集资入股结合这一操作复杂、经济效益实现较慢的方式被证明是有利于将乡村旅游取得的利益最大限度地保留在当地社区的有效方式。

南石城村村民全部是桃源仙谷景区的法人股东,平均分摊每年 30% 的股东分红;1997 年,景区以 1 000 元每股的价格面向全村招募资金,当时全村 140 户村户,有 120 户买了股份,属于景区的自然股东,每年按照股份多少分配 70% 的股份分红。2000 年,由于景区发展需要资金,引入了北京金凤凰旅游公司的 30 万元投资,但为保障村民利益,同时也为景区实现村民自治的承诺,景区与公司协商确定了公司股本参与专项分红,不参与景区管理。10 年来,不仅股东的股金已经全部收回,而且从 2003 年开始股东分红以 30%、60%、100%、110%、120%、130% 的比例逐年递增。

3.1.3 景区管理处代表股东大会行使管理权

桃源仙谷景区的发展规划和重要决议由股东大会投票决定,股东大会由石城村全体村民构成。股东大会确定景区的管理章程、景区管理人员任免、景区发展重大决策等,由景区管理处代表股东大会对景区进行管理和经营。景区管理处实行总经理负责制,管理人员和

工作人员从景区股东中由股东大会选举产生。目前,景区管理处共有工作人员30人。景区管理处负责桃源仙谷景区的整体运营和管理。根据《北京市旅游管理条例》和景区管理处的实际情况,景区管理处制定和完善了各项规章制度,并按照国家有关法律、地方有关法规和内部规章制度进行经营管理,确保游人的合法权益和景区的健康发展;同时,景区管理处严格按照管理章程,配合当地政府和公安、工商等有关部门对购物、餐饮场所和周边经营场所进行管理和监督,杜绝了各种不法现象,保持了良好的市场秩序。

  首先,由全体村民构成的股东大会决议制度确保了本地社区在乡村旅游发展中的主人翁地位。村民可以按照自己的想法来经营自己的家园,对于他们来说,这是一种巨大的鼓舞和肯定。同时,村民对景区以及村子的主人翁意识促使村民更加主动保护当地的生态环境。其次,景区的村民自治制度也有利于培养本土的管理力量,在景区发展的过程中,切实使本地人的管理水平和素质得到提升。再次,本地社区居民对社区资源有深入全面的了解,可以充分支配、利用各种资源,围绕景区的发展和建设,创造更多的经济和文化价值,即达到了内生式发展利用本地的产业、资源和技术来实现经济发展的良性循环。如石城村耕地面积较少,板栗、核桃是本村第一大种植业;2007年,板栗产量80 000斤,核桃产量10 000斤,柴鸡蛋产量1.4吨。2006年石城村新建了观光采摘园2处,占地面积1 000余亩;新建农贸市场一处,占地面积8亩,为促进百姓增收创造了有利条件。生态农业和旅游业协调发展,使得旅游和农业良性"嫁接",不断进行资源整合,在维护好环境和节约资源的基础上,发展了"一、三"产业,从而实现了有效结合、联动发展的重大战略。

表3 桃源仙谷景区利益相关者利益分配机制

利益相关者类型		收益
法人股东	全体村民(300人左右)	分红红利的30%/300
自然股东	入股村户(按户入股,120户,占全村2/3)	每股收益×股份数量
景区工作人员	包括管理者和普通员工共30余人,全为自然股东村民	薪金
景区旅游项目开展人	需是自然股东,自愿开展,自行组织	项目收益
农家乐经营者	村民均可,有50%村户正开展	农家乐餐饮、住宿收益
运输、销售人员	村民均可,开展人员若干	劳动收益

3.2 桃源仙谷历年股东分红情况

  从自然人、南石城村资源股、法人股近年来的分红趋势来看,由金凤凰旅游有限公司代表的法人股金分红有逐步下降的趋势,而南石城资源股金分红则逐步上升,南石城村村民股金分红同样也有下降的趋势。2009年,桃源仙谷景区管理处对自然人股金、南石城村资源股金、法人股金作了适当调整。为了保证景区收益最大限度地为村民所享有,经董事会研究决定,将南石城村山场资源股金、自然人股金、法人股金按照30%、40%和30%的比例来分配景区收益。调整后的股金份额比例得到了村民的认同,也使景区收益最大限度地为村民所享有,同时也避免了外地资金对本地旅游业发展的影响。

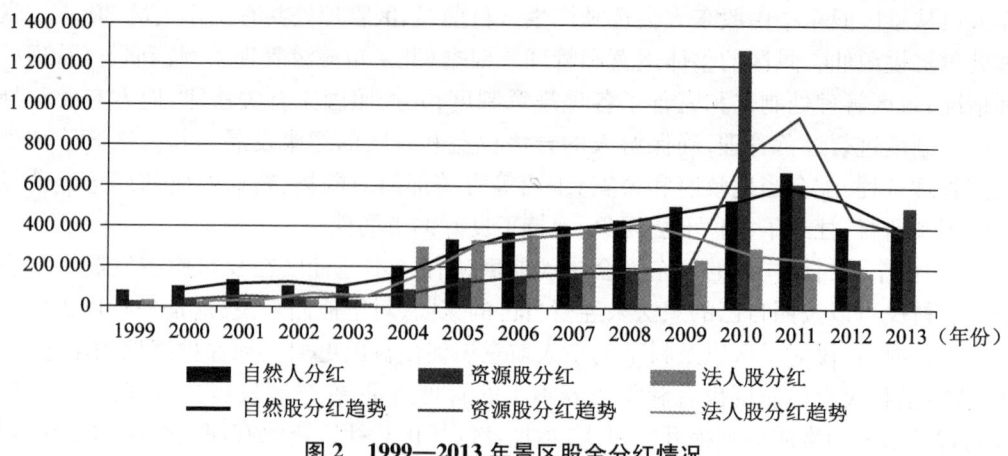

图 2 1999—2013 年景区股金分红情况

数据来源:桃源仙谷经济发展与股份分红基本情况登记表

3.3 南石城村人均收入状况分析

自桃源仙谷景区开放以来,南石城村村民的人均收入呈逐步上升趋势,尤其是从 2003 年开始股东分红以 30%、60%、100%、110%、120%、130%的比例逐年递增,极大地改善了南石城村村民的人均收入。除此之外,南石城村还被北京市政府评定为市级民俗村,目前经营农家乐的农户有 50 多家,通过经营农家乐,也扩大了村民的经济收入来源,改善村民的生活水平。

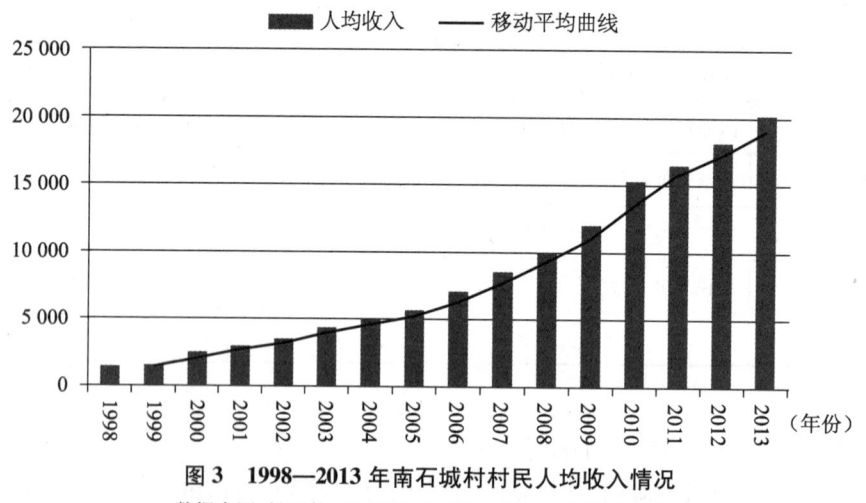

图 3 1998—2013 年南石城村村民人均收入情况

数据来源:桃源仙谷经济发展与股份分红基本情况登记表

3.4 桃源仙谷景区客源市场规模

自 1998 年接待游客以来,桃源仙谷景区的游客接待人数呈阶梯式增长,其中 1998—2002 年为第一个增长周期,2003—2011 年为第二个增长周期,2012 年至今为第三个增长周期,每个增长周期较前一个增长周期都有明显规模增加。2003 年由于受到全国范围内"非典"的影响,各地区旅游业普遍出现下滑,而 2012 年则是受到全国反腐倡廉的影响,国民消费整体有所下降。

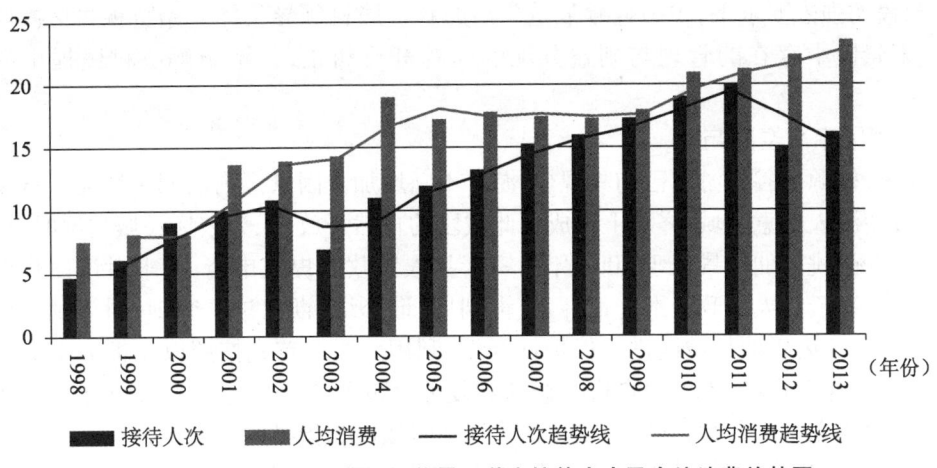

图 4　1998—2013 年桃源仙谷景区游客接待人次及人均消费趋势图

数据来源:桃源仙谷经济发展与股份分红基本情况登记表

4　桃源仙谷景区发展中存在的问题及发展方向

4.1　景区发展过程中存在的问题

随着桃源仙谷景区游客数量的增加、利润及逐步分红比例的提高,普通村民、村干部、景区企业三者之间的利益矛盾开始出现。在经营与管理景区的过程中,村生产队干部往往兼任景区管理处的职务,进而导致了景区管理处仍然掌控在村生产队干部手中,这也为村干部谋取私利提供了方便,如私自入股、领取双份工资等,造成了后来堵路事件中普通村民对村干部行为的不满。

2009 年"五一"之前,南石城村部分未入股的村民集体堵路,要求参与桃源仙谷景区的利益分配,经桃源仙谷景区管理处与村民协商,允许村民入股,但每股为 8 000 元,村民觉得价格太高,不能接受,故此事作罢。

2010 年,村民发现该村生产队长等几名干部既拿生产队工资,同时又拿景区工资,且村干部不经过董事会同意私自入股,这些导致了收益分配在全村内部的不均衡,引起了村民的强烈不满,进而又爆发了规模更大的村民集体性堵路与上访事件。

在这次事件中,村民的理由有三个:一是村内旅游企业入股时候没有严格遵守制定的规章制度,导致村民入股机会不均等,一些村干部竟然自己不遵守景区管理处制定的入股制度,私自入股,且领取景区与生产队双份工资,在村民中造成很坏的影响。二是入股比例的问题,村民认为既然是村集体企业,村集体就应该占多数股,而不应该仅仅为 30%。三是收益分配阶段,自然人股东按照税后 70% 领取红利,而村集体只能税前领取 30% 的红利,也就意味着实际上村集体的实际红利不到 30%。而且均分的税前 30% 的那部分红利,多数村民都认为他们拿到的可能不是公司的 30% 股份,也许连 10% 都得不到,因为公司的财务多数村民谁也不清楚,从来没有公开过,到底是否分了 30% 的股份谁也不清楚。上述几点原因导致了村民要求公开公司的账目,重新核算入股比例,村集体要占绝对股份,村民有权利二次入股,撤销村生产队和大队干部的双份工资等。

在村民的强烈要求下,2010年换届选举后的新一届村领导集体开始重视景区的收益分配问题,对景区中存在的管理与利益分配的问题进行纠正,并承诺解决村民提出的合理要求。

4.2 景区未来发展方向

近年来,桃源仙谷旅游区已初具规模,游客不断增加。因景区内的明长城无人开发利用和管理,致使游人随意登城,客观上形成了此城段的自然开放,人为破坏长城情况时有发生。根据以上情况,桃源仙谷景区于2002年向密云县人民政府提交申请,请求对该段长城进行开发。同年,密云县人民政府本着谁开发、谁利用、谁修缮、谁保护的原则,同意桃源仙谷管理处对景区内5公里的长城段进行保护性开发、利用。要求首先按照以保护为主的原则进行开发、利用,保存现状,不可擅自进行修缮和复原。危及游人安全的城段可进行必要的排险和补砌,但要先定出方案和做法,在文物管理部门认可和指导的情况下进行。为不破坏长城与自然风貌,修蹬城步道时要本着宜窄勿宽、宜曲勿直的原则,最好不破坏植被。修防护栏时不能破坏和危及长城、敌楼的安全。长城开发、利用时,要有相应的人力看管,避免使其继续遭到人为破坏。从长远利益和长城保护角度考虑,桃源仙谷景区管理处应对此段长城保护与抢修作出规划,报市、县有关部门,条件许可时,运作实施,以确保长城资源长久造福于民。

目前桃源仙谷景区管理处对长城旅游景区已经作出初步规划:维修多年来倒塌的部位,清理长城个别倒塌的堆积物。修整游人步道,在第五座敌楼修改、加固安全栏杆,做到保护游人安全。维护古长城、古敌楼的原貌,达到永续利用的目的。同时,桃源仙谷景区内长城段可以作为北京郊区最佳日出、日落观景点,修建长城观景平台,满足休闲度假旅游爱好者的需求。

 案例使用说明

一、教学目的与用途

1. 本案例主要适用于旅游管理、市场营销、旅游景区开发课程,也适用于旅游目的地开发与管理课程。

2. 本案例适用对象主要为大专及普通高校旅游管理专业学生及旅游管理从业者。

3. 通过学习本案例,了解桃源仙谷景区开发与运营的整个过程,理解桃源仙谷景区利益分配机制,掌握桃源仙谷景区作为乡村旅游发展的典型模式的内涵以及桃源仙谷景区管理运营的方法。

二、讨论参考题

1. 基于利益相关者理论角度分析南石城村各利益主体间的利益机制。
2. 从社区参与理论角度分析乡村旅游的可持续发展问题。

三、分析思路

1. 了解桃源仙谷景区开发模式选择的原因及背景;分析桃源仙谷景区利益分配机制的实施与利益相关者之间矛盾的处理。

2. 了解社区参与问题;思考桃源仙谷社区村民参与对乡村旅游的可持续发展的影响。

四、关键要点

1. 桃源仙谷景区利益分配机制
2. 内生增长型景区发展模式
3. 经营模式的创新性

五、建议的课堂计划

1. 时间安排

以 120 分钟为宜,其中 40 分钟阅读案例,20 分钟进行小组讨论,20 分钟小组代表发言,20 分钟师生互动交流与问题解答,20 分钟教师最后总结。

2. 黑板板书依课堂具体情况布置,不作固定安排

3. 小组的分组和讨论内容

建议 3~5 人为一组,每组自行推选小组代表进行发言。讨论内容除了要对讨论参考题进行回答,还要将桃源仙谷与古北水镇的经营管理模式尤其是处理利益相关者之间关系的方式进行对比,分析其异同点;讨论桃源仙谷的生态环境建设给旅游规划开发所带来的启示,并结合国内外旅游度假区的发展趋势,讨论桃源仙谷应如何优化提升以面对未来行业的挑战。

槟榔谷

——民族文化型景区旅游管理

崔莉 彭渝

【摘 要】海南槟榔谷文化旅游区始建于1998年,2015年7月荣膺国家AAAAA级旅游景区称号。17年来,槟榔谷一直致力于黎族、苗族文化的挖掘、保护和传承,从起初只有约30名员工的景区,发展到目前拥有1 200多名员工、年接待游客120万人次的国家AAAAA级景区。本案例首先从槟榔谷简介和旅游发展历程两个角度对槟榔谷的概况进行了梳理,然后从旅游资源及资源管理、发展模式管理、景区制度管理、旅游产品管理、景区保护管理几个方面对槟榔谷进行了分析,最后客观地就旅游对槟榔谷景区的相关影响进行了阐述。

【关键词】槟榔谷;黎苗文化;民族文化型景区;旅游管理

1 槟榔谷概况

1.1 槟榔谷简介

槟榔谷全称是"海南槟榔谷黎苗文化旅游区",创建于1998年,地处北纬18°,位于保亭县与三亚市交界的甘什岭自然保护区境内。景区坐落在万余棵亭亭玉立、婀娜多姿的槟榔林海,并置身于古木参天、藤蔓交织的热带雨林中,规划面积5 000余亩,距亚龙湾海岸26公里,距三亚市中心28公里。

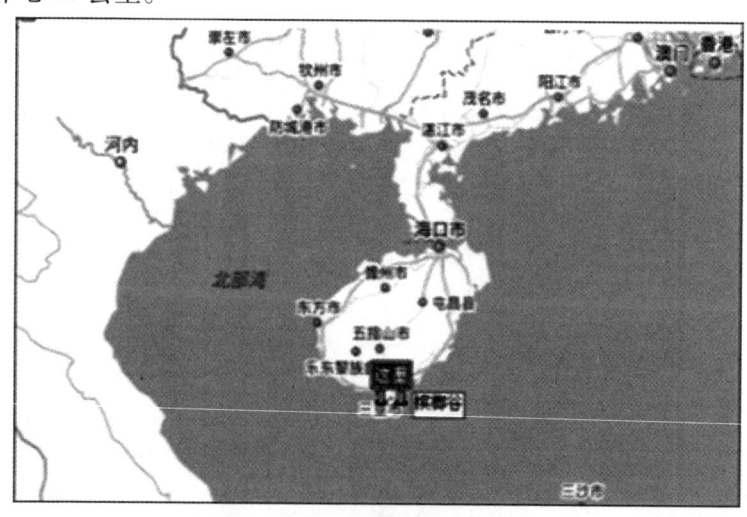

图1 槟榔谷在海南岛的区位

槟榔谷因其两边层峦叠嶂、中间是一条绵延数公里的槟榔谷地而得名。景区由非遗村、甘什黎村、谷银苗家、田野黎家、《槟榔·古韵》大型实景演出、兰花小木屋、黎苗风味美食街七大文化体验区构成，风景秀丽。景区内还展示了10项国家级非物质文化遗产，其中"黎族传统纺染织绣技艺"被联合国教科文组织列入《非物质文化遗产亟须保护名录》。槟榔谷还是海南黎、苗族传统"三月三"及"七夕嬉水节"的主要活动举办地之一，文化魅力十足，是海南民族文化的"活化石"。

2015年7月，槟榔谷荣膺国家AAAAA级旅游景区称号。作为中国首家民族文化型AAAAA级景区，槟榔谷还是国家非物质文化遗产生产性保护基地、十大最佳电影拍摄取景基地，分别获国务院、文化部、农业部授予的"全国民族团结进步模范集体""国家文化出口重点项目""全国休闲农业与乡村旅游五星级企业"等多项国家荣誉①。

1.2 槟榔谷旅游发展历程

本文将槟榔谷旅游发展的历程梳理并划分为3个阶段，分别为探索阶段（1998—2003年），筚路蓝缕探索之路；发展阶段（2004—2010年），扩大规模促进转型升级；提升阶段（2010年末至今），承载社会期望树立标杆品牌。这里最初是一个地道的黎族山寨，经过这10年发展已经成为海南岛最大、最权威的一个展示海南原住民民族风情的地方，是海南省非物质文化遗产保护示范单位、国家AAAAA级旅游景区，里面除了黎族文化以外，还有海南岛上的第二大少数民族——苗族的文化风情展示。阶段划分依据和各阶段的景区定位及特征如表1所示。

表1 槟榔谷旅游发展历程②

发展阶段	探索阶段（1998—2003年）	发展阶段（2004—2010年）	提升阶段（2010年末至今）
景区使命	筚路蓝缕探索之路	扩大规模 促进转型升级	承载社会期望 树立标杆品牌
景区定位	甘什岭田园槟榔庄园	甘什岭槟榔谷海南原住民文化旅游区	海南槟榔谷黎苗文化旅游区
主要特征	面临海南民族旅游开发初期的混乱局面，自身特色不鲜明，竞争力不足。当景区尝试对"原住民"文化展示进行新的探索时开始有所好转	逐渐走上快速发展的道路，游客量猛增，经营模式实现质的转变，确立了"原住民"文化的核心吸引力，形成了自身的特色	在海南国际旅游岛建设的大背景下面临新的发展机遇，正式获批国家AAAAA级景区，游客量持续增长，并提出了新的发展目标和发展规划

---

① 海南槟榔谷黎苗文化旅游区精选攻略[EB/OL].http://www.binglanggu.com/index.php?sn=about.
② 王学基,孙九霞.民族旅游地的文化展示与"旅游域"建构——以三亚槟榔谷为例[J].旅游论坛,2015,(2):23-30.

2 槟榔谷旅游资源及资源管理——"一台二族四宝五项七区九馆十绝"

槟榔谷对核心旅游资源进行了分类、分区整合开发和保护,主要体现在以下几个方面,即"一台二族四宝五项七区九馆十绝"。

2.1 一台——大型原生态黎苗文化实景演出《槟榔·古韵》

《槟榔·古韵》是一场自然风光与人文演出完美结合的跨越千年的视觉盛宴。在槟榔谷文化村,这场大型实景民族歌舞剧每天都会上演4场,场场爆满。国家六部委(国家商务部、中共中央宣传部、财政部、文化部、新闻出版总署、国家广播电影电视总局)将该剧列为"国家文化出口重点项目",已蜚声国际的黎族打柴舞、舂米舞,生动地将黎族生活展现在这实景演出舞台之上;原始的钻木取火、自制的黎族乐器、世界级非物质文化遗产——黎锦纺织技艺等,也被巧妙地融入歌舞演出中。

2.2 二族——黎族和海南苗族

2.2.1 黎族文化

黎族是海南岛上最早的居民,早在远古时代,黎族同胞就在这块土地上刀耕火种,他们最初居住在靠近河流、港湾的山岗上,后来逐渐朝全岛各地扩散定居,艰难创业。作为海南的原住民,黎族人民勤劳勇敢,能歌善舞,以独特的民族文化和绚丽的织锦工艺著称于世[①]。黎族语言属于汉藏语系壮侗族的黎语支,文化特征与中国南方的壮、布依等民族有着密切的渊源。因分布地区、方言、服饰的差别分为哈、杞、润、赛、美孚5个支系,每个支系都有各自不同的文化特征。海南全省黎族现有人口140余万,主要分布在琼中、保亭、陵水、东方、白沙等海南岛的中部和西部,属于典型的少数民族分散居住。槟榔谷所在的甘什村为赛方言黎族。黎族文化多层融合,可借助"三分法"梳理如表2所示:

表2 黎族文化主要特征[②]

分类	内容	特征
物质文化	村落与建筑	传统黎村多有高大林木环绕,槟榔树、椰子树等掩映其间,生态环境优美自然;传统民居是船屋形,外形如刀口的船篷,造型简易朴素,还有特殊的隆闺、谷仓和土地公庙等建筑
	服饰	黎族服饰蕴含着历史、信仰、审美等诸多信息,最有特色的是树皮衣和黎锦
	音乐与舞蹈	黎族人酷爱音乐,满山遍野的树枝树叶都是乐器,舞蹈常常来源于日常生活、生产劳作或宗教活动,如《舂米舞》和《捉鬼舞》
制度或行为文化	婚俗	黎族结婚婚礼极具生活情趣,有送娘、迎亲、吃喜酒、送亲等仪式
	节庆	"三月三"是黎族最盛大的传统节日,又称爱情节,是黎族人悼念先祖、表达对爱情的向往的节日

[①] 海南槟榔谷黎苗文化旅游区核心资源[EB/OL].http://www.binglanggu.com/index.php?sn=core&fid=17.
[②] 王学基,孙九霞.民族旅游地的文化展示与"旅游域"建构——以三亚槟榔谷为例[J].旅游论坛,2015,(2):23-30.

续表

分类	内容	特征
制度或行为文化	文身	文身是黎族女性成年的象征和对美的追求,是黎族祖先崇拜、图腾崇拜等信仰的艺术杰作,随着时代的变迁和社会的发展,黎族文身已处于消失的边缘
精神文化	信仰	黎族信仰以祖先崇拜为主,也有自然崇拜和图腾崇拜

2.2.2 苗族文化

苗族迁移海南岛始于明嘉靖至万历年间,从广西等地作为兵士被朝廷征调到海南,撤防后一些苗族士兵落籍海南,也有一部分因谋生而移居海南岛,至今已有400多年的历史,史志多称之为"苗黎"。海南苗族主要分布在海南岛的中南部山区,至今已有近8万余人。最早的海南苗族没有固定的居住点,他们在深山密林中过着"一年一砍山,几年一搬家"的迁徙不定的山体游牧生活,以种山栏稻为生,经常迁居,被称为"过山龙"。苗族文化特征见表3:

表3 苗族文化主要特征①

分类	内容	特征
物质文化	饮食	苗族人饮食以大米为主,玉米、红薯为辅
	建筑	传统民居为"金"字形茅草房(又称吊脚楼),三间一幢,屋檐较长,檐下走廊用来休息,20世纪80年代后逐步建起砖瓦房
	服饰与刺绣	传统的苗族服饰有性别、年龄及盛装与常装之分,服饰作为载体传承其历史、纺织、几何学等诸多知识,服饰的图案擅长刻画人和动植物,体现了苗族人的审美观念以及崇尚自然的思想
制度或行为文化	婚恋	海南苗族的婚恋崇尚男女平等,20世纪50年代前,一般不与外族通婚,现在的通婚范围已大大放宽
	节庆	苗族一年中有许多节日,多数具有浓厚的民族特色和传统宗教色彩,传统节日有"三月三"、祭牛节等
精神文化	信仰	主要为祖先崇拜,敬奉盘古皇为始祖,每年二月初二和六月初六都做糍粑祭奠,同时信仰墓主仙公等

2.3 四宝——镇园四宝(鼻箫龙被、树皮布、绣面文身)

2.3.1 鼻箫

鼻箫,说起箫,人们总是联想到用嘴来吹奏的那种乐器。然而,在海南黎族苗族自治州的60多万黎族同胞却有一种独特的用鼻子来吹奏的箫,故称为鼻箫。鼻箫是黎族富有特色

---

① 王学基,孙九霞.民族旅游地的文化展示与"旅游域"建构——以三亚槟榔谷为例[J].旅游论坛,2015,(2):23-30.

的边棱气鸣乐器,因用鼻孔吹奏而得名。

2.3.2 龙被

龙被,又称为"崖州被",民间叫作"大被朵",素有"广幅布"之称。龙被是原住民纺、染、织、绣工艺中最为璀璨的一朵奇葩,也是原住民历代向朝廷进贡的珍品。

2.3.3 树皮布

树皮布是"黎族服饰始祖"。在使用麻和木棉纤维之前,树皮布是古代海南的少数民族以植物的树皮为原料,经剥离、拍打等工艺加工制作成的树皮衣,所制的衣物经久耐用。2005年"黎族树皮布制作技艺"成为第一批国家非物质文化遗产保护对象之一。

2.3.4 绣面文身

黎族妇女的绣面文身是一种古老的传统习俗,也是一笔极其宝贵且正在逝去的文化遗产。将氏族的符号、崇拜的图腾文于躯体上,包含着原住民对生命的祈求、对幸福的盼望、对灾难的回避以及对美的追求。因此,黎族是中国目前唯一的"以人类皮肤作为载体记录氏族符号的民族";同时,黎族的"绣面文身"也被人类学家称为"海南岛的敦煌壁画"。

2.4 五项——五大体验项目

五大体验项目,实现了对景区资源的合理开发与利用,既属于资源式管理,又属于产品类管理。

2.4.1 百鸟园赏鸟

槟榔谷神秘雨林里,四周鸟语花香,流泉叠瀑,生机盎然。在百鸟园,不仅可以观赏到玄凤、画眉、虎皮鹦鹉、海南七彩山鹫等十几种上千只鸟儿,还能与鸟儿亲近、给鸟儿喂食,不仅能得到许多欢乐,也能让孩子接触大自然、了解大自然。

2.4.2 高空滑索

槟榔谷景区内高空滑索建于两山之间,通过山体自由落差,将您从山上急速高空飞渡到山下,尽情享受过程中的惊险刺激,体验一把"空中飞人"的快感。游客系好安全绳,抓稳安全装置,在飞速滑翔的同时,还可以欣赏山下秀丽的景色。在滑索的另一端,有专业的工作人员接应,可以放心地尽情翱翔。

2.4.3 黎族打柴舞

打柴舞是黎族民间最具代表性的舞种,黎语称"转刹""太刹",是黎族最古老、最受欢迎的舞种之一。黎族民间传说,建茅屋时,竹竿不断从屋顶滑下,人们为避免打脚、碰头、刺脸,便不断地跳呀跃啊。这种情形颇具趣味,就逐渐模仿和改进,便形成了"跳柴舞"。在有节奏、有规律的碰击声里,跳舞者要在竹竿分合的瞬间,不但要敏捷地进退跳跃,而且要潇洒自然地做各种优美的动作。当一对舞者灵巧地跳出竹竿时,持竿者会高声地呼喝出"嘿!呵嘿!"场合极是豪迈、洒脱,气氛热烈。如果跳舞者不熟练或胆怯,就会被竹竿夹住脚或打到头。而善于跳竹竿舞的小伙子在这时往往因为机灵敏捷、应变自如而博得姑娘们的青睐。

2.4.4 牛拉木轮车

木轮车辚辘慢悠悠地转动,坐在车上观赏景区内的田园风光,迎着扑面的微风,享受阳光晒在身上暖洋洋的悠闲,仿佛回到了孩童时光。坐牛拉木轮车游玩槟榔谷,成为一道独特的风景线,赶牛的黎族阿哥会操着一口带有当地特色的普通话,向游客介绍沿途景色,将黎族民俗风情、历史文化娓娓道来,是一项难得的体验。

2.4.5 攀藤摘花

"攀藤摘花"是黎族人民创造出的一项独特的惊险比赛活动。两树之间以藤相连,藤的一端插上鲜花,大家竞相攀上绳子,拼尽全力悬到对面去采摘,谁用时最短,谁就是最后的胜利者。在这条不长的藤条上竞技,真是对黎族小伙子们的一种力量与毅力的挑战。那一双双攀藤的爆起青筋的臂膀,是那样的剽悍结实。这既是美的象征,也是力的体现,难怪为在一根藤条上角逐的好汉们而助威呐喊的啦啦队总是那样的投入和热烈。在高山云雾之间,在生产生活间歇,黎族乡民经常举行这样的活动来休闲娱乐,锻炼自己的体魄和毅力。获胜的小伙子往往还是姑娘们爱慕和追求的对象。

2.5 七区——七大文化体验区

槟榔谷的七区即时对景区资源合理分类、分块管理的典型方式。通过区块的划分,使得资源分散在景区各处,有利于资源的同质与异质的切换和组合,让资源的吸引力更加明晰,辐射力更大。

2.5.1 非遗村文化体验区

在非遗村内感受海南原住民四大主题博物馆:无纺馆、麻纺馆、棉纺馆、龙被馆。

2.5.2 百年古黎村文化体验区

在百年甘什黎村置身远古的黎族部落,体验做一回真正的黎家人。

2.5.3 谷银苗家文化体验区

到苗寨喝一杯拦门酒,听一曲苗岭飞歌,看一场惊心动魄的"上刀山,下火海"表演,体验古老的苗染苗绣技艺。

2.5.4 田野黎家民俗体验区

仰望,峰峦叠嶂的墨染;俯视,缥缈的船形屋。农耕于山、于田、于涧,农食于蔬、于野、于心。忘却世间纷扰,悠然黎家,隐逸田园……

2.5.5 《槟榔·古韵》大型实景演出体验区

美妙的舞姿、动听的歌谣、古老的传说、永恒的历史,都在浓浓的歌舞演出中巧妙融合,令人流连忘返。

2.5.6 兰花小木屋民宿体验区

邻山侧畔,雨梭如帘;聆听田野蛙鸣的交响,编织星光璀璨的黎家梦,关闭电源,筑梦雨林。在高空滑索,乘着风飞的梦想,划过烦恼的牵绊,体验速度与激情的快感。

2.5.7 黎苗风味美食文化体验区

在波隆人家,啖一口脆甜的槟榔,开启味蕾之旅;在黎家美食一条街,品尝纯正的黎家小吃……源于自然的绿色食材,挑战舌尖上的山间野味。情理之中的念想,意料之外的回想,波隆!

2.6 九馆

通过博物馆静态展览的形式,对景区的核心资源,特别是非物质文化遗产资源进行整合、分类,有利于资源类别的明晰和资源优势的凸显,并能相互呼应,将文化与研学考察等旅游产品结合,在保护、传承文化资源的同时,发挥更大的社会效益。

2.6.1 图腾艺术馆

图腾艺术馆内所收集的系列彩塑艺术作品,是海南民间艺术家陈玉湘女士通过几年来对黎族文化的潜心研究,用自己研发的新型环保雕塑材料(纤维混合黏土)制作而成。馆内

《黎族三月三》《五指山女神》《大力神》《蛙》《渔归图》等系列彩塑艺术作品,用独特的造型描绘了黎族的风土人情、图腾崇拜、民间故事及非物质文化遗产等内容,展现了黎族文化的源远流长、博大精深,表达了黎族传统文化丰富多彩的内涵和优秀的民族精神。

2.6.2 龙被馆

龙被馆内珍藏了几十幅珍贵的龙被作品,其中包含世界纪录协会评定的"世界最大的黎族龙被"——"龙腾祥云、麒麟双凤吉祥图"龙被。由于龙被的织造过程需要多人共同协作,且黎族只有语言,没有文字,龙被的织造技艺经过漫长的时代变迁已经失传了。想要了解这些伟大的作品,只能在展馆里去细细品读它了。

2.6.3 蜘蛛文化馆

蜘蛛文化馆里介绍了虎纹捕鸟蛛、敬钊缨毛蛛等海南本土珍稀蜘蛛的分布和毒性。走进馆内,还能感受到蜘蛛的生存环境,了解蜘蛛的生活规律。在《本草遗拾》《唐本草》《本草纲目》等书籍中,详细记载了蜘蛛的药用价值。现代科学研究证明,蜘蛛全身是宝,其毒素具有良好的类吗啡镇痛作用而无成瘾性。

2.6.4 陶艺馆

黎族原始制陶技艺于2006年被评为国家级非物质文化遗产。黎族制陶技艺传女不传男,露天烧制是其特点,目前掌握这项技艺的黎族人已经十分稀少。陶艺馆的外形是一个巨大的陶制蒸酒器,馆内通过"取陶泥""制坯""烧陶""加固陶器"等流程,以图文并茂及实物展示的方式展现了黎族人完整的制陶工艺。

2.6.5 无纺馆

在人类的无纺织时期,树皮具有遮羞取暖的重要作用。黎族树皮布制作技艺于2006年被评为国家级非物质文化遗产。树皮布是具有世界性影响的重大发明,穿用树皮布做的衣服,不是野蛮落后的标志,而是文明进步的象征。树皮布在人类学及文化史上有着不可替代的特殊地位,因为只有树皮布才可证明人类衣物从无纺布到有纺布的发展过程。用树皮布制作衣服,是黎族人民对人类社会的伟大贡献。

2.6.6 棉纺馆

海南岛上自古多有木棉,黎族妇女尤其擅长棉纺织。宋代黎族妇女所织造的花被、缦布和黎锦,工艺精巧,花色繁多,是当时海南名产。棉纺馆内有一条展示长廊,以逼真的蜡像还原了黎族织锦的"纺、染、织、绣"四大工艺。因为没有样稿,每一件黎锦都是独一无二的。黎族传统纺染织绣技艺于2009年被联合国教科文组织评为亟须保护的世界级非物质文化遗产,其既是人类文化的活化石,为人类文明的发展作出了卓越的贡献,同时还具有鲜明的民族性。

2.6.7 非物质文化遗产陈列馆

在非物质文化遗产陈列馆,展出的多为槟榔谷景区多年来从民间收集而来的物品。其中石斧、蒸酒器、捕鱼腰篓、弓箭、粉药枪、手捻刀、头骨簪、独木凳、新娘盛装等物件,配以简单明了的文字说明,从生产、生活、饮食、工艺、婚俗、节庆、乐器、交通传信、宗教信仰等方方面面展现了黎族人的生活风貌和悠久的民族历史。

2.6.8 麻纺馆

麻纺织工艺是一项古老的生产技能,它延续的时间最长,涵盖整个黎族地区。作为黎族手工技艺的一个重要组成部分,自古以来,黎族的麻、棉纺织工艺被誉为我国纺织业的一大发明,有着丰厚的文化底蕴。麻纺馆内展出的服饰,见证了黎族人先进的纺织技艺。它所代表的黎族传统纺织工艺,是中华民族优秀文化中的一个重要组成部分。

2.6.9 文身馆

文身是一种极为古老的习俗,是我国古代越人及其后裔的重要人身装饰,至今在黎族中仍有遗存。关于黎族文身的起源,目前并没有确切的说法,民间普遍认为是祖先氏族的标志,去世后便于祖先辨识。文身馆中,展现了黎族五大方言区(其中"赛"方言区被汉化过早,很早便已没有文身的习俗)的文身样式,还通过逼真的蜡像还原了当时黎族人文身的场景及所使用的工具。如今黎族文身具有重要的研究价值,是族群认定、人类演化、历史文化和习俗研究样本。同时,文身的花纹图案还蕴含着丰富的文化内涵。

2.7 十绝——海南十项国家级非物质文化遗产项目

海南十项国家级非物质文化遗产项目主要包括黎族打柴舞、黎族原始制陶技艺、黎族纺染织绣技艺、黎族树皮布制作技艺、黎族钻木取火技艺、黎族"三月三"节、黎族竹木器乐、黎族船形屋营造技艺、黎族服饰、海南八音乐。部分非物质文化遗产上文已有相关介绍,这里对剩下的部分非物质文化遗产项目进行介绍。

2.7.1 竹木器乐

黎族竹木器乐是祖国民族器乐宝库中的瑰宝,入选第二批国家级非物质文化遗产名录项目。鼻箫、口弓、唎咧、口拜、洞勺、哔哒等竹木乐器,有璀璨的民族特色,不但在国内堪称一绝,在国际上也是罕见的。而竹木乐器乐曲更为丰富,音乐独具一格,鼻箫声轻委婉,口弓声细缠绵,唎咧音清高亢,口拜悠扬嘹亮,洞勺声沉宽厚,哔哒声脆致远,配声美音清的琴弦和声宏厚重的独木鼓、铿锵悦耳的叮咚,演化出一首首美轮美奂的乐曲。竹木器乐曲蕴含着原生态的音乐特征,曲体结构灵活、自由,旋律流畅,音调古朴清纯,融汇了黎族的传统文化、审美意识、民俗风情等诸多元素,为黎族人民所喜闻乐见。

2.7.2 船屋技艺

黎族船形屋是黎族民居建筑的一种,流行于海南的黎族聚居区。黎族同胞为纪念渡海而来的黎族祖先,故以船形状建造住屋,因外形酷似船篷通常称为船形屋。船形屋是黎族最古老的民居,有高架船形屋与低架(落地式)船形屋之分,其外形像船篷,呈拱形状,用红、白藤扎架,拱形的人字屋顶上盖以厚厚的芭草或葵叶,几乎一直延伸到地面上,从远处看,犹如一艘倒扣的船。其圆拱造型利于抵抗台风的侵袭,架空的结构有防湿、防瘴、防雨的作用,茅草屋面也有较好的防潮、隔热功能,而且能就地取材,拆建也很方便。由于这些优点,船形屋得以世代流传下来。

2.7.3 "三月三"节日

黎族特有节日"三月三"源于黎族先人繁衍后代的一个传说,每逢这天,青年男女要穿戴着美丽的民族服装,男的手执黑伞,携带山栏酒,女的手提小腰篓,巾藏糯米饼、晒干的腊肉等,到传说中的娘母洞前祭拜祖先,然后一起吃带来的食物,共同娱乐,相看意中人。相中后,男女双方对歌互诉心曲,吃一种嵌入糖心的"灯叶"糕饼。每年的农历三月三这一天,具有敬老美德的黎族同胞带上自家腌制的山菜、酿好的米酒、做好的糕点去看望寨内有威望的老人;年轻的男子则结伙外出狩猎、打鱼,姑娘们烤鱼、煮饭。夜幕降临,小伙子们跳起了传统的黎族舞蹈,男女青年对唱山歌,一旦情投意合,姑娘则把亲手编织的七彩腰带系在小伙子的腰间,小伙子也会把耳铃穿在小姑娘的耳朵上或把发钗插在姑娘的发髻上。

2.7.4 八音乐器

海南八音乐是海南主要的本土器乐,因采用八大类乐器演奏而得名。八大类乐器为:弦、琴、笛、管、箫、锣、鼓、钹。海南俗称的八音乐既包括乐器、乐曲,也包括乐队。海南八音乐曲丰富,按习惯分为大吹打、锣鼓清音、清音和戏鼓四类,目前收录有历史遗传下来的乐曲达500多首。有汉唐以来我国古音乐的遗韵,有很高的音乐研究价值。它植根在群众之中,乡土气息浓郁,是群众喜闻乐见的文化娱乐形式,是农民不可缺少的精神食粮。

3 槟榔谷景区发展模式管理

3.1 景区与少数民族互惠共创新模式

正确处理好企业与农业、农村、农民的"三农"关系,将"三农"融入企业经营活动中,解决失地农民就业、增收实际问题,走包容性可持续发展道路,达到企业与少数民族农民的共赢。

3.1.1 村民半天上班,半天务农

企业的发展离不开当地百姓与政府的支持,槟榔谷景区创新"景区+农户、务工+务农、村民+员工+店主、开心半天工"的合作管理模式,以此实现景区与村民"就业不离家,失地不失业,收入有保障"的合作愿景。具体实例如下:①

实例1

73岁的甘什上村居民唐秀兰现在是槟榔谷的"明星",得益于景区保护性的开发,她位于景区内的"船形屋"得以留存。每天她在船形屋的袅袅炊烟中接受着来自四海宾朋的问候,也传递着黎族最热忱的问候"波隆"。"没想到我这么老了还能在自己家里赚钱。每天和这么多人一起聊天,很开心。"唐秀兰说。每月,唐秀兰不仅能从景区获得1 500元的工资,还能从景区保留征用土地上的经济作物收益、土地租金和织锦等劳动产品的售卖中获得收入。

实例2

在《槟榔·古韵》的120余名演员中,80%的演员是当地黎族、苗族百姓,他们中几乎没人受过正规的歌舞训练。而正是凭着对本民族文化的喜爱,这群年轻人仅用一个多月的时间,就将一台35分钟的大型原生态实景演出古朴呈现。

3.1.2 以市场化方式传承黎苗文化

槟榔谷以市场化方式挖掘、保护、传承、弘扬、展示海南黎苗文化,吸纳村民参加纺染织绣、竹藤编织,增加经济收入。选取两个实例如下:①

实例1

保亭甘什下村33岁的村民王淑权一边摇着婴儿入睡,一边跟过往的游客打招呼。

---

① 易建阳.挖掘保护传承黎苗文化,主打民族品牌,走出一条差异化发展之路——槟榔谷绽放5A之花[N].海南日报,2015-08-10.

她以前在广州、深圳打工。"结婚了,总不能抱小孩去打工吧。"她说。她在家门口的景区卖水果,既能照顾一岁多的孩子,每天又有100多元纯收入,不比打工的收入低。

实例2

甘什上村41岁的黎族村民李祥灵辞职后,与好友合伙开了农家乐。"我主要经营黎家菜,包括农村土鸡、水库鱼、当地野菜等,吸引了不少游客和景区员工。"他说。他的收入比打工时增加不少。

随着景区经济效益的不断提升,槟榔谷领导班子加强"村企共建"活动,积极帮助周边村庄解决就业难、增收难、行路难、饮水难、上学难等问题,将景区发展与履行社会责任结合在一起。身处其中的员工和周边村民是最直接的受益群体。据悉,为改善景区附近村落的基础设施,槟榔谷投资200万元为景区相邻的甘什上村修建水泥路,安装路灯和自来水。同时,还安排专车每天接送甘什上、下村的小学生到7公里以外的三道镇上学,保障孩子们的安全。据介绍,目前槟榔谷景区有800多名员工,其中少数民族同胞约占员工总数的86%。槟榔谷景区还建设村民销售热带特色水果、农副产品及黎家特色小吃的惠农一条街,无偿提供给村民商铺76间,在惠农一条街直接就业的村民有100多人。景区充沛的客流量也为村民带来自主创业的机会。

3.2 槟榔谷景区制度管理

3.2.1 景区管理指导思想

槟榔谷以"挖掘、保护、弘扬、传承"海南黎族、苗族传统文化为己任,打造"寻黎访苗槟榔谷"的旅游品牌,发挥了企业在国内民族景区的示范引领作用。景区以科学发展观为指导,以"建设海南国际旅游岛一流的原生态品牌景区"为发展目标,充分利用黎族、海南苗族的文化资源优势,围绕民族文化主题,创建"国家首家少数民族型5A级景区"。

3.2.2 景区机构与制度管理

景区管理机构健全,职责分明,规章制度健全,设有基础标准子体系、部门工作标准子体系、服务提供标准子体系、服务保障标准子体系四个体系制度,涵盖市场营销、质量、导游、卫生、环保、统计等方面的规章制度健全。各级管理人员均能良好地掌握自己的岗位职责,熟悉业务程序和有序执行。各项规章制度贯彻有力,在各项制度落实中,对执行过程有着完整的记录。

3.3 景区智慧团体管理

由专家、学者为景区提供智力支持。首先,聘请专家、学者指导企业开展创建工作,培训员工,让企业少走弯路。其次,聘请5A级景区创建专家陈春福教授、非物质文化遗产专家王海昌、舞台节目导演苏和荣、作曲家莫柯作为常年指导老师,确保创5A工作质量和文化特色。再次,与国内外院校建立校企合作基地,不仅为学者提供研究场地,而且为学生提供实习和就业岗位,互为平台,不断补充新鲜血液,提高员工综合素质。

4 槟榔谷旅游产品管理

4.1 旅游餐饮服务管理

对景区内各餐饮场所、商店和商铺进行综合管理,定期检查。做到餐具、饮具、厨具分类存放,相关餐饮用具实行消毒处理,商店和商铺销售的食品严格控制质量和卫生。槟榔谷餐厅服务员服务周到、态度良好。

4.2 旅游购物管理

景区购物场所的设置结合周边环境建设,根据海南黎族的建筑风格建造,材质的选用和色彩均与周边建筑和谐统一,户外广告牌和广告标志统一规范制作,融观赏性和服务性于一体。

购物场所环境整洁,购物秩序良好。景区对购物场所进行集中管理,制定有规范统一的管理和监督制度,设立对应部门进行日常管理和监督。经营秩序良好,无围追兜售、强买强卖现象。景区对商品经营从业人员有统一的管理措施和手段,制定有一系列的相关制度,如质量管理、价格管理、计量管理制度等。

景区特色旅游纪念品丰富,品种繁多,黎锦、槟榔木制品、槟榔酒系列产品、苗药等最具槟榔谷特色。这些旅游商品全面反映海南岛黎族文化特色,为槟榔谷景区所特有。据统计具有槟榔谷景区特色的旅游商品共有 135 种,具有本地区特色的旅游商品有 102 种。

4.3 旅游线路产品管理

槟榔谷分为 A、B、C 三条旅游线路。A 线是非遗保护村,里面是黎族文化的非物质文化遗产。B 线是百年的黎族村落。C 线是雨林苗寨,即山里苗族人居住的地方。一般来讲,因为时间的关系,跟团的话主要是走 A 线和 B 线,用时大约 2 个小时。自由行或小包团单独买票的话因为不受时间的限制可以三条线都参观,全程大约 3 个半小时。

4.3.1 A 线——非遗保护村

人文大门→三月三广场→非遗村一巷→非遗村二巷→黎族传统文化长廊→黎族无纺馆→黎族麻纺馆→黎族棉纺馆→黎族龙被馆→《槟榔·古韵》大型原生态实景演出→台湾民俗文化馆→台湾工艺美食馆。

4.3.2 B 线——原甘什黎村

黎族图腾艺术馆→非物质文化遗产陈列馆→百年谷仓群→爬槟榔树表演→甘什村→黎族文身馆→黎族竹木乐器表演区→《槟榔·古韵》大型原生态实景演出。

4.3.3 C 线——雨林苗寨

神秘雨林入口→飞猎区→蜡染人家→狩猎人家→蜂农人家→蛇农人家→苗族演艺厅→南药园→百鸟园→信仰区域→雨林空中走廊→高空滑索→《槟榔·古韵》大型原生态实景演出。

4.3.4 A+B——最炫黎族风

人文大门→三月三广场→非遗村一巷→黎族传统文化长廊→黎族无纺馆→黎族麻纺馆→黎族棉纺馆→黎族龙被馆→《槟榔·古韵》大型原生态实景演出→黎族图腾艺术馆→非物质文化遗产陈列馆→百年谷仓群→爬槟榔树表演→甘什村→黎族竹木乐器表演区,全程游览时长约 2 小时。

4.3.5 A+C——寻黎访苗 游山探险

人文大门→三月三广场→非遗村一巷→黎族传统文化长廊→黎族无纺馆→黎族麻纺馆→黎族棉纺馆→黎族龙被馆→《槟榔·古韵》大型原生态实景演出→神秘雨林入口→飞猎区→蜡染人家→狩猎人家→蜂农人家→蛇农人家→苗族演艺厅→南药园→百鸟园→信仰区域→雨林空中走廊→高空滑索,全程游览时长约 2 小时。

4.3.6　B+C——雨林深呼吸

《槟榔·古韵》大型原生态实景演出→黎族图腾艺术馆→非物质文化遗产陈列馆→百年谷仓群→爬槟榔树表演→甘什村→黎族竹木乐器表演区→神秘雨林入口→飞猎区→蜡染人家→狩猎人家→蜂农人家→蛇农人家→苗族演艺厅→南药园→百鸟园→信仰区域→雨林空中走廊→高空滑索,全程游览时长约2.5小时。

5　槟榔谷旅游营销管理

景区独立域名 www.binglanggu.com,中文网络实名为"海南槟榔谷黎苗文化旅游区"。

槟榔谷景区经过多年的建设和不懈的努力,成功地打造了槟榔谷黎苗文化品牌,在海内外游客心中树立了"寻黎访苗槟榔谷"的旅游品牌,得到社会的高度认可。景区不仅受到海内外广大游客和旅游专业人员的高度赞誉,而且还获得了省级、国家级的多项荣誉,既扩大了槟榔谷的知名度,又提高了美誉度。

开业至今,槟榔谷景区先后接受过俄罗斯、德国、挪威、韩国、新加坡、乌克兰等10个国家的国家电视台的频繁采访与报道,国际媒体关注度极高。中央电视台一套的《中华民族》、四套的《希望英语》、七套的《乡土》、十套的《地理·中国》和十三套的《新闻频道》《朝闻天下》等栏目多次采访报道。

2014年1月24日,中央电视台《地理·中国》栏目走进槟榔谷,以全新的视角向国内外观众展示海南黎苗文化。

6　槟榔谷资源保护管理

海南槟榔谷地处甘什岭自然保护区,景色优美,热带植被茂盛,绿化覆盖率达90%以上,负氧离子含量极高。槟榔谷严格对景区类的植被环境给予保护,时时进行监测。据海南省五指山市环境资源监测站进园监测,空气质量达国标一级标准,景区噪声指标达到国标一类标准,景区地表水达国标规定。在设施建设上,如景区的游客中心、大门主体等主要建筑的构建,充分考虑绿化环境、黎族民族文化等主题,形成了以景区出入口、新大门广场为核心的民族特色建筑群,区内三大游览区的建筑选址、造型、色彩等符合景区文化主题,能够与环境相协调。

在黎苗文化保护和非物质文化遗产保护方面,景区通过对核心资源的管理与运用,实现开发和传承与保护并重。如对资源进行"一台五项七区九馆"的分类,特别是"一台——《槟榔·古韵》大型实景生态演出"传承与再现了黎苗文化,"五项"互动体验项目使得游客对黎苗民俗文化进行了进一步的了解,"七区九馆"的分区和馆藏式再现,对于非物质文化遗产的传承与保护起到了很大的作用。

7　旅游对槟榔谷的影响

7.1　对饮食文化的影响

槟榔谷属海岛型民族旅游区,饮食文化以黎、苗族的饮食为特色。(1)槟榔谷地区盛产水稻、果蔬,当地饮食多用果蔬和稻米制作成果蔬混搭的特色餐饭,如山栏米饭、竹筒饭、番薯饭等,饮品也就地取材制作了山栏酒、芭蕉酒、番薯酒、薏苡米酒等。但目前当地大多数人未掌握传统饮食的制作技法,原汁原味的手艺保留在了老人的手中。(2)槟榔谷黎家饮食制作工艺复杂,制作材料取自地方动植物,如三色饭的每一种颜色源自一种植物的汁,添加的黎家人的秘制香料的腌粉已经被列入非物质文化遗产。旅游开发前,当地村民过着自给自足的地方餐饮生活;旅游开发后,除旅游区和村寨节日的饮食保持原有风味外,日常生活饮食渐趋向汉化。景区传统的独具特色的餐饮成为村民主要经济来源,多数村民以流动摊贩经营特色餐饮,但为满足游客百家口味逐渐改变制作方法、原料。总体而言,三亚槟榔谷饮食文化尚未统一规划与管理,经营自由,菜系重复,未能形成主导旅游饮食商品与品牌。

7.2 对地方特色文化的影响

三亚槟榔谷是现存最完整、最原真的黎、苗族文化融合村寨,槟榔是黎苗民族的文化符号。槟榔谷人口60%以上为少数民族,其中黎族约占85%。黎、苗族文化是该地区旅游发展的灵魂,村落民俗风情被全面应用于旅游客源市场开发与营销。(1)受访者中93%认为黎族居民的"雕题离耳"特征是重要的旅游吸引物,是一道重要的人文风景线;(2)地方纯朴的民族体育(拉龟、射箭、过独木桥等)、民族音乐(如鼻箫、椰乌、吹树叶等乐器表演)与歌舞(竹竿舞、射鱼、贵屋等),以及织锦手工技艺等都被开发成为旅游发展的商业表演或非商业性的日常表演。这虽然传承并创新了黎苗族文化,但是会造成民俗风情逐渐失真。综合来说,旅游开发对槟榔谷的特色文化存在积极与消极的两方面影响,消极影响表现为佛教文化、黎族文化等日益商业化,在商业化过程中世俗化问题凸显;积极影响表现为旅游发展过程中日益重视地方居民参与旅游效益的分享及全程监管,有利于促进旅游景区可持续发展。

表4 旅游开发对地方文化影响游客感知[①]

地区	问题	居民态度	
		积极影响	消极影响
三亚槟榔谷	您认为旅游开发对村寨文化,影响体现在哪些方面?	民族文化得到广泛宣传与继承,得到当地政府的重视。具有民族特色的活动大量增加。打柴舞等活动被开发为一种旅游品牌。少部分逐渐消失的文化被挖掘	更商业化。民族文化为迎合旅游业发展,失去了其民族的含义。民族文化为了自身的经济利益,把旅游接待看作主要的经济来源(比如出售纪念品或明信片等),使得使用本民族语言的次数减少,出现无人继承等现象
	您认为对当地传统手工艺品有哪些影响?	织黎锦等手工艺被推向世界,扩大了知名度。有利于具有特色的传统手工艺技术的传播与继承。传统工艺更加具有文化性,得到了当地人的重视,更多的人了解并开始研究它们	为了经济效益,部分手工艺品出现用材减少、做工粗糙、质量下降等现象

---

① 胡王玉,等.海岛旅游开发对地方文化影响——以舟山普陀山与三亚槟榔谷为例[J].云南地理环境研究,2014,(3):14-18.

7.3 对地方居民日常生活的影响

槟榔谷景区调查表明：(1)为适应日益增加的游客的需要,当地交通等基础设施快速建设,村庄人居环境被纳入整治与改善中;(2)旅游开发为当地村民提供了较多就业机会,黎族女性将传统文化进行适当包装出售以增加家庭经济收入,同时利于民族文化及黎族生活方式走出村寨;(3)旅游开发增加了当地适龄儿童的受教育机会,村庄适龄孩童学习兴趣与家长对子女教育期望普遍提高。

表5 槟榔谷旅游开发对地方居民日常生活的影响①

要素	旅游开发前	旅游开发后
生计	传统耕作的小农经济	旅游业商品经济。部分农民在景区里展示当地的传统习俗文化、织黎锦等
服饰	以传统民族服饰为主	除了旅游表演和售卖民族相关商品时穿着传统服饰外,其余时段为方便劳作多穿着现代服饰
语言	黎话、海南话	黎话在村落内部使用逐渐减少,海南话、普通话、英语口语出现在居民日常生活中
交通	步行、背、抬、扛、牛车等	各种机动车、公交巴士、汽车等
家庭分工	男主外女主内,农耕,家庭饲养	大量妇女在景区周边做小本生意,男的多在景区里打工或外出劳作
婚姻	族内婚,具有复杂程序和仪式	自由恋爱、婚姻自由,范围扩大,习俗淡化
受教育程度	多为小学教育,少数初中	多数是中学毕业,少数大学毕业
村落	森林密布、船形屋,黄蜂到处都是	黄蜂极少,出行方便许多,周边环境改善大
饮食	三色饭、竹筒饭等民族食物	除特殊节日,一般都与汉人饮食一样

7.4 对民间技艺的影响

民间技艺包括民间艺术、民间工艺品制作等。槟榔谷民间技艺主要以文脸、织黎锦等为特色。调查表明:(1)旅游开发前民间传统工艺面临消失,如槟榔谷的织锦;旅游开发后传统工艺重新面世与传承,但是缺乏掌握制作工艺的民间艺人,尤其是年轻人非常少,传承困难。(2)旅游开发使传统工艺趋向商业化,多数家庭为经济收益而学习与传播传统工艺品技术,地方政府与村寨开始关注百姓创收与非物质文化遗产保护等,当地居民大多认为强化传统工艺的保护、旅游工艺品品质监督非常有必要。(3)旅游开发创造的民间工艺制作为村寨妇女带来较多的就业机会,提高了当地女性的自我价值与经济地位。多数居民认为旅游开发能提高家庭收益,但是个别居民不能融入旅游业,背井离乡外出谋生。旅游开发对提高地方知名度成效显著,但旅游业发展也致使本地居民的道德水准下降等负面影响日渐产生。

---

① 胡王玉,等.海岛旅游开发对地方文化影响——以舟山普陀山与三亚槟榔谷为例[J].云南地理环境研究,2014,(3):14-18.

案例使用说明

一、教学目的与用途

1.本案例适用于学习旅游管理、旅游规划与开发、景区管理等相关课程的本科生与研究生。

2.教学目的:通过本案例的学习,引导案例学习者对民族文化型景区旅游开发管理理念和模式进行深入思考。

二、启发思考题

1.槟榔谷的分类分区整合开发和管理有哪些特点?

2.槟榔谷景区与少数民族互惠共创新模式与古北水镇和乌镇处理利益相关者关系的方式相比有哪些异同点?

3.分析槟榔谷旅游游线产品管理的优缺点。

4.结合同类型景区的管理经验,提出解决槟榔谷现存问题的措施。

三、分析思路

槟榔谷概况—槟榔谷旅游资源及资源管理—槟榔谷景区发展模式管理—槟榔谷旅游产品管理—槟榔谷旅游营销管理—槟榔谷资源保护管理—旅游对槟榔谷的影响

四、关键要点

1.槟榔谷景区发展历程的主要特征

2.槟榔谷旅游品牌营销传播

3.旅游业的开展对槟榔谷传统文化的影响

五、建议的课堂计划

1.时间安排

100 分钟为宜,其中 35 分钟阅读案例,15 分钟进行小组讨论,15 分钟小组代表发言,10 分钟师生互动交流与问题解答,10 分钟学生书面总结,15 分钟教师最后总结。

2.黑板板书依课堂具体情况布置,不作固定安排

3.小组的分组和讨论内容

建议 3~5 人为一组,每组自行推选小组代表发言。讨论内容包括:回答案例中提出的启发思考问题;探讨槟榔谷是如何将传统民族文化转化为旅游体验项目;讨论槟榔谷的资源保护管理,并从中提炼出同类型景区在发展旅游业过程中应如何对生态环境加以保护。

六、其他教学支持材料

视频:2016 海南槟榔谷中英文旅游宣传片

http://v.youku.com/v-show/id_xMTc1NDQ5MDAWMA==.html?from=sl.8-1-1.2&spm=a2hOk.8191407.0.0

九寨沟智慧旅游景区管理

陶 静 林越英

【摘 要】"智慧景区"是在"数字地球"向"智慧地球"转型这一重大背景下,结合景区特性,运用人类最新文明成果,构建智慧网络,实现景区智能化发展。九寨沟是国内首个智慧旅游景区管理的实践者。"智慧九寨"是九寨沟景区管理的智能化,它是建立在集成的、高速双向通信网络的基础上,通过先进的传感和测量技术、先进的控制方法以及先进的决策支持系统的应用,有效改善九寨沟风景区商业运作和公共服务关系,实现九寨沟旅游资源的优化使用、生态环境的有序开发和保护、游客满意度提升、产业效益最大化的目标。基于上述背景和理论支撑,本案例对九寨沟智慧旅游景区管理的发展历程、核心原理、主要内容、闭环建设和支撑体系等进行了具体阐述,并对以九寨沟为代表的智慧旅游景区管理的未来进行了展望。

【关键词】九寨沟;智慧旅游;景区管理;智慧景区;管理信息化

1 引言

"智慧"是让人更聪明地生活,"旅游"是让人更诗意地栖居。"智慧旅游"俨然成为当下关注度极高的热门词语,究其内涵即是用高新尖端技术规划游客的旅游方案,为游客出行提供更惬意、更全面、更便捷的服务,最终实现"指尖一点击,问题全解决"的新型模式[1]。智慧旅游的建设目集中于3个方面:第一,基于移动智能终端实现游客的个性化定制,尤其针对日渐兴盛的散客市场;第二,为企业提供服务,尤其是基于云计算的技术变革,为众多中小企业和小微企业提供服务;第三,基于云计算和大数据,实现旅游目的地公共服务与公共管理信息资源的无缝整合,通过预测预警达到服务和管理的最优化[2]。

早在2008年,IBM就率先提出"智慧地球"的概念,其核心是以一种更智慧的方法,通过利用新一代信息技术来改变政府、企业和人们交互的方式,以提高交互的明确性、效率、灵活性和响应速度。"智慧景区"是在"数字地球"向"智慧地球"转型这一重大背景下,结合景区特性,运用人类最新文明成果,构建智慧网络,实现景区智能化发展。

---

[1] 从九寨沟看中国"智慧景区"的建设模式思考[EB/OL].http://news.21csp.com.cn/c22/201405/70656.html,2014-05-14.
[2] 张凌云.智慧旅游发展需要大智慧[N].中国旅游报,2014-01-10.

2 相关背景介绍——智慧旅游、智慧景区特别是九寨沟智慧旅游景区管理的发展背景与现实意义

2.1 发展背景

实现资源保护数字化、经营管理智能化和产业整合网络化成为新时期旅游业可持续发展的时代需求。在此背景下,智慧景区和智慧旅游被相继提出。这是人们思索如何谋求信息技术与现代旅游业的嫁接融合、如何转型升级旅游产业以及如何解决旅游业可持续发展等问题的实践行为。可以说,在经济全球化和计算机网络技术快速发展的环境下,智慧旅游发展的好坏、信息化建设水平的高低、数量的多寡和质量的优劣是景区综合实力和现代化管理水平最直观的表现,将直接影响景区资源保护、利用成效和旅游业发展的国际形象。智慧旅游越来越受到人们的关注和期待。

九寨沟有着独特、丰富的旅游资源,又是世界自然遗产、国家级自然保护区、国家级风景名胜区、世界生物圈保护区、国家5A级景区等,在我国旅游尚处于观光旅游阶段可谓风光无限。伴随着旅游产业的发展、升级,单纯的观光已经不能满足人们的旅游出行要求,游客对旅游服务和旅游管理的要求越来越高已经成为一种趋势。旅游景区的管理理念、管理方式、管理思维和管理模式直接关系到旅游服务的水平和层次。因此,旅游景区的管理无形中左右着旅游景区的命运。九寨沟面对新形势、新问题和新挑战,率先改革旅游景区管理理念与管理方式,创新旅游景区管理思维与管理模式,成为国内首个提出"智慧旅游"的景区[1],站在潮流的前端,在这一转型时期牢牢抓住旅游者的眼球,成为国内首个智慧旅游景区管理的实践者。

当前,我国一些旅游景区还处在低端资源密集型产业阶段,把信息化建设引入旅游景区是现代科技在旅游业中的应用,能为增强旅游景区现代化管理和自主创新奠定基础。在旅游景区中,旅游资源信息系统、规划管理、视频监控、电子票务与门禁、数字化广播、数字导览、网络营销、虚拟旅游与虚拟现实模块、LED/DLP电子显示屏等都可以成为智慧景区的建设内容。智慧景区的建设能在信息共享中变多级管理为扁平化管理、变粗放管理为精细化管理,促进定性管理向定量管理转变、经验管理向科学管理转变、静态管理向动态管理转变、事后管理向超前控制转变,能有效提升景区的旅游服务质量和游客满意度。从此角度讲,智慧旅游的建设一方面是信息时代向我们提出的要求,另一方面也是景区管理和信息技术融合发展的必然结果,将使景区传统服务向信息智能化服务转变,有利于提升旅游的整体竞争力[2]。

2.2 现实意义

从长远角度考量,面对当前越来越大的体量和越来越多的旅游产品、越来越高的需求水准和越来越激烈的市场竞争,要想把旅游产业做大做强,使旅游业快速、健康发展,就必须要依靠现代科技力量,采用低成本、高效率的联合服务模式,用信息与智慧把涉及旅游的各个

---

[1] 智慧景区:国内智慧旅游先行实践者——九寨沟[EB/OL]. http://www.bescn.com/chengguo/5396.html,2013-12-19.

[2] 智慧旅游是旅游发展的大势所趋[EB/OL]. http://www.askci.com/news/201208/20/152439_49.shtml,2012-08-20.

要素联系起来,实现旅游资源配置信息化、旅游发展模式现代化、旅游服务管理人文化。相信在未来,我国将会加快"智慧景区"及"智慧旅游"高新信息技术在旅游业的应用示范,这既适应我国建设国际旅游强国的需要,也将是整个旅游业发展的大势所趋。

国家旅游局将2014年确定为"智慧旅游年"。围绕"2014中国智慧旅游年"主题,中国加快推动旅游在线服务、网络营销、网上预订、网上支付等智慧旅游服务。运用市场化机制,推动建立全国统一的在线旅游服务平台和景区门票预订系统。制定智慧旅游景区标准,以5A级景区为重点,推进智慧旅游景区试点,继续推进智慧旅游企业、智慧旅游城市建设。在智慧旅游建设特别是智慧旅游景区管理日益成为旅游业改革和发展的重要路径的大背景下,本案例对于九寨沟智慧旅游景区管理进行总结与分析。

3 智慧旅游的国内外发展现状概述

3.1 国外发展现状概述

从国际上看,近些年来,国际著名的旅游城市都积极开展"智慧旅游"实践,如新加坡的"智慧旅游计划"、比利时的"标识都市"(TAGTAGCI-TY)项目、韩国的"I Tour Seoul"应用服务系统。这些对于我国旅游行业来说,都是应该汲取的宝贵经验。其中具有代表性的是[①]:

美国2006年就在宾夕法尼亚州Pocono山脉的度假区引入RFID手腕带系统,开始智慧旅游的尝试。游客佩戴RFID手腕带后不用携带任何现金和钥匙就可以在活动区内打开自己的房间门、购买食物和纪念品、进行收费的游戏活动等,同时这个手腕带也是顾客的身份证明。

欧洲正在全面开发远程信息处理技术,计划在全欧洲建立专门交通无线数据通信网,通过智慧的交通网络实现交通管理、导航和电子收费等功能,重点包括:旅行信息系统(ATIS)、车辆控制系统(AVCS)、商业车辆运行系统(ACVO)、不停车收费系统(ETC)等。

韩国首尔基于智能手机平台,开发了"I Tour Seoul"应用服务系统,该系统是首尔市专为首尔的旅游者提供的掌上移动旅游信息服务平台。通过该平台,旅游者可实时获得其当前所在位置周边的各种相关旅游信息,如:旅游景点、餐厅、酒店信息,而且还提供了从当前位置利用公交车、私家车、步行方式前往的方法。该平台还提供5种语言的服务,对于不懂韩文或不知首尔地理的国外旅游者来说非常便利。

3.2 国内发展现状概述

智慧旅游的核心技术之一"感动芯"技术在镇江市研发成功,并在北京奥运会、上海世博会上得到应用。从2010年3月起,镇江在全国较早地展开了智慧旅游的研究。国家旅游局对"智慧旅游城市"试点工作进行了统一部署,2011年5月,国家旅游局下文同意在镇江设立国家智慧旅游服务中心。同年,北京市旅游发展委员会启动打造"智慧北京便利旅游",四川省提出成都将率先建成西部首个"智慧旅游城市",南京、大连、河南省启动智慧旅游。2012年1月,湖南省提出建设智慧旅游城市试点。2012年5月和12月,国家旅游局分别通知列出首批包括北京、武汉、成都、南京、福州、大连、厦门、苏州等在内的18个和第二批15个智慧旅游试点城市。国家旅游局还相继于2012年5月、9月就智慧旅游试点城市制订和

---

① 智慧旅游发展趋势、现状与前景[EB/OL].http://www.shsee.com/zhly/fzqs/,2015-07-04.

报送《智慧旅游试点城市建设方案》提出具体要求。其中,镇江和北京模式率先成型[①]。

镇江市人民政府以"智慧旅游,感知中国"为核心理念,编制了《中国智慧旅游服务中心总体建设方案(2010.10—2012.5)》,建起"一感知体系(智慧旅游感知体系)、一平台(智慧旅游云服务平台)、一中心(智慧旅游运营中心)、一联盟(智慧旅游产业联盟)、一智慧旅游谷(智慧旅游产业基地)"的智慧旅游框架,目前规划目标已全面实施。103个智慧旅游先行项目全面建成;构建了总投资1.5亿元、建筑面积1万多平方米的中国智慧旅游云计算平台;寻求、探索出了市场化运作的新路子、智慧旅游建设的商业模式;坚持走规范化、标准化推进的路子;坚持走产业化拉动的新思路。由于智慧旅游工作的推进,形成了旅游产业拉动信息产业发展、信息产业反哺旅游产业的融合发展态势。

北京信息基础设施建设成果显著,推出旅游短信服务,出版"北京旅游手机报",近400家旅游咨询站与12301联动,打造北京旅游网,实现景区电子门票预订服务,故宫、天坛等大景点早已实现自助导游,智慧旅游发展基础良好。2012年5月,以"智慧北京,便利旅游"为核心理念发布了《北京"智慧旅游"行动计划纲要(2012—2015)》及智慧景区、智慧饭店、智慧旅行社和智慧旅游乡村4个建设规范,北京"智慧旅游联盟"同时宣告成立。2015年初步建立3大智慧旅游体系,推动9个智慧旅游系统建设,形成60个智慧旅游建设项目。基本建成泛在、集约、智能、可持续发展的智慧旅游支撑体系,初步实现旅游行政服务职能智能运行、旅游者智慧旅游、旅游企业网络运营等高度融合的旅游公共服务便捷、实用的发展态势,形成智慧旅游引领旅游发展的格局。

在"2014智慧旅游年"的带动下,各地旅游部门、景区、旅行社及饭店等旅游业界纷纷上马"智慧""云"相关项目,期望让更多的游客从"傻瓜式"的跟团游变成"攻略式"的自由行,践行"说走就走"的旅行[②]。

2014年1月,我国有35家景区发起成立智慧景区联盟,大部分4A级及以上的景区都已经投入到了智慧景区的建设当中,这些景区将在应用新兴技术推进智慧旅游方面深化合作。其中,颐和园景区的智慧景区,现已实现智能游客统计、四季花讯实时更新、实景导览等多个项目。智能游客统计系统主要是指在游客进入园区后,系统自动识别并记录;游客出园区时,系统也能自动识别,这样就能实时准确掌握园区内的客流量,随时根据客流作出引导、调整。颐和园景区的数据库也由过去单纯的内部管理,现在兼顾服务游客,如数据库里的植物数据,包括花草树木的位置、面积、花期等,现在都通过微博向游客播报。利用数据库的信息,景区根据花讯设计赏花线路并在网站和微博上公布,及时更新园内最便捷的赏花地点和赏花路线,方便游客参观、游览。颐和园景区已实施实景导览系统,可以360度全景展示园区,既有景点的图像,又有文字介绍,同时还有语音解读。泰山景区基于3D-GIS技术打造了景区信息集成平台,将景区虚拟旅游体验、游客流量监管、多项灾害监测等运用到景区的日常运营和维护中。黄山景区也确立了"智慧黄山"的发展战略[③]。

---

① 陈丽军.我国智慧旅游发展的成功经验和存在的问题探讨[J].生态经济,2013(2):296-299.
② 智慧旅游在国内发展现状及重要意义[EB/OL].http://www.elanvr.com/a/xingyezixun/changjianwenti/20140704/437.html,2015-07-04.
③ 王露瑶,等.我国智慧景区建设的现状及思考[J].四川旅游学院学报,2014(4):54-56.

4 九寨沟智慧旅游景区管理的发展历程

九寨沟智慧旅游景区管理并不是一蹴而就的事情,而是经历了长期的景区管理探索与相关工作积累,具体表现在:

从2001年起,九寨沟一直致力于数字九寨沟建设,官方网站、门禁票务、办公自动化、多媒体展示、信息发布等构成数字九寨沟的基础[①]。

2010年1月,九寨沟承担的国家863重大课题《基于时空分流导航管理模式的RFID技术在自然生态保护区和地震遗址的应用研究》正式开题。九寨沟开全国先河,提出了"智慧九寨"这一管理模式。

2010年10月29日,全国首个具有自主知识产权的景区可量测实景影像服务平台通过评审验收,宣告九寨沟成为全国首个"智慧景区"。

2011年,九寨沟景区开始根据近年来数个相关科研项目的实践成果,进行"智慧九寨"一期建设,着力于景区管理精细化、低碳化、移动化方向,进一步提升景区的旅游服务质量,整合景区旅游资源,加强旅游资源的共享,推动智慧景区的实施建设。

2013年,九寨沟再次承担国家科技支撑计划项目,"跨区域多形态的实景三维智慧文化遗产及旅游综合服务系统研发及应用示范"项目正式启动。通过对中西部少数民族文化以及世界文化遗产的渊源、传承、保护的研究,结合互联网、移动互联网等成熟的信息化技术,打造数字化中西部文化遗产区域地理信息地图,构建全国首个跨区域多形态实景三维智慧文化旅游综合服务平台,打造区域旅游资源整合营销模式,开展跨区域文化旅游综合服务示范,创新文化旅游休闲服务模式,繁荣文化旅游服务经济,培育服务品牌。其中,"实景化景区智能管理与服务系统应用"作为"跨区域多形态的实景三维智慧文化遗产及旅游综合服务平台"项目在九寨沟景区的应用示范课题,旨在为景区打造集管理运营、票务预订、游客服务、三维展示推广为一体的集成应用管理实景平台,融合移动互联网及4G移动终端技术,为游客提供基于实景位置服务的随时随地随身随需的个性化旅游服务信息,实现多行业旅游资源的智慧共享,推进智慧景区建设及相关经验推广应用,提升区域旅游信息化服务水平,促进信息产业同旅游产业的高度融合,引领新的现代服务型文化旅游产业大发展[②]。

5 九寨沟智慧旅游景区管理的核心原理

智慧旅游,也被称为智能旅游,就是利用云计算、物联网等新技术,通过互联网/移动互联网,借助便携的终端上网设备,主动感知旅游资源、旅游经济、旅游活动、旅游者等方面的信息,及时发布,让人们能够及时了解这些信息,及时安排和调整工作与旅游计划,从而达到

---

① 王强.九寨沟风景名胜区旅游开发与管理案例分析[EB/OL]. http://jiangsu.sina.com.cn/news/general/2014-04-26/164599551.html,2014-04-26.

② 智慧景区:国内智慧旅游先行实践者——九寨沟[EB/OL]. http://www.bescn.com/chengguo/5396.html,2013-12-19.

对各类旅游信息的智能感知、方便利用的效果[1]。

"智慧九寨"是九寨沟景区管理的智能化,它是建立在集成的、高速双向通信网络的基础上,通过先进的传感和测量技术、先进的控制方法以及先进的决策支持系统的应用,有效改善九寨风景区商业运作和公共服务关系,实现九寨沟旅游资源的优化使用、生态环境的有序开发和保护、游客满意度提升、产业效益最大化的目标。

九寨沟智慧旅游景区管理的核心原理主要表现在:

5.1 利用3大先进技术

智慧旅游作为旅游信息化的高级阶段,必然需要先进技术的利用。九寨沟智慧旅游景区管理中先进技术的利用主要表现在:

5.1.1 先进的传感和测量技术

智慧景区建设是一个综合性强、涉及面广的系统工程,是基于新一代的信息通信技术(ICT),将云计算(SaaS、PaaS、IaaS)、物联网(RFID技术、传感器等)、互联网(三网融合技术等)和个人移动终端(3G技术、PDA等)等技术集成并与景区发展相融合[2]。九寨沟智慧旅游景区管理是先进的传感和测量技术在旅游景区中的集成创新和应用创新,是基于新一代的信息技术,为满足游客个性化需求,提供高品质、高满意度服务,从而实现旅游资源及社会资源的共享与有效利用的系统化、集约化的管理变革。以物联网、云计算等现代信息技术应用为中心的智慧旅游景区建设成为九寨沟旅游业转型升级的重要突破口。

5.1.2 先进的控制方法

智慧景区建设是一个复杂的系统工程,需要将信息技术同科学的管理理论进行集成。九寨沟智慧旅游景区管理先进的控制方法表现在多个方面,如结合基于RFID的"时空分流"导航管理模型以及基于人脸识别技术的人流量视频智能分析系统,及时全面掌握景区内车流、人流的时空分布情况,均衡游客时空分布;如通过票务门禁系统对游客实施分时售票、分段进沟、分区游览,为游客提供了舒适的游览环境等[3]。

5.1.3 先进的决策支持系统

对各种海量信息(如各大旅游预订网站、大型搜索网站、大型社交网站等,以及交通、旅游住宿和旅游景区的历史数据等)进行数据挖掘、文本和语义分析,同时建立目的地和景区的客流时空分布的数理模型和进行最大承载力的经验测算,争取在游前就事先作出预测、预报和预警,并将这些信息事先推送到游客手机端上,或在各口岸、游客集散地和高速公路入口处及时发布;同时启动应急预案,便于游客及时相机调整旅游计划,或选择其他旅游线路和项目,将管理工作前置化,变管理为服务[4]。

5.2 依托3大主要模式

现代科技的迅猛发展,特别是信息技术的发展,使旅游景区管理手段、思维方式都发生了革命性的变化。旅游景区如何在新机遇背景下向信息化、互通化、智能化的"智慧景区"发

---

[1] 国家旅游局将2014年确定为"智慧旅游年"[EB/OL]. http://www.chinanews.com/cj/2014/01-21/5763719.shtml,2014-01-21.
[2] 杨广虎.山岳型景区智慧旅游建设的反思[N].中国旅游报,2014-10-15.
[3] 杨振之.我国智慧景区建设现状与思考——以九寨沟景区为例[N].中国旅游报,2014-05-05.
[4] 张凌云.智慧旅游发展需要大智慧[N].中国旅游报,2014-01-10.

展,需要形成一种能使旅游景区的深度、广度和高度都有长足发展的建设模式,主要表现为[1]:

5.2.1 进行景区信息最透彻的感知分析

通过这些新技术的应用,对景区地理事物、自然灾害、游客行为、社区居民、景区工作人员行迹和景区基础设施及服务设施进行全面、透彻、及时的感知,并进行分析,便于立即采取应对措施和进行长期规划。旅游景区的可持续发展长期被资源环境保护与产业产品开发之间的矛盾所制约,但只要能及时、全面、准确地获取景区旅游资源、生态环境、游客等方面的信息,旅游景区管理者就能作出准确的决策和调控,从而缓解该矛盾,实现人地和谐。

5.2.2 实现景区成员更全面的互联互通

互联互通是指通过各种形式的高速度、高带宽的通信网络工具,将景区、社会和政府信息系统中收集和储存的分散信息及数据连接起来,进行交互和多方共享;对游客、社区居民、景区工作人员实现可视化管理,从而更好地对环境和游客进行实时监控;从全局的角度分析形势并实时解决问题,有效保护遗产资源的真实性和完整性,提高游客服务质量,实现景区环境、社会和经济的全面、协调、可持续发展;使工作和任务可以通过多方协作得以远程完成,同时还可以与高等院校、研究机构、酒店、旅行社、航空公司、IT公司等建立战略联盟,运用众人的智慧、集结众人的力量管理景区,从而彻底改变整个景区的运作方式。

5.2.3 构建景区管理更深入的智能发展

所谓的智能化是由现代通信与信息技术、计算机网络技术、智能控制技术等汇集而成的针对智慧景区应用的智能集合,通过深入分析收集到的数据,以获取更加新颖、系统且全面的洞察来解决特定问题;同时利用最新信息技术和管理理论改变景区管理局或管理委员会的组织结构,优化和再造景区管理业务流程。随着信息技术的不断发展,其技术含量及复杂程度也越来越高,这就要求使用更为先进的技术来处理复杂的数据分析、汇总和计算,以整合和分析少量的跨地域、跨行业和职能部门的数据和信息,并将特定的知识应用于智慧景区中,从而更好地支持决策和行动。

5.3 把握一个建设重点

"智慧九寨"的建设重点是通过信息化手段,解决旅游旺季景区景点游客拥挤、乘车站点拥挤、车辆调度不畅等问题,实现优化的综合实时管理调度。智能化的管理系统在城市的交通、能源和城市管理等多个领域中已经得到了应用,同时该项技术也表现出了良好的发展前景,在智慧旅游景区管理中将发挥重要作用。

5.4 解决3大主要矛盾

利用先进技术,立足于解决主要矛盾。在建设重点的指引下,九寨沟智慧旅游景区管理立足于解决3大主要矛盾,主要表现在:

5.4.1 景区商业运作与公共服务的矛盾

九寨沟智慧旅游景区管理可以在空间布局与规划、游客预测与调控、产业发展与管理等方面协调景区商业运作与公共服务的矛盾,以信息为先导来整合、引导和分配景区管理资源,能够使景区管理从定性变为定量、从静态变为动态、从单一变为综合、从滞后变为实时;

---

[1] 智慧景区:国内智慧旅游先行实践者——九寨沟[EB/OL]. http://www.bescn.com/chengguo/5396.html,2013-12-19.

能够促进景区管理手段、管理模式的创新,从而提高景区的运行效率和行政效能。依托"智慧九寨"的总体规划,建立全口径的网格化信息管理与服务系统,从而实现精确、敏捷、高效、全时段、全方位覆盖的景区管理和服务模式,提高景区管理和服务的整体水平[①]。

5.4.2 旅游资源的优化使用与生态环境保护的矛盾

旅游资源的优化使用与生态环境保护两者之间主要是一个"度"的把握,九寨沟智慧旅游景区管理可以逐步实现生态保护、文化教育、遗产传承利用、游客科学调控等多方面的智慧化管理,从而全方位、多维度地缓解旅游资源的优化使用与生态环境保护的矛盾。

5.4.3 游客数量不断增加与游客满意度的矛盾

九寨沟游客数量近年来不断增加,对旅游景区的承载力构成了挑战,人数的激增对于游客满意度造成了消极的影响。而智慧旅游景区管理可以对景区的游客数量进行科学的调控预测与科学管理,从而避免了拥挤、"看人"等影响游客满意度的因素和现象。

6 九寨沟智慧旅游景区管理的主要内容

"智慧景区"主要体现在旅游服务智慧、旅游管理智慧和旅游营销智慧3个方面。把信息化建设引入旅游景区是现代科技在旅游业中的应用,能为增强旅游景区现代化管理和自主创新奠定基础,变粗放管理为精细化管理,使景区由传统服务向信息智能化服务转变,有利于提升旅游的整体竞争力。九寨沟智慧旅游景区管理的主要内容表现在:

6.1 基础内容

6.1.1 覆盖无线网络以改善景区通信条件

为了实现智慧旅游景区管理,便于良好的管理可以随时随地、动态实时地惠及游客,九寨沟改善了景区通信条件,在重要游客集散点和景点实现无线网络的覆盖[②]。

6.1.2 建设景区数字高清监控系统

九寨沟景区已经基本完成了数字高清监控系统建设。在2014年完成景区数字高清监控系统扩容,新增44个监控点。景区数字高清监控系统是九寨沟智慧旅游景区管理中基于可量测实景影像的景区智能化管理与服务平台、基于视频画面的智能人流统计系统、九寨沟在线实景项目、基于视频画面的智能森林防火预警系统等的基础。

6.1.3 景区信息互动机制初见成效

景区信息互动机制主要包括:在景区入沟处和前往九寨沟的沿途道路发布旅游信息,实施游客远端分流;将交警监控系统和景区点段监控系统并入联合指挥中心,完成对景区内外游客信息的及时掌控;建立九环线旅游信息平台,构建起"扁平化管理+生产链信息及时共享+大数据趋势分析"的创新模式;在九寨沟景区官方网站、联合指挥和景区指挥两个微信平台上及时发布进沟人数、分时段进沟分配票数、观光车辆对应出动数量等;在每日晚11:00时发布宾馆、饭店入住客人数量和进出车辆情况,研判次日客流量;实行咨询电话24小时值班制,为游客提供咨询服务。

---

① 政府信息公开:杭州西湖风景名胜区和园林文物信息化"十二五"详细规划[EB/OL].http://www.hzwestlake.gov.cn/Html/GOV/201205/31/26088.html,2012-05-31.

② 2014九寨沟旅游跨越式发展,新招倍出成效显著[EB/OL].http://www.cnlydc.com/info/detail-10928.html,2015-01-02.

6.2 核心内容

6.2.1 基于可量测实景影像的景区智能化管理与服务平台

九寨沟已经完成了基于可量测实景影像的景区智能化管理与服务平台建设,该系统通过院士专家团队验收,成为全国第一家引入网格化管理系统的景区①。该平台以移动测量技术为核心,以地理信息系统为基础,首次将可量测实景影像技术同电子地图相结合并应用于景区的管理和网络营销当中,构建了一幅可视、可量、可挖掘的"九寨沟全息图",并对景区监控系统、实时巡更系统等进行了集成试点,为九寨沟提供了一个长效、高效管理的软件支撑平台②。九寨沟的网格化管理是以局属保护处、法规处、居管办、规划建设处作为试点职能部门先行实施,各景点一线的工作人员都配有"景管通"的3G手机,随时可向指挥中心报告。通过景区网格化管理与服务系统项目的试点实施,形成了监督发现机制,将管理工作变被动为主动。同时,管理局辖属职能部门转变管理模式,工作效率明显提高,景区应急处置能力也得到大幅度提高③。

6.2.2 国内首个景区客流量预测系统

九寨沟与百度旅游合作,正式推出国内首个景区客流量预测系统。2014年9月30日,景区客流量预测系统正式登录九寨沟官方网站,开始测试(如图1所示)。游客可以通过登录九寨沟官方网站自助查询3日内的游客预测人数。这是垂直搜索大数据和景区营销数据结合后的一次智慧旅游创新,对景区的智慧管理和终端游客的信息引导均有着积极的作用④。

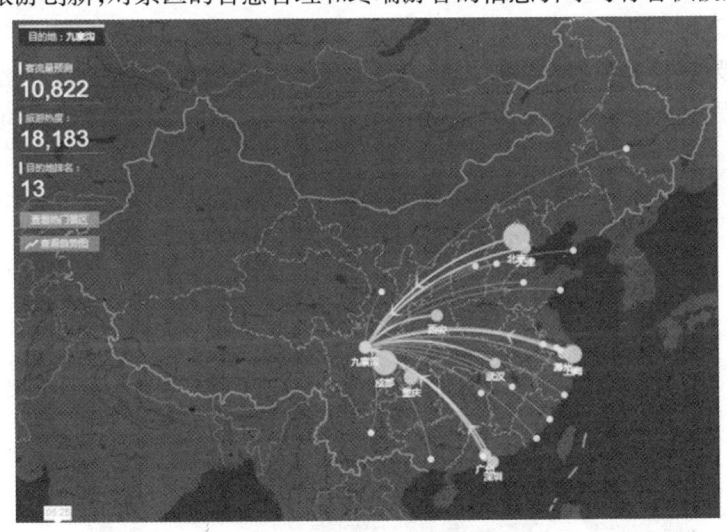

图1　九寨沟景区客流量预测系统

资料来源:九寨沟景区官方网站[EB/OL].http://www.jiuzhai.com/.

---

① 九寨沟党委书记:建设智慧景区不是一蹴而就之事[EB/OL].http://www.china.com.cn/travel/txt/2014-03/03/content_31654509.html,2014-03-03.

② 从九寨沟看中国"智慧景区"的建设模式思考[EB/OL].http://news.21csp.com.cn/c22/201405/70656.html,2014-05-14.

③ 智慧景区:国内智慧旅游先行实践者——九寨沟[EB/OL]. http://www.bescn.com/chengguo/5396.html,2013-12-19.

④ 九寨沟携手百度,推首个景区客流预测系统[EB/OL].http://travel.ifeng.com/zhly/detail_2014_10/02/38978290_0.shtml,2014-10-02.

6.2.3 基于RFID无线射频技术的门禁系统与"时空分流"导航管理模型

九寨沟通过无线射频技术的运用,最终实现了九寨景区门票、观光车票、诺日朗餐票的三票合一,降低景区运营成本,通过分时进沟、分时就餐等策略,缓解因游客激增对景区环境及基础服务设施造成的压力,提高景区服务和管理的质量①。

6.2.4 基于视频画面的智能人流统计系统

九寨沟管理局联合四川省计算机研究院成功申报科技厅科技支撑计划项目"基于人脸识别的视频客流统计系统"。基于视频画面的智能人流统计系统,以人脸识别、智能视频监控和数据挖掘技术为核心,通过国际领先的图像模式识别算法,对实时监控视频中游客的脸部特征进行分析统计从而得到客流数据,在不对游客产生干扰的情况下对游客走向以及流量进行量化掌控。

6.2.5 基于大数据分析的智能化服务

九寨沟在全国率先开始建设数字景区,景区管理及景区相关产业的信息系统、视频监控系统、感知系统等所有数字景区系统每时每刻都会产生大量的数字、文字和视频数据。同时,外部的互联网因素也会产生关于九寨沟以亿计的数据,这些数据具有典型的大数据特质。依托大数据技术,可以完成包括景区客流波动预警、分析原因及影响因素等以往无法完成的任务,与景区营销、公安、交通、产业规划、景区公共服务等体系形成信息共享和协作联动,结合旅游信息数据形成旅游预测预警机制,提高应急管理能力,保障旅游安全,实现智能化服务②。

6.2.6 跨区域多形态的实景三维智慧文化遗产及旅游综合服务系统

九寨沟积极推进国家科技支撑计划"跨区域多形态的实景三维智慧文化遗产及旅游综合服务系统研发及应用示范"项目建设,已完成第一个版本APP-"乐行九寨"两类终端IPONE、Android的研发(如图2所示),并在苹果商店、安卓市场上线③。

图2 "乐行九寨"手机APP

资料来源:乐行九寨[EB/OL].http://tour.ishowchina.com/.

---

① 从九寨沟看中国"智慧景区"的建设模式思考[EB/OL].http://news.21csp.com.cn/c22/201405/70656.html,2014-05-14.

② 从九寨沟看中国"智慧景区"的建设模式思考[EB/OL].http://news.21csp.com.cn/c22/201405/70656.html,2014-05-14.

③ 2014九寨沟旅游跨越式发展,新招倍出成效显著[EB/OL].http://www.cnlydc.com/info/detail-10928.html,2015-01-02.

6.2.7 九寨沟在线实景项目

完成九寨沟景区在线实景项目建设,游客可通过点击九寨沟官方网站中的"九寨沟在线视频"栏目(如图3所示),观看珍珠滩瀑布、诺日朗瀑布、树正群海、火花海4个景点的实时在线实景。

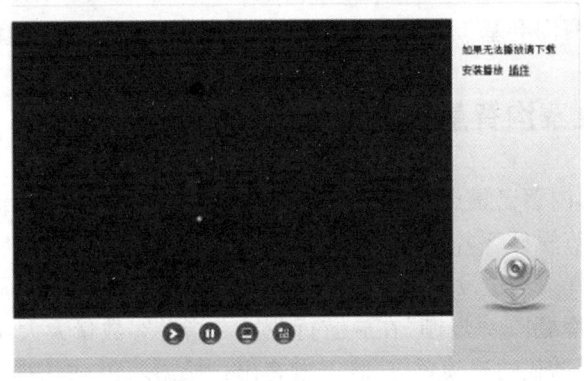

图3　九寨沟在线视频

资料来源:九寨沟景区官方网站[EB/OL].http://www.jiuzhai.com/.

6.2.8 九寨沟微群指挥中心

在旅游高峰管理中,九寨沟深入探索移动互联网在景区的创新应用,率先将微信平台引入到景区的运营管理中,建立了微群指挥中心[①]。

6.2.9 基于视频画面的智能森林防火预警系统

九寨沟建设基于视频画面的智能森林防火预警系统,该系统通过动态采集实时视频信息,根据火焰烟雾特征,运用图像处理方法和识别算法,进行精确的智能图像分析。

6.2.10 九寨沟360生态监测项目

开展九寨沟360生态监测项目,项目分为一期、二期进行,对于九寨沟生态保育具有积极影响。

6.3 其他内容

6.3.1 依托网络平台,实施精准营销

重视社会新媒体,先后开通了新浪、腾讯微博、Facebook、Twitter等,使用微信、微电影等开展网络营销,基本改变了传统的营销模式。进一步提升、完善九寨沟管理局官方网站的营销功能,2014全年在官方网站上发布景区新闻244条[②]。目前,九寨沟景区官方网站游客日浏览量达到近3 000人次。九寨沟建成全国景区首个微信服务平台,并制定《九寨沟管理局互联网信息服务管理办法》,在全国旅游景地率先对官方网站、微博、微信开展标准化管理。

6.3.2 开展舆情监控,引导正面宣传

九寨沟与国内各大主流媒体开展深度合作,建立信息共享机制,及时、有效控制舆情发

---

① 九寨沟党委书记:建设智慧景区不是一蹴而就之事[EB/OL].http://www.china.com.cn/travel/txt/2014-03/03/content_31654509.html,2014-03-03.

② 从九寨沟看中国"智慧景区"的建设模式思考[EB/OL].http://news.21csp.com.cn/c22/201405/70656.html,2014-05-14.

生的范围与影响,积极防控不利言论,引导正面信息,树立良好品牌形象①。

6.3.3 多种举措并行,打造综合渠道

九寨沟在沟口广场和诺日朗游客服务中心共建设6块LED信息发布大屏;同亚太旅游协会(PATA)签订合作备忘录,与美通社、WENDYWU、HANATOUR和MODETOUR签署战略合作协议,推动了景区的全球化营销战略。九寨沟现在致力于I Touch九寨沟智慧营销系统,将来九寨沟会基于PC电脑端、智能手机、数字平板等3套系统并行互动②。

7 九寨沟智慧旅游景区管理闭环建设

作为国内著名景点,九寨沟常年都要接待大量的游客,节假日尤甚。近年来,随着旅游业的发展,节假日著名景区出现游客数量爆棚拥挤、吃住价高、交通堵塞、景点门票一票难求等等问题,九寨沟也没能幸免。2013年,很多媒体在国庆期间集中报道了九寨沟,结果景区就出现了"爆棚"。"爆棚"在旅游行业里专指游客数量大大超过景点接待量的情况,带来的是景区环境过载的连锁效应,耽误游客出行旅游不说,更糟糕的是环境、食宿、交通等一系列问题会导致游客负面情绪的爆发,还可能会引致纠纷闹事,这些对景区的美誉度的损害是不可估量的。景区既要保证游客的旅游体验,又要顾及各个服务方对游客量的需求,同时还要考虑对景区环境和生态的影响,这需要极强的游客流量把控能力③。

2013年"十一"黄金周九寨沟景区出现了游客拥堵,其场面失控、游客被长时间滞留的景象,让人们不得不对九寨沟的智慧旅游建设进行反思。九寨沟是国内建设最早、投入最多、获奖最多的数字景区和智慧景区。2010年10月九寨沟景区智能化管理与服务平台通过国家验收,成为全国第一家网格化管理景区。2011年6月又启动了国家科技支撑计划"智能导航搜救终端及其区域应用示范"项目。对于这么一个示范性智慧景区出现"十一"黄金周游客管理失控局面,景区方面给出的解释是,尽管游客的总量并没有突破历史最高纪录,但由于游客的团队与散客的结构发生变化,大量蜂拥而至的自驾和自助游客,导致景区入口和内部道路交通瘫痪。事实上,智慧景区的建设应该适应大众旅游和散客潮时代的来临④。

2013年"十一"黄金周,九寨沟山门前发生"爆棚"事件。2014年"十一"黄金周,"九寨沟黄金周首日只有8 000多名游客"的新闻,又引起社会广泛关注。在黄金周到来之前,四川省、阿坝州多次召开会议,重点安排部署做好黄金周假日旅游工作,并通过信息化手段在主要景区开展网上预售票,严控门票,分流游客。第一天游客较少,可能是受到了2013年事件的影响,游客的观望心理比较明显,需要发布信息来引导游客,这是信息化时代应该做的事情。从2014年10月1日开始,四川省旅游局、九寨沟景区管理局等多个部门通过微信公

---

① 2014九寨沟旅游跨越式发展,新招倍出成效显著[EB/OL]. http://www.cnlydc.com/info/detail-10928.html,2015-01-02.
② 王强.九寨沟风景名胜区旅游开发与管理案例分析[EB/OL]. http://jiangsu.sina.com.cn/news/general/2014-04-26/164599551.html,2014-04-26.
③ 四川九寨沟的智慧旅游闭环[EB/OL]. http://www.ciweek.com/article/2014/1223/A20141223566597.shtml,2014-12-23.
④ 张凌云.智慧旅游发展需要大智慧[N].中国旅游报,2014-01-10.

共账号等新媒体渠道,及时发布和更新九寨沟门票、周边宾馆等多条信息,让游客充分掌握信息,寻找合适的错峰出游时机。

景区和游客之间有时因为信息不对称,才会造成游客过多或过少,甚至发生冲突。从景区的角度,应该合理分流人群,才能让每一位游客有最佳的体验。从8 000多人,到2万多人,再到峰值接近最大承载量4.1万人,"信息交互"让游客的出行更加从容,近年来以九寨沟为代表的旅游景区积极推进的智慧旅游景区管理让游客从观望到错峰出行变为可能[①]。

从行业角色上来分析,智慧旅游主要包括3个方面:智慧管理、智慧服务、智慧营销。智慧管理保障服务品质,智慧服务保证游客体验,游客体验带动正向的社会化营销,而营销又反过来确保管理和服务的有效运行,这样综合管理方、服务方和游客3种角色的正循环,最终形成了智慧旅游的闭环[②]。

数据显示,从2013年到2014年,九寨沟的网络订票率从不足20%增长到约50%,信息化的应用对调节景区人数、避免过度拥挤起到了积极的作用[①]。通过网络预订门票,游客赶了几百公里的路不至于被拒之门外而不会产生负面情绪;多部门联动,在通往景区主要路口设置LED电子屏,显示景区相关数据,在路上设置交通指挥系统,避免交通拥堵,提高游客的满意度。

8 九寨沟智慧旅游景区管理的支撑体系

九寨沟智慧旅游景区管理的主要内容和闭环建设等重要环节,都离不开支撑体系的配套与完善。九寨沟智慧旅游景区管理的支撑体系主要表现在:

8.1 建设学习型管理组织与孕育高素质管理人员

近年来,九寨沟通过不同类型、不同规模和不同内容的培训活动等创建学习型组织,注重能力建设,全面提高员工素质。九寨沟管理局先后派出22人到世界著名大学和国家公园交流学习。截止到目前,九寨沟管理局拥有博士后工作站1个,自主培养博士研究生2人,海归硕士研究生5人;现有硕士研究生18人,本科146人;专业技术人员中研究员1人,高级工程师和经济师25人,副研究馆员1人,中级职称人员98人。2010年,"智慧九寨"院士专家顾问委员会成立,由两院院士李德仁、中科院院士陈俊勇和中国工程院院士宁津生组成[③]。

8.2 承担科技课题项目

九寨沟先后承担了国家"十五"科技攻关项目、国家"863"计划重大项目、国家自然科学基金重大国际合作项目、国家科技支撑计划项目等多个国家重大项目,通过这些项目的研究,实现新兴信息技术引领"智慧九寨"建设。

---

① 四川以"智慧旅游"升级旅游业管理[EB/OL]. http://finance.chinanews.com/cj/2014/10-15/6679243.shtml, 2014-10-15.

② 四川九寨沟的智慧旅游闭环[EB/OL]. http://www.ciweek.com/article/2014/1223/A20141223566597.shtml, 2014-12-23.

③ 九寨沟党委书记:建设智慧景区不是一蹴而就之事[EB/OL]. http://www.china.com.cn/travel/txt/2014-03/03/content_31654509.html, 2014-03-03.

8.3 全面实施旅游标准化引领战略

在率先建成生态旅游经济示范区的过程中,九寨沟全面实施旅游标准化引领战略,努力完善九寨沟旅游标准化管理体系,以标准化管理提升人性化服务、推进国际化发展。九寨沟完成《九寨沟管理局旅游标准体系》(2011版)复审工作,共修订标准200项、废止标准23项、确认标准50项、制定标准97项。将"智慧九寨"系列标准、"环境卫生保洁"系列标准、《九寨沟景区旅游高峰时段应急管理办法》等重要标准纳入体系。九寨沟与上海师范大学旅游学院共同制定《游客高峰时段旅游景区应对标准(A++标准)》;与四川省安全科学技术研究院合作起草《四川省旅游景区安全防护设施标准》和《四川省旅游景区事故应急标准》;与北京联合大学合作,共同制定"智慧九寨"系列标准[1]。2013年9月,九寨沟被国家质检总局、国家旅游局联合授予"2012年全国旅游服务质量标杆单位"。

8.4 广泛进行国内外合作交流

2012年1月,先后与北京大学数字中国研究院、南京大学、联合国教科文组织国际自然与文化遗产空间技术中心等签订战略合作协议;2012年9月,国家科技部批准九寨沟国家国际科技合作基地成立,目前正在同俄罗斯莫斯科、美国密歇根、克罗地亚萨格勒布等大学合作开展"九寨沟水资源与生态安全保护关键技术研究"课题;2014年,九寨沟与黄山、峨眉山、黄龙等景区共同发起并成立"中国智慧景区联盟"。

8.5 举办智慧旅游景区论坛

从2010年至今,九寨沟已成功举办5届智慧景区论坛,邀请知名院士、专家学者、企业精英、景区管理者等围绕"智慧景区建设""远程目的地对现代游客移动性的响应""空间信息化技术在景区管理中的应用""旅游高峰期管理的有效机制"等议题展开了深入研讨。

8.6 依法治寨

九寨沟强化景区市场秩序整治。2014年,九寨沟管理局完善了《诺日朗服务中心商品售卖区管理办法》,为维护景区良好的市场环境和经营秩序提供了良好的管理依据;同年,九寨沟管理局与景区参与旅游经营的居民签订《诺日朗服务中心商品售卖区柜台租赁合同》《诺日朗服务中心防火责任书》各195份,发放《诺日朗服务中心商品售卖区管理办法》195份,很好地规范了村寨及景点经营秩序;同时,以乱摆摊设点、尾随强卖活动为整治重点,九寨沟管理局实施定岗、定员、定点、定段管理,2014年共查处景点及栈道上乱摆摊设点、尾随强卖活动115起,口头教育规劝152人,清理违规旅游商品30起,查处违规进入景区人员65名;严格执行"沟内游,沟外住"各项政策,严防景区村寨违规留宿游客现象发生,加强情报信息掌控,狠抓景区留宿问题[1]。

9 总结与展望

"智慧景区"建设是我国旅游景区抓机遇、迎挑战的重要战略,是实现可持续发展的重要举措。智慧旅游概念的提出至今不过4年时间,但迅速得到业界和学界的积极响应,也引起

---

[1] 2014九寨沟旅游跨越式发展,新招倍出成效显著[EB/OL].http://www.cnlydc.com/info/detail-10928.html,2015-01-02.

国外同行的广泛关注。综观目前智慧旅游建设,出现了重投资、炒概念、轻服务、缺管理的现象,对于智慧旅游的建设缺乏系统的、全面的规划设计,遍地开花,各自为政,重复建设,粗放经营,致使旅游信息化高级阶段的智慧旅游特别是智慧旅游景区管理建设大有孤岛化、分散化、碎片化和泡沫化趋势①。因此,九寨沟及其他旅游景区在智慧旅游景区管理中需要特别注意以下几点:

9.1 全面、深刻理解智慧旅游景区管理内涵

信息化建设是"智慧景区"建设的核心内容,但不是唯一内容,还应重视组织结构调整、人才培养和培训、业务流程优化等。九寨沟景区在"智慧景区"建设方面作了一些尝试,也取得了一定成效,但建设"智慧景区"不是一蹴而就之事,需要长期不懈努力。未来,九寨沟还将推进"云九寨"建设,完善微信公共平台、手机 APP 等,努力实现覆盖智慧景区管理的各个环节②。

9.2 关注游客体验进而满足游客需求

满足游客的需求是智慧景区建设的最重要的目的,注重游客体验是智慧景区建设的核心,智慧景区在建设的过程中,应重点关注游客的体验,站在游客的角度为之提供细致、贴心的服务,让游客的游览过程更加便捷,提升游客的游览品质,从而提高旅游者游前、游中、游后的整体满意度③。

9.3 信息化+智能化+能动化:信息数字化、应用网络化、服务人性化

"智慧景区"建设是一个较为复杂的系统工程,既要考虑如何利用新信息技术,还需考虑如何将其同管理理论集成;既需要具有技术熟练的人力资源,更需要有集技术和管理于一体的复合型智慧团队,以此发挥创造、发挥创意、发挥智慧,以信息带管理,以信息促保护,以信息造智慧,以信息增效益,实现景区与社会、经济、环境等多维度的全面、协调和可持续发展。基于此,"智慧景区"建设需要实现"信息数字化,应用网络化,服务人性化"。由此可见,"智慧"之于景区,是信息化+智能化+能动化的景区,是人地和谐发展的低碳智能运营景区,其内容不仅丰富,而且全方位;内涵不仅深刻,而且影响深远,代表着景区信息化建设发展的新方向④。

9.4 人才、技术决定智慧旅游景区管理水平

人才是智慧景区建设与发展的决定性因素,提高景区工作人员的素质对智慧景区管理、服务工作的开展起着至关重要的作用。在智慧景区建设的过程中,应注重人才引进和员工培养,吸引大量具有管理能力的人才加盟,对景区内旅游服务人员进行统一的培训,使之熟练掌握智慧旅游系统的操作和服务流程,从而很好地为游客提供智慧旅游服务并提升服务水准。加大对大数据、云计算等相关人才的培养和培训,提高数据分析能力,为基于大数据的决策提供科学支撑。更加重视新技术的学习和应用,为游客和生态环境建设提供更好的服务。

---

① 张凌云.智慧旅游发展需要大智慧[N].中国旅游报,2014-01-10.
② 从九寨沟看中国"智慧景区"的建设模式思考[EB/OL].http://news.21csp.com.cn/c22/201405/70656.html,2014-05-14.
③ 王露瑶,等.我国智慧景区建设的现状及思考[J].四川旅游学院学报,2014(4):54-56.
④ 智慧旅游是旅游发展的大势所趋[EB/OL].http://www.askci.com/news/201208/20/152439_49.shtml,2012-08-20.

9.5 只有"数字"而缺少"创意"的片面现状需要改变

与国内很多智慧旅游景区相似,目前九寨沟的智慧旅游建设也缺乏"数字"转化为"创意"的专业性人才和实践效果,从而使景区只看到"数字",缺少在"数字化"基础之上的创意要素、人文要素和能动要素等,这种现象在目前不仅具有典型性,而且具有普遍性。这种只有"数字"、缺少"创意"建设的信息化景区,正如一台"配置"较好,而缺乏"应用系统"和"程序开发员"的电脑。仅仅停留在工具层面的信息化景区将不能更好地适应信息时代景区转型的需求,这样的 IT 系统只能在外表撑起景区的"门面",难以承担景区战略发展的重任。旅游景区需要通过信息化建设展示"智慧旅游"①。

9.6 出台智慧旅游建设标准,规范智慧景区评价体系

建议相关政府部门出台智慧景区建设标准,使之成为国内智慧景区建设的规范性标准。从通信网络、安全保障、职能监控、电子门票、公共服务门户网站、互动体验等几个方面对智慧景区建设进行规范化要求,为智慧景区的建设提供理论指导和政策依据。同时引入智慧景区的评价指标体系,如硬件支撑体系、综合应用系统和应用价值评价体系,从而对智慧景区的智慧化程度进行合理评判,并有助于推进景区的智慧化进程②。

 案例使用说明

一、教学目的与用途

1.适用的课程、对象

本案例适用于学习管理学、智慧旅游、旅游景区开发与管理、旅游规划与开发、旅游地理学等相关课程的本科生与研究生。

2.教学目的

通过本案例的教学,对于智慧旅游特别是智慧旅游景区管理有初步的了解,引导案例学习者对于信息化时代的管理理念和管理方式的思考。

二、启发思考题

1.九寨沟智慧旅游景区管理的推广性如何?还可以在哪些方面继续完善和提升?

2.智慧旅游景区管理是仅仅依赖技术进行管理吗?它与以人为本的关系是什么?

3.智慧旅游景区管理对于将旅游业建设成为人民群众日益满意的现代服务业的意义何在?

4.九寨沟智慧旅游景区管理的开创性主要体现在哪些方面?

三、分析思路

智慧地球、智慧城市的大背景—智慧旅游的兴起—国内智慧旅游景区管理的先行者九寨沟—发展历程—基本原理—主要内容—闭环建设—总结思考

四、关键要点

1.智慧旅游和智慧景区的内涵

---

① 景区的"数字"和"智慧"[EB/OL].http://www.toptour.cn/tabid/66/InfoID/70180/frtid/770/Default.aspx,2012-08-20.

② 王露瑶,等.我国智慧景区建设的现状及思考[J].四川旅游学院学报,2014(4):54-56.

2.智慧旅游景区管理的基本原理
3.智慧旅游景区管理的主要内容
4.智慧旅游景区管理的总结思考

五、建议的课堂计划

1.时间安排

以90分钟为宜,其中15分钟阅读案例,15分钟学员进行小组讨论,15分钟小组代表发言,15分钟师生互动交流,20分钟学生书面分析总结,10分钟教师最后总结。

2.黑板板书设置不作严格和固定要求

3.小组的分组及分组讨论内容

建议3~5人为一组,每组自行推选小组代表进行发言。讨论包括两方面:一方面是整体对于九寨沟智慧旅游景区管理的讨论;另一方面是对于其中某一关键要点的讨论。各小组各有不同的关注点。

欢乐谷
——我国主题公园的领跑者

岳海静 马爱萍

【摘　要】 1989年"锦绣中华"的开放标志着我国第一个主题公园诞生,经过20多年的发展,主题公园遍地开花,其中最具有代表性的是华侨城集团的欢乐谷。欢乐谷以丰富的游乐产品、精细化的管理、不断创新的市场营销、优质的服务获得市场的高度认可及游客良好的口碑。本案例从欢乐谷的发展历程、企业文化、发展模式、管理方法、营销手段等方面对欢乐谷进行分析,解析欢乐谷何以领跑中国主题公园。

【关键词】 欢乐谷;主题公园;品牌

1　主题公园发展概况

1.1　主题公园概念、分类及特点

主题公园(Theme Park)是一种以游乐为目标的拟态环境塑造,或称之为模拟景观的呈现。它是从游乐园(Amusement Park)演变而来的,其最大的特点就是赋予游乐形态以某种主题,围绕既定主题来营造游乐的形式与内容,园内所有的色彩、造型、植栽等都为主题服务,成为游客易于辨认的特质和游园的线索[①]。

相对于游客较为熟悉的自然和人文景观,游客对主题公园较为陌生,但主题公园以其鲜明的主题特色和参与体验感,越来越获得游客们的青睐,为旅游资源贫乏但市场区位优势明显的地区提供了发展旅游经济的可能性,同时亦为原本旅游资源就相对优势的地区注入了新的现代文化信息和新的生命力。

国内外学者从不同角度对主题公园进行了分类。WITT按年游客量、固定员工人数和初期投资等标准把主题公园分为具有国际、区域或国家、地方吸引力的主题公园3类。日本石崎肇士按主题将日本主题公园划分为传统文化和民族文化、童话幻想、科学宇宙、动物观赏、异国地理环境和文化、文学文化遗产和影视文化6类。吴必虎、俞曦、党宁在《中国主题景区发展态势分析——基于国家A级景点的统计》中,按照主题属性,把主题公园分为以下7种类型[②]:

[①] 王忠丽.论主题公园建设与城市竞争力的提升[J].河南大学,2005.
[②] 吴必虎,俞曦,党宁.中国主题景区发展态势分析——基于国家A级景点的统计[J].地理与地理信息学科,2006,(22).

生物景观类：动植物、园艺、草原花舟等，如深圳的海洋世界、上海的野生动物园、广州的香江植物园等。

历史文化类：与历史相关的文化，包括名人、宗教文化等，如深圳"锦绣中华"、西安的大唐芙蓉园等。

民俗文化类：民俗文化、艺术文化等，如深圳的中华民俗村、中国民族园、阳朔民俗村、西安华西民俗文化村等。

异国风情类：异国的文化以及世界的微缩景观等，如深圳"世界之窗"、长沙"世界之窗"、北京世界公园等。

产业文化类：工农业文化类项目，如珠海的农科奇观、横店集团八面山影视城等。

娱乐运动类：娱乐项目或游乐狂欢类项目，如深圳欢乐谷、桂林乐满地、广州长隆欢乐世界等等。

体育运动类：竞技型体育项目或者拓展项目，如北京的奥林匹克公园、上海的东方绿舟。

保继刚认为主题公园应具有6大特征，即：强烈的个性和普遍的适宜性；被动的游憩形式；投入高，占地规模大；高门票，高消费；生命周期的延长靠项目不断更新；成功的主题公园对邻近地区影响巨大。

1.2 主题公园发展历程

1.2.1 主题公园的前身——游乐园

主题公园由游乐园衍生而来，最早可追溯至古罗马、古希腊的集市杂耍。游乐园在当时是通过魔术表演、舞蹈、音乐、博彩游戏等手段来营造愉悦气氛吸引游客。这种游乐方式随着形态的转变，逐渐演变成专门的户外游乐场地。17世纪初，欧洲在绿地、花园、广场举行各种配以音乐的表演和娱乐活动及展览活动，这可称为游乐园的前身。它在以后的发展中逐步加入了一些先进的新型机械游乐玩具，到1937年的维也纳世界博览会，各种高科技的机械娱乐设施深受世界各地游客的喜爱，随后世界各地开始流行这种追求热闹刺激的机械娱乐，娱乐花园慢慢被淘汰。

1.2.2 主题公园的诞生——荷兰微缩景观公园

荷兰的微缩景观公园的产生被认为是主题公园的真正诞生。在第二次世界大战后，荷兰的马都拉家族的一对夫妇马都拉丹，为了纪念在二次世界大战中牺牲的独生子，在荷兰兴建了一个微缩了荷兰120处风景名胜的景观公园。此公园开创了世界微缩景区的先河。1952年，开业时即轰动欧洲，成为主题公园的鼻祖。

1.2.3 主题公园的普及

1955年，美国人沃尔特·迪斯尼建立了迪斯尼乐园。迪斯尼乐园以丰富的想象创造了主题公园这种特殊形式，将不同的主题贯穿在不同的游戏中，让人们有了前所未有的新体验，一时间让迪斯尼乐园风靡全美国。迪斯尼乐园在建立的前5年内连续调高了9次票价，每年有3亿美元左右的收入。在迪斯尼乐园的带动下，美国许多大型企业纷纷投资主题公园。1970年到1980年10年之间，美国的主题乐园增加了15个，到目前为止，美国已有大型主题乐园23个，每年吸引各地的游客超过7 000万。迪斯尼主题公园的概念也进一步推广到全世界各地，并结合各国特有的自然景色、文化传统、经济状况产生了许多新类型的主题公园。主题公园也影响了很多传统的展览馆、博物馆、动物园、植物园等的展示概念，使它们的表现主题和形式越来越丰富。

1.2.4 主题公园进入21世纪后的蓬勃发展

以美国、西班牙等为代表的大型主题公园发展连锁产业,形成向世界扩张的态势。主题公园实行多元化战略,除不断扩展主题公园的经营区域,还通过构建自身的品牌,与影视、广告等深度合作,进一步深化主题,同时获得了各行业可观的收入。进入21世纪后,主题公园迎来了发展的鼎盛时期,它集娱乐与休闲、旅游度假为一体,让游客在主题公园内能享受到各方面的服务,主题公园的娱乐功能得到了全面的升级,也受到了游客热情的追捧。主题公园的游客数量与日俱增,逐渐成为了文化产业。我国主题公园近几年也得到了飞速发展,且因我国加入了WTO,国外主题公园强势入驻,国内的主题公园面临更大的挑战。

1.3 我国主题公园发展历程

我国主题公园相比欧美国家起步较晚。改革开放以后,我国不断引进国外的先进技术,同时国外娱乐方式也随之进入我国。全国各地兴建的各种游乐园是我国主题公园发展的雏形,如上海的锦江乐园、广州的东方乐园、北京的石景山公园等,这些游乐园提供一些简单的器械游乐项目,如旋转木马、摩天轮等。这些游乐园与欧美国家主题公园前期的概念是一致的,但游乐园只是主题公园的前期雏形。

1.3.1 我国主题公园的起步阶段(1978—1983年)

主题公园正式起步是1983年我国在北京动工兴建大观园,在河北修建荣国府。这些主题公园在兴建初期是为了满足影视剧拍摄的需求,但随着影视剧的热播热映,拍摄基地也成为了热门旅游目的地。这种主题公园是按照影视剧的需求设置的,具有一定的文化内涵,在兴建初期的确满足了旅游多样化需求,也满足了人们休闲娱乐的需求,同时取得了不错的经济收益。但这些主题公园内只提供静态观赏,没有游客可以参与的娱乐项目。

1.3.2 我国主题公园的曲折发展阶段(1983—1988年)

随着影视城主题公园在全国的受热捧,许多城市开始效仿建造类似的主题公园。《红楼梦》影视剧的拍摄基地大观园,在华东地区出现了7座。无独有偶,影视剧《西游记》的拍摄基地西游记宫在全国各地兴建,数量竟达40多座。这一时期主题公园重复建设,无创意无主题,重模仿,粗制滥造,胡乱用地,导致主题公园出现了恶性竞争与恶性循环,迎来了主题公园发展的曲折阶段。这类主题公园在兴建之初满足了游客的观赏需求,但因只提供静态观赏,随着经济发展与人们旅游需求的进一步增加,已经无法满足游客的多样化需求。由于主题公园数量众多且经营管理不善,游客数量逐渐减少,最后门可罗雀,能持续经营的主题公园屈指可数。福州市建立的西游记宫改还绿地,而北京的西游记宫则被强制拆除。这一阶段主题公园的发展浪费了大量的人力、物力、财力与用地,是主题公园发展史上的一次大洗牌。

1.3.3 我国主题公园的探索发展阶段(1989—1998年)

1989年,深圳华侨城集团投资兴建"锦绣中华",它是以微缩国内各地著名的景观为主题,在一时间取得了成功发展,吸引游客数以万计,深圳华侨城投资一亿元兴建的"锦绣中华"景区也被认为是中国主题公园发展史上具有划时代意义的里程碑,在短短一年内就收回初期投资,取得了非常好的经济效益和社会效益。随后,华侨城集团在1991年又在深圳投资兴建了民俗村,深圳民俗文化村是集中国典型民族的民间建筑、民俗风情于一体的大型主题公园。深圳民俗文化村构建了民俗文化和主题公园相结合的新发展模式,它通过民间手工艺展示、民族风情表演、定期举办大型民间节庆活动(如云南彝族泼水节)多侧面地展示各民族不同的风情,让游客领略不同民族原汁原味的文化,仿佛身临其境。深圳民俗文化村加强了主题公园特色表演功能,更加注重旅游项目的精致性和文化性,扩充了旅游内容,深化了文化底蕴,营造了游客游览的愉悦气氛,实现了旅游者与表演者的互动。1994 年,华侨城集团再次投资在民俗村周边兴建了"世界之窗",占地 48 万平方米,它是世界著名景观微缩园,因独特的文化内涵与景区环境,也吸引了大批游客前往观赏。相比最初的主题公园,这一时期建设的主题公园投资更加理性,产品的表演性和娱乐性也得以增强,但遗憾的是,依旧没有突破观赏层面的局限。从全国大范围来看,主题公园重复建设现象也还存在,自创少,但这一时期的主题公园建设比初期的粗制滥造有了很大的进步。这一时期建设的大多数主题公园仍在经营中成长,具有一定的竞争力和区域吸引力,经营情况尚可,它们在弥补区域旅游产品不足、增强某一区域的旅游核心竞争力和旅游吸引力、延长旅游者在当地的游玩停留时间方面发挥了一定的作用。

1.3.4 我国主题公园的升级发展阶段(1998 年至今)

我国主题公园产品升级的发展阶段自 1998 年至今,这个阶段是主题公园的升级发展也称为二次创业阶段。1998 年华侨城集团投入巨资,再次打造了欢乐谷主题公园,该类主题公园的典型特征是高尖端科技娱乐设施的投入使用。在欢乐谷,高科技娱乐设施的运用给游客带来了更多的刺激和乐趣,如亚洲首座集听觉、触觉、视觉于一体的四维影院,当时亚洲最高的中国第一座"惊险之塔"——太空梭,有着世界最高落差的"激流勇进"等高科技项目,带给了游客无穷无尽的惊险刺激与欢乐。这种类型的主题公园个性突出、主题鲜明,引入了高新科技游乐设施,全面提升了休闲娱乐功能,强化了游乐活动与游客之间的互动关系,大大增强了游乐活动的参与性,也提高了游客的重游率。从 1998 年开业以来,欢乐谷经历了一期、二期、三期的不断发展建设,通过 12 年的不懈努力,目前已经发展成为全国游乐项目最为齐全、项目创新最多、更新最快的主题游乐城,接待的游客数量达到 2 250 万人次,远远超出一般的主题公园。这一时期,北京、上海也先后投资兴建了欢乐谷,广西桂林兴建了乐满地等,一系列以高端科技娱乐设施为主的主题乐园在全国范围内兴起。

2 主题公园研究综述

2.1 国外主题公园研究综述

2.1.1 主题公园与区域旅游经济发展关系的研究

在国外,旅游区域的发展对于城市规划以及区域分区起着至关重要的作用。城市的区域规划也关系着城市旅游业发展的快慢程度。一般主题公园的区域规划应考虑占地面积大、交通便利、良好的硬件设施以及不影响周围居民生活等因素。土地面积及人口密度等都是城市旅游业发展的重要因素。因此,主题公园的选址与区域旅游经济的发展密切相关。

麦考姆·库柏研究了如何利用主题公园吸引游客。主题公园通过扩展现有旅游产品,在公园内发展高级住宅,来弥补平时的开销。这些改进为哈维湾的旅游业发展提供了良好的契机[1]。

---

[1] Malcolm Cooper. The development of tourism in a new urban environment: Using a theme park to re - establish tourist flows to the city of Harvey Bay[J]. Travel and Tourism Analyst,2001(2) : 45.

彼得·戴贝达尔主要研究了主题公园发展边远地区旅游业的作用，选取挪威的4个主题公园作为案例进行研究（其中3个位于农村地区），并详细描述和分析了这些主题公园的游客结构、主题特征及区位选址和主要功能。该文最后概述了主题公园的经济影响力，认为成功的主题公园对区域旅游有很大贡献①。

2.1.2 主题公园与消费者行为的研究

城市主题公园的发展必定对当地的居民生活周边环境、文化等造成一定的冲击和影响，这与城市周边的一级客源市场及二级客源市场的消费者行为有着密切的关联。国外学者对主题公园进行的研究，多侧重于文化与个体发展的研究，更多地深入至细节的研究。

布莱德雷 M.布朗和马克 D.索斯金在《主题公园竞争战略》一文中对引起主题公园门票价格变化的因素进行了详尽的分析，认为处于成熟阶段的主题公园关注研究应放在如何降低成本、扩大收益的方向②。

埃斯瑞德 D.A.M. 坎伯曼等在《主题公园的消费者选择：季节性影响和寻求多样化行为的综合选择模型》一文中认为，旅游者的消费选择是随着时间的变化而改变的，主题公园的消费者选择是受到季节性变化和寻求多样化的行为影响的，建立了相应的模型说明其中的联系，并以在荷兰的主题公园中进行的试验数据证明了这一结论③。

2.1.3 主题公园的发展趋势研究

有些学者以整个行业的研究作为研究对象，如 Bramwell（1991）④和 OIiver（1989）⑤调查研究了英国主题公园的现状和未来发展趋势；Loverseed（1994）则评价了北美主题公园行业，并对未来提出了预测⑥；Formica 和 Olsen（1998）探讨了主题公园如何在未来的环境变化中应对可能的威胁和机遇，并勾画了主题公园未来的发展大纲⑦；Milman 调研了122名主题公园内的从业经理，他从管理视角探讨了主题公园的未来发展，认为"消费者极可能寻求交互式冒险、幻想和神秘、电影和电视以及科幻主题"⑧。

2.2 我国主题公园研究综述

2.2.1 主题公园客源市场研究

保继刚认为兴建大型主题公园，除了考虑常规的项目的创意是否新颖、资金是否充足、区域位置是否合理、交通是否便利通达、同区域是否有竞争激烈的主题公园、布局规划是否合理等因素外，还要考虑主题公园本身的生命周期、主题项目的不断创新更换、主题创意对

---

① Peter Dybedal. Theme park as a flagship attractions in peripheral areas[J]. Annals of Tourism Research, 2000 (27)：250-252.

② Bradley M·Brown and Mark D·Soskin. Theme Park Competitive Strategies[J]. Annals of Tourism Research, 2000 (4)：438-442.

③ Astrid D. A. M. Kemperman, Alloys W. J. Borgers, Harmen Oppewal etc. Consumer choice of theme parks：a conjoint choice model of seasonality effects and variety seeking behavior[J]. Leisure Sciences, 2000(22)：1-18.

④ Bramwell Bill. Reports：UK Theme Parks in the 1990s[J]. Tourism Management, 1991, 12(1)：78-79.

⑤ Oliver Derek. Leisure parks-present and future[J]. Tourism Management, 1989, 10(3)：233-234.

⑥ Loverseed Helga. Theme parks in North America[J]. Travel and Tourism Analyst, 1994(4)：51-63.

⑦ Fomica S, Olsen M.D. Trends in the amusement park industy[J]. International Journal of Contemporary Hospitally Management, 1998, 10(7)：297-308.

⑧ Milman A. The future of the theme park and attraction industry：a management perspective[J]. Journal of Travel Reserach, 2001, 40(1)：139-147.

整个城市形象的影响等等①。主题公园的可持续发展离不开以上各个因素之间的密切配合。设计规划的合理能促使主题创意发挥到最大极限,也能提高主题公园在游客心中的感知度。而区域的合理选择,能带来稳定的客流量,也能增强主题公园的通达性。对于各因素不尽相同的主题公园,未来的发展趋势也有所不同。另外,整个区域经济的发展水平对主题公园的稳定发展影响较大,只有当地经济发展满足了居民的吃穿住行并有结余时,主题公园的客源才会越来越多。除此之外,区域居民的出行习惯也影响着主题公园的客流量。此外,国家和地区的政策、制度对不同地区区位的选择也不可避免地会产生影响。

海南规划局认为主题公园布局有四大导向模式:市场导向模式、文化导向模式、交通导向模式、环境导向模式,且每个模式都对主题公园的布局有不同影响,且互不可分。

2.2.2 游客行为的调查统计研究

关于国内主题公园游客行为的研究,最早是由保继刚(1996)在对深圳主题公园发展、客源市场及旅游者行为的调研中开始②。董观志(1999)根据对华侨城游客的调查研究,总结了主题公园客源的时空分异规律,提出华侨城主题公园客源市场具有区域性、对铁路和高速公路高依赖性、与城市辐射力高关联性以及出游偏好趋同性等特征③。李舟通过分析华侨城2000年游客的调查数据,提出了游客行为对国内建设主题公园的重要影响④。

2.2.3 主题公园的可持续发展研究

1990年末国内主题公园研究开始涉及可持续发展问题,运用可持续发展思想系统研究主题公园的成果在2001年以后才正式出现。金波(2001)在分析影响昆明世博会可持续发展因素的基础上,提出了世博园可持续发展的对策⑤。李莺莉(2000)通过对迪斯尼与华侨城的比较研究,提出了华侨城主题形象可持续发展策略⑥。马勇(2004)通过对现代主题公园竞争焦点问题的研究,提出了国内主题公园创新发展的基本对策⑦。

3 我国主题公园发展——以欢乐谷为例

3.1 华侨城

3.1.1 华侨城概况

华侨城集团成立于1985年11月,是隶属于国务院国资委管理的大型中央企业之一,通过20多年的发展,成为一个跨区域、跨行业经营的大型国有企业集团,拥有房地产、酒店开发经营,旅游及相关文化产业经营,电子及配套包装产品制造三大核心主业,截止到2012年第三季度总资产已超过700亿元。

成立20多年来,华侨城秉承"在花园中建城市"的理念进行开发,华侨城总部基地约6平方公里区域已由昔日的一片荒滩变成为今天的一座环境优美、配套完善的现代化海滨城

---

① 保继刚.珠江三角洲主题公园发展回顾[J].桂林旅游高等专科学校学报,2000(11).
② 保继刚.深圳市主题公园的发展、客源市场及旅游者行为研究[J].建筑师,1996(6).
③ 董观志.深圳华侨城旅游客源分布规律的量化研究[J].经济地理,1999(19).
④ 李舟.深圳华侨城2000年游客调查分析研究——兼析中国主题公园的发展[J].旅学刊,2001(16).
⑤ 金波,张鹇,王如潮.试论世博会后昆明世博园的可持续发展[J].地域研究与开发,2001(20).
⑥ 李莺莉,朱峰.华侨城可持续发展主题形象理论研究[J].人文地理,2000(18).
⑦ 马勇,王春雷.现代主题公园竞争热点创新对策[J].人文地理,2004(19).

区;同时,华侨城集团各项业务均分别位居产业前列,并培育出华侨城地产、华侨城旅游、华侨城亚洲、华侨城酒店、康佳以及"锦绣中华""世界之窗"、欢乐谷、波托菲诺、茵特拉根小镇、华侨城大酒店、威尼斯酒店、城市客栈等一批人们耳熟能详的著名企业和品牌。

3.1.2 华侨城集团战略发展三阶段

华侨城集团从1985年创立至今,取得了非凡的成就。从华侨城的整个发展历程来看,经历了三个阶段:第一个阶段是旅游产业发展阶段;第二个阶段是"旅游+地产"发展阶段;第三个阶段是全国化扩张阶段。

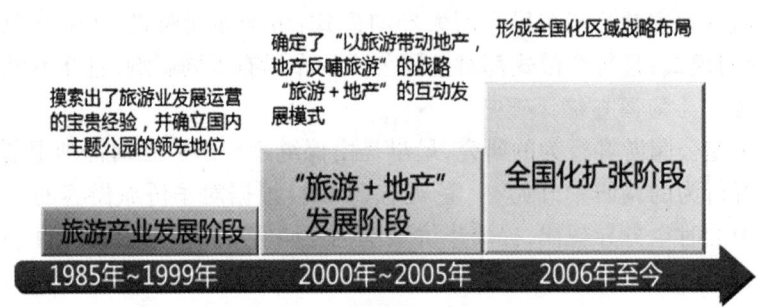

图1 华侨城集团战略发展三阶段

3.1.3 华侨城"旅游+地产"的商业模式

华侨城集团毫无疑问是中国最成功的旅游企业和最成功的房地产企业之一。华侨城集团在长期发展过程形成了"旅游+地产"良性互动的产业发展战略模式。

华侨城集团的"旅游+地产"良性互动的产业发展战略模式,就是华侨城集团依托其旅游品牌和央企背景,通过旅游项目取得大规模土地,并采取旅游开发先行、分片综合开发策略,最终实现土地层层增值,使旅游与房地产结合发展、良性互动,既满足了当地政府旅游业发展需求,又满足了高端社区消费者需求,实现了政府、消费者和企业多方共赢。

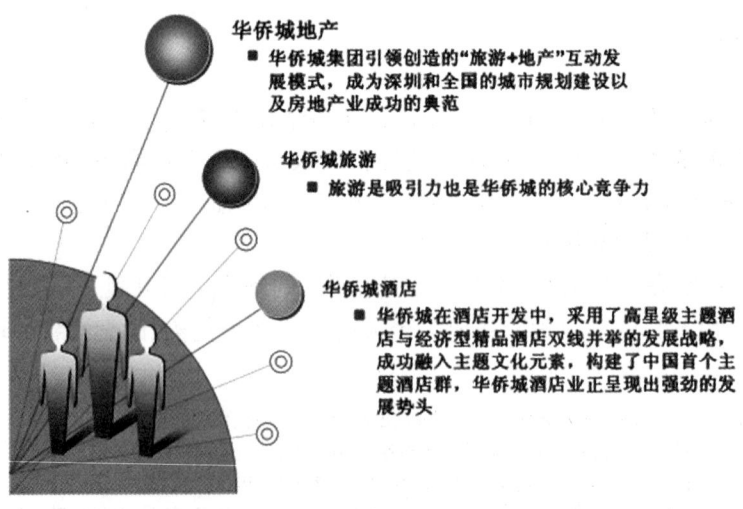

图2 "旅游+地产"模式

华侨城集团"旅游+地产"产业战略发展模式是其快速发展和保持高额利润的法宝。"旅游+地产"产业战略发展模式运行机理概括来说,是以旅游项目来提升房地产项目价值,同时又以房地产项目来促进旅游项目设施更加完备,最终达到旅游与地产良性互动、两者增值的目的。华侨城集团"旅游+地产"产业战略发展模式概括来说共有六大特点:旅游品牌和央企背景、规模廉价拿地、旅游开发先行、分片综合开发、土地层层增值、满足政府和顾客需求。

3.2 欢乐谷

3.2.1 欢乐谷概况

欢乐谷是华侨城集团继"锦绣中华"、中国民俗文化村、"世界之窗"后成功建立的新一代主题公园,也是中国自主创新的第一个主题公园连锁品牌。欢乐谷承袭华侨城独有的创想文化内核,集世界领先的高科技游乐设施、与国际接轨的都市演绎节目、深具人文魅力的文化体验于一体,用"动感、时尚、激情"的品牌个性与丰富体验,向都市人提供多元化的旅游休闲方式和都市娱乐产品。

1998年,第一座欢乐谷在深圳开业,缔造了中国改革前沿城市的"欢乐文化"。2001年,欢乐谷在新的起点上,北上京城,东至上海,西向成都,在中国华北、长江三角洲、西南等经济核心城区连锁设立,截止到目前,全国已有6家欢乐谷,分别位于深圳、北京、上海、武汉、天津、成都。

3.2.2 欢乐文化

时间虽然改变了企业的外在表现形式,但其内在的本质并没有变。欢乐谷做的虽然是旅游,但探其本质,我们发现欢乐谷其实做的是文化,而且是欢乐的文化。欢乐谷的核心诉求就在于创造欢乐,传递欢乐,让每一个游客欢乐,让每一个员工欢乐,让每一个股东欢乐,欢乐无处不在,欢乐无所不达。欢乐谷构成一个"欢乐文化动力环"。企业文化(Culture)就像圆圈中的核心,以沟通渠道(Tunnel)为连接各个节点的桥梁,顾客至上理念(Customer)是欢乐谷获得成功的必备要素,优秀的领导力(Leadership)让欢乐谷的运作充满活力,成长舞台(Raise)为员工的学习和成长提供了平台,优秀员工(Employee)是欢乐谷成功不可或缺的力量。这六方面,C—T—C—L—R—E,共同构筑了魅力十足的欢乐文化。

3.2.3 欢乐谷运营特点

欢乐谷通过高额投资、大规模、多元化盈利保证项目的成功,我们以北京欢乐谷和深圳欢乐谷为例来说明这一点。

北京欢乐谷于2006年7月9日开业,分别由峡湾森林、亚特兰蒂斯、失落玛雅、爱琴港、香格里拉和蚂蚁王国六个主题区组成,历时4年建设,投入20亿元,总占地100万平方米。开业近一个月时,客流量突破30万人次,单日最高人数达到2万人次;开业84天,收入突破了一亿元。预计年客流量300万人次,年营业收入2~3个亿。

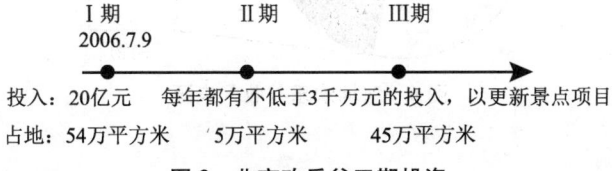

图3 北京欢乐谷三期投资

分期扩大规模,追加投入。游乐设备数量:40多项,其他项目数量:50多处景观、10多项表演、20多项游戏和商业餐饮。景点项目每年都要更新1/3,保留1/3,淘汰1/3,投资额在3 000万左右,以保证其营利性。

多元化盈利(门票、餐饮、购物)。欢乐谷每个景区都设立餐饮场所,小吃零售亭遍布整个园区。7个餐厅、12个主题商店与纪念品展馆分布在主题公园各地。

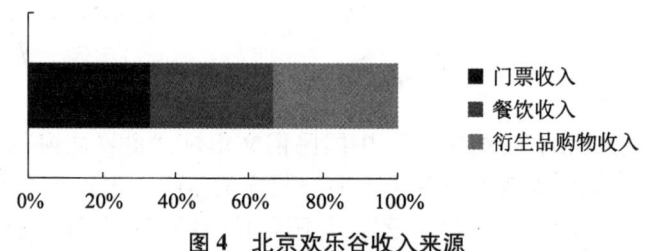

图4　北京欢乐谷收入来源

深圳欢乐谷于1998年10月1日正式开始运营,在8年间共分为三期建设,分为十大主题区:西班牙广场、卡通城、冒险山、欢乐岛、金矿镇、香格里拉森林、飓风湾、阳光海岸、欢乐时光、玛雅水公园。全园有大小项目100多个,是国内项目数量最多、设施科技含量最高也最为先进的主题乐园。

欢乐谷每年投入3 000~5 000万元资金用于改造和新建项目。欢乐谷制订改造园区发展计划,每隔3年时间推出一组新的投资5 000万元以上大型娱乐项目,每隔2年推出一组中型的娱乐项目(1 000万~5 000万元),每年推出一组小型娱乐项目。

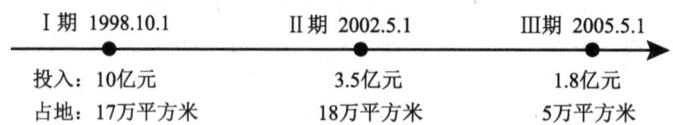

图5　深圳欢乐谷三期投资

2005年游客量302万人次,经营收入超过3亿元,与2004年同比增长二十几个百分点,重游率41.5%。乐园内分布各式餐饮场所,如面点王、肯德基、星巴克咖啡、雪糕点及纪念品商店等。

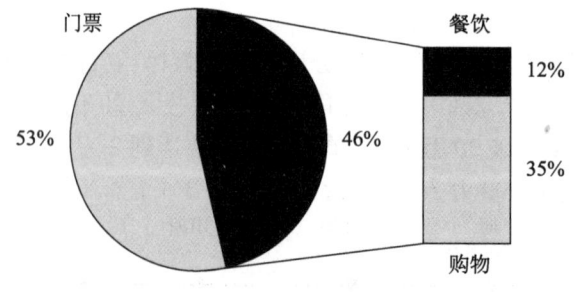

图6　深圳欢乐谷收入来源

3.2.4 欢乐谷产品创新策略

- 细节制胜，坚持打造品质欢乐谷

服务是欢乐谷为游客提供的特色化产品，欢乐谷非常注重用优质服务与游客进行良性互动和情感沟通。提升服务品质、强化情感交流，通过互动服务营造欢乐的氛围，是欢乐谷超越竞争对手、在激烈博弈中胜出的关键。2010年，深圳欢乐谷积极开展"服务细节年"活动，在贯彻标准化服务的基础上，倡导个性化、娱乐化服务，进一步优化服务测评方案，细化服务质量要求，强化服务测评力度，全面打造优质服务。其中，积极开展引导标识娱乐化、岗前十分钟娱乐化、微笑服务娱乐化等系列服务娱乐化活动，对树立服务品牌起到了很好的作用。2010年，欢乐谷先后荣获深圳市优秀消费者权益服务站、深圳市最具爱心企业、深圳十佳服务企业、广东省诚信示范企业、2010深港市民喜爱的度假胜地、深圳市最受欢迎景区、2010度最受网友欢迎的旅游景区等称号，全年游客满意度高达95%，重游率近40%。

- 文化演艺全新升级

娱乐表演是欢乐谷产品的重要组成部分。2010年深圳欢乐谷积极探索全新的演出模式，打造大型现代综艺秀《炫艺@天空》。作为深圳欢乐谷五期的首炮重头戏，《炫艺@天空》由华侨城新生代导演创作、上百名中外演员联袂奉献，集超大屏幕、全彩激光、超豪华灯光舞美于一体，将魔术、滑稽、歌舞、艺术体操等多重艺术手段与高科技多媒体艺术有机融合，为游客打造一台国际化的时尚精神盛宴。2011年春节期间，《炫艺@天空》进行了隆重试演。深圳欢乐谷五期重磅产品——"香格里拉·雪域"项目以神秘藏文化为包装，打造一个集娱乐、互动、体验为一体的主题游乐空间，为游客带来超乎想象的非凡震撼。"香格里拉·雪域"的标志性项目弹射式过山车"雪域雄鹰"，是世界高度最高、轨道长度最长的过山车。此外，集6种旋转体验魅力于一身的"恰恰大草帽"，飘荡飞翔、惊心动魄的"追风者"，俯卧式飞旋风筝"彩云之翼"，亚洲超魔幻鬼屋"雪界"4个高科技全新项目也带给游客不同维度的刺激与欢乐。

北京欢乐谷华侨城剧院推出的《金面王朝》，以一个无从考究的年代为背景、以舞蹈诗剧的结构形式，通过舞美、视频、灯光、舞蹈、杂技、服饰等艺术手段，以战争、桑田、锻造、庆典、月下、洪水、祭天、幻化8大章节讲述了头戴金色面具的金面女王用智慧、宽容、信任和爱造就了一个辉煌的王朝，史诗般地再现了中华文明的恢宏气势。

- 文化主导差异化

华侨城作为中国主题公园的缔造者，得益于文化与旅游的互相融合、互相促进。从筹建伊始，北京欢乐谷坚持走差异化的文化旅游产品道路，依托华侨城雄厚的文化旅游资源，从一个特定的形态丰富并拓展了文化产业的内涵。例如，游乐设施的文化包装，亚特兰蒂斯区的水晶神翼飞行过山车。乘坐水晶神翼翱翔在亚特兰蒂斯人向往的水晶圣城上空，可以尽情体验水晶的能量及圣山的魅力。奇异的远古机器、巨大的钢铁框架、高高的塑山、飞翔的轨道、透明的水晶球体，无一不在向游客传达超越想象的远古文明气息，挑战游客的想象力。生硬的游乐设施被赋予鲜活的文化，让游客了解游乐设施背后的故事，感受欢乐谷的文化氛围。北京欢乐谷用"文化"激活了冰冷的设施，用游乐设施展现了欢乐谷内特定的主题。

北京有着悠久的文明史，传统文化根基深厚。北京欢乐谷创新举办的"春节年俗百艺欢乐节"将时尚主题深植于中国传统文化节庆之中，借"文化"生根，凭"时尚"发芽，吸引了无数国内外游客的关注，在充分体现和弘扬了中华传统文化的同时，也使境外游客更容易融入并了解中国式的欢乐。除了弘扬中华传统文化,北京欢乐谷还注意吸纳世界优秀文化,国际时尚文化节、玛雅狂欢节、国际魔术节的推出更进一步深化了欢乐谷"动感、时尚、激情"的品牌个性。

3.2.5 欢乐谷品牌管理战略

- 市场概念占位

旅游行业较之其他行业,有着一个较为关键的差别——旅游产品不可移动,消费者并不能在客源地直接消费。因此,在市场端,旅游消费者进行购买决策的流程也于一般商品消费者存在着本质区别:旅游消费者先通过品牌接触点形成品牌印象和初步的品牌认知,在认知和印象的基础上,激发其旅游欲望从而产生购买行为,在消费的过程中获得进一步的品牌经验和产品体验。因而,旅游产品比一般商品更需要做营销、做宣传、做传播,品牌传播对于旅游产业而言更为重要。较之"世界之窗""锦绣中华"等同类型的竞争对手,欢乐谷创新性地开创了以参与和体验为核心的思路,规避了与主要竞争对手的"红海"竞争,同时也将自身的特性和核心价值点呈现得更为鲜明。在我国的语境中,主题公园极易与游乐场混淆。诚然,后者也以欢乐为主调性,但其消费人群主要在儿童和青少年,品牌内涵较为单一和单薄。相比之下,欢乐谷创新导入了主题乐园这种更丰富的旅游模式,成功地实现了概念的市场占位。

在极度的旅游市场竞争中,唯一的突围方法就是摆脱低层次、同质化的经营模式,坚定走品牌营销的战略之路。依托品牌,主题公园景区经营所涉及的品牌构筑、品牌推广、品牌支撑和品牌转化四个方面有了良性互动的平台。品牌的静态构筑和动态推广是塑造品牌的两大基本要素,这两者共同作用不断形成的结果,就是以个性、形象、认知、偏好等形式存在于消费者心智中的品牌;而业已存在的品牌现状又是下一步品牌运营的起点和基础。主题公园景区实体运营为品牌提供物质支撑,品牌吸引媒体聚焦和公众关注,通过拉动投资来服务主题公园景区运营超常规的发展。

- 品牌传播与品牌推广、创新

欢乐谷在品牌传播和推广、执行上,注重策划创新,而非简单地靠大手笔的广告预算来取胜。其一是媒体攻关和节目赞助。欢乐谷与高端媒体资源合作,经由这些媒体平台,高点辐射,影响全国,同时也极大地提升了整个品牌的格调。其二是大型节事活动。欢乐谷根据我国节假日,在最为恰当的市场时机——春节、"五一"节、暑假、国庆黄金周以及圣诞节——统筹规划覆盖全年各季度的国际极限运动赛、国际魔术节等五大大型节事活动。更难能可贵的是,欢乐谷的这些活动规划并不以短期的市场收益为转移,而是保持着面向未来发展的长期性、稳定性和战略性,在连续多年坚持以后,欢乐谷的这些活动积累的效果到了井喷的临界点:第8届国际魔术节受到国际魔术联盟的大力表彰,同时也为广大游客热捧,一举成为全球第二大魔术盛会;第8届玛雅狂欢节的空前成功,使得欢乐谷一跃而成为深圳民众避暑胜地。其三,大型公关活动构筑品牌影响力,拉高蓄势;小型主题市场活动则进行品牌的市场落地,实现品牌价值变现,将品牌影响力转变为真正的游客流量和营收业绩。欢乐谷在情人节、教师节等节点,针对不同的细分人群,不断开展主题性的公关促销活动以拉动客流,深耕市场,同时在市场上通过落地活动增强欢乐谷品牌的存在感。在促销方面,欢乐谷也进行新的尝试。比如欢乐谷深入深圳本地社区,实施精准营销,激发了社会各界的眼球聚焦和关注热情。

● 聚焦品牌核心价值,强化品牌差异

据工作人员介绍,以体验为指向,北京欢乐谷在景区内安放了游玩视听设备、人文景观、生态体验、互动游戏和固化为产品的现场表演等共计120多项各类项目,以便消费者在游玩中能充分地体会到欢乐的真意。同时,这些游玩项目在设置上充分考虑各年龄段、不同性别以及不同个性的消费者,让不同的消费人群都能自得其乐,总有一款适合你。更重要的是,欢乐谷借鉴沃尔玛的模式——让消费者来决定售卖的产品,消费者用手投票,卖得最不好的直接下线,实行末位淘汰,不断更新,让消费者常来常新,增强重复消费率和品牌忠诚度。

3.2.6 欢乐谷营销策略

● 网络营销

2002年11月,"欢乐谷"以网站建设为主要手段开展网络营销,积极筹建特色鲜明的景区网站。2003年,网站一推出就获得了不俗的反响,在春节试运行的20天里取得了2.4万人次左右的访问量。2003年4月,"网上欢乐谷"正式发布,充分体现了欢乐谷"青春、时尚、动感"的特征,获得了同行业的高度评价。"网上欢乐谷"打破了传统媒体宣传的局限,节省了大量的宣传费用,它的目标客源(上网人群)也主要集中在年轻人,与公园主要目标人群是不谋而合的。"网上欢乐谷"正式发布后,积极开展各项推广活动,与搜索引擎百度公司合作、注册3721网络实名、与中国游戏中心合作以及传统广告推广。此外,还在网络新闻中强化发布欢乐谷网站链接,展开强势的传统媒体宣传。另外,还通过举办一些网络性质的大奖赛,进一步提升网站的知名度和"欢乐谷"品牌。

● 整合营销

2000年3月,康佳与欢乐谷在广东省内共同开展了"康佳世纪欢乐游":在广东省内任何一个康佳营销点购买任何一种康佳电器(含彩电、白色家电、电话等),都有机会获得免费畅游华侨城新开的景点欢乐谷的大奖。同年6月,康佳与华侨城股份公司进一步在全国范围内联合开展了"夏日激情"大型促销活动,其核心内容是"买康佳电器,中'华侨城之旅'大奖",获奖的800名游客有机会畅游华侨城全部四大景点、入住华侨城星级酒店、参加国内首创的华侨城首届狂欢节,总价值高达数千元。康佳与华侨城地产的整合营销也迈开了步伐,购买华侨城房地产的业主均可在康佳总部展销厅以优惠价格购买康佳全套电器产品。

● 节庆营销

2010年,欢乐谷创新节庆活动策划,深入开展营销拓展工作,在激烈的红海竞争中突围,牢牢把握了市场竞争的主动权。"大节造势,小节造市",2010年,欢乐谷举行了富于深厚市场积淀的六大品牌节庆活动,辅以系列应景节庆活动,灵活掌控市场。在节庆营销中,把握市场脉搏,始终以市场为导向,以游客欢乐为中心,一方面将传统品牌节庆活动做强、做大,成为深受市场和行业认可的精品,做出品牌效应;另一方面不断因时而变、因势而变,保持敏锐的市场触觉,贴近年轻人的消费习惯,深挖新兴节庆市场潜力,引领先锋娱乐潮流作为欢乐谷最具品牌积淀和国际影响力的主题活动。

2010年深圳欢乐谷国际魔术节再创辉煌。9月30日晚,2010深圳国际旅游文化节暨欢乐谷国际魔术节开幕式在欢乐谷欢乐剧场举办,启动欢乐谷第11届国际魔术节的同时,也启动了长达3个月的深圳旅游欢乐季。为表彰欢乐谷为世界魔术的发展所作出的突出贡献,活动期间世界魔术协会主席托尼·哈辛尼亲临欢乐谷为"欢乐谷国际魔术节"颁发了世界魔术最高荣誉——"最佳魔术节梅林奖",欢乐谷国际魔术节得到国际权威魔术组织的高度认可。万圣节作为新兴节庆活动的杰出代表,在 2010 年再创高峰。欢乐谷通过多种营销途径,引爆淡季市场,创造了淡季不淡的市场奇迹。

2010 年万圣欢乐节间,欢乐谷夜场入园人数、经营收入大幅增长,创下 10 月入园历史最高纪录。此外,欢乐谷狂欢节、圣诞新年狂欢盛典等精彩的主题活动也为游客带来了一系列的欢乐体验。暑假期间,深圳、北京、上海、成都四地欢乐谷同时举办欢乐谷狂欢节,引爆神州上下的狂欢激情;圣诞新年期间,欢乐谷举办长达 23 天的圣诞新年狂欢盛典,让广大游客在此畅享圣诞、HIGH 翻新年……此外,欢乐谷还充分关注情人节、三八节等细分市场,举办系列活动为相关人群送上祝福与关爱。

3.2.7 欢乐谷存在的问题

从 1998 年发展至今,17 年的品牌发展之路不仅带给欢乐谷宝贵的成长经验及高游客接待量下的经济效益,也带给欢乐谷一些发展问题。欢乐谷管理高层应对这些问题予以关注和重视,妥善处理品牌问题,才能将欢乐谷品牌建设推向一个新的高度。

- 质量管理存在缺陷,品牌信任度下降

近几年出现的多次娱乐设施故障,造成游客过久滞留在娱乐设施上的问题,这让游客从内心深处对欢乐谷的品牌质量产生了疑问,尽管欢乐谷会定期检修每个娱乐项目,配备专业的服务人员为游客服务。

- 服务管理混乱导致降低品牌价值

欢乐谷的"欢乐"文化虽然旗帜鲜明地指向其目标消费群体,打造出了不同于其他主题公园的特色文化,但它并未足够重视中国特色文化、历史文化及民族文化中的精华,游客在欢乐谷中了解到的大多是极具异域色彩的异域文化,这样的新鲜感不易与游客产生共鸣,游客在"尝鲜"之后不易留下深刻的印象。

其次,欢乐谷"欢乐"文化中大力推行的节庆活动大多以节庆文化为主题,节庆活动作为一种时节性的宣传方式,因其生命周期和很高的成本代价而有其局限性,因此欢乐谷应思考怎样让节庆活动的时效性与文化的可稳定性、可传承性有效融合,怎样策划形式新颖又避免重复的节庆主题,以更好地促进品牌文化发展。

案例使用说明

一、教学目的与用途

1. 适用的课程、对象

本案例适用于学习管理学、旅游管理、旅游景区开发与管理、旅游规划与开发、旅游地理学、旅游市场营销等相关课程的本科生与研究生。

2. 教学目的

通过本案例的教学,把握主题公园的发展和现状,了解华侨城欢乐谷的基本情况,引导案例学习者对于主题公园在信息化时代的管理理念和营销方式的思考。

二、启发思考题

1. 主题公园的特点是什么,和传统游乐场的区别在哪里?
2. 什么是品牌管理,包含哪几部分,品牌管理在欢乐谷实践中的具体应用有哪些?
3. 互联网思维下,欢乐谷能够利用的营销手段有哪些?

4.欢乐谷之所以能够成为中国主题公园第一大连锁品牌,有哪些可以值得借鉴的地方?
5.如何改进欢乐谷存在的问题?

三、分析思路

主题公园发展概况—我国主题公园发展历程—国内外主题公园研究综述—华侨城集团基本概况—华侨城主营业务及商业模式—欢乐谷概况—欢乐谷的"欢乐文化"—欢乐谷运营特点—欢乐谷产品创新—欢乐谷的品牌管理—欢乐谷营销策略—欢乐谷存在的问题—思考总结

四、关键要点

1.主题公园内涵和发展状况
2.欢乐谷的发展历程和运营特点
3.欢乐谷的品牌管理和营销策略
4.欢乐谷连锁发展的总结思考

五、建议的课堂计划

1.时间安排

以90分钟为宜,其中15分钟阅读案例,15分钟学员进行小组讨论,15分钟小组代表发言,15分钟师生互动交流,20分钟学生书面分析总结,10分钟教师最后总结。

2.黑板板书设置不作严格和固定要求

3.小组的分组及分组讨论内容

建议3~5人为一组,每组自行推选小组代表进行发言。讨论包括两方面:一方面是整体对于欢乐谷案例的讨论;另一方面是对于其中某一关键要点的讨论。要求各小组各有不同的关注点。

福州三坊七巷景区案例分析

孙靖然　崔　莉

【摘　要】 福州三坊七巷景区是一个集园林山水、名人故居、文物古建、民俗文化于一体的文化休闲旅游区,是千年城市坊巷棋盘格局的遗存地和精雕细琢明清民居建筑群展示地。本案例在从历史和社会影响两个角度对三坊七巷景区概况进行梳理的基础上,从开发价值、建筑与氛围保护、资源和环境保护、旅游购物管理、旅游安全管理、卫生管理、旅游开发等方面对三坊七巷进行系统研究。

【关键词】 三坊七巷;保护;管理;旅游开发

1　三坊七巷景区概况

三坊七巷景区位于福州历史文化名城中轴线上,是闽都文化的核心组成部分。景区下辖三坊七巷历史文化街区、风貌协调区及乌山历史风貌区,占地面积127公顷。景区内有大量的人文旅游资源和众多的自然生态景观,是一个集园林山水、名人故居、文物古建、民俗文化于一体的文化休闲旅游区。

1.1　三坊七巷景区简介

三坊七巷格局发轫于晋,形成于唐末,至明清时达到鼎盛,由"三坊"(衣锦坊、文儒坊、光禄坊)、"七巷"(杨桥巷、郎官巷、安民巷、黄巷、塔巷、宫巷、吉庇巷)、一街(南后街)、一河(安泰河)、一山(乌山)组成,是千年城市坊巷棋盘格局的遗存地和精雕细琢明清民居建筑群展示地。

核心区三坊七巷历史文化街区基本保留着唐宋的坊巷格局,西面三条长坊,东边七条窄巷,中轴一条南后街;街区内拥有159处保存较好的明清古建筑,其中全国重点文物保护单位15处,在一个街区内,拥有如此集中的文保单位,在全国实属罕见,被誉为"城市里坊制度的活化石"和"明清建筑博物馆"。在这块地灵人杰的街区中,曾涌现出一批对中国近代史进程有着重要影响的人物,如林则徐、沈葆桢、林旭、严复、林纾、林觉民等人,且街区中因涉台人物多、涉台文物多、在台后代多,被誉为"近代名人聚居地"和"闽台渊源的彰显地"。风貌协调区包括安泰河和林则徐纪念馆。安泰河是利用河道自然生态景观恢复而成的一处休闲娱乐景点,再现了"小秦淮河"风光,是一处富有品位、特色鲜明的内河旅游景观。坐落在安泰河畔的林则徐纪念馆不仅是中国历史名人纪念馆,更是一处颇具江南风格的福州传统古典园林,整个纪念馆用5个主题展厅向游客展现了林则徐的戎马一生。乌山历史风貌区作为三坊七巷的后花园,与三坊七巷核心区紧密相连,是福州古城"三山两塔"的地标之一。

区内峰峦叠翠,景色秀丽,自古以来就是文人的游览胜地,至今保留多处历史遗迹,最具代表性的就是全国重点文物保护单位——乌塔以及唐代至民国摩崖石刻200余处。

1.2 三坊与七巷

1.2.1 三坊

衣锦坊,旧名通潮巷,古为水网交汇、河湾会潮之地。北宋宣和年间,以里人陆蕴、陆藻兄弟同知福州而名棣锦坊("棣"同"弟")。南宋淳熙年间,进士王益详退归故里后,改禄锦坊为衣锦坊。此后,坊里还出了明代都御史林廷玉、进士郑鹏程等,他们荣归故里,而"衣锦坊"的坊名也一直沿用了下来,取其"衣锦还乡"之意。衣锦坊保存许多明清古建筑的精品,有造型别致的水榭戏台、雕刻精美的欧阳氏花厅、别具风格的郑家花园、保存完好的清代汪氏宗祠等。

文儒坊,旧名山阴巷,以在"闽山"之北故称,后改为儒林坊。北宋时因"滨海四先生"之一、国子监祭酒郑穆居此,改名文儒坊。明嘉靖年间,兵部尚书张经居此,又称尚书里。坊内镶着一块光绪年间订立的文儒公约碑,以最朴素的方式进行文明约定,并为坊间建筑的完好保存发挥着不可言喻的功用。文儒坊里的尤氏民居始建于明代,现辟建为福船文化馆,展示中国古代三大风帆船之一福船的演变历史及其在古代交通运输史上的地位,是全国首座福船文化展览馆。

光禄坊,因坊内有"三山藏"之一的"闽山",旧名闽山坊;北宋熙宁年间,光禄卿程师孟游闽山法祥寺,喜登池畔岩石上吟诗,寺僧遂名之为"光禄吟台",因之得名沿用至今。坊内的全国重点文物保护单位——刘家大院,是当时福州城内的豪宅之一,三坊七巷最大的单姓宅第。

1.2.2 七巷

杨桥巷,是七巷中最北端的一条小巷,因巷子通杨桥而名。民国时期杨桥巷扩为马路更名为杨桥路至今。在杨桥巷与南后街交叉处有林觉民故居,现为福州辛亥革命纪念馆。冰心小时候曾在该地住过,她在《我的故乡》一文中对故居有生动的描述。

郎官巷,古称延福里。北宋咸平五年(1002),里人刘若虚中进士,改称荣亲里。后又因宋代刘涛居此,其子孙世代为郎官,于明万历年间改称郎官巷,沿用至今。"中国西学第一人"严复晚年曾在此居住颐养天年。巷内另一处院落二梅书屋2006年被列为全国重点文物保护单位,原为道光进士林星章宅院,现作为福建省民俗博物馆,展示福建多地民俗精品。巷内还有福州唯一一个市区内的妈祖天后宫。

安民巷,位于黄巷以南,西通文儒坊。据《福州地方志》的记载,"黄巢入闽时,到此巷即出榜安民"因此而得名安民巷。鄢家花厅位于安民巷47、48号,建于清乾隆年间,光绪年间及民国年间均有重修,占地面积约2000平方米,是三坊七巷中保存最完好的建筑之一,装饰十分精美。无论是门窗、一斗三升联拱等装饰构件,还是穿枋等结构构件,无不被雕饰得精妙绝伦。现作为桢楠文化艺术博物馆,是全省首家金丝楠木博物馆。

黄巷,因西晋末年"永嘉之乱,衣冠南渡"黄氏聚居于此而得名。宋时里人崔大夫及第,改名新美坊,又称新美里。明万历年间复称黄巷,沿用至今。巷内有精品院落小黄楼和福建省文保单位郭柏荫故居。

塔巷,在郎官巷以南,西通南后街。五代时闽王王审知部属建造的木塔,称育王塔。巷子因有过育王塔,所以称为"塔巷"。巷内的王麒故居内园林精美,鱼池、假山、雪洞、阳台一应俱全,假山构造奇巧,堆塑弥勒、观音等佛像,园林布局以小见大,算是这座建筑的经典之作。现作为福建当代工艺珍品馆,馆内展出包括寿山石雕、脱胎漆器、木雕、竹刻等独具福建特色的工艺珍品数百件。

宫巷,旧名仙居,后来因为巷中有紫极宫而改名宫巷。曾是最显赫的一条巷子,清两江总督福建船政大臣沈葆桢、林则徐之子林聪彝、清海军总长刘冠雄等数位近代名人均住在这里。全国重点文物保护单位林聪彝故居现作为福州漆艺博物馆,收藏着明代、清代、近代福州脱胎漆器1 000多件。

吉庇巷,最早俗称"急避巷",后更名为"吉庇"二字,充满庇佑吉祥美意。巷内谢家祠是辛亥革命烈士林觉民宣传革命思想的地方,是反帝反封建的历史见证地。

1.3 三坊七巷社会影响

通过近几年的保护与开发,三坊七巷景区已成为海内外游客来福州旅游的首选目的地。2010~2012年连续3年景区游客量超过800万人次,无论是前来参观的领导、专家,还是普通游客,对三坊七巷景区都给予了很高的评价。对保护三坊七巷有着很大贡献的著名建筑学教授阮仪三称"要看坊巷格局,全中国只有福州独一处";原国家文物局局长单霁翔评价"一片三坊七巷,半部中国近现代史"。不仅如此,近几年来三坊七巷的保护修复与旅游开发还得到了社会各界的肯定,2009年景区以高票当选"中国十大历史文化名街"之首,同年被正式评为国家AAAA级旅游景区,而后又荣获国家文化部颁发的"第三届文化部创意奖"、海峡智能旅游创建单位、国家级文化产业实验园区、第三届中国休闲创新奖、海峡两岸交流基地等多项荣誉称号,2011年8月,被国家文物局授予"全国生态(社区)博物馆",并于2012年11月正式入选中国世界文化遗产预备名单。

2 三坊七巷开发价值

2.1 观赏游憩价值

古城福州历史文化积淀深厚,自然环境亦优美宜人。据2010年7月亚洲开发银行中国城市环境宜居指数评价结果所示,福州在全国67个省会及其他城市中位居榜首,成为中国最宜居住的城市。这既与福州城市经济发展有关,更与福州青山绿水茂树的优美自然环境分不开。而三坊七巷历史文化街区历来就是福州仕宦居住地,对自然环境有着更高的要求。这里建筑规整、园林别致,多达100多棵的名木古树和多处小桥湖池园林点缀于街区之内,幽静雅致的环境充分体现了三坊七巷的诗情画意。

风貌协调区安泰河的前身是闽王王审知所建罗城的护城河,自宋朝以后,沿河种植了许多榕树,须长叶茂,绿荫如盖。如今通过恢复安泰河历史风貌,已形成驿桥故影、烟雨空蒙、河畔笙歌、榕荫伴水、古坊飘香五个景观分区,重现"小秦淮河"风光,景色优美,是一处富有品位、特色鲜明的内河整治旅游景观精品工程。

作为三坊七巷后花园的乌山历史风貌区,更是峰峦叠翠,景色秀丽,自唐代以来就是福建省著名的风景区。山上怪石嶙峋,林壑幽深,天然形肖,以邻霄台、天秀岩等三十六景最为奇特,素有"蓬莱仙境"的美称。"榕树博物园"是乌山的又一别称,尤以天章台——天冷台的榕树最具代表性,"独木成林"的参天古榕树随处可见,姿态奇异万千。山上有始建于唐代的全国文物保护单位乌塔,为八角七层,通高35米,每层塔壁均有浮雕佛像,共有46尊;而四层、五层、七层,嵌有塔名碑、建塔塔记和祈福题名碑等,是福州历史文化名城的标志性建筑。

2.2 历史文化科学价值

福州是国家历史文化名城,历史文脉源远流长、文化遗产蔚为壮观,被誉为"海滨邹鲁""有福之州"。福州号称闽都,源于汉初闽越王无诸的冶都和唐五代王审知及其后代的闽国国都。闽都文化是福州文化的雅称,是福州人创造的祖国东南沿海的都会文化、省城文化,是具有福州特色的中华民族传统文化,是中原文化和闽越文化融合的结果,带有海洋文化的特色,具有包容性、开先性、尚义性等特点,充分表现了福州文化的本质,更铸就了福州城市精神。闽都文化是八闽文化的核心,是闽台文化交流的主力,其中三坊七巷文化又是闽都文化的符号与核心区。公元前202年,福州都城初建时,统治者是勾践的后裔无诸。西晋时,福州城已经稍有规模,三坊七巷源于西晋时管辖福州城区的晋安郡守严高所建之"子城",至唐末,三坊七巷成为闽王王审知所建之罗城的重要区域,坊巷格局初步形成,它历经唐宋元明清各代城垣的发展,逐步成为官绅显贵的宅院和繁华的商业文化区,人烟日益稠密。这片承载福州两千年历史底蕴、演绎近代中国风气文化的明清古建筑群落,是闽都文化的核心所在,其名人、民居、节庆婚俗、饮食、曲艺、手工艺在三坊七巷都能得到集中的体现,被誉为"明清建筑博物馆""近代名人聚居地""闽台渊源的彰显地"和"民间艺术传承地"。

2.2.1 明清建筑博物馆

三坊七巷院落格局和建筑风貌总体上依旧保存着明清时期的原貌,被称为"明清建筑博物馆"。明清古建筑是三坊七巷街区的亮点,是景区内主要的物质文化遗产,犹如波涛连绵起伏的风火墙、寓意深远的墙头灰塑、精美绝伦的雕梁画栋、高雅别致的古典园林,共同构成了闽都民居的独特艺术形式。

三坊七巷景区内的外墙是风火墙,大部分采用曲线形。门两侧山墙砌成形象高耸、如骏马嘶鸣的马头墙,住宅两侧山墙砌得高过屋脊,墙体外观为圆弧形,或砌成鞍形,俗称"马鞍墙",既有防火功用又显气魄壮观,从高处俯瞰,犹如波涛连绵起伏,构成了城市形象的基质。传统建筑匠师们匠心独具,又利用墙体壁面空间加以美化,运用灰塑和彩绘美化墙面,使平板、生硬的墙面有了生动的艺术形象,尤其是院墙内向檐下的壁面装饰"墙头花",即墙头灰塑,灰塑的内容很广,最常见的是把房主人姓氏中最著名的历史故事如刘姓用"刘邦斩蛇起义"或是"刘、关、张桃园三结义",杨姓用"杨震拒金四知堂",林姓用"比干剖心"等历史瞬间场景用彩色泥灰塑造成连环画,既美化装点了单调的墙体,又以形象的画面对子孙后代进行传统道德教育。除了人物故事情节之外,还有象征吉祥如意的花卉、飞禽、走兽等内容,如"富贵牡丹""石榴百子""梅雀争春""走马封猴(侯)""麒麟送子"等等。除灰塑之外,也有用彩色描绘博古器物、春草、如意、祥云等等。总之,"墙头花"是人们在欣赏艺术之余接受家族传统的道德教育的又一种形式。三坊七巷古建筑的美,还体现在精美的雕梁画栋上,每座宅院木构装饰都精美绝伦,尤其是集中表现在前廊、明间厅堂正立面、门窗、户扇上。

另外,三坊七巷的花厅园林也成为景区的一大亮点,其建筑形式主要有花厅、楼阁、亭榭以及假山、鱼池、盆景、树木等,其中最具特色的当推穿行于假山池沼之中的"雪洞"以及台榭建筑等。它的园林建筑是最具士绅风范的建筑类型,大户人家往往围墙筑室、堆土挖池,形成独具风格的园林小品建筑,体现了"天人合一,外适内和,返璞归真,可居可游"的中国古典园林精神,满足了士绅们"虽由人作,宛自天开""外师造化,中得心源"的"模山范水"的高雅情怀。

2.2.2 近代名人聚居地

三坊七巷历史积淀深厚,曾孕育了中国历史上一大批优秀人才,他们对中国乃至世界历史都带来了不同程度的影响。在近代多个重要历史节点中,都活跃着三坊七巷儿女们的身影:开眼看世界第一人林则徐、洋务船政大臣沈葆桢、中国近代西学先驱严复、中西方文化交流译才林纾和陈季同、末代帝师陈宝琛、"戊戌六君子"之一林旭、辛亥广州起义烈士之一林觉民、"五四"运动点火者林长民、近代报界先驱林白水、卢沟桥事变见证者王冷斋、"左联五烈士"之一胡也频、江阴海战海军上将陈季良、毛泽东军事参谋郭化若、杰出新闻工作者邓拓等。他们在民族存亡之际挺身而出,以一己之力挽狂澜于既倒,以赤子之心保国种于乱世,正如林则徐所言:"苟利国家生死以,岂因祸福避趋之",充分体现了中华民族传统儒家敢为天下先、拯民救世的精神。三坊七巷,也因它的优秀儿女而被誉为"近代名人聚居地"。这与它本身的历史社区环境有关,更与历史文化名城福州的"海纳百川,有容乃大"的城市文化基因有着不可分割的联系。

三坊七巷作为历代士人活动中心,萦绕在坊巷间的文化基因一代代地在书墨浓香中延续下来,这里曾居住过唐代大儒黄璞、苦吟诗人周朴、北宋理学"海滨四先生"中的陈襄、陈烈、郑穆,清初诗人黄任、陈寿棋还有清代著名文学家梁章钜,晚清时期以陈衍等为代表的"同光派"诗人,现代邓拓、胡也频、郁达夫、冰心、林徽因、庐隐等以白话体进行文学创作的文学家。

2.2.3 闽台渊源彰显地

闽台两地具有地缘、血缘、文缘、商缘、法缘的亲密关系,两地在长期的历史演进过程中留下了诸多的历史印记,三坊七巷正是这一文化现象的重要见证。三坊七巷历代名人为台湾的发展和捍卫台湾主权作出了重要贡献,在台湾社会发展中发挥了重要的作用,其代表性人物有清初台湾总兵何勉、甘国宝,晚清时期保台开台重臣沈葆桢及其幕僚梁鸣谦、三次赴台促进台湾经济贸易发展的林纾、曾入台湾巡抚刘铭传幕的陈衍等人;同时三坊七巷还是两岸亲缘文化的重要展示场所,其中的显赫世家陈(宝琛)家、严(复)家与台湾五大家族之坂桥林家、鹿港辜家的两地通婚,就是这一姻亲现象的典型代表;另外位于郎官巷的天后宫是福州城区现存最为完整、规模较大的天后宫,是两岸神缘的共同载体,也最能体现闽台文化的同源性。三坊七巷建筑群被国家文物局定义为整体性的涉台文物建筑群,共有29处古迹被列入国家文物局涉台文物目录,并因其涉台人物多、涉台文物多、在台后代多,被称为"闽台渊源彰显地"。

2.2.4 民间艺术传承地

三坊七巷作为闽都文化的核心,自然而然成为民间艺术的发源地,各种传统风俗、民间艺术在三坊七巷都得到了集中体现,如福建五大剧种之首的闽剧、福州评话、福州伬唱、十番音乐等;有书市、裱褙等书香文化艺术;有福州"三宝"(油纸伞、脱胎漆器、牛角梳)、寿山石雕刻等工艺;有灯市、塔市、花市等民俗文化;更有国字号福州传统名菜佛跳墙、芋泥、"鼎日有"老牌肉绒、百年老字号同利肉燕、福州鱼丸等饮食文化。

2.3 珍稀或奇特价值

2.3.1 里坊制度活化石

三坊七巷历史文化街区起源于晋,形成于唐、五代时期,至明清时达到鼎盛。历经千年,三坊七巷整体轮廓、坊巷肌理保存基本完整,结构清晰,院落格局和建筑风貌总体上保存着明清时期原貌,可以展现出当时街区的整体面貌以及三坊七巷片区和福州历代城市发展的空间关系。目前,三坊七巷以南后街为南北主轴线,呈西坊东巷由北至南依次排列的格局,西侧"三坊"衣锦坊、文儒坊、光禄坊、东侧"七巷"杨桥巷(路)、郎官巷、塔巷、黄巷、安民巷、宫巷、吉庇巷,完整保留了早在我国北宋时期就已逐渐消亡的以"中心布局,对称安排,方块居住,市场固定,市民宜居,经纬分明"为特点的古代城市里坊制度格局,因此三坊七巷被誉为中国都市仅存的一块"里坊制度活化石"。

2.3.2 全国首个社区博物馆

有关部门积极践行当前国内外城市博物馆保护的先进理念,对三坊七巷进行完整、活态的保护和展示,探索新型城市社区博物馆形态的发展之路。2011年8月24日,福州三坊七巷生态(社区)博物馆正式揭牌成立,成为国内首座已建成的社区博物馆,是福州最大的文博展馆聚落。它包含了1个中心展示馆、37个专题馆和24个展示点,分为里坊制度寻根、明清建筑探微、坊巷文化传承以及闽都名人追忆四大部分,以"地域+传统+记忆+居民"的模式进行保护。中心展示馆通过图片、建筑沙盘、名人蜡像、实物等静态展示和影像、真人表演等动态展示相结合的方法,将三坊七巷传统文化、里坊制度等内容完整生动地呈现在游客面前;专题馆包含了福建民俗博物馆、福建红木家具展、福船文化博览苑及众多以闽都文化为主题的专题馆;展示点包含了南后街瑞来春堂老药铺、米家船与青莲阁老牌裱褙店等多家老字号店铺和老佛殿、天后宫、绥安会馆等多个有地方特色的文化聚集区。社区博物馆作为一种全新的博物馆形态,利用三坊七巷平台,将传统博物馆的遗产保护、传承、展示和宣传等与三坊七巷历史文化街区的保护、现代社区的发展相互协调、融为一体,实现文化遗产的可持续发展。

2.3.3 非物质文化遗产多样化

三坊七巷景区集中了闽剧、评话、伬话、脱胎漆器、软木画、寿山石雕、十番音乐7个国家级非物质文化遗产,是传统民间艺术汇聚的场所。2009年6月,福建省非物质文化遗产博览苑在三坊七巷揭牌,介绍福建省80多项国家级非物质文化遗产项目,重点展示福州软木画、福州漆箸、福州金箔、畲族医药、安溪铁观音、武夷岩茶、柘荣剪纸、惠安木雕等14个非物质文化遗产精品项目。

2.4 规模与丰度

三坊七巷景区占地面积127公顷,旅游资源丰富多样,基本类型数量超过40种,如观光游憩河段、园林游憩区域、景物观赏点、独树、丛树、桥、水井、菜品饮食、宗教与祭祀活动场所、文化活动场所、社会与商贸活动场所、聚会接待厅堂(室)、祭拜场馆、佛塔、楼阁、摩崖罕画、碑碣(林)、广场、人工洞穴、建筑小品、传统与乡土建筑、特色街巷、特色社区、名人故居与历史纪念建筑、会馆、特色店铺、人物、地方风俗与民间礼仪、民间节庆、民间演艺等;仅明清建筑、摩崖石刻等文化遗迹就达310多处,其中全国重点文物保护单位18处(林觉民故居、严复故居、水榭戏台、小黄楼、二梅书屋、林聪彝故居、沈葆桢故居、欧阳花厅、陈承裘故居、刘冠雄故居、鄢家花厅、刘家大院、叶氏民居、王麒故居、郭柏荫故居、乌塔、摩崖石刻及造像、林则徐宅与祠),文物数量之集中、级别之高,全国罕见。

景区内拥有各种特色店铺170多家,其中包括裱褙、古书坊、书肆、休闲书吧等书香文化;牛角梳、脱胎漆器、软木画、油纸伞、寿山石雕、银器、玉器等传统手工艺品店;同利肉燕、永和鱼丸、木金肉丸、福州糕点、肉松、花生汤、锅边糊等福州传统小吃及百年老字号;橄榄、茉莉花茶、青红酒等福州本地乃至福建特产;更有诸多咖啡屋、茶馆、酒吧、甜品小店、特色酒庄、会馆等休闲场所,另外景区内还引进众多特色餐饮及传统酒楼。

2.5 完整性

三坊七巷景区内的自然环境和人文环境有机地结合在一起,千年坊巷格局配合着名人故居、墨宝让整个景区的传统人文内涵完整保存下来;不仅建筑与周边环境相契合,景区内的古民居自身也是大部分结构完整的。三坊七巷景区对文物及古建筑等的保护修复工作给予了高度重视,把历史文化遗产的保护分成文物保护单位、非物质文化遗产保护两个层次,实现从保护建筑单体、历史街区,到保护历史文化名城文化内涵及保护非物质文化遗产的飞跃,是国内历史文化遗产保护的一次意义深远的尝试,属国内首创。目前,景区内的数个民居得到不同程度的修缮和保护,包括严复故居、林则徐祠堂、陈氏故居、林觉民·冰心故居在内的名人故居得到原貌修复,光禄坊一段的安泰河清理整治工程也已竣工。2011 年 6 月,三坊七巷保护修复成果展示馆正式对外开放,游客感受三坊七巷人文魅力的同时,也可以体会到今人对传统文化和物质遗产的尊重和保护。

3 三坊七巷建筑与氛围保护

3.1 出入口

三坊七巷景区注重尊重事实,根据历史遗存修复、再现了当时的历史风貌,每一座建筑均经过精心设计、反复论证、谨慎建造,尤其是出入口的主体建筑集中体现了景区特点和风格,与景区整体环境相协调。其中,三坊七巷历史文化街区北入口处(南后街与杨桥路交叉处)设立了"南后街"石牌坊。该牌坊于 2008 年建成,立面线条古朴,形制伟丽;牌坊通高 9.8m,总宽 13.8m,三开门,4 根福州白石云纹望柱头直冲云霄,构件饰以山水、花鸟等吉祥图案,虚实相间,互为衬托。牌坊匾额题名"南后街",由福建省著名书法家陈奋武书写;望柱两侧均由书法名家题写楹联,意趣隽永。乌山历史风貌区南北入口也分别设立了"乌石山"牌坊。所有建筑均采用明清建筑风格建设,体量、材质、造型、色彩与整个景区的建筑特色和风格相统一,突出地反映了三坊七巷景区的建筑风格与特色,别具匠心地将每个出入口营造出与景观环境相协调的氛围,保证游客能够自由、顺利地出入。

三坊七巷各景区出入口设有相应的游客集散地,如三坊七巷历史文化街区有光禄坊公园、南入口广场、北入口广场作为游客集散场地;乌山历史风貌区有南入口广场、北入口处的乌石山广场、通湖路入口广场等三个游客集散地。各集散地依据景区出入口不同的地形地貌而设置,面积适中,规模适宜,功能齐全,管理良好,能够满足游客集散的需要。

3.2 区内建筑

三坊七巷景区内的各类建筑在设计、选址、建设、整修等各个环节中,均从自然景观的造型特点和历史遗存的相关考证着手;在建筑外观、建筑内涵和统一协调上下功夫,兼容唐、宋、元、明、清、民国各个历史时期的风格和特征。无论是主体建筑,还是景观小品均达到了情景交融、建筑物与自然景观相辅相成的效果。结合自身文化积淀和地域特色,三坊七巷景区在保护、修复过程中,注重保持建筑风格的统一性、协调性和完整性,具有深厚的文化底蕴,风格独特,效果突出。通过近几年的修复,陆续开放了林觉民·冰心故居、严复故居、二梅书屋、水榭戏台、小黄楼、林聪彝故居、林则徐纪念馆、邓拓故居、胡也频故居等 10 多处文保单位、博物馆及纪念馆;并对安泰河进行了彻底整治,现已成为福州市民消遣休闲的好去处。

三坊七巷景区内保护区和文物保护范围以内的建筑执行最上层檐口高度不超过7m、屋脊总高不超过9m的规定;7m檐口与9m脊高控制区界限以外、建设控制区以内,新建建筑檐口高度控制在12m以下,总高度不超过15m;南后街的建筑不得超过9m。景区内所有建筑的体量、大小适度,确保不破坏景观环境,不影响游客观赏效果,与景区整体风格相协调。

景区内所有建筑物均按照原建筑的体量、形态进行修复,尤其是38处文保单位坚持"修旧如旧"的原则,原结构、原地进行修复保护,完整保留了三坊七巷原有的建筑结构。景区内所有建筑均为1~2层明清、民国时期建筑,且每座主体建筑内均保留了一定的开敞空间,周围都有相应的缓冲区,保证了游客有良好的观景效果。另外景区内又有安泰河与乌山作为景区自然缓冲区,各自形成了不可多得的独特景观。

此外,为了给游客一个美好、娴静、整齐的视觉效果,三坊七巷景区不仅将配电房、电力、电信、室外空调等功能性建筑设施进行隐蔽或景观化,还对输电、通信等管线设备采取地埋隐蔽方式,并采用石板隐蔽埋设或丁石修饰。

4 三坊七巷资源和环境保护

旅游资源与环境保护密不可分,三坊七巷景区在保护景区及周边环境的基础上,充分利用旅游资源,真正实现旅游景区的可持续发展。

三坊七巷景区有近200处需保护、修复的古建筑,其中包括林觉民·冰心故居、严复故居、水榭戏台、小黄楼、二梅书屋、林聪彝故居、沈葆桢故居、欧阳氏花厅、陈承裘故居、刘冠雄故居、鄢家花厅、刘家大院、叶氏民居、王麒故居、郭柏荫故居、乌塔、摩崖石刻及造像、林则徐宅与祠18处全国重点文物保护单位;尤氏民居、新四军办事处旧址、陈元凯故居、刘齐衔故居、谢家祠、天后宫、陈衍故居、邓拓故居8处省级文物保护单位;琼河七桥、张经故居、何振岱故居、黄任故居、光禄吟台、程家小院、高爷庙、胡也频故居8处市(区)级文物保护单位;另外还有127处历史建筑。

三坊七巷景区在整个保护、修复的过程中始终采取"镶牙式、微循环、渐进式、不间断"的原则,稳步推进各级文保单位的保护、修复。2011年,借福州市内河整治工程之机,三坊七巷景区重点对安泰河进行整治,通过拆违、截污、清淤、引水、补水等措施,逐步改善安泰河水质,提升河岸生态景观。目前安泰河已成为周边市民休闲游览的首选地。同时,三坊七巷景区还特别注重改善大气环境、不断提升空气质量,大力绿化景区,强化配套设施建设,美化游览环境,取得了有目共睹的成绩。

三坊七巷景区十分重视区内文物、古建筑以及名树古木等旅游资源及景观的保护与管理,每年都投入大量资金,以确保景观、古建筑等的完整性。据财务部门统计,自2007年三坊七巷保护修复工程启动以来,截止到2013年5月,景区累计投入保护费用共计48.55亿元,年均投入约7亿元。景区自2011年3月5日正式对外出售门票,截止到2013年5月,门票收入约922.3万元,景区保护建设费用远远超过全年门票收入的10%。

为对景观、生态、文物、古建筑进行保护,三坊七巷景区严格遵守与执行国家《环境保护法》,并结合景区实际情况,制定了《福州市三坊七巷景区水资源管理办法》《福州市三坊七巷景区环境噪声管理办法》《福州市三坊七巷旅游景区固体废弃物管理办法》《福州市三坊七巷景区绿化养护管理办法》等众多有关资源、环境、建筑等方面的保护制度；同时，对防火、防盗、文物保护、建筑修缮等建立了完整的保护管理体系。各项保护、管理制度具体且健全，形成了资源和环境保护与景区和谐发展的态势。

5　三坊七巷旅游购物管理

三坊七巷景区作为"中国十大历史文化名街""福州十大名片"之首，在着重保护、修复历史建筑景观的同时，不忘为景区配套建设旅游购物场所。到目前为止，三坊七巷景区共有商业、旅游、餐馆、文化、娱乐等商家170多户。

三坊七巷景区中轴线——南后街，商铺林立，是福州著名传统文化商业街，沿线古建筑和仿古建筑集中体现了福州的古街风貌。曾有"正阳门外琉璃厂，衣锦坊前南后街"的诗句，将南后街比喻成北京著名的古玩街琉璃厂，形象地表明了南后街浓厚的历史文化氛围和经济繁华程度。

5.1　景区管理原则

在完善旅游配套服务设施、建设旅游购物场所时，景区始终坚持以下原则：

一、合理布局购物场所，不破坏主要景观，不妨碍游客游览，不抢占游客道路和观景空间。

二、景区内各购物场所建筑及内部装饰的造型、色彩、材质与三坊七巷景区的整体建筑风格、景观环境相协调。

三、景区内商品种类丰富，既有寿山石、脱胎漆器、软木画等具有浓厚闽都文化特色的旅游商品，也有鱼丸、肉燕、肉松等地道的福州小吃。所有商铺实行明码标价、规范经营，维持良好的经营秩序。

四、集中开展文明经营、文明销售培训和管理，保证景区内无围追兜售、强买强卖等现象。

五、景区内从业人员服装整齐，挂牌上岗，推广文明用语，文明服务，无违法乱纪现象。

5.2　总体购物店铺布局

三坊七巷景区基本呈现"商街、文坊、俗巷、杂边"的多元综合布局。

表　三坊七巷多元综合布局表

商街	南后街东、西两侧商铺，以经营文化产品、旅游产品、工艺产品为主，有书画、古籍、寿山石、春联花灯等，以及鱼丸、肉燕、木金肉丸、肉松等福州特色小吃。南后街已成为知名的文化特色商业街
文坊	衣锦坊、文儒坊的院落，以展示物质文化类项目为主，通过设立各种文化会所、会馆、社区博物馆，举办三坊七巷成果展等活动来展示艺术品、工艺品、文献及历史重要实物
俗巷	郎官巷、塔巷、黄巷、安民巷、宫巷的院落，以非物质文化类项目为主，展示民俗活动、传统手工艺，是会所、会馆、文化沙龙的聚集地
杂边	吉庇巷、光禄坊、安泰河两岸、通湖路东侧、雅道巷沿街的商铺及院落为闽都文化综合体验区，发展酒吧、餐饮、咖啡、娱乐、商务会所、特色小吃等时尚消费项目，以及经营古玩古董、古旧家具、春联花灯等跳蚤市场

目前,景区内的旅游购物场所设施齐全、商品品种繁多,包括中医门诊、国药堂、茶馆、咖啡厅、酒吧、特色旅游商品及福州特色旅游工艺纪念品商店、福州特色小吃店等。整个购物街区以传统福州工艺老字号为主,国际品牌少量掺杂其中,形成有特色且商品品类丰富的旅游购物街。

6 三坊七巷旅游安全管理

三坊七巷景区内设有安全保护机构,福州市三坊七巷物业服务有限公司是景区的安全保护机构,负责整个景区内的安全保护工作。通过建立安全督查制度,每天组织人员采取明察暗访的方式,对景区内街区、施工工地和各个文保单位进行安全巡查;根据领导指示及时调整保安力量,组织保安人员对景区内商铺及各坊、巷、片区进行24小时安全巡查,严格落实各项安全措施,及时发现、及时处理并消除安全隐患。景区制定了健全的安全保护制度,如安全生产与消防管理、治安保卫管理的制度,以及旅游高峰期、防台风等的预案,并确保落实到位。有专职安全保护人员进行24小时巡逻执勤确保景区旅游安全。

制定旅游高峰期相关预案,预防事故发生。主要应急预案有:《福州市三坊七巷景区重大节假日安全预案》《福州市三坊七巷景区治安突发事件预案》《福州市三坊七巷景区防抗台风应急救援预案》《福州市三坊七巷景区防火防盗安全预案》《福州市三坊七巷景区防洪防汛应急预案》《福州市三坊七巷历史文化街区大型活动安全应急预案》《福州市三坊七巷历史文化街区地震应急预案》等。在各项处置制度中,都明确规定了各种应急措施,人员到位及时,措施有效,能高效地保证游客旅游安全。

三坊七巷景区内消防、防盗、救护等设备齐全、完好、有效。在危险地带设置安全防护措施,如安泰河沿岸设有安全护栏及警告牌,提醒游客注意安全。由于景区古建筑大多是木质结构,尤为注意防火,建立健全防火预案及措施,加强防火设备配置,并定期进行消防演练。根据消防要求,为保安岗哨、文物保护单位、古建筑、乌山等场所配备800余个干粉灭火器并及时检查更换过期灭火器。在景区内各坊各巷周边增设53个消防栓、29个消防水带箱、150条消防水带,消防设备齐备、完好、有效。

三坊七巷景区内设有医务室、专职医护人员,配备日常药品以及急救设备,随时为游客服务;并建立紧急救援体系,如有游客发生意外,能得到快速的抢救处理。

7 三坊七巷卫生管理

7.1 环境卫生

三坊七巷景区十分重视景区环境整洁,严格按照国务院《风景名胜区管理暂行条例》和相关环境卫生法规加强景区卫生环境管理。景区严把环境卫生关,制定了《福州市三坊七巷景区环境卫生管理标准》,为游客提供干净、整洁的游览环境。景区内无乱堆、乱放、乱建现象,施工场地维护良好;游览场所地面整洁,无污水、污物;建筑物和设施无污垢、无剥落,墙面定期检查、维护;景区空气清新,无异味,达到国标规定的检测标准。景区垃圾箱数量充足,设置布局合理;标识明显,造型美观、独特,与环境相协调;并且实行分类设置,及时清扫,日产日清。景区内餐饮卫生符合国家规定,餐饮服务配备消毒设施,确保游客饮食卫生安全。

7.2 吸烟区管理

根据《公共场所卫生管理条例》和《森林公园管理办法》,三坊七巷景区制定了《三坊七巷景区吸烟管理规定》,合理划分吸烟区与禁烟区,并进行严格的管理。福州市三坊七巷保护开发有限公司负责景区禁止吸烟区域的管理工作,三坊七巷管理委员会负责对景区内的禁止吸烟工作进行监督。景区全部为禁烟区,并有保安人员负责监督管理。景区人员在履行检查职责时礼貌待人,秉公办事;对在禁止吸烟场所违反本规定吸烟的个人进行劝告、教育,情节严重者予以处罚;在通风效果较好的游客中心和景区出入口设有专门的吸烟区,并经常保持环境安全和空气清新。

7.3 旅游厕所管理

三坊七巷景区内厕所数量充足,布局合理,在各坊巷、各展馆和南后街一带均设有公共厕所,游客在景区内步行 150 米左右即可到达一处厕所;在乌山历史风貌区和林则徐纪念馆也都设有公共厕所,为游客提供周到、方便的服务。厕所位置合理且相对隐蔽,不影响主体景观效果;并设有明显的标志和标识牌,且数量充足,便于游客寻找。厕所内配备排风扇、水冲系统,有利于通风、排污。

三坊七巷景区现有厕所 23 处,厕位 246 个,数量充足,分布合理,最大限度地满足了旅游旺季游客的需求。景区所有公厕都采用水冲方式,并在公厕内设残疾人专用无障碍厕所。厕所内洁具质量良好,并配备了洗手池、梳妆镜、洗手液、烘干机等便民服务设施,充分体现了"以人为本,游客至上"的服务宗旨。

三坊七巷景区已经进行景区旅游厕所建设需求分析,先确定人流量,后计算景区厕位总量需求。根据近年来的统计数据,景区旅游高峰期的日均游客接待总量约为 50 000 人次。根据 5A 标准要求,厕位总量为旺季日均游客接待量的(男士小便厕位可按每位 0.8~1 米的宽度计量)5%以上,景区需厕位总量为 50 000×5% = 250 个。目前三坊七巷景区内已经拥有厕位 246 个,基本满足游客的需求。

8 三坊七巷旅游开发

三坊七巷应该根据现实旅游需求寻求业态创新,有效发挥历史街区的社会和经济价值,实现旅游业的可持续发展。通过商业街旅游经济的带动为坊巷内古民居提供更多的维护运营资金和人气氛围,并将商旅圈逐步拓展到周边地带,带动福州整体旅游产业的发展。外围商圈的开发,特别是外围商圈接受三坊七巷的文化辐射,有利于构筑一条过渡保护地带,在提高经济效益的同时,也保护传统资源少受现代商业的直接冲击。

8.1 文化创意产业

要传承传统文化,只有与现代生活需求相结合才是其再生的重要途径。三坊七巷旅游资源定位以显化文化资源为重点,因此旅游开发首先就要考虑文化产业。以文化为基础、以创意为导向的旅游产业,最主要的是传承传统文化,满足旅游者的精神需求,丰富人们的精神生活,且具有教育意义。首先,中轴线南后街以步行街的形式为文化传播提供了直接开放的空间载体,政府逐步开展特色民俗活动,在传统节日举行文化活动,如春节舞龙舞狮、元宵灯会、七夕鹊桥节等等。2010 年至今,管委会通过创意性的策划和包装,推出了这类节庆活动,已赢得了一致好评,证明将传统节庆活动转化为旅游文化创意产业是成功的。南后街店铺经营范围由管委会统一管理,部分铺位作为非盈利传承书香文化的场所,定期举办寿山石、古字画等中高档展览品鉴会,形成了除普通观光客流以外的以文化人士为主的密集商务流。其次,逐步真正激活街巷内修复后的古建筑。修缮街巷内有代表性的名贤志士故居,在游客认知、感受人物事迹的同时,也展示由其衍生而成的闽学文化、近代文化、海军文化等。修缮各处宗祠,复苏多元化的宗教,如郎官巷的天后宫在修复后已开放,两岸妈祖信众在此举行了盛大的开光大典,现已成为宗教民俗展示区。最后,还要注重文化讲演部分与旅游产品的结合。将尚存还未完全失传的民俗赋予新的内容和形式,激发人们的好奇心理,产生休闲旅游强烈的吸引力。如衣锦坊复原后的水榭戏台,依托其重现官绅人家婚嫁、节庆的场面,提供民间戏曲的演绎场地。文儒坊的正音书院开办了"文儒大讲坛",请专家来此宣传闽学文化。吉庇路82号,由美国海峡两岸文化交流基金会开设了"笔墨家园书院",定期举办书法展,邀请华人书法家现场讲学。

8.2 动态型展馆

历史街区不同于一般文物,在博物馆中展示的文物能够通过科学、有效的方法使之得到可靠的保护并保留下来,而历史街区作为城市发展历史进程的社会生活、文化的活化石和见证,是在使用中、在不断的修复与更新的平衡中得以保护下来的。同时对于现时段的社会来说,这样的街区又具有被人们继续开发利用的价值。因此,在旅游资源的保护开发过程中,应防止完全迁出原住户后的展馆化、背离文化的纯商业化等常见失误,将街区作为一个整体,采用动态保护、更新的方法。首先,街巷空间、景观环境、单体建筑、私家园林等除了作为展览的载体,本身也是游览过程中的动态展品,应得到系统的修缮、复原。细化商业步行街外部空间的设计,完善公共设施,如招牌形式、休闲绿化设计、路灯造型、设备放置等。其次,历史街区的公共空间使用者主要是游客和当地居民。丹麦城市设计家扬·盖尔(Jan Gehl)把人们在公共空间中的活动分为三类:必要性活动、自发性活动、社会性活动。其中原住居民是民俗活动和街区生活特色的最佳创造者和表达者,他们的必要性活动可成为动态展馆的组成部分,从而带动游客的其他两种活动。最后,除部分有相应历史文脉的展示空间固定外,其他坊巷民居的活动都可以依照不同时期的主题需要加以改变,不必墨守成规。在不破坏原有建筑空间结构的前提下,灵活布局,采用多媒体与传统展览形式相结合的方法,展现在不断发展演变的历史进程中为后人记载的历史。

8.3 体验式场所

所谓体验从本质上来讲就是人们以个性化的方式度过一段时间,并从这个过程中获得一系列值得回忆的事情。场所是自然场所和人为场所结合的有意义的整体。在三坊七巷中构建体验式场所主要是鼓励游客积极主动参与到当地的社会文化活动中,在参与的过程中激发创意灵感,发掘创意潜能,从而形成有个性特征的旅游体验。首先,商业老字号是闽都历史商贸业态的精华,不能混同于一般商业和商场的经营,仅进行商品的常规陈列售卖,而应该在提供经营空间的同时,营造出有地域特色的商业氛围,寻找创新营销手法,展示特色传统手工艺的制作过程,重现商铺繁荣景象。例如百年同利肉燕老店利用沿街店面让游客观看并亲自尝试肉燕制作的工序;部分传统手工业者沿街设置摊点,传授传统花灯、油纸伞等手工艺品的制作技艺;有的还重现韵味十足的特色叫卖;已失传的手工业或经营行当可采用雕塑、影像等形式构建景观小品。这些在带来旅游经济效益的同时,也使游客获得了除购物外的深度旅游体验。其次,在街区中除危房之外留下的空地上适度开发中高档客栈、互动式民宿,与原有古建中原住民生活相映成趣。由此产生的客栈居住业态为游客提供了与原住民共同起居的场所,摆脱以往观光客走马观花的旅游方式,恢复街区活力。最后,要让民风民俗得以活化,将传统仪式风俗作为旅游中的体验式元素,通过打造传统空间场所,让游客可切身感受。如水榭戏台的传统嫁娶仪式体验、二梅书屋的私塾模式体验、安泰河的扁舟夜游体验等。

8.4 综合商旅圈

从历史街区的保护、更新来看,三坊七巷作为一个整体进行保护开发的同时,也应考虑到与周边地区的协调共生,以街引商,以商兴旅,将综合商旅圈规划、拓展到周边的南街、通湖路、澳门路、道山路,构筑一条外围过渡的保护地带。其中,安泰河南侧、通湖路以东、道山路以北、澳门路以西地块保留优秀近代建筑,如蒋源成石铺、老佛殿、林则徐祠堂等,开发为休闲综合商业区;安泰河河水整治后,两侧开发为休闲餐饮区;澳门路地块作为交通节点,增加公共绿地、停车场地及公共基础设施等。从古城保护、规划来看,作为福州"三山、两塔、一条街"城市格局的重要组成部分,三坊七巷和于山、乌山历史风貌区等周边旅游环境融为一体,构建综合商旅圈,成为城市旅游休闲的新地标。反之,将"两山、两区、两塔"(指的是于山和乌山两山历史风貌保护区,三坊七巷、朱紫坊保护区,乌塔和白塔)作为三坊七巷保护开发的背景,使其可以在一个比较完整的古城风貌格局中进行保护、开发。这种将历史街区和其他城市开放空间连成一体的规划,可以加大历史街区的文化影响力,也可以更好地促进综合商旅圈的良性发展。

案例使用说明

一、教学目的与用途

1. 本案例适用于学习旅游管理、旅游规划与开发、景区管理等相关课程的本科生与研究生。

2. 教学目的:通过本案例的学习,引导案例学习者对民俗文化型景区旅游开发管理理念和模式进行深入思考。

二、启发思考题

1. 概括总结三坊七巷景区的旅游开发价值。

2. 三坊七巷是如何维护古建筑原始形态、保护景区生态环境的?

3. 分析三坊七巷景区旅游购物管理的特点,其总体购物店铺布局对同类型古镇管理有何启示?

4. 结合三坊七巷景区的管理经验,探讨旅游景区安全管理和卫生管理的重要性以及方法。

三、分析思路

概况—开发价值—建筑与氛围保护—资源和环境保护—旅游购物管理—旅游安全管理—卫生管理—旅游开发

四、关键要点

1. 三坊七巷景区历史文化价值的体现

2. 三坊七巷在发展旅游业的同时,保护并宣传了传统文化,并维持了生态平衡

3. 三坊七巷根据现实旅游需求寻求业态创新,有效发挥历史街区的社会和经济价值,实现旅游资源的可持续发展

五、建议的课堂计划

1.时间安排

以 100 分钟为宜,其中 35 分钟阅读案例,15 分钟进行小组讨论,15 分钟小组代表发言,10 分钟师生互动交流与问题解答,10 分钟学生书面总结,15 分钟教师最后总结。

2.黑板板书依课堂具体情况布置,不作固定安排

3.小组的分组和讨论内容

建议 3~5 人为一组,每组自行推选小组代表发言。讨论内容包括:回答案例中提出的启发思考问题;结合古北水镇、乌镇、槟榔谷等景区的管理经验,探讨管理民族、民俗类文化型景区需要做好哪些方面的工作;分析三坊七巷在发展文化创意产业,建设动态性展馆、体验式场所等方面有何创新。

六、其他教学支持材料

视频:三坊七巷纪录片

http://www.soku.com/detail/show/XMTA4NDA2NA==?spm=a2h0k.8191407.0.0

无锡灵山文化景区旅游管理

吕 宁 吴新芳

【摘 要】无锡灵山文化景区是我国著名的佛教文化主题景区,拥有"世界第一高佛"灵山大佛、九龙灌浴、灵山梵宫、五印坛城等标志性景观,集中展示了佛教博大精深的文化。经过20年的开发建设,灵山景区已成为中外闻名的佛教文化旅游圣地,每年接待世界各地游客达300余万人次。2014年"未来文化遗产高峰论坛"在灵山景区隆重举行,灵山景区也一直以创意佛教文化、创造中国当代文化精品和人类未来文化遗产为发展理念及最高目标,其创造人类未来文化遗产的举措对于其他宗教文化景区具有借鉴意义。本案例首先介绍灵山景区的概况,梳理景区发展与创遗历程,在分析景区主要旅游资源及旅游市场的基础上,就灵山景区旅游产业管理、旅游产品管理、旅游营销管理、旅游形象管理,灵山景区佛教文化与旅游、休闲与未来文化遗产的关系,灵山景区面临的问题与未来展望对无锡灵山旅游文化景区旅游管理进行全面阐述与综合分析,探讨灵山景区如何实现未来文化遗产的创造。

【关键词】无锡灵山;佛教文化;宗教旅游;未来文化遗产

1 无锡灵山概况

1.1 无锡灵山简介

无锡灵山景区位于无锡太湖之滨的马山国家级旅游度假区内,是我国5A级旅游景区。占地面积约30公顷,背靠马山,面临太湖,左挽青龙山,右携白虎山,且位于环太湖高速和锡宜高速公路两大交通主干线旁,地理位置优越。该景区自1994年开始投资建设,1997年建成88米高的灵山大佛,并正式对外开放,形成以灵山大佛为核心的宗教文化旅游景区,并很快成为无锡的标志性景区和华东旅游新热点。2003年,以"九龙灌浴"为主题的二期工程——灵山胜境文化园建成开放,并于2008年完成以"灵山梵宫"为标志的第三期工程,形成我国大型佛教文化旅游主题园区。2009年,第二届世界佛教论坛在灵山隆重举行,灵山梵宫作为论坛会址,以其宏伟壮观、集大成的佛教建筑艺术及佛教文化魅力,赢得各国代表及海内外媒体的高度赞誉,并于2012年灵山胜境被定为世界佛教论坛永久会址[①]。2004年,"创造未来文化遗产"论坛在灵山发起,首次发出"打造精品,开创未来"的呼吁;2014年,"休闲时代——未来文化遗产"10年发展高峰论坛于灵山景区隆重举行,并在该景区设立"创造未来文化遗产"的永久论坛。10年创遗历程,灵山景区展现了新时代背景下佛教文化在中国的发展,成为传承与创新中国历史文化的典范。

---

① 华伟英.浅析无锡灵山胜境旅游开发成功的原因[J].理论探讨,2011(5):4-5.

灵山景区内包含约25个景点,包括"神州之最"灵山大佛、千年古刹祥符禅寺、华夏第一壁灵山大照壁、江南第一钟祥符禅钟、神州第一鼎万年宝鼎、天下第一掌、五印坛城、灵山万佛殿、古井莲池、佛教文化博物馆、随喜堂、大型青铜雕塑百子戏弥勒等,其中灵山大佛、灵山梵宫、九龙灌浴是最具有代表性与吸引力的三大景点。灵山大佛之大、九龙灌浴之奇、灵山梵宫之特,被誉为灵山"三奇",而五印坛城是继灵山梵宫后倾力打造的又一艺术奇观。

灵山景区通过发挥"创意、创新、创造"精神打造中国当代的文化精品及未来文化遗产,这种追求创意、独特、精致的理念便体现在景区景点及建筑的打造与设计上,这些景点与建筑被赋予了"创造未来遗产,创建历史里程碑"的意义。

1.1.1 灵山大佛

大佛所在位置为由唐玄奘命名的小灵山,故名灵山大佛。原中国佛教协会会长赵朴初先生亲自主持,并以"五方五佛"的理念将灵山大佛定位为东方最后一尊大佛,在1997年建成开光。高88米,是目前世界上最高的露天青铜释迦牟尼立像,比四川乐山大佛高17米;由1 560块青铜壁板拼装焊接而成,用铜量达700多吨,全部铜板展开面积可达9 000多平方米,焊接总长度达35公里。在大佛建造过程中运用高新科技,如先进的抗风、防震、避雷等措施。由于使用特型铜壁板和先进焊接技术,大佛外形达到"天衣无缝"的程度。大佛右手指天,称为"施无畏印",意为大佛在为众生除去痛苦;左手指地,称为"与愿印",意为在保佑众生平安快乐。灵山大佛被认为是集文化、艺术和宗教于一体的大型艺术珍品[①],被认为是21世纪中国佛教发展的一座里程碑,在当代中国,最早创造了"佛教的文化公共空间"。

1.1.2 九龙灌浴

大型音乐动态群雕"九龙灌浴,花开见佛"再现了佛教典籍《本行经》里记载的关于佛祖诞生的场景。"九龙灌浴"总高27.5米,太子佛塑像重12吨、高7.2米,立于巨型莲花之中,底部衬托着直径54米的圆形大理石水池,青铜铸就的高4米的九条昂首飞龙和八个形态各异的供养人环绕着水池。随着音乐奏响、莲花开合,太子佛从中徐徐升起,在九龙喷水形成的水幕中自转一周,乐声飞扬,泉水灵动,给观赏者全新的视觉和心灵感受[②]。其技术难度之大、艺术效果之强,以及开创的"佛教文化仪式场景",都是国内首创,被认为是中国音乐动态群雕的一座里程碑。

1.1.3 灵山梵宫

灵山梵宫建筑气势磅礴,布局庄严和谐。总建筑面积达7万余平方米,顶部为五座华藏塔,后侧为圣坛。建筑形式突破传统,采用石材为主,大量运用高大的廊柱、大跨度的梁柱、高耸的穹顶等,既体现佛教的博大精深,融合中国佛教石窟艺术及传统佛教建筑元素,也将传统文化元素与时代特征相结合。梵宫内各建筑空间独立且贯通,由门厅、廊厅、塔厅、圣坛、同传会议厅、千人宴会厅等组成,在这里汇集了众多文化遗产及艺术珍品,如木雕、漆画、油画、景泰蓝、琉璃等。梵宫圣坛具有展览、会议、演出功能,2009年第二届世界佛教论坛在此举行,每日大型情境演出《吉祥颂》也在此表演[③]。该演出通过情境渲染、场景设计,运用现代科技三维体验的效果,讲述了释迦牟尼如何从困惑走向觉悟的过程。灵山梵宫构建了

---

① 无锡灵山(搜狗百科)[EB/OL]. http://baike.sogou.com/v7658835.htm.
② 顾育豹.非凡的梵宫[J].华人时刊,2010(2).
③ 王志宏,杨君.灵山梵宫——和谐盛世的佛教文化[J].中国宗教,2009(4):57-58.

美轮美奂的"佛教艺术创造世界",被认为是世界佛教建筑史上的一座里程碑。

1.1.4 五印坛城

五印坛城既是展示佛教文化魅力的艺术中心,又是体验藏族民俗艺术的文化中心。占地面积 8 000 平方米,高 31.55 米,共 6 层。坛城内供奉着"南方宝生佛、西方阿弥陀佛、北方不空成就佛、东方阿閦佛、中央毗卢遮那佛"五方五佛,与灵山大佛、灵山梵宫、曼飞龙塔等交相辉映,形成了一个完整展示中国佛教三大语系文化魅力的文化艺术群落。为了让游客更好地体验藏族民俗和文化艺术,五印坛城荟萃藏族艺术装饰,融合了彩绘、壁画、木雕、唐卡、壁饰、镀金等传统建筑装饰技艺,美轮美奂地展示了独特的坛城艺术。在坛城中,既能欣赏各类佛教文化艺术的珍品,还能参与点燃酥油灯、推转玛尼经筒等互动民俗活动。

1.2 灵山景区旅游发展与创遗历程①

灵山景区的旅游发展与创遗实践是相辅相成、相互促进的,其发展经历了从"无中生有"到"有中生好""好中生优"、从一座千年古刹到"世界级文化艺术殿堂"的过程。自 1994 年投资建设以来,灵山景区呈现阶段性演进的特点。根据景区游客量、旅游收益、旅游吸引物、旅游基础设施等的发展特征,这 20 年的发展可以分成三个阶段,每个阶段都体现出灵山景区创造未来文化遗产的举措。

第一阶段为探索起步期(1994—2002 年)。灵山旅游业起步于上世纪末,以 1997 年建成当时中国乃至世界最高的"灵山大佛"、修复祥符禅寺为标志,创造出里程碑式的佛教景观,成为佛教文化旅游新圣地。一期工程建成后,旅游吸引物及旅游基础设施渐成规模,发展初期的新颖性与旅游宣传促销活动引起游客量的迅速增加,但 1999 年后逐步回落。

第二阶段为充实发展期(2003—2007 年)。2003 年二期工程大型音乐动态群雕"九龙灌浴"灵山胜境文化园建成开放,二期工程还包括菩提大道、佛足坛等佛教文化景观,形成佛祖四相成道(出生、降魔、说法、涅槃)的轴线布局,使得景区知名度、吸引力提高,游客量及旅游收益逐年显著提高,达到年 200 万人次。灵山由早期景观吸引型景区向宗教文化型景区发展。2004 年,"创造未来文化遗产"的理念首次提出,成为灵山景区发展的目标。

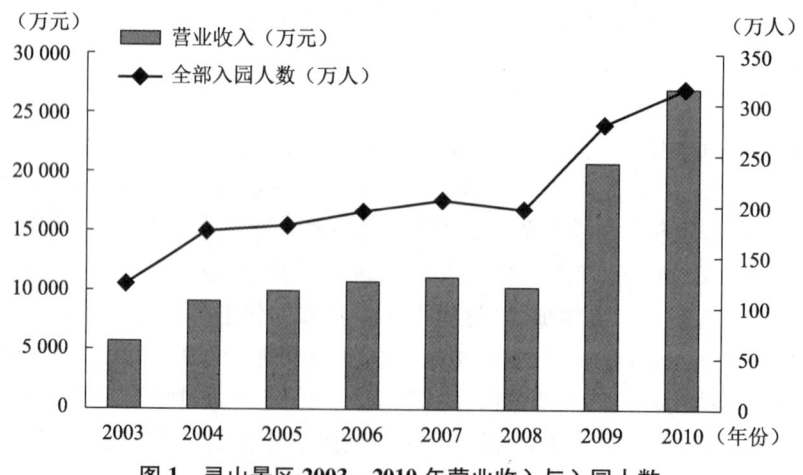

图 1　灵山景区 2003—2010 年营业收入与入园人数

---

① 李红强.灵山景区价值创新的实践与理论思考[D].无锡:江南大学,2008.

第三阶段为快速发展时期(2008—2012年)。为迎接2009年在灵山举行的"世界佛教文化论坛",2008年完成第三期工程,包括灵山梵宫、五印坛城、梵宫广场三大主体工程,并完成灵山禅修中心、灵山慈恩宝塔、灵山佛学院三大配套项目和相关辅助建筑,形成新的旅游吸引物,旅游功能更趋多元化。作为三期工程核心建筑的灵山梵宫,其建造是灵山景区创造未来文化遗产的重大举措与重要体现,其以创意的、独特的、非凡的建筑艺术被誉为当代佛教文化标志性建筑、东方"卢浮宫",并在2012年被定为"世界佛教论坛"永久会址,增强了景区旅游品牌影响力,游客量及旅游收入呈现稳定增长态势,年入园游客上升到350万人次。2012年,景区入园人次约为309万人,门票收入约为3.59亿元。

第四阶段为转型发展时期(2012年—)。随着休闲时代的到来,灵山景区面临着转型发展机遇,大力发展文化旅游、生态旅游、休闲旅游,整合资源打造"马山国际旅游度假岛",真正开始思索走一条从景区观光到目的地休闲的转型之路。2014年,"休闲时代——创造未来文化遗产"10年发展高峰论坛在灵山梵宫举行,灵山集团将以灵山小镇·拈花湾、山东曲阜尼山圣境项目作为新的精品工程。

表1 灵山景区演化阶段①

演化阶段	文化旅游开发	景区演化特征
探索起步期 (1994—2002年)	围绕佛教文化,建设灵山一期工程,打造具有震撼力的旅游景观,建成"东方第一佛"(灵山大佛)和祥符禅寺,成为佛教文化旅游新圣地	灵山一期建成后,旅游吸引物和旅游基础设施形成规模,开展大量促销活动,产生开园游客激增效应,游客量和景区效益迅速上升。但由于产品相对单一和市场新奇度的降低,1999年后逐步回落
充实发展期 (2003—2007年)	提升佛教文化品位,丰富文化旅游产品,建设灵山二期工程,建成九龙灌浴、菩提大道、佛足坛等文化旅游景观,增强了景区文化旅游吸引力	灵山二期建成后,景区品位和旅游吸引力得以提升,游客量和收益逐年明显增长,但表现出快速波动的特征,灵山从早期的景观吸引型景区向文化型旅游区升级和转换
快速发展期 (2008—2012年)	提升景区文化艺术品位,拓展旅游功能,建设灵山三期工程,建成灵山梵宫、五印坛城等景观,成为"世界佛教论坛"会址,增强了景区品牌魅力	灵山三期建成后,进一步凸显了文化旅游优势,有效提升了景区品牌影响力,游客量和旅游收入呈较为强劲的稳定增长
转型发展时期 (2012年—)	将以太湖山水禅、心灵休闲湾为核心理念,带动景区发展,建设国际禅修中心、生态文明社区和当代佛教丛林等	景区转型发展,可能持续平稳增长,继而可能逐步进入衰退或复兴期

1.3 灵山景区旅游资源

1.3.1 物质文化旅游资源

灵山景区具有较丰富的物质文化旅游资源,主要包括自然风光、建筑景观、旅游商品,其中建筑景点是打造未来文化遗产的重要体现与表现形式。

---

① 黄震方,俞肇元.主体型文化旅游区的阶段性演进及其驱动机制——以无锡灵山景区为例[J].地理学报,2011,66(6):831-841.

(1) 自然风光

灵山景区位于太湖之滨,背靠马山,南望太湖,左挽青龙山,右携白虎山,形成三面环山、一面临湖的地理环境,登高望水,江南水乡,自然风光优美。

(2) 建筑景观

灵山景区具有较丰富的宗教旅游资源,体现了浓厚的佛教文化色彩,包括宗教建筑、宗教艺术文物等。灵山景区以佛教文化为主题,其宗教建筑包括寺、宫、坛、塔,宗教艺术文物包括铜像雕塑及相关佛教文物,以壮观的气势与精美的造型,融合佛教文化典故、义理,形成独具特色的宗教旅游资源。

表2 灵山景区建筑景观

类型		景观	特征
宗教建筑	寺	祥符禅寺	千年古刹
	宫	梵宫	气势磅礴,形式创新;奇珍荟萃,功能齐全
	坛	五印坛城	藏式古建筑风格
	塔	曼飞龙塔、慈恩宝塔	南传佛教代表建筑,造型精美
宗教艺术	铜像雕塑	灵山大佛、九龙灌浴、百子戏弥勒、"天下第一掌"、华藏世界琉璃巨制、浮雕、东阳木雕、景泰蓝须弥灯等	以宏大壮美的造型、丰富的艺术装饰展现佛教文化,传递佛教平安吉祥、福寿康乐的意蕴
	其他佛教景观	五智门、五明桥、菩提大道、洗心池、佛足坛、降魔成道、登云道、大照壁、杏坛广场、万佛殿、佛教文化博物馆等	展现佛教五智、五明、菩提悟道、降魔成道等文化

(3) 旅游商品

旅游商品包括饮食与当地特产,灵山景区位于"鱼米之乡"的无锡,既具有无锡当地特色的旅游商品,也具有作为佛教文化景区所特有的旅游商品。无锡传统四大特产为酱排骨、油面筋、惠山泥人、阳山水蜜桃,以太湖"三白"——银鱼、白虾、白鱼为水中上品,以无锡宜兴的紫砂壶为佳。当地美食小吃包括三凤桥排骨、大浮杨梅、耘林黑杜酒、清水油面筋、无锡毫茶、马山芋头、小笼包、油豆腐干、方糕、酒酿棉籽圆、玉兰饼等。灵山景区内的旅游商品主要是佛像佛珠类、香烛类、灵山食品类、无锡特产类及服饰类等。

表3 灵山景区佛教旅游商品①

类型		具体旅游商品
祈福类	佛教七宝	以金、银、琉璃、珊瑚、琥珀、玛瑙等材料加工的首饰、挂件、佛像等
	许愿	香烛、许愿树、同心锁、香囊等
食品类	就餐	佛教素食,包括正餐、自助餐、面食、特色小吃等
	特产	灵山福饼、素包特色食品

---

① 赵刘,王友明.旅游商品的实证调查与营销对策——以无锡市灵山景区为例[J].旅游经济,2014(9):211-212.

续表

类型	具体旅游商品
工艺类	工艺类的纪念品、雕塑、香熏、摆设等,还包括佛教文化服饰等
书籍类	包括佛经、佛教故事、书法、光盘、《灵山梵宫》画册等

1.3.2 非物质文化旅游资源

灵山景区的非物质文化旅游资源包括与宗教相关的艺术、节日、节事、论坛、仪式,以及非宗教特色活动等。灵山景区依托佛教文化,具有丰富的宗教旅游资源;同时灵山景区已经开展以文化交流、体育休闲、慈善公益为主题的特色活动,成为灵山可挖掘以增强旅游吸引力与影响力的旅游节事资源。

表4 灵山景区非物质文化旅游资源[①]

类型		具体旅游资源及表现形式
宗教艺术	音乐	佛教音乐,融合佛经偈颂、佛经故事,可在法事活动中演奏
	表演	大型情境演出《吉祥颂》
	绘画	反映佛教人物及内容的绘画,如佛教历史图景油画组图、仿唐敦煌壁画、欧塑浮雕壁画等
	文学	佛教经典,如《大藏经》《无量寿经》等;与佛教有关的诗词赋等
宗教节日	传统节日	农历四月初八为浴佛节,二月初八为佛出家日,七月十五为盂兰盆会,十二月初八为腊八节以及佛、菩萨纪念日
	庙会	佛祖诞辰庙会(四月十四)、盂兰盆会(七月十五)、财神会(正月初五、八月廿五)、关帝会(五月十三)、城隍庙会、无锡三月香讯等
	节事论坛	"世界佛教论坛"、中韩佛教学术交流、灵山大佛开光周年纪念活动、中国(无锡)灵山胜境佛诞节
宗教仪式		水陆法会、拜忏、念佛七、坐禅、念经、上殿过堂、传戒、烧香等
非宗教特色活动	无锡当地	无锡国际梅文化节、阳山桃花节、宜兴陶瓷艺术节、无锡太湖旅游节(9~10月)、太湖中秋赏月、马山国际钓鱼节、徐霞客文化旅游节(农历三月初三)
	灵山景区	无锡灵山文化旅游节、同撞世纪钟共迎千禧年、中国体育健身游江苏首游式活动、国际驾车节、国际休闲产业协会永久会址、慈善公益活动、"休闲时代——创造未来文化遗产"10年发展高峰论坛等

---

① 苏勇军.苏南宗教旅游资源开发研究[D].兰州:兰州大学,2004.

1.3.3 灵山景区旅游资源评价

旅游地的资源评价因子包括三方面:旅游资源;旅游地及其所在区域的自然、社会和经济条件,包括基础设施、自然生态条件、用地状况、当地社区中心等因素;旅游地的区位关联特性,包括旅游地与客源地的区位关联、旅游地之间的相互影响等。从旅游资源本体价值来评价灵山景区,评价因子包括美学观赏性、历史文化性、科学性、奇特性、规模与组合状况、旅游功能、旅游环境容量[①]。而美学观赏性、历史文化性、科学性与奇特性同样也可以成为衡量景区旅游资源创造未来文化遗产的标准。

从美学观赏性来看,灵山景区位于太湖之滨,山水相依,具有自然美;灵山大佛、九龙灌浴、灵山梵宫、五印坛城等景观,以寺庙、造像、殿堂、艺术珍品等体现了人文美。从历史文化性来看,即景区所包含的历史文化内涵,所体现的文化的传承性。一方面是指旅游资源是否与重大历史事件、历史人物相关,及其遗存文化古迹的数量与质量;另一方面指旅游资源是否具有或体现某种文化特征,是否与某种文化活动有密切关系,是否有与之相关的文学艺术作品或神话传说等。灵山景区的历史文化性体现在千年古刹祥符禅寺有悠久的历史以及景区旅游资源具有丰富的佛教文化特征,祥符禅寺外景区遗存的文化古迹数量较少,景区多为人造佛教景观。同时灵山也拥有一些与景区相关的历史典故与神话传说,包括秦始皇策马留神迹(马山的名称由来)、唐玄奘赐禅小灵山(灵山的名称由来)、赵朴初游灵山以五方五佛理念定位灵山大佛、灵山圣树"古银杏"、茶圣陆羽结缘六角井、青龙飞凌八角井等[②]。

从科学性来说,主要是指旅游资源所具有的研究功能。灵山景区能够为佛教信徒、佛教爱好者、佛教文化研究者、佛教协会等提供研究、参观的平台,其所拥有的佛教文化博物馆及赵朴初纪念馆,对传播健康的佛教文化、提高参与者对佛教的认识具有重要的意义。从奇特性来说,即"与众不同""唯我独有""人有我优"的特征,这是创造未来文化遗产、体现当代特色和创意特色的重要标准。灵山景区作为唯一一个完整展示释迦牟尼功德的佛教景区,在同类型宗教景区中表现出了特异性与创新性,体现在拥有"天下第一高佛"和"天下第一掌"、首次将佛教记载打造成音乐雕塑等。在规模与组合状况上,灵山景区拥有近25个旅游景点,占地面积达30公顷,规模较大;自然景观与人文景观相结合,但景观相对分散。从旅游功能来看,即旅游资源能够满足某种旅游活动需求的作用,灵山景区既可以用以开展观光旅游,又适宜开展休闲游、风俗文化游、修学游、乡村游、生态游、养生游等,具有较高的旅游价值。从旅游环境容量来说,即旅游承载力,灵山景区目前具备每年接待300多万游客的载客量。

综上所述,灵山景区从旅游资源自身价值的角度来看,其旅游资源不管在规模数量上,还是在历史文化上,不管在物质文化资源,还是在非物质文化资源上,都具有较高的旅游价值与开发潜力,具有创造未来文化遗产的条件。

2 灵山景区旅游市场

李露(2012)于2011年在灵山景区进行问卷调查,发放300份问卷,有效问卷221份。

[①] 冯燕.人文旅游资源评价研究[D].太原:山西大学,2007.
[②] 无锡灵山.[EB/OL]. http://baike.haosou.com/doc/5331620-5566858.html.

调查结果显示,灵山景区女性游客多于男性游客,以处于20~35、35~50岁年龄段中青年游客居多,其中50岁以上老年游客占比达到17%;处于中等学历水平的游客较多,职业以企业管理人员、个体经营者及离退休人员比重大,无锡及其周边游客达到52%;在出游行为特征上,71%游客为首次游玩;在了解景区信息渠道上亲友推荐的宣传效果较明显,在出游方式上,32%的游客选择跟团游,选择跟团游的游客75%来自国内其他地区;在出游动机上,一半游客是"观赏宗教建筑""欣赏自然风光",1/3的游客是"参加宗教活动""体验佛教文化"[①]。

从调查结果可以看出,灵山景区的旅游类型主要为宗教朝拜、观光休闲,宗教朝拜对于佛教信徒、老年游客具有稳定的旅游市场,到景区观赏宗教建筑、体验佛教文化、欣赏自然风光对观光休闲的游客也形成市场吸引力。灵山景区的客源一半来自无锡及周边地区,一半来自国内其他地区,可以看出景区已有一定品牌知名度及影响力。

3 灵山景区旅游产业管理

2013年,无锡市接待旅游人次达7 032.69万,实现旅游总收入1 132.4亿元,比上年增长12.3%,旅游业增加值占地区生产总值6.24%,旅游业平稳、较快发展。其中,灵山景区全年接待游客293万余人次,旅游门票收入达3.38亿元,位居江苏省旅游景区前列。灵山旅游集团年度实现销售收入6.32亿元,利税总额超5 578万元[②]。可以看出,灵山景区历经20年的发展,如今的旅游产业规模及效益已经达到较高水平。

在产业环境上,2011年江苏省"十二五"旅游业规划提出"提升传统产业要素,发展新兴旅游业态"的要求;无锡苏南现代化建设示范区建设提出要加快建设产业转型升级示范区的重点任务,形成以新兴产业为先导、现代服务业为主体的现代产业体系。这些产业政策成为灵山景区进行产业升级管理的有力支持。在产业要素上,无锡市旅游业接待服务水平能够助力灵山景区旅游接待。2013年无锡市住宿和餐饮业实现205.1亿元,比上年增长9.4%。该市共有旅游饭店134家,其中旅游星级饭店59家,五星级饭店11家,四星级饭店18家,共有73家绿色旅游饭店。全市有旅行社156家,47家国家级旅游景区,5A级景区3家,4A级景区20家,年接待游客10万人以上景区51家。

灵山景区已基本形成食住行游娱购六要素的产业体系。灵山文化旅游集团有限公司形成涵盖旅游、文化、出版、地产、投资、酒店、食品、工艺品、餐饮等产业领域,以文化创意旅游为核心的产业链式投资发展格局,公司下设灵山胜境文化旅游有限公司、灵山景区管理有限公司、灵山景区经营有限公司、灵山房地产投资开发有限公司、灵山文化传播有限公司、灵山食品有限公司、灵山香烛工艺制品有限公司、灵山物业管理有限公司、灵山素食有限公司等。2013年,灵山景区以创建"全国文化创意旅游产业知名品牌创建示范区"为契机,按照国际规范完善标准化管理体系,形成具有灵山特色的产业服务标准化管理体系。

---

① 李露.基于游客满意、游客忠诚的灵山主题景区研究[D].无锡:江南大学,2012.
② 无锡年鉴(2014).2013年无锡旅游数据.旅游·园林[EB/OL]. http://szw.wuxi.gov.cn/wxnj/sjnj/wxnj2014/index.shtml.

4 灵山景区旅游产品管理

旅游产品是旅游目的地通过开发、利用旅游资源提供给旅游者的旅游吸引物与服务的组合。灵山景区依托佛教文化,已经形成以灵山大佛、灵山梵宫、九龙灌浴为代表的佛教文化景观为主,集自然生态、观光休闲于一体的旅游产品组合模式。综合灵山景区的各种旅游资源,可将其旅游产品项目主要分为两大类进行管理。

4.1 佛教文化建筑景观旅游产品管理

灵山景区主要佛教文化建筑景观包括景区内的建筑、雕塑铜像、景观景点,如灵山大佛、九龙灌浴、灵山梵宫、五印坛城、"天下第一掌"等,这些景点成为观光游览的主要旅游吸引物。主要的旅游线路行程串联其景区内的各大景点,观光之旅包括到景区进行宗教朝拜烧香祈愿、观赏佛教文化建筑、体验佛教文化等。对于此类建筑景观,灵山以打造未来文化遗产的理念进行开发,设有无锡灵山景区运营管理公司,对这些建筑景观进行日常管理与维护,并向游客征收210元门票进行景区景点的日常经营。

4.2 活动节事旅游产品管理

灵山景区策划了一系列主题形式丰富的活动、节事,并成为游客前往景区游览观光体验的旅游吸引物。包括游客到景区观看大型文化演出,参与体验宗教仪式活动,参与各种节事会议活动,如"世界佛教论坛"、学术交流活动、体育健身活动、旅游文化节、摄影赛事等;也包括乡村休闲、禅修、温泉、高尔夫、度假别墅、古镇小镇等旅游产品。对于各种节事、会议、公益、活动等,灵山景区进行策划,将佛教文化与社会热点、佛教思想与当代社会衔接,与相关政府部门、旅游部门、佛教协会进行合作,提高景区旅游产品的丰富性与吸引力。对于具有休闲度假功能的旅游产品,灵山景区进行积极的规划与开发,挖掘佛教文化与休闲娱乐的契合点,如在建的灵山小镇·拈花湾、山东曲阜尼山圣境项目,这也是休闲时代灵山倾力打造的文化精品工程。

5 灵山景区旅游营销管理

灵山景区在短短20年的时间里发展成我国著名佛教圣地、佛教文化主题景区、国家5A级景区,在10年创遗之路上创造出一批佛教文化精品,其影响力离不开旅游营销上的大力实践。

5.1 旅游形象推广营销

灵山景区以佛教文化为主题,并在一开始以"五方五佛之东方大佛""世界第一高佛"为形象定位,使灵山大佛的建设形成五方五佛(东方无锡灵山大佛、南方香港天坛大佛、西方乐山大佛、北方山西云冈大佛、中间河南洛阳龙门大佛)的格局,提高了灵山大佛的声势、地位;利用空隙定位,填补东方没有大佛的空白,形成景区文化核心竞争力;利用领先定位,除世界第一大佛外,还拥有"天下第一掌"、江南第一钟、华夏第一大照壁,第一次用全新形式以音乐动态群雕"九龙灌浴"诠释佛教,给人以深刻印象,使旅游形象推广迅速展开。随后灵山梵宫、五印坛城的建成,不断增加旅游形象营销的吸引点,扩大旅游营销的影响效应。

5.2 旅游节事活动营销

灵山景区积极挖掘佛教思想与当代社会的契合点,策划、举办了一系列具有特色、影响深远、富有积极意义的大型文化与旅游活动。开展与宗教相关的节事活动,如新年撞钟、中韩佛教学术交流、灵山大佛开光周年纪念活动等,2009 年第二届"世界佛教论坛"在灵山举行,极大地提高了灵山的世界影响力;同时灵山景区还以城市休闲旅游周、中高考祈福游、感恩亲民活动月、夏季素食节、"七夕"禅缘、美食节、户外大露营、全民旅游、公益慈善等连续性主题活动为吸引,全面升级景区的营销活动,如 2012 年在灵山景区举行中国旅游日主会场活动,包括环太湖蠡湖徒步旅行大会、自行车巡游、全国旅游摄影大赛、锡帮菜美食节、旅游商品展会、城市旅游休闲周等内容。通过开展丰富多彩的旅游节庆活动,2012 年无锡接待国内游客达 6 365.25 万人次,比上年增长 11.2%;旅游总收入 1 031.95 亿元,比上年增长 15.3%[①],产生了良好的经济、社会、形象效益。

5.3 旅游宣传推介[②]

景区的营销推广离不开高层领导者、管理者的引导支持。2012 年,无锡旅游部门、多家旅行社、各大景区参与上海浦东举行的"魅力无锡·心动旅程——休闲度假新景新品新线路推介会",启动"2013 百万上海市民无锡休闲度假之旅"合作项目,灵山景区等 30 多家旅游企业与上海国旅等 150 家旅行社签下自组外联总成交 120 万人次的客源互送合作协议。2013 年,市政府带领无锡旅游代表团参与德国柏林展览中心举办的全球 2013 旅游博览会,灵山景区推出特色旅游产品进行旅游推介,提高灵山景区在海外的知名度。同时与无锡市内各大景区,省内南京、泰州、扬州等地加强旅游营销区域合作,整合旅游线路,共同营销。

此外,灵山景区积极利用各种媒介进行宣传。2013 年在城市旅游宣传促销中,通过旅游杂志推出旅游主题,向大众休闲市场发放旅游指南、微旅游图册、折页等宣传资料,投放全市旅游咨询中心、主要景区和酒店等公共场所,向游客提供免费无锡旅游攻略。

5.4 网络旅游营销

随着网络信息技术的发展,网络营销成为日益流行有效的媒介营销方式,并在旅游信息推广、产品营销、加强与顾客互动、提高影响力等方面发挥着重要的作用。灵山景区设有灵山集团官方网站[③],具有发布旅游信息、在线预订咨询、旅游指南、景区导览等功能,同时设有腾讯微博和微信公众号;在国内知名旅游网站上,如同城旅游、途牛网、悠哉网、携程网、蚂蜂窝等都能够看到灵山景区旅游线路信息,通过这类垂直型旅游网站进行旅游线路销售。

在营销渠道扩展上,2013 年灵山景区上线灵山天猫旗舰店,标志着灵山景区互联网电子商务的发展,旅游产品营销实现景区零售、电商发展、开设品牌店三渠道并行模式,以自建电子商务平台为促销渠道,完善官方旅游网站建设,开发、完善官方微信平台,推进灵山大旅游、大平台营销。

综合灵山景区在旅游形象推广、旅游节事活动、旅游宣传推介及网络旅游营销上的举措,可以看到旅游营销依托于景区已有的佛教建筑景观、借助多种渠道与媒介,并且营销趋势日益与城市休闲度假精品、各种特色休闲活动相结合,旅游业迎来国民度假休闲多元化发

---

① 无锡年鉴(2013).2012 年无锡旅游数据.旅游·园林[EB/OL]. http://szw.wuxi.gov.cn/wxnj/sjnj/wxnj2013/index.shtml.
② 薛雯霞.无锡旅游网络营销发展研究——以灵山大佛景区为例[J].价值工程,2013,(38):185-187.
③ 灵山集团官方网站 http://www.chinalingshan.com/index.aspx.

展的时代,并呼唤新品与精品。

6 灵山景区旅游形象管理

灵山景区的旅游形象以"佛教文化主题景区""佛教文化圣地"为主要内容,并将其定位为我国唯一完整、集中展示佛祖释迦牟尼功德的佛教文化主题景区,2014 年,灵山胜境被评为首批 11 家"创造未来文化遗产示范单位"之一。

在发展初期,灵山景区以灵山大佛、佛教中五方五佛理念,以及 88 米高的大佛,树立起"东方无锡灵山大佛""世界第一高佛"的旅游形象;在发展的第二阶段,灵山景区建成以"九龙灌浴"为主体的灵山胜境文化园,完成佛祖四相成道的轴线布局,形成"释迦牟尼佛根本道场"的旅游形象与品牌;在发展的第三阶段,灵山梵宫被誉为"东方的卢浮宫""当代佛教文化标志性建筑""世界级文化艺术殿堂",五印坛城展示藏式佛教文化,加之世界佛教论坛在此永久会址的确定,使得灵山景区"佛教文化圣地"的旅游形象日益成熟;在休闲度假旅游兴起的时代背景下,灵山景区以"太湖山水禅,心灵休闲湾"为核心理念,打造国际禅修中心、生态园林、当代佛教丛林,将禅文化与旅游休闲结合,形成"让观光游客慢下来,让休闲游客静下来,让度假游客住下来"的全功能、多业态、特色性的休闲度假旅游目的地。

灵山景区旅游形象在发展过程中充分挖掘佛教文化内涵,不断丰富、成熟。但在旅游形象认知上,游客对灵山景区的认知目前仅仅停留在灵山大佛以及宗教建筑上。且景区旅游形象散乱,未形成鲜明的旅游视觉、口号、历史文化形象,缺少系统的形象设计,在全国范围内未形成较广泛的知名度,因而其创造未来文化遗产的理念与形象未得到充分的推广。

7 灵山佛教文化与旅游、休闲及未来文化遗产的关系

7.1 灵山佛教文化与旅游的关系

7.1.1 佛教文化提供丰富的旅游资源

佛教文化蕴藏着丰富的旅游资源,而旅游则促进资源价值的实现,转化成现实的旅游产品。灵山景区的景点景观都体现了佛教文化,并依据佛教文化而设计开发,如根据佛教经书的记载再现佛祖出生的九龙灌浴、根据佛祖四相成道形成的景点布局、展现藏传佛教文化的五印坛城、根据佛祖成佛心路历程而打造的大型舞台情景剧《吉祥颂》、灵山梵宫无数佛教珍品、浴佛节以及佛教庙会等等。佛教文化创造的精神文化及物质文化为旅游提供了自然风光和人文景观的双重旅游资源。

7.1.2 佛教文化提供一定的旅游市场

佛教具有悠久的历史与广泛的信众,信徒虔诚的信仰,形成对佛教文化景区持续、稳定的旅游需求,形成宗教朝觐旅游;佛教追求心境的平和,与现代社会人们逃避现实生活、渴望心灵平衡的需求相契合,也成为旅游者前往佛教文化地游览、体验的动机。

7.1.3 旅游促进佛教文化的传播、保护,二者相互影响

灵山旅游资源的开发起源于祥符禅寺,旅游的开发促进佛教文化遗产的修复和保护,并使祥符禅寺从一座古刹发展成佛教文化主题景区,完整而集中地展示并传播着佛教文化。佛教文化资源反过来也影响着旅游的发展。可以说,佛教文化资源与旅游活动良性互动,既

能够弘扬佛教文化的精华,也能服务于旅游业与社会建设[1]。

7.2 灵山佛教文化与休闲的关系

宗教旅游休闲活动在古代便已存在。中唐诗人李涉《题鹤林寺僧舍》提到"因过竹院逢僧话,又得浮生半日闲",古人经常到寺院道观及山林访僧问道、品茗闲谈、参禅悟道、以文会友、优哉山水、放松身心。而发展到当代的宗教旅游,人们已不再满足于走马观花式的宗教观光游,不再满足于消极被动的参观方式,并且随着休闲度假时代的到来,休闲度假理念日益与宗教元素相结合,充分发挥宗教所具有的净化心灵、引领向善等正能量,与现代人们生活的需求相融合。宗教休闲旅游逐渐成为一种新兴时尚的休闲方式与发展潮流。

对于灵山景区,其佛教文化资源同样与休闲度假紧密相关,这主要体现在以下一些方面:第一,灵山景区为休闲度假提供发展的空间。灵山景区坐落于太湖之滨,背靠马山,面临太湖,左挽青龙山,右携白虎山,其静谧优美的自然环境与可供开发的广阔地产为发展休闲度假游、乡村旅游、生态旅游创造了条件。第二,灵山景区佛教文化资源能够开发出相关的多样化休闲度假产品,从"食住行游娱购"六要素出发与佛教文化相融合,满足人们的休闲需求。比如,"食",与佛教过堂结合,提供健康、绿色的素食;还有与茶道相结合,提供品茗茶艺体验。从"娱"方面可以延伸出多种休闲度假的方式[2]。在禅文化体验上,灵山禅修中心提供"静心禅"一日体验课程、"明心禅"二日或多日精进课程,给游客创造研修体验与修身养性的精神之旅;在养生疗养上,有宗教意味的瑜伽、养生SPA、温泉疗养成为休闲度假新方式;在娱乐活动上,灵山景区提供与佛教文化故事密切相关的表演《吉祥颂》、佛乐梵音、艺术展览、风俗节庆庙会、高尔夫等。这些活动融合佛教文化与人们休闲度假的需求。第三,反过来,休闲度假游的发展也调整了灵山景区旅游产品结构。这体现在,丰富了旅游产品,增加了旅游吸引力,除信众外还吸引非信众旅游者,除大众旅游者外还吸引中高端消费者,扩大旅游市场辐射范围;在宗教观光的基础上,增加休闲度假的比重,完善旅游产业链,树立旅游形象与品牌定位。休闲度假与宗教旅游的结合为宗教旅游注入了新的活力。

7.3 灵山佛教文化与未来文化遗产的关系

未来文化遗产被定义为"当代人所创造的、能够体现当代特色和创新能力、符合世界遗产委员会所确立的评定标准并能作为人类文明延续的实证符号的文化遗产"。这些实证符号以建筑物、城镇规划和景观设计成果等为主要表现形式[3]。因此,可以从以下方面来分析:第一,灵山佛教文化建筑与景观创造未来文化遗产。中国建筑的"千建一面"、景区的同质化呼唤创新,呼唤对优秀传统文化的传承,也呼唤景区站在文明建设的高度承担创造"现在献给未来的礼物"的使命。灵山传承佛教信仰,以建筑、景观、纪念物、演出等形式体现文化多样性,特别是以灵山梵宫为代表的佛教建筑来"打造精品",不仅是建筑设计的创新,而且是"中国非物质文化遗产宝库",以建筑来保护文化遗产,成为纪念性文化建筑。第二,休闲时代呼唤新品、精品休闲产品,灵山佛教文化在休闲领域将占据一席之地。旅游业迎来国民度假休闲多元化发展的时代,可持续性的旅游开发、以特色竞争的旅游目的地和旅游产品、优质和个性化的服务体验及巨量人流出行的假日经济已成为中国旅游业发展的新业态[4]。休

---

[1] 张桥贵,孙浩然.宗教旅游的类型、特点和开发[J].世界宗教研究,2008,(4):128-139.
[2] 王樊.我国宗教旅游产业发展存在的问题及对策[J].武汉理工大学学报(社会科学版),2013,26(6):917-918.
[3] 魏小安.《休闲时代——创造未来文化遗产》主题报告[R].2014.
[4] 无锡灵山《休闲时代——创造未来文化遗产》宣言,2014.

闲度假的发展浪潮与灵山佛教文化所蕴藏的休闲功能相契合,未来文化遗产的项目也致力于成为可持续发展和第三产业向休闲服务转型的示范。这些都将是灵山景区将打造未来文化遗产的理念运用到旅游、休闲领域的实践。

8 灵山景区旅游管理未来展望

8.1 实践未来遗产理念,打造精品旅游产品

灵山景区经过三期的建设已经形成灵山大佛、灵山梵宫、五印坛城等文化建筑景观。在未来的发展中,以创造未来文化遗产为理念,坚持"今天的精品,明天的文物,后天的遗产"的原则,深化内涵,形成特色,挖掘与整合旅游资源。

8.1.1 紧密融合佛教文化,发挥积极作用

灵山景区在发展过程中始终围绕佛教文化这一主题,佛教文化也成为景区重要的旅游资源,不仅体现在景区景点设计、建筑风格上,也体现在景区活动、氛围上。在未来的发展中,应积极发挥佛教的当代社会价值和意义,挖掘和开发佛教的启迪智慧、唤起道德、平衡心理、重塑人生价值、益智健身、放松精神、治病疗养等功能,深化景区佛教文化内涵,提高游客对佛教文化的认识。

8.1.2 整合旅游资源,打造精品旅游线路①

目前灵山景区拥有灵山大佛、九龙灌浴、灵山梵宫、五印坛城几大奇观,以及梵宫广场、"天下第一掌"、佛教文化博物馆等旅游景点,景观多且分散,未来可以根据不同类型游客的需求设计不同的游览线路②;同时灵山景区山水自然景观和宗教文化风情相互映衬,景区旅游发展要突出佛教文化的主题,在展示有形旅游产品的同时展现其佛教文化内涵,融合宗教活动、节事、仪式等非物质文化资源,将观光、宗教朝觐、休闲、会议、学术交流、体育旅游、生态旅游、疗养等旅游形式融为一体,利用各种旅游资源,细分旅游市场,打造多样化精品旅游线路,在传统的宗教朝觐游、观光游的旅游产品外,积极开发新兴的热门旅游线路产品,如宗教文化学习体验游、宗教民俗娱乐休闲游、宗教修身养性度假游等等。

8.1.3 提高旅游服务水平,完善旅游产业链③

灵山景区在原有的食住行游娱购相关产业链以及服务体系基础上仍需进一步加强,充分考虑不同层次、不同类型游客的个性化、多元化需求。在景区旅游服务管理上,增加旅游服务项目,提升服务水平,提高旅游服务效率。

8.1.4 创新旅游文化活动,增进游客互动体验

主题公园若能将自身文化主题与社会现实联系起来,不断注入时代内容,就能不断增强影响力,提高吸引力④。灵山景区可以通过结合佛教文化与社会热点,策划举办一系列别具特色、形式丰富的文化活动,充分利用旅游、佛教、学术交流、慈善公益、会议展览、演出等,吸引游客参与进来,在提高景区影响力的同时增强游客体验,如景区已举办的撞钟活动、"感恩与祝福"活动、"灵山善行天下"慈善活动、"世界佛教论坛"、大型徒步公益活动、佛教艺术珍

---

① 方应波,张中旺,等.宗教旅游资源开发的思考[J].经济研究导刊,2012(22):154-155.
② 任文波.无锡灵山景区的规划与开发探讨[J].现代商贸工业,2012(12):57-58.
③ 李露.基于游客满意、游客忠诚的灵山主题景区研究[D].无锡:江南大学,2012.
④ 许刚.无锡灵山景区旅游持续发展的文化原因分析及启示[J].市场论坛·旅游市场,2011(12):84-86.

品会展、大型演出《吉祥颂》等。另外,打造更多需要游客积极主动参与的体验活动,比如与宗教人士一起劳动、作息、禅修,让游客体验佛教清修生活。河北柏林禅寺曾举办"生活禅"活动,九华山举办"做一天和尚撞一天钟"活动,通过游客体验都产生了良好的品牌效应。

8.2 融合禅文化与休闲,打造休闲度假地

随着休闲度假的兴起,灵山景区致力于打造休闲度假旅游目的地,并通过对中国传统禅文化的创新性解读与运用,与休闲度假相融合,创造出适合现代人的时尚生活方式。通过丰富的业态聚集、丰富的旅游产品和体验活动的创造,整合现代人"吃住行游购娱"多功能的休闲度假要求,既涵盖符合游客审美要求的禅意山水和建筑,同时又结合禅文化特色,策划创意丰富的互动体验项目,如大禅堂禅修仪式、茶道、花道、香道、禅餐、出坡等,以满足不同消费层次游客的需求。在灵山胜境景区周边形成文化主题酒店、五星级度假酒店、商务会议中心、温泉、高尔夫、度假别墅、古镇小镇、乡村休闲、拓展培训等文化旅游衍生产品,融合宗教旅游、商务旅游、生态旅游、温泉疗养旅游、体育旅游等形式,加入宗教元素,形成独具特色的宗教休闲旅游产品。

8.3 发挥地区整合优势,促进地缘文化发展

将灵山景区的发展与吴文化背景下该地区及周边地区的其他景点相结合。无锡所处的苏锡常地区具有丰富的自然与人文旅游资源,灵山景区可以与其他景区景点相整合,弥补旅游资源较单一的劣势,资源互补,加强市场合作开发,形成地区旅游品牌。如打造精品旅游产品及线路,"点线"联合、与其他景区景点捆绑营销与联合营销;建立综合旅游信息网,实现信息一体化服务与共享;推出旅游便利化服务措施,建设旅游服务网络体系;与相关政府部门良性互动,由政府来引导,鼓励各地旅游企业合作,共同开拓客源市场等。

 案例使用说明

一、教学目的与用途

1.适用的课程、对象

本案例适用于学习旅游管理、旅游规划与开发、景区管理、旅游人文地理等相关课程的本科生与研究生。

2.教学目的

通过本案例的教学,对于主题文化景区、宗教文化景区旅游管理有初步的了解,引导案例学习者对于宗教文化主题景区创造未来文化遗产的管理理念和管理方式的思考。

二、启发思考题

1.对无锡灵山景区旅游资源进行评价。

2.无锡灵山景区旅游的产业、产品、营销、形象管理还有哪些?在产业体系、旅游产品、营销方面存在哪些问题,如何进行提升?

3.分析灵山景区创造未来文化遗产的举措与历程。

4.分析灵山景区佛教文化与旅游的关系。

5.分析灵山景区佛教文化与娱乐休闲的关系,以及可以开发怎样的娱乐休闲项目。

6.灵山景区旅游面临的问题还有哪些?针对所有这些问题,有什么应对或改进措施?

灵山景区应如何更好实践创造未来文化遗产的理念?

7.立足于佛教文化开发利用和产品创新的视角,策划灵山景区内互动旅游体验项目,要求主题明确、特色鲜明、内容充实、操作可行。

三、分析思路

无锡灵山景区简介—无锡灵山景区发展与创遗历程—无锡灵山景区的旅游资源—无锡灵山景区旅游市场—无锡灵山景区旅游产业管理—无锡灵山景区旅游产品管理—无锡灵山景区旅游营销管理—无锡灵山景区旅游形象管理—无锡灵山景区佛教文化与旅游、休闲与未来文化遗产的关系—无锡灵山景区旅游面临的问题—无锡灵山景区旅游未来展望

四、关键要点

1.无锡灵山景区旅游发展与创遗历程

2.无锡灵山景区物质文化资源和非物质文化资源

3.无锡灵山景区的旅游产业管理、旅游产品管理、旅游营销管理、旅游形象管理

4.无锡灵山景区佛教文化与旅游、休闲及未来文化遗产的关系

5.无锡灵山景区旅游面临的问题

6.无锡灵山景区旅游未来展望

五、建议的课堂计划

1.时间安排

以90分钟为宜,其中15分钟阅读案例,15分钟学员进行小组讨论,15分钟小组代表发言,15分钟师生互动交流,20分钟学生书面分析总结,10分钟教师最后总结。

2.黑板板书设置不作严格和固定要求

3.小组的分组及分组讨论内容

建议3~5人为一组,每组自行推选小组代表进行发言。讨论包括两方面:一方面是整体对于宗教文化主题景区旅游管理的讨论;另一方面是对于无锡灵山景区管理中某一关键要点的讨论。各小组各有不同的关注点。

六、其他教学支持材料

视频纪录片:无锡灵山景区旅游视频

1.美丽滨湖——魅力灵山

http://www.chinalingshan.com/jtzx/News/YingXiang/index.aspx

2.大美灵山("全国旅游系统先进集体"展播片)

http://www.chinalingshan.com/jtzx/News/YingXiang/index.aspx

3.文明中华行——灵山如愿

http://www.chinalingshan.com/jtzx/News/YingXiang/index.aspx

4.灵山梵宫

http://www.wasu.cn/Play/show/id/5046836?refer=sll

第三部分
旅游度假区管理

古北水镇:高品质复合型景区

郑先芳　郑　杨

【摘　要】观光游首看景致,休闲游重在管理。在旅游消费升级、散客分化、自媒体时代旅游信息日益多元化的新趋势下,"好风景、好区位、好管理"的复合型景区前景广阔,古北水镇正是此类景区的杰出代表。古北水镇是中青旅凭借卓越的管理能力和乌镇模式的品牌优势,依托"央企+好管理"实现"优中选优"的连锁复制扩张项目之一,其不仅满足乌镇成功的四要素,即资源、区位、政府支持及管理,还拥有比乌镇更为庞大的客源基础和竞争市场条件。其开发管理注重环境保护,注重对传统古村落的传承与再生,成为一个高品质的复合型景区,实现地区经济、社会、生态和历史文物保护综合效益的最大化。

【关键词】高品质;复合型景区;传承与再生

1　古北水镇景区概况

古北水镇位于北京市密云县古北口镇,坐落在司马台长城脚下,由中青旅控股股份有限公司、乌镇旅游股份有限公司、北京能源投资(集团)有限公司及其他战略投资者斥资45亿元人民币建设而成。2010年,中青旅开始与北京市密云县人民政府正式合作,开发建设"古北水镇国际旅游综合度假区"项目,历经4年,古北水镇于2014年10月开始营业。

度假区依托古北口优美的自然风光和司马台古朴的长城风貌,将9平方公里的度假区整体规划为"六区三谷",分别为老营区、民国街区、水街风情区、卧龙堡民俗文化区、汤河古寨区、民宿餐饮区与后川禅谷、伊甸谷、云峰翠谷,形成了集观光游览、休闲度假、商务会展、创意文化等旅游业态为一体、服务与设施一流、参与性和体验性极高的综合性特色休闲国际旅游度假目的地。度假区内拥有43万平方米精美的明清及民国风格的山地合院建筑,包含2个五星标准大酒店、6个小型精品酒店和400余间民宿、餐厅及商铺以及10多个文化展示体验区及完善的配套服务设施。

作为京津冀休闲度假的新型体验目的地,古北水镇可谓名利双收。2015年8月23日,在一场带着"互联网+文化+旅游"三重基因的见面会上,古北水镇被评为"北京旅游新地标TOP10"之一[①];同年8月,在北京市旅游委和励展旅游展览集团联合举办的北京国际商务及会奖旅游展览会(CIBTM)上,古北水镇被评为唯一一个北京最佳主题MICE(商务会奖)

---

① "北京旅游新地标TOP10"是在30个候选地标中,由数十位旅游达人组成的评委会和近万名网友票选而出,是由南锣鼓巷、簋街、798、北京大学、北京奥林匹克公园、古北水镇、三里屯、雍和宫、潘家园、北京雁栖湖APEC会议中心组成。

小镇[①]。度假区本着"将最大的善意释放给每一位宾客"的理念,切实落实游客需求,解决游客在游览中遇到的疑惑,营业期间赢得广大游客的一致好评,2014年,古北水镇被最佳旅游榜·北京榜授予最佳生态文明奖。随着《奔跑吧兄弟》《真心英雄》等多个综艺节目在该景区内的录制及在地铁、互联网广告等的投入,古北水镇知名度和吸引力显著提升,景区宣传推广向全国辐射,效果初步显现。2014年底,景区共接待游客约100万人次。2015年作为古北水镇第一个完整年度,端午节3天一共接待游客5.6万人次,较去年同期增长22%;2015年第二季度,古北水镇日均游客在3 000至4 000之间,其中周末有20 000至30 000人次。景区目前人均消费约300元,其中门票为160元。2015年上半年,古北水镇实现营业收入15 706万元,同比增长135.39%。

1.1 度假区开发背景

中国旅游形态正由观光旅游向休闲旅游的方向转型,城市周边、行程简单、短时间的短途休闲"微旅游"具有巨大的市场空间,成为旅游产品中的新宠。北京拥有2 000多万的居民,是巨大的短途休闲旅游市场。但是目前北京周边的休闲游产品与我国南方和国际大都市周边的休闲游产品相比有着较大的差距,主要体现在地域文化特色不浓,缺乏历史文化资源产品和文化休闲度假产品,品牌旅游产品稀缺,旅游衍生品较少,旅游产业链和价值链较短,产业业态单一,优质的旅游目的地稀缺等等。位于北京市密云县古北口镇的司马台长城景区为国内外知名的旅游景区,长期以来,景区的旅游接待主要依托于位于长城脚下的司马台村。随着旅游产业的快速发展,特别是京承高速开通后,司马台村作为司马台景区的旅游接待基地,其设施条件和接待能力已远不能适应旅游发展的需要。

鉴于北京庞大的京郊旅游需求及司马台景区的接待能力不足等现状,为了为北京市民提供高品质的旅游目的地,充分发挥长城旅游资源优势,带动当地经济发展,2010年3月,密云县政府批准由"北京古北水镇旅游有限公司"实施北京密云"古北水镇"建设项目,打造"观光+休闲+度假"的复合型高品质景区。

1.2 度假区建设优势

1.2.1 核心优势:"乌镇模式"

"乌镇模式"以"整体产权开发,复合多元运营,度假商务并重,资产全面增值"为核心,观光与休闲度假并重,门票与经营复合,实现了高品质文化型综合类出游目的地的建设与运营。依"乌镇模式"而建的古北水镇主要有以下三个方面的明显优势:

一是产权和社区优势。一般而言,古镇或乡村开发旅游大多采取租赁经营或者集体经营的模式,因为古镇既是旅游景区又是居民区,各处房产归属不同居民,产权很难统一。由于房屋产权分散在各家各户手中,因而很难实现整体布局,更别说进行统一的管理。而古北水镇在开发时采取了全资买断所有原商铺和住家的房屋产权,在此基础上实现整个景区开发的主体一元化,从而使得对古镇的统一规划和统一经营管理成为了可能。

古北水镇将原住居民全部迁出,景区内的居民主体是游客,除此之外都是工作人员,这样的社区重构使得一般古镇开发中的居民与游客的矛盾不复存在。对于古镇中民宿的房东来说,他们的身份由原来的居民变成了旅游公司的雇员,他们租赁自己的原有房屋经营餐

[①] CIBTM是英国励展旅游展览集团专门针对亚洲市场的商业平台,是中国境内唯一受到专业第三方认证的国际会奖旅游展。

饮,与游客之间也是服务关系,并且需要在公司统一的规范下进行经营。古北水镇改变了一般古镇开发中的社区关系:对于一般古镇而言,是外来者的游客在古北水镇是真正的"镇民",原来的居民却成为进入景区务工的外来者,原住居民通过承租景区公司的房屋进行经营。正是这种颠覆式的社区重构,给游客带来了对古镇的深度感受和极佳的旅游体验。

二是规划和产品优势。从古镇的整体规划和建设来看,一般的古镇景区都是对原有建筑进行简单的修缮和搭建,从而造成古镇的水电、卫生等条件难以满足现代消费者的居住需求,因此一般古镇的住宿产品往往是低端的。古北水镇对原来的村镇进行了全新的改造。在基建方面,以古北水镇新建的地下管廊为例,它的宽、高达 2.2 米×2 米,这在整个北京都是绝无仅有的。在外部整治方面,古北水镇不只是整旧如旧的单体修复,而是基于街区风貌的整体打造。在内部改造方面,古北水镇对历史建筑内部空间进行了重构,包括对室内空间重新分隔、安装现代厨卫设备、提升人均居住面积,使得改造好的古建筑更适合现代城市人的居住。在社区配套方面,古北水镇按照现代居住社区的标准,配套包括公共场所、社区休闲活动空间、人文活动设施及旅游配套设施,建立了戏楼、祠堂、书院、镖局等等,可让游客体验真实的古镇生活。

此外,古北水镇激活了古镇的生活文化。古镇原有的染坊,工艺师傅手把手教游客 DIY 属于自己的印染作品;古镇的镖局,师傅可以带领游客推镖车、展拳脚,走进镖师们的真实生活。古北水镇规划举办一些大型节庆活动,将皮影戏等文艺节目按旅游需求重新编排,在夜间露天表演或公开表演,丰富旅游夜生活的内容。

三是经营和管理优势。对于古北水镇来说,门票只是进入景区的门槛,景区内包括餐饮、住宿、娱乐等多业态复合经营才是营收的主力,这会使得收入的增长幅度远大于游客量的增速。在业态上实施复合经营的基础上,古北水镇在管理上实施统一管理。在景区内,游客绝对不会遇到强买强卖,更不会听到吆喝叫卖声。所有商铺的承租户由公司来发工资,卖茶的就只能卖茶,捏面人的店铺只能出售面人,亏的钱由公司补贴。在古北水镇内部,原住户可以租赁原有住宅开展餐饮经营,但是每户只能同时接待 2 桌客人,并且菜品和菜肴价格由公司统一制定,有效预防经营中的拉客宰客行为的发生。

古北水镇的管理是完全专业化的管理,包括中青旅和其他战略投资者在内的股东均不参加古镇管理,整个古镇是由乌镇旅游公司以陈向宏为首的专业团队负责打造和运营。古北水镇的从业人员中有很多是从旅游酒店相关专业的大学毕业生中招聘而来,从而极大地提高了服务的质量。而对于部分合格的原住居民,古北水镇也加大对其培训的力度,从而保证了景区的服务水平。

扩展阅读

采取乌镇模式,但是超越乌镇市场

1.北京旅游市场客源基础充裕,在高基数下保持平稳增长(2010—2014 年,旅游人数年均增 9.2%)

2014 年,北京接待旅游总人数 2.61 亿人次,同比增长 3.8%,客源基础充裕。其中,仅是北京本地出游人数一年就达到 10 100 万人次,也就是说深挖本地市场客源总量就十分可观。

表1 北京旅游人数构成及增长情况

年份	入境游（万人次）	国内来京旅游（万人次）	市民在京游（万人次）	合计（万人次）	游客同比增速(%)
2010	490.1	11 780	6 120	18 390.1	
2011	520.4	12 818	8 066	21 404.4	16.39
2012	500.9	13 620	9 014	23 134.9	8.08
2013	450.1	14 755	9 983	25 188.1	8.87
2014	427.5	15 600	10 100	26 127.5	3.73

数据来源：北京旅游发展委员会，编者整理

2.周边可比竞争旅游项目较少，竞争环境优于乌镇

从古北水镇的竞争对手来看，考虑到其核心的司马台长城资源，我们首先将古北水镇与八达岭长城进行对比。虽然司马台长城距北京市区约120公里，较八达岭长城距离北京市区（74公里，车程一个小时左右）更远，且知名度目前也不及八达岭长城，但是由于司马台长城是唯一保留明代原貌的古建筑遗址，同时古北水镇还拥有丰富的温泉，属于观光休闲度假地复合型定位，个性化住宿等配套设施齐全，因此我们认为古北水镇的自然资源优势综合竞争力较强，在有效营销推广下完全可以分流八达岭长城的部分客流。考虑到八达岭长城游客基数庞大，哪怕古北水镇仅能分流20%左右，带来的客源也达到160万人次，数量也非常可观。并且，考虑到八达岭长城目前节假日早已人满为患，游客观光体验度较差，且部分中高端游客因人多放弃游览，因此古北水镇凭借"长城+温泉+观光休闲度假游"定位，既可以分流部分观光客人，更可以有效吸引对旅游体验要求更高的中高端客人。

表2 古北水镇与八达岭长城对比

	古北水镇	八达岭长城
地理位置	距市区120公里	距市区74公里
长城比较	司马台长城1987年被列入《世界遗产名录》，属国家级重点文物保护单位，是我国唯一保留明代原貌的古建筑遗址、国家4A级景区	"天下九塞"之一，属明长城的一段，为万里长城中最早对游人开放的地段，知名度较高，为国家5A级景区
门票	40元/人	八达岭景区85元，仅八达岭长城旺/淡季价格45/40元，缆车来回80元
资源优势	观光休闲度假区（特色民宿、餐饮、保健娱乐设施、商贸、民俗馆、会议中心、剧院等）+司马台长城+温泉资源	观光游景点；长城+影院+詹天佑纪念馆

资料来源：国信证券经济研究所整理

考虑到古北水镇温泉资源丰富，定位于观光休闲度假功能，我们将其与九华山庄（北京目前最负盛名的温泉旅游目的地）以及蟹岛（农家休闲娱乐场所）进行对比。

表3　古北水镇项目与九华山庄、蟹岛对比

	古北水镇	九华山庄	蟹岛
项目面积	约4 000多亩	约2 000多亩	生态农庄300多亩
距离北京市区	120公里	35公里	25公里
客房量	一期大约1 500间(包括会所、五星级酒店、民宿)	2 300多间、近5 000个床位	包括仿古农院、村公所、温泉会馆、小别墅、会议中心等
配套设施	民俗馆、水街(餐饮、酒吧、商贸等)、温泉会所、会议中心、剧院、保健娱乐设施、上长城索道等等	10多个餐厅,9 000多个餐位;会议及展馆面积逾6万平方米,100多个会议室;温泉、保健、娱乐、运动设施	1 800个餐位的"浓农菜园"、20余片乒乓球和羽毛球场,室内垂钓的"蟹宫""欧洲商品城"等
核心竞争优势	司马台长城、鸳鸯湖、特色民宿、温泉、剧院	温泉	有部分温泉、生态农庄、开创"蟹岛三点钟"模式
定价		580元以上	480~8800元

资料来源:国信证券经济研究所整理

从项目规模上看,古北水镇项目总占地面积是九华山庄的2倍,更远超蟹岛的生态农庄面积。从核心竞争优势来看,古北水镇拥有司马台长城和鸳鸯湖等旅游资源,拥有华北地区少有的"山水景致",温泉资源更是毫不逊色于九华山庄,自然资源较九华、蟹岛更为丰富。并且,古北水镇内还拥有丰富的历史文化资源积淀,各类高品质、个性化的住宿、餐饮配套设施,民俗馆以及剧场等资源,配套设施较蟹岛更完善,较九华更有特色。综合来看,古北水镇作为一个"观光休闲度假会展"复合定位发展的景区,首先是一个独具竞争优势的观光、休闲、度假旅游综合目的地,这与九华山庄、蟹岛单纯的假日休闲定位存在本质的差异。因此,虽然古北水镇距离北京市区较九华和蟹岛更远,但凭借其优质的资源优势,其综合竞争力更为突出。并且,从九华山庄目前的情况来看,虽然拥有2 300多间客房,但是其节假日出租率经常达到100%,全年入住率可以达到70%(2012年以前);2007年收入即达到6.7亿元(1998—2007年增长10倍),上缴税金7 000万元。从蟹岛的情况来看,"蟹岛三点钟"的旅游模式也较受北京当地居民喜爱。因此,从蟹岛、九华的情况来看,北京本地休闲度假的需求是极为旺盛的,从而为古北项目中长期的成长奠定了充足的休闲游客源基础。

此外,从外地来京旅游者的停留天数来看,2010—2014年,入境旅游者的停留天数均在4天以上,国内旅游者来京的停留天数都在5天以上,因此,古北水镇作为一个拥有司马台长城等核心旅游资源的综合目的地,通过有效地营销宣传,对入境旅游者和国内旅游者吸引力也较大,因此也完全有机会截留部分入境旅游者和国内旅游者在古北住宿一天,从而可以有效支撑古北项目中长期的成长。

表 4　北京旅游市场人均花费和停留天数情况

年份	入境游人均旅游花费/人次（美元）	入境游人均旅游花费/人次/天（美元）	入境游人均停留天数（天）	国内人均旅游花费/人次（元）	国内人均旅游花费/人/天（元）	国内旅游停留天数（天）
2010	1 029	245	4.18	1 902	362	5.25
2011	1 041	247.78	4.2	2 043	403	5.07
2012	1 028	243	4.23	2 217	442	5.01
2013	1 065	252.4	4.22	2 258	468	4.82
2014	1 078	254.23	4.24	2 324	466	4.99

资料来源：北京市旅游发展委员会，编者整理

1.2.2　资源优势：垄断性强

在历史文化资源方面，古北水镇由于地理位置险要，自古为"京都锁钥"，留下了宋辽时期的"杨令公庙"，还有明代大将徐达、戚继光修筑、驻守古北口等诸多人文历史。在自然资源方面，古北水镇拥有司马台长城（门票、索道经营权）和鸳鸯湖等优质的旅游资源。其中司马台长城1987年被列入《世界遗产名录》，是我国唯一保留明代原貌的古建筑遗址，东起望京楼，西至后川口，全长5.4公里，有敌楼35座，整段长城构思精巧、设计奇特、结构新颖、造型各异，堪称万里长城的精华。司马台长城保护专属区门票由公司统一管理（此前司马台长城景区门票40元/人，由于交通原因年接待量仅约50万人次）。原司马台长城建有一条登山索道，因设备老化已经停运。公司已委托其他公司新建一条索道，索道收益权归古北项目公司。此外，司马台长城被鸳鸯湖分为东西两段。鸳鸯湖由流淌不息的常年在37℃的温泉和冰冷刺骨的冷泉汇集而成，致使湖水冷暖参半，每至严冬，湖内依然碧波荡漾，雾气升腾，并使景区内部构成了华北山区较为少有的"山水景致"。

1.2.3　区位优势：东北门户

密云县的司马台村是北京的东北门户，古北水镇坐落于此，地处燕山余脉浅丘陵地带，是华北平原通往松辽平原和内蒙古草原的必经要塞之一，距北京市区120公里，车程在一个半小时左右，距北京首都机场1小时20分钟车程，距密云县城区60公里，距承德市区80公里，均约45分钟车程。换言之，古北水镇地处我国较发达的首都—环渤海地区3小时的交通圈内，拥有充足的有支付能力的客源支持，地理位置十分优越。同时，古北水镇恰好位于北京—承德的经典旅游线路上，因此，成为北京—承德旅游线路上的新增旅游项目。

1.2.4　支持优势：政府合力助推

为促进首都经济的转型，北京市提出了"发展沟域经济，促进京郊经济发展"的政策，古北水镇项目位于密云县乡村，获得北京市各级政府的大力支持。

2010年5月21日，北京市委召开专题会议，将"古北水镇"项目确定为北京市深入推进行政审批制度改革工作的试点，要求市有关部门和密云县解放思想、创新思路，创造性地开展工作。会议决定，项目建设采取市级部门指导、区县政府牵头的行政审批模式，除立项和建设用地手续外，市级行政审批权限一律下放，由密云县统筹研究，依法依规办理。会后，市

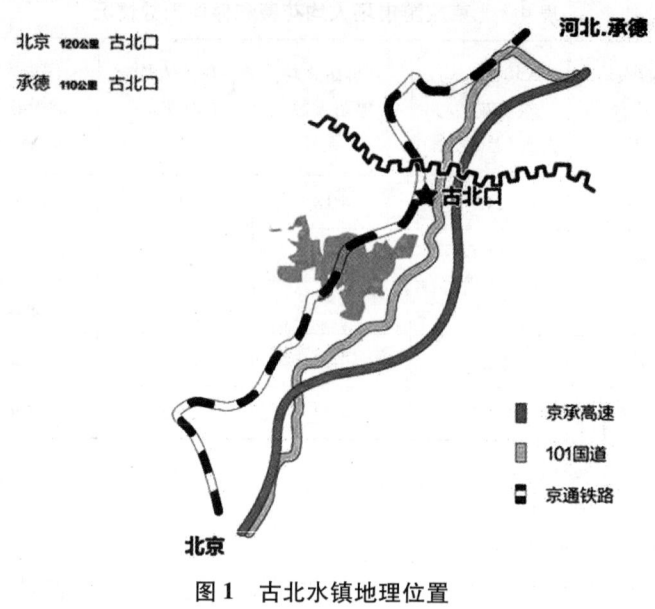

图1 古北水镇地理位置

住建委、规划委、国土局等六个市级部门分别下放了建筑工程施工证、招投标监管、质量监督注册、竣工验收备案、土地一级开发和二级土地供应规划条件、招拍挂入市交易、出让合同签订等18项审批权限。这一重大改革举措，为"古北水镇"项目尽快开工建设创造了有利条件。在市委市政府的指导和市有关部门的支持下，密云县成立了"古北水镇"项目手续审批工作协调领导小组，优化审批流程，构建"政府牵头，部门协商，集中审批"的项目审批模式，在依法依规的前提下，最大限度地加快审批进程，各相关部门从受理到审批均将时间压缩在行政许可的最短时限。

积极推进行政审批制度改革，提高工作效率。引导农民走入市场，提高致富能力。"古北水镇"需要一定的建设用地，这些土地多数来自于司马台村。在解决土地问题上，密云县和古北口镇两级党委、政府不是大包大揽，而是积极引导企业与村集体对接，利用市场手段推进土地流转。司马台村通过党员大会和村民大会统一思想，把土地全部流转到村集体，按照市场价格与企业签订了土地租赁协议，租金收益由村资产管理中心分配给具有土地、山场承包权的村民。由于价格合理，土地流转租赁得到了农民的支持和拥护，50天顺利完成旧村搬迁和土地流转工作。县、镇两级党委、政府因势利导，充分尊重农民意愿，帮助司马台村确立了以民俗旅游为主导产业的发展方向。在新民居户型设计上，以二层庭院式联排别墅为主，这样既能满足农民生活需要，又能满足民俗旅游产业发展需要。农户除了自住，每户都可拿出3~5间酒店式标准间，用于民俗住宿接待。新村回迁后，全村民俗户由68户增加到215户，床位由200张增加到933张。农民自发成立了民俗旅游专业合作社，组团发展民俗旅游，住宿定价、客源分配、组织培训、市场拓展都由农民自己说了算。全村有100多人在"古北水镇"就业，月收入3000元左右。

强化市场监管职能，保障"古北水镇"高标准规划、高水平建设。密云县委县政府根据全县"首都生态涵养发展区"功能定位和"绿色国际休闲之都"发展定位，结合产业结构优化升级的实际需要，认真筛选、考察企业项目，报请市委市政府同意，最终确定建设"古北水镇"项目。在项目建设前期,县委县政府多次召开专题会议听取汇报,对项目总体规划反复深入研讨,提出了几条原则性意见:第一,惠及农民原则。结合项目建设和沟域经济开发,对司马台地区20平方公里的范围实施统一规划,在改善村民居住条件的同时,为农民发展旅游产业提供充足的空间和设施。第二,低碳环保原则。按照"人文北京,科技北京,绿色北京"的要求,遵循循环经济的3R原则,项目区域内制定严格的环境保护措施,采用科技环保手段,实现零排放,同时加强绿化美化。第三,面向高端原则。项目建设与北京世界城市建设同步,坚持高标准、高档次、传承文化、突出个性,产品设计国际领先,市场推广与国际接轨,服务标准与国际同步。第四,保护性建设原则。司马台长城是"古北水镇"项目区域内的国家重点文物,被列为世界文化遗产,必须确保司马台长城不受损害、周围环境不被破坏。为了保护好长城,在项目论证阶段,密云县邀请了全国知名文物专家对项目整体规划设计进行了实地勘察和反复论证,认真听取了有关专家对长城保护和环境综合整治的重要意见和建议;在项目建设过程中加强监管,确保景区的建筑高度和建设范围全部按《文物保护法》和《长城保护条例》相关规定进行规控,景区整体风格与长城周边环境协调一致;项目建成后,长城的管理和经营权交由政府派出的管委会负责,长城门票收入所得全部投入长城的维护修缮。在政府的严格监管下,"古北水镇"项目坚守底线,不碰红线,妥善处理了发展文化旅游与保护长城原貌的关系,"古北水镇"与司马台长城风格协调、相得益彰。

强化公共服务职能,保障"古北水镇"高效率推进、高质量运营。积极整合各方资源,在司马台区域集成使用了新农村建设、沟域经济发展、小流域治理和旅游设施提升等多项扶持政策,助推项目建设。按照基础设施旅游化的原则,全力打造项目外围基础设施,统筹市政、公路、电力、水务等部门,对整个区域的道路交通、供电、给排水、污水处理、燃气供应、网络通信等基础设施和市政配套建设提前规划,与项目建设同步推进。项目建设期间,县委书记、县长多次带队到现场,召开办公会,及时帮助企业协调解决建设过程中遇到的各种困难。

有序推进周边地区的开发建设,搞好配套服务,实现多方共赢。为强化"古北水镇"的辐射带动作用,县委、县政府及县直有关部门加强对该地区交通的管理和疏导,建立了交通导示系统,并积极与市级部门沟通协调,解决京承高速司马台出口改造、公交线路调整等问题。同时,指导周边"三镇九村"围绕"古北水镇"制定统一的民俗旅游发展规划,改善原有民俗户的接待条件,高标准发展新的民俗户,推动司马台雾灵山沟域资源共享、优势互补,最终实现"多方共赢"。

1.2.5 投资优势:强企入驻

在"古北水镇"建设中,企业成为市场活动的主体,中青旅、IDG战略投资、乌镇旅游、北京京能集团四家实力很强的企业,成立专门的项目公司——北京古北水镇旅游有限公司,按比例共同出资持股,承担"古北水镇"的开发、建设和经营管理,确保了项目开发建设所需的巨额资金及时到位。

综合来看,作为北京周边目前最大的旅游项目,考虑到古北水镇拥有"乌镇模式"、资源、区位、政策支持、投资、设计等的优势,预期未来将步入正轨,其发展潜力不亚于乌镇。

1.3 度假区产业链概况

1.3.1 住宿业

目前古北水镇拥有2个五星级标准大酒店、6个小型精品酒店、400余间民宿,装饰风格多样,融合中西方式,其中民宿分布于景区街巷、汤河沿岸,或临水或面街。

扩展阅读

度假区内比较有代表性的住宿业态

水镇大酒店

水镇大酒店依山傍水，以欧洲城堡的理念来源，结合长城烽火台的景观概念，形成粗犷、大气的建筑宫殿。在景区步道游客可一览酒店全貌，使酒店成为水镇景区的一道景观。水镇大酒店共有客房409间，包含标准间、高级客房、长城景观客房、豪华套房、总统套房等；酒店内配套设施齐全，有特色餐厅、主题庭院、康乐设施、室内高尔夫、KTV等，被誉为"世界首家长城烽火台主题酒店"。

乌镇会精品酒店

乌镇会精品酒店分为山上、山下两部分，山上部分为欧式田园风格，山下部分以江南庭院为主题风格。山下部分共有房间39间，所有均为架子床，带炕几。酒店内设有温泉SPA区、豪华客房区、长城演艺区等休息、活动场所。

长城书舍精品酒店

长城书舍精品酒店共有客房26间，因临近英华书院而得名。

八旗客栈

八旗客栈是一家集暖炕、温泉为一体的特色民宿。这里是观赏长城的最佳地点，白天一抬头就可以看到阳光下不同颜色的长城的变换，晚上可以边泡温泉边欣赏满天星星的夜空。客栈内共有客房15间，其中3间1.8米炕、6间1.5米炕、6间1.2米炕，所有房间均带地暖及中央空调。

雁门客栈

雁门客栈临近长城脚下，坐在院子中抬头可见长城。雁门客栈宁静安逸，是休息、创作的首选之所。客栈共有客房14间，所有房间均带地暖及中央空调。

镖局客栈

镖局客栈因临近振远镖局而得名。在房间内，抬头可见镖局的瞭望塔和广阔院落，低头俯视流水淙淙，听摇橹声声，远观可见长城蜿蜒在陡峭的山峰之上。客栈共有客房22间。

梨园客栈

梨园客栈是一家以京剧故事内容为背景装饰的主题民宿。每一间客房都是一段折子戏，每一面墙壁都是一曲扣人心弦的西皮、二黄。客栈内共有客房15间。

卧龙堡客栈

卧龙堡客栈位于日月岛箭楼外侧，背靠河道，面向日月岛，既可枕水而眠也能感受到日不落岛的热情。客栈共有客房11间。

1.3.2 餐饮业

度假区内有烧肉馆、司马缸大酒楼、清真餐厅、意大利咖啡馆、长城酒吧、卤煮店、糖水店、煎饼（粥）铺、宫廷奶酪店、饺子馆（镖局客栈）、烧饼铺和"古北民宿房东家"等餐饮企业，目前众多商家主动加盟度假区，星巴克、步步莲花主题酒吧、水妞儿、浅山茶馆、盒子说、古法糖葫芦店等特色主题商铺已成功入驻度假区。

度假区的民宿的房东多为原住民,他们免费住在民宿里,为顾客提供餐饮服务,餐饮服务收入都归自己所有,但是没有固定的工资收入,客房收入收归公司。对公司来说,一方面通过餐饮收入可以激励原有村民努力提高服务质量,另一方面公司无须向村民支付工资,只需为他们提供服务平台和客源即可,降低了成本。

1.3.3 旅游商品

度假区内的旅游商品是由特色商铺、民间手工技艺作坊、非物质文化体验馆等提供,目前度假区内的旅游商品品种还不太丰富。

> **扩展阅读**

汤市街特色商铺

汤市街是特色商铺一条街,除了出售各类传统文化特色的手工艺品,还能让游客体验亲手创作的快乐。无论是传统花灯铺、风筝铺,还是灯笼铺,都设有互动区,让游客跟着老师边学边做,从而拥有一件自己专属的手工艺品。在一家名为"書履坊"的互动商铺,除了可以挑选到各种式样的手工绣花鞋、手纳千层底布鞋和手工绣品,游客还可在DIY区亲手体验创作涂鸦布鞋。

1.3.4 MICE(商务会奖)

古北水镇依托度假区内一流的环境、完善的设施、便利的交通、高效的合作方式及规范的管理,精准服务,全力打造京郊MICE中心,提供适合大小型会议和展览的室内或户外场地。目前拥有会议场所30余个,其中包含八旗会馆、密云大戏楼、望京楼阳光顶等主题特色户外场地。度假区拥有一只训练有素的会议管家队伍,为各类会议活动提供高水准服务,至今已为众多国内外政府部门、大中型企事业集团及公司部门成功策划实施了各类年会、研讨会、市场推广会、新闻发布会和公关、庆典、路演、拓展训练、奖励旅游等活动,得到了客户的一致好评,并建立了良好的长期合作关系。

会议的服务宗旨为维护客户的利益,坚持诚信服务的原则;以专业的团队和个性化的服务,全程跟进,无缝对接;目标是赢得广大客户的信任和支持;追求客户满意是他们最大的责任。

> **扩展阅读**

商务会奖成功案例

2014年开业以来,古北水镇成功接待会议300多场,如CCTV最美村官录制、长江商学院同学会、IDG全球客户媒体答谢会、万科30周年庆、乌镇戏曲节新闻发布会、浙商银行5周年庆、LG年会、荣威车展、龙湖地产司马台音乐节等。

1.3.5 文化演艺

度假区内的文化演艺项目丰富，演艺项目包括醒狮迎宾、杨家将铁板书、民间杂技杂耍表演、评剧、京东大鼓、河北梆子戏、西河大鼓等等，演出地点主要为游客中心前广场、杨无敌祠古戏台、日月岛广场、日月岛大戏楼、密云大戏楼等等。每逢节日，还会举行集会、庙会，表演连拉洋片、倒糖影儿、吹糖人、刻画鼻烟壶等有着老北京文化传统的节目。

扩展阅读

表5 古北水镇演艺节目表

演出日期	序号	演出时间	节目内容	演出地点
常态演出【周日至周四】	1	9:00—9:20	醒狮迎宾	游客中心前广场
	2	9:40—10:00	杨家将铁板书	杨无敌祠古戏台
	3	10:00—10:30	民间杂技杂耍表演	日月岛广场
	4	11:00—11:30	评剧	日月岛大戏楼
	5	12:00—12:30	京东大鼓	日月岛大戏楼
	6	13:00—13:30	河北梆子戏	日月岛大戏楼
	7	14:00—14:20	醒狮迎宾	游客中心前广场
	8	14:30—14:50	西河大鼓	日月岛大戏楼
	9	15:00—15:30	民间杂技杂耍表演	日月岛广场
	10	15:30—16:00	评剧	日月岛大戏楼
	11	16:00—16:20	满族摔跤	八旗会馆
	12	16:30—17:00	杨家将铁板书	杨无敌祠古戏台
	13	17:00—17:30	河北梆子戏	日月岛大戏楼
	14	19:00—20:00	河北梆子戏	密云大戏楼
演出日期	序号	演出时间	节目内容	演出地点
常态演出【周五至周六】	1	9:00—9:20	醒狮迎宾	游客中心前广场
	2	9:40—10:00	杨家将铁板书	杨无敌祠古戏台
	3	10:00—10:30	民间杂技杂耍表演	日月岛广场
	4	11:00—11:30	评剧	日月岛大戏楼
	5	12:00—12:30	京东大鼓	日月岛大戏楼
	6	13:00—13:30	河北梆子戏	日月岛大戏楼
	7	13:40—14:00	杨家将铁板书	日月岛大戏楼

续表

演出日期	序号	演出时间	节目内容	演出地点
常态演出【周五至周六】	8	14:00—14:20	醒狮迎宾	游客中心前广场
	9	14:30—15:00	评剧	日月岛大戏楼
	10	15:00—15:30	民间杂技杂耍表演	日月岛广场
	11	15:30—16:00	河北梆子戏	日月岛大戏楼
	12	16:00—16:20	满族摔跤	八旗会馆
	13	16:30—17:00	杨家将铁板书	杨无敌祠古戏台
	14	17:00—17:30	民间杂技杂耍表演	日月岛广场
	15	19:00—20:00	河北梆子戏	日月岛大戏楼

资料来源:古北水镇官网

2　古北水镇 传统村落风貌传承与再生

近年来新农村建设的持续推进,在给农村经济社会带来巨大发展的同时,也给传统村落的保护带来了巨大挑战。在2013年12月召开的中央城镇化工作会议上,明确指出"在促进城乡一体化发展中,要注意保留村庄原始风貌,慎砍树、不填湖、少拆房,尽可能在原有村庄形态上改善居民生活条件"。当前,在城镇化的快速推进过程中,中央已把传统村落保护列为一项重大战略举措,如何正确处理传统村落的保护、传承与发展问题,避免出现"建设性破坏",已成为新农村建设中面临的一个重要课题。

在古北水镇民宿规划建设的过程中,建设团队从生成环境、整体空间结构、街巷空间布局、院落空间形态以及环境设施等方面入手,在对传统古村落风貌进行传承的同时还关注传统古村落风貌未来的再生性。

2.1　度假区功能定位

由于度假区拥有独特的地理环境和人文历史背景,在保护优先的前提下,从打造区域精品的立足点出发,提出度假区的总体定位是:在依法对长城保护的基础上,以司马台长城历史遗存作为宏大背景资源,系统展示北京乃至北方地域民俗文化、古长城文化、北方民居建筑文化以及北方"水乡"特色,打造集观光游览、休闲度假、商务会展、文化创意(和旅游地产)等功能于一体(具备历史和文化展示功能,以体验燕北长城文化、北方"水乡"等历史人文和自然景观、适于休闲旅游度假)的多功能、高品质的综合区域。

2.2　度假区保护理念

古北水镇是在原司马台三个自然古村落的基础上聚合而成,拥有原生态的自然环境、珍贵的历史遗存和独特的文化资源。在古北水镇的开发建设过程中,古北水镇、乌镇度假区总规划师、设计师陈向宏先生和其专业团队始终将文物保护、古建筑修缮和基础设施的重建列为首要任务。为了保护原有古建筑,不破坏原始风貌,本着"修旧如故,整修如故"的原则,采用了大量古建材料和传统修缮手法,力求真实还原一个长城小镇的繁华旧貌。在保留原貌的同时大胆创新,对修复后的民居建筑进行内、外特色装饰和水电等配套设施改造,对历史街区进行功能重塑与再利用。经过4年时间的建设修复,2014年古北水镇盈笑纳客,如今方圆9平方公里的度假区内,亭台楼阁隐现,绿树红花葱茏,青砖灰瓦的四合院成为舒适的民宿,点缀在山水间的度假酒店风貌和谐。利用由鸳鸯湖天然水脉拓宽的河道,游客可以乘坐手摇船从游客服务中心抵达长城脚下。

2.3 度假区环境综合整治

度假区的核心是"水",水的主要来源是司马台水库和小汤河。为了切实塑造"水镇"的特色,整个项目首先面临的就是对小汤河的水环境进行整治。作为司马台地区一条季节性河流,小汤河长期受到洪水侵蚀,一方面因河床泥沙淤塞河道变窄,严重影响雨季的泄洪能力;另一方面,河道两岸长期处于无人维护状态,枯水季节流经司马台村庄的河段,两岸垃圾成堆,使水体遭到污染,同时也严重影响了古北水镇的环境质量。小汤河的综合整治包括原有河道整治和次河道的开挖两大部分。对于原有河道的整治,根据地形高差,由司马台水库大坝开始向下将流经古北水镇的小汤河分成三段,分别建跌水坝,使整个小汤河形成三个不同标高的水面。水坝的建设,使小汤河河道的水面得以扩大。同时,根据河道两岸的地形特征,分别采取自然、人工等多种驳岸处理方式,有效地提升了河道的蓄水及排洪能力,形成了丰富的河道景观。小汤河综合整治的另一个重点是利用小汤河水位的提高,在小汤河的一侧利用原有的地形起伏等,经过适当挖、填,重新形成1~2条与小汤河主河道平行的次河道,为"水镇"的打造奠定了基础。

2.4 度假区基建成就

古北水镇在基础设施的建设中以近项目总投入的1/3用于生态环保建设,投入资金与规模在国内度假区首屈一指,正如公司总裁所言:"真正的旅游应该是人和自然环境的和谐。"公司投资建造了高品质的自来水厂(达到欧盟标准,可以直接饮用)、污水(中水)处理厂;新增、改造了各种高压、低压线路;打造应用生物物质、环保煤的集中供暖中心、液化气站;增加了大量的绿化面积;度假区内河道疏浚拓宽,水系畅通。

为了较完整地保存古朴原貌,使地面免遭破坏,度假区的街道全部采用长条青石板铺设,并在地下设有长1.7千米、高2.5米、宽2.6米的综合管廊,将热力管道、中水管道、直饮水管道等均埋于地下,不仅有效地保护了地面,对于建设原汁原味的历史文化旅游目的地也起到了重要作用。

2.5 传统风貌传承与再生

2.5.1 民宿区的目标定位与规划布局

(1)用地现状

民宿区位于整个古北水镇项目用地的最北端、司马台水库水坝之下,占地约3.7公顷。整个用地呈长条形,东边紧邻小汤河,由东向西地势逐渐升高,呈台地状,东西高差4~5米不等。在民宿区规划建设用地范围内,仅用地东北部有两组一层合院式建筑,为村民个体经营的餐饮点,建筑为上世纪80年代初所建。其他区域为小汤河岸边的荒滩地。

(2)目标定位

运用传统村落的布局方式,以北方传统合院民居为"原型",选择乡土建筑材料和传统民间工艺做法,构建具有北方传统村落风貌特色的民俗旅游接待基地,其主要功能是住宿、餐饮和娱乐。作为古北水镇整个项目的示范,是最早启动建设的区域。

（3）规划布局

规划充分利用现有用地特征，在对现有用地及小汤河等周边环境进行综合整治的基础上，将小汤河水系引入民宿区中部，形成一条与小汤河平行的水街，作为整个区域的主要街巷。利用原有的地形高差，在水街西侧自然形成 1~2 米的高差，塑造了多个地势不等的组团空间；在水街中段沿垂直方向规划为东西向主街，向西拾阶而上进入另外一个区域，向东则通向小汤河。其间由多个大小不同的合院将整个区域限定出六条由主街通往小汤河的南北向巷道，最终将整个区域划分成大小不等的 7 个组团，根据各组团的规模和旅游接待的需要，分别将 7 个组团划分为民宿、餐饮娱乐和文化展示三大功能。

2.5.2 传统街巷空间的传承与再造

北方传统村落街巷空间的特色主要体现在街巷的平面形态和空间结构等方面。由于村落形成的自发性，街巷的平面形式等并非是提前规划的，而是伴随着两侧建筑的建造而逐步形成的，尤其是对于山地村落，其街巷的布局、尺度、结构等的形成，更多的是由地形与环境等客观条件所决定，村落街巷的形成是随着村落的发展而不断完善的。古北水镇民宿区的规划建设，是经过统一规划并在短时间内集中建成的，与传统村落的形成在时间和建设方式上是完全不同的。在民宿区的规划建设过程中，如何很好地体现北方传统村落街巷空间的特色，将传统村落街巷空间的内在规律在该民宿区中进行传承和再现，是规划必须解决的问题。规划中首先对用地现状进行了详细的分析与评价，根据用地的高差变化和地质等情况，确定了主要街巷的布局走向和水系分布，形成主次分明的道路系统。

在此基础上，结合合院规模、功能和具体地块的地形情况等，将用地划分成 7 个不同高程和功能的区域，其间由主街或巷道进行分隔。具体街巷的宽度，则根据两侧建筑的高度来确定，并尽可能与北方传统村落中街巷的宽高比相一致，最终形成了良好的街巷空间肌理。古北水镇民宿区的街巷空间肌理与爨底下、沿河城、灵水等典型传统村落的街巷空间肌理具有较大的相似性。

同时，规划充分利用现有的地形地貌特征，利用水街西侧自然地形高差，顺应自然，因地制宜地塑造了多个地势不等的组团空间，形成了具有北方特色的山地民居风格。

2.5.3 传统村落合院空间的传承与再造

院落空间是传统村落中最基本的居住单元。古北水镇民宿区主要功能是住宿、餐饮和娱乐，与传统村落相比，此处的合院民居的使用对象已经发生了变化，即由长期居住的村民转变为临时居住的游客。在传承传统院落空间格局的同时，满足现代旅游发展需求，是民宿区院落空间设计的重点和难点。民宿区院落空间的设计主要通过如下两个途径来实现对传统村落院落空间的传承与再造：一是注重对"原型"的重复与变异。传统村落房屋建造的一个突出特点是同化现象，即村落的院落布局方式存在很大的相似性；但同时，由于每一户村民的宅基条件、功能要求、经济能力等的不同，又使得每一户的院落空间与其他的有所不同，即院落之间又存在一定的"变异"，最终形成整体协调统一而又内容丰富、特色鲜明的传统村落空间形态与景观。民宿区的院落空间就是遵循这个原则，首先将院落空间的不断重复作为规划设计的基本原则；同时密切结合场地的规模、形状等自然条件，因地制宜地调整、优化院落空间的布局、朝向及房屋大小等，最终使整个民宿区形成了 30 多个规模大小等不同的院落空间，构筑了"原型"统一、大小形状不同、布局多样、丰富多彩的院落空间形态，较好地实现了传统院落空间的传承与再造。

二是注重适应性设计,满足不同人群需要。与传统村落院落空间功能相比,民宿区院落空间的最大不同是使用者需求的多样性。为此,在保证院落空间"原型"的基础上,各房屋室内空间的设计则尽可能给使用者提供最大的方便,按照现代生活的需要设置各种功能空间和设施,并将屋后空地分隔成相对独立的封闭空间,设置独立的露天温泉等。同时基于游人参观游览的需要,设计中打破传统村落院落空间的独立性,每个院落空间除由大门进入之外,往往根据与周边院落之间的关系,采取设小门或过道等方式实现与周边院落的联系,在方便游客参观游览的同时,增强院落空间的连续性和秩序感。

2.5.4 小品设施与村落风貌特色的营造

(1)建筑材料与色彩的传承

因地制宜、就地取材既是北京传统村落的重要特征,也是传统村落风貌特色的根本所在。对此,民宿区从建筑、设施到铺装小品等均给予了高度重视,在坚持就地取材的同时,为了更好地形成并体现北方民居的风格,建设单位从北京及周边河北地区收购了大量房屋拆迁产生的废旧砖、瓦、木材等,将其巧妙地运用到民宿区的建筑及环境氛围营造之中,取得了良好的效果。

(2)建筑装饰与小品设施

传统村落民居及环境中的雕饰、彩绘及小品设施等,无不从细节上显现出富于地域特色的文化内涵,从而成为北京传统村落风貌特色构成不可或缺的要素。

民宿区建设与环境营造过程中,非常注重利用各种装饰、小品等来丰富环境景观,旨在强化地域特色。

我国传统文化根植在农村,根植在蕴含和承载文化遗产的传统村落之中;农耕文明乃中华文明之源、中华文明之本,保护好农耕文明这一历史文化遗产责任重大,意义深远。对于传统村落的保护与发展问题,当前的核心任务就是在确保村民生产生活条件不断改善的前提下,探索实现传统村落风貌特色传承与发展的有效路径和方法。我国人口多、地域广,不同民族和地域文化形成了不同的传统村落类型,其保护、传承与再生的途径与方法也应是多种多样的,古北水镇民宿区的规划建设也仅仅是其中的一种探索和尝试而已,成功与否,还需时间检验。

3 古北水镇景区经营管理

3.1 管理团队

古北水镇由陈向宏带领的团队进行创意、规划、设计和管理,而陈向宏被称为乌镇的"总规划师",曾经成功打造了乌镇的响亮品牌。这次操盘长城脚下的北方古镇,陈向宏团队一方面吸收了乌镇的设计、管理经验,另一方面最大化地发挥北方古镇的特色,两者相互融合。

古北水镇的卓越领导者如下:

蒋建宁 董事长

蒋建宁,经济学学士、高级经济师。1998年4月至2009年12月任中青旅控股股份有限公司总裁、首席执行官,2009年12月至2012年12月任中青旅控股股份有限公司首席顾问。现任雅达国际控股有限公司董事长、北京古北水镇旅游有限公司董事长。1999年被授予中直机关"十大杰出青年"称号,2001年1月被《中国青年》杂志评选为"可能影响21世纪中国的100位青年人物",并被《互联网周刊》杂志评选为"2003中国新经济年度人物"。

陈向宏 总裁

陈向宏,工商管理学硕士,古北水镇、乌镇度假区总规划师、设计师。自1999年起主持乌镇古镇保护与旅游开发,在全国古镇中率先提出"历史街区再利用"的保护理念,并将乌镇从观光型古镇打造成为国际性的著名休闲旅游目的地。2003年荣获联合国颁发的"2003年亚太地区遗产保护杰出成就奖",2007年被国家旅游局授予"旅游行业全国劳模"称号,2007年11月被首届中国旅游论坛授予"中国旅游人才杰出奖",2012年被北京市总工会授予"首都劳动奖章"。

陈瑜 执行总裁

陈瑜,酒店及旅游业管理学硕士。自从业以来在旅游业市场开发、企业品牌战略实施、境外客源市场拓展、旅游景区和酒店业经营管理等方面有着非常丰富的经验。2008年被授予浙江省"巾帼建功"标兵称号,2010年被授予"桐乡市劳动模范"称号,2013年被授予桐乡市"'三八'红旗手"称号。

扩展阅读

领军人物陈向宏

陈向宏,国内著名大型景区建设管理的实践专家,古北水镇的领军人物。2010年,陈向宏率领数千建设大军开赴北京京郊,在密云县古北口司马台长城脚下开发建设古北水镇景区,目前已初具规模,运行良好。2013年组建中景旅游管理(北京)有限公司,致力于国内景区的建设与连锁管理。

其主要成就如下:

1. 领军乌镇旅游 创立古镇保护"乌镇模式"

陈向宏出生于乌镇,从1999年回到故土筹备乌镇古镇保护与旅游开发至今,是乌镇保护开发的领军人物。乌镇保护开发伊始,他就制订了"规划先导,分步实施"的工作方案,确立了"生态保护,环境第一"的原则,以"区域氛围高度协调,重点建筑妥善保护"为工作重点,亲手绘制了近20万平方米的景区规划和民居修复施工方案图,在古镇保护开发中率先实施"管线地埋""修旧如故""文化传承"等一系列保护理念与措施。他带领公司员工艰苦奋斗、开拓进取,使乌镇从一个日趋衰落的江南小镇发展成为一个国内外著名的旅游目的地,大批的古建筑得到了保护、修缮,濒危的文化遗产得到了传承、光大。规划保护、开发建设、特色管理,15年的艰苦创业,乌镇旅游起步虽晚,但发展迅猛,乌镇保护开发工作已成为中国古镇保护的典范。2010年,乌镇荣膺嘉兴市首家国家AAAAA级旅游景区称号。联合国教科文组织有关官员高度评价:"乌镇在发展中国家中成功走出了一条能从当地经济、社会条件出发,依靠市场运作的机制,达到保护历史与开发当地旅游和谐发展的新路子,形成了独有的'乌镇模式'。"

2. 不断开拓创新 领跑国内旅游市场

乌镇东栅景区开发保护取得巨大成功后,陈向宏敏锐地看到国内观光型旅游业态的弱点,顶着资金不足、任务繁重的巨大压力,构思并实施更大规模的乌镇西栅街区保护开发。

经过5年奋战,一个集观光体验、休闲度假于一体的古镇景区完美呈现。西栅景区的开放不仅大大增强了古镇的游客接待能力,提升了服务水准,旅游内容也从单纯观光拓展为更加丰富的休闲体验。2013年由陈向宏主持发起的乌镇戏剧节,更是为传承千年的古镇文化增添了新的活力,乌镇一跃成为文化艺术的新热点。乌镇一日游已逐渐蜕变成多日游、多次游,从而在国内古镇旅游市场开辟了新蓝海,也成为国内旅游业的领跑者。

2010年,陈向宏又率领数千建设大军开赴北京京郊,在密云古北的山沟里建设古北水镇景区。他依然亲手编制规划并设计,经过3年奋战,已初具规模。试运行以来,迅速成为北方旅游的一匹黑马,受到游客和业界的高度评价。陈向宏不断创新管理模式,拓展市场空间。从2008年起,乌镇以国内首家独立参展景区连续参展世界最大的ITB旅游展会至今,乌镇旅游已在国际旅游舞台上崭露头角,赢得了更多供应商和国外游客的青睐。2013年,桐乡市政府提出全市大力发展旅游,争创全国旅游强县。陈向宏再次身负重托,领衔濮院古镇的保护与开发工作,目前已经组建团队,全面展开规划和保护工作。

3. 经济、社会效益双丰收 发展后劲充沛

1999年,陈向宏与7名同事受命保护、开发乌镇工作时,创业资金仅仅200万元。如今,乌镇旅业已发展成为3000余名员工、资产20亿元的大型旅游集团。15年来,乌镇旅业业绩保持高速增长,乌镇景区的接待游客量连创新高,年年大幅超额完成各项经营指标,企业营收和税利同比提升,名列全国各大景区前茅。

乌镇旅游在陈向宏的带领下蒸蒸日上,已发展为乌镇经济的支柱产业,并成为桐乡市建设全国旅游大县的中坚力量。随着乌镇旅游的繁荣,居民收入增加,一大批公共设施得到修复和改造,主镇区面貌整洁、优美,这得益于知名度的提升与环境的改善。

超前规划,精细管理,连锁经营,乌镇旅游在陈向宏的带领下,已走上了一条跳跃式的成长之路,发展空间广阔,发展后劲十足。乌镇旅游的成功,极大地推动了当地的旅游产业前行,也为我国旅游业的蓬勃发展树立了一个标杆。

3.2 企业宗旨

愿景:将最大的善意释放给每一位宾客。

价值观:为每一位宾客提供亲情的体验。

人才观:诚信正直、有作为、有地位。

行为准则:敬业、高效、严谨、关爱。

经营理念:文化是最大的边际利润,细节是最好的口碑传播。

管理理念:制度管人,流程管事。

3.3 企业荣誉

- 古北水镇建设团队荣获浙江桐乡市人民政府颁发的集体三等功荣誉
- 古北水镇荣获2014新京报中国旅游总评榜北京榜"最佳生态文明奖"
- 北京古北水镇旅游有限公司总裁陈向宏入围第四届中国旅游投资艾蒂亚奖中国旅游投资年度人物奖

3.4 度假区营销策略

在宣传推广方面,古北水镇打出了一套漂亮的营销组合拳,营销效果初现。

第三部分　旅游度假区管理

3.4.1　第一拳：节庆事件吸引眼球

自开始营业以来，古北水镇开展了一系列节庆营销事件，比较有影响力的是以下五大事件。通过节庆营销，带给游客独特的休闲旅游体验。

• 启低空飞行观光之旅

古北水镇携手华彬集团和艾斐斐航空首度开启低空飞行旅行。通过乘坐直升机，或搭乘热气球，实行低空飞行俯瞰水镇，观看司马台长城景观。低空飞行活动中的直升机低空观光之旅使用"罗宾逊 R44"空中观光机型，低空飞行时间15分钟。此次热气球飞行之旅由国内一线热气球俱乐部执飞，有丰富的飞行和管理经验，严格保障飞行安全。

• 水镇中秋节

在2015年中秋节来临之际，古北水镇开展中秋佳节相关活动。"玉露临阶不夜天，焚香祭拜玉轮前"，古北水镇独有的夜晚有清风明月的点缀，渲染了临水赏月，听着远处缥缈的乐曲，和家人团聚畅饮，醉意在这如梦似幻的亭台楼阁的佳节氛围中。在其广场上，开展了系列焚香祭拜、祝祷太阴、祈求来年风调雨顺等活动。

• 冰雪嘉年华

2014年元旦古北水镇开放以嬉雪活动为特色的长城冰雪谷——作为司马台长城脚下唯一的冰雪娱乐世界，四面山岭和长城环绕，风景秀丽。目前推出各类适合家庭和亲子体验的雪上娱乐活动，包括旋转木马、雪地坦克和雪地自行车等，试运营初期邀请进入度假区的游客免费体验。伴随长城冰雪谷的开放，古北水镇冬季嘉年华正式拉开序幕。度假区于2015年1月底推出"小松鼠梦幻冰乐园"大型北海道风格冰雕展。

• 古北过大年

2014年的中国春节，古北水镇营造传统的北方年味儿，开展了剪窗花、写春联、扎灯笼、画年画、包饺子、拉洋片、看大戏、逛庙会、烧头香、拜财神、登长城、泡温泉、赏冰雕、戏雪花等系列活动。

3.4.2　第二拳：真人秀激活热情

近些年来，真人秀节目在中国已经成为了电视节目中的一种主流形式，获得了人们的追捧。古北水镇作为新的旅游景区，要在激烈的市场竞争中独树一帜，就必须在营销方面有所创新。古北水镇紧随真人秀的步伐，充分利用了"水镇+长城"的优势，引进了真人秀节目《奔跑吧兄弟》在古北水镇录制。除了《奔跑吧兄弟》，还有江苏卫视联合宝娱乐在2015年暑期周五黄金档推出的大型原创推理竞技类真人秀《真心英雄》及浙江卫视的《挑战者联盟》也在古北水镇进行专辑录制。此外，古北水镇还成为了奇幻电影《捉妖记》的摄制之地。

3.4.3　第三拳：专业营销队伍切实保障

专业的营销队伍是企业成功营销的保障。度假区通过招聘、培训、岗位锻炼等途径培养了素质高、经验丰富、工作扎实、专业化的营销队伍。他们抓住新闻媒体和视屏宣传等主要方式，精心设计宣传文案，在搜狐视频等渠道推广古北水镇旅游宣传片。

3.5　度假区招商管理

古北水镇招商保证一店一品，不仅通过自建官网招租，还借助密云县投资促进局进行招商。根据地理位置、商铺面积、经营项目的不同，租金方面略有不同。外招租店铺面积15~1 500平方米，合同期限为3年，对前期入驻商户有一定的优惠政策。根据经营项目内容，合同到期，原店铺经营者可享受优先租赁的权利，租金会根据经营内容进行适当调整。

招商范围涉及休闲饮品类、特色工艺类、作坊演示类、主题酒吧类4种。

3.5.1 休闲饮品类

休闲饮品类指的是生产经营者提供的用于满足消费者需要的各种休闲饮品、休闲设施与休闲活动。古北水镇此类招租要求给消费者提供一个具有文化性、环境性、体验性的休闲场所，店内设有自己的特色主题，可通过氛围布置或商品特色来呈现主题，如"书舍生活、水妞儿、浅山茶馆"。

3.5.2 特色工艺类

入驻的特色工艺类指具有鲜明的民族风格、地方特色及异域风情的工艺品，其以美术技巧制成，具有实用与欣赏价值。既是物质产品，同时又具有精神方面的审美性，需以单一的产品开发为特色，如"珐蓝、剪纸、皮影、灯笼"。

3.5.3 作坊演示类

作坊演示类可让人们了解、认识我们的民族特色和当地文化的历史背景，是具有乡土气息的民间技艺。以前店后坊的经营模式，供游客参观与体验，享受制作乐趣。如"永顺染坊、司马小烧作坊、年画坊"。

3.5.4 主题酒吧类

以独特的气息、别致的氛围、神秘的色彩为主题的特色酒吧，拥有独特的中心思想，具有一定的主题元素，可通过装修格调、音乐韵律、服务方式来营造自己的风格。如"倾城似水、步步莲花"。

3.6 游客管理

对游客进行合理的引导和管理，不但可以避免景区超负荷运营，也能为游客创造舒适宜人的休闲环境。古北水镇在运营、发展的过程中不断创新，迎合市场需求，保证游览安全，率先推出司马台长城预约旅游机制，根据《旅游法》的相关规定和瞬时客流情况，采取分批次预约游览司马台长城的游览方式。

扩展阅读

司马台长城门票预约

1. 司马台长城的即时最大游客承载量：正常天气情况下不超过1 200人（即时），大风（风速≥15米/秒）天气情况下不超过600人，雨雪天气情况下不超过450人，雷暴天气情况下不超过220人。

2. 游览司马台长城的游客需至少提前一天预约，按规定时段分批次集中乘坐免费摆渡车至长城脚下，进入长城景区参观，预约成功保证游览名额。

3. 凡未提前预约的游客，当天有游览长城需求的，不保证长城游览名额，须视长城即时客流量情况遵守工作人员安排，按规定时段排号进入长城游览。

4. 凡购买"古北水镇"门票的游客，需游览长城的，也要服从长城游览检票口的限流管理，按长城即时流量安排游览。

密云县司马台长城雾灵山国际休闲度假区管理委员会
2014年10月1日

目前国内很多景区都出现游客不文明行为,对涌入景区的旅游者是喜悦、害怕、无可奈何,还是积极引导,关系到景区能否健康发展。鉴于游客对所选择的目的地不能完全理解其内涵,因此在游客旅游过程中对游客行为要加以很好的引导。古北水镇主要从以下两个方面入手引导游客:

3.6.1 禁烟活动

因古北水镇内大量砖木民居密集,周边环境属于国家森林山体防火区,度假区禁止在非指定区域吸烟,违者处以 100~300 元罚款。

3.6.2 禁止相关活动

度假区内禁止以下活动:
- 售卖任何未经许可的物品或提供未经许可的有偿服务、展示;
- 在河道游泳、垂钓、滑冰,在水边嬉戏、打闹及其他未经许可的水上活动
- 未经许可之游行或演说、公众集会,张贴、派发印刷品或其他宣传品,未经许可展示旗帜、横幅或徽号;
- 未经度假区管理方授权批准作商业用途的摄影、摄像或任何形式之记录、广播或传送;
- 在桥面、街道狭窄处用三脚架进行拍摄;
- 在禁烟场所吸烟,使用明火,在度假区范围内燃放烟花爆竹和孔明灯等;
- 攀折树木、采摘花果,各种形式的狩猎,捕捉、打捞水生动物及砍伐植物;
- 野炊、露营、席地野餐;
- 酗酒滋事、打架斗殴及其他妨碍游客休闲度假、违反度假区公共秩序的行为;
- 强行进入度假区未开放的场馆、施工区域;
- 破坏生态、污染环境、破坏设施及其他任何有害文物保护及设施运作的行为。

4 景区利益相关者管理

利益相关者分析是 20 世纪 60 年代发源于企业管理领域的一种分析方法。景区在发展过程中,需要平衡各参与者之间的利益,通过对利益相关者的分析能够帮助解决旅游发展中的冲突,增强合作。

古北水镇景区是在原有的三个自然村落基础上整治改建而成,通过土地置换的方式将原住民置换到景区外,在司马台村投资建设了水镇景区。在这个过程中,涉及到古北水镇旅游有限公司、管委会、原住民、游客等利益相关者。在对各方利益进行平衡的基础上,古北水镇景区自 2014 年开门营业以来,得到了快速的发展。

4.1 景区与政府

古北水镇景区的投资与建设符合区域发展定位。《密云古北口镇"十二五"规划》指出,总体发展思路是"文化立镇,旅游强镇,生态富镇"。为此,古北口镇以旅游为总抓手,全力推进古北水镇等大型旅游项目的建成,带动基础设施建设,改善农村生产生活条件,促进农民增收。因此,古北水镇景区在开始投资规划阶段政府就同投资方进行洽谈,并邀请前去司马台长城遗址考察。

古北口镇以建设"国际文化旅游特色镇"为目标,坚持先规划后建设的原则,全方位、高

标准地制定了"国际文化旅游特色镇规划"。同时,树立经营城镇的全新理念,实行政府规划、招商引资、项目引进,吸引外来资本参与文化特色镇建设,形成多元化的开发建设体系。古北水镇景区项目的落地,激活了文化古镇的资源并加快了文化旅游特色镇的建设步伐。

政府的支持促进了景区建设与发展。密云县为加强对古北水镇景区的服务与管理,制定了《北京密云·古北水镇国际旅游度假区服务管理暂行办法》,该办法要求各部门要按照服务促管理的总体要求,为景区运营和发展壮大提供优质服务,协助景区争取各级政府及部门优惠政策及各类资金支持,协助景区进行各类奖项、称号及认证等荣誉的争取及申报。另外,该办法还规定了县属各部门和单位组织到景区参观考察时要最大限度地减少次数,控制规模,厉行节俭节约。政府的大力支持和良好的制度保障促进了景区的健康发展。

4.2 景区与社区

景区的建设促进了司马台村土地流转和综合利用,对发展沟域经济、建设新农村起到推动作用。对村民宅基地流转至该村经济合作社,后者再将土地出租给镇政府,村民腾地后由政府招商,农民则可以获得租金和补偿收益。

扩展阅读

社区背景

司马台村原有 8 个自然村,全村共有 502 户、1 153 口人、院落 393 处。全村总占地 27 168 亩,其中:山地总面积 24 588 亩,土地总面积 2 580 亩。为开发"古北水镇"景区,从 2010 年 6 月开始,司马台村实施搬迁计划,村民与政府签订《房屋搬迁补偿协议》,将原有一至五生产队搬迁到六、七、八生产队范围内,共搬迁民居院落 393 套、502 户,拆除大小房间 4 000 多间,搬迁 1 153 人,共用 50 天时间完成搬迁任务。

在景区开工建设的同时,司马台新村于 2011 年 3 月正式开工建设,总用地面积 23.7 公顷(355.5 亩),总建筑面积 94 315.7 平方米,其中:居住建筑面积 76 914.3 平方米,配套公共建筑面积 7 401.4 平方米,民俗接待建筑面积 10 000 平方米。新村规划建设住宅 119 栋、592 户,其中:二层别墅 105 栋(3 种户型)、312 户,多层 14 栋(4 种户型)、280 户。2012 年 7 月,新村房屋及配套设施建设工程竣工并通过联合验收,村民开始迁至新村。

古北水镇的开发为社区提供了大量的就业机会。古北水镇旅游有限公司与古北口镇联合举办招聘会,针对景区内两个五星级大酒店、五个小型精品会所、十个展区,招聘客房服务、财务管理、驾驶员等 17 个部门、970 个岗位。据统计,招聘共有 110 人签订了就业意向书。

古北水镇的建设带动了周边民俗旅游业的发展。由于古北水镇景区的带动效应,汤河沟域一年接待游客从原来的 25 万人增加到 230 万人,司马台民俗村民户户均增收 12 万元。2014 年古北水镇实现旅游综合收入 2 亿元,占全县景区综合收入的 56%,安置本地劳动力近 1 000 人。不仅司马台村,沟域内的古北口村、河西村民俗旅游也得到了快速发展。据统计,2014 年司马台新村、古北口村、河西村旅游综合收入分别达到 2 000 万元、1 444 万元、1 080 万元,一跃成为密云县首屈一指的富裕村。

4.3 景区与员工

在古北水镇始建之初,就将方便游客、人性化服务等理念融入其中,避免了规划建设与经营管理两层皮的现象,保证了景区的品质。在建设之初,景区将原住民全部迁出,保证景区内的居民主体是游客,除此之外都是工作人员。为了增强游客体验,构建新型的社区关系,古北水镇从原住民中选拔工作人员,并聘用通过培训的原住民为工作人员,这样的社区关系重构使得一般古镇开发中的居民与游客的矛盾不复存在,也实现了原住居民的就业。

扩展阅读

古北水镇带动就业

倪美玲家住密云司马台村,是水镇大酒店的前台接待。她说:"我就是司马台村人,酒店在招聘员工时也特别照顾村里人,我很幸运地到酒店上班了。"别看水镇大酒店位于距北京城区较远的密云县,但是这丝毫不影响北京市民对其的钟爱,暑期前后、周末客房往往爆满,游客不提前一个星期预订根本住不上。

在酒店工作时间长了,倪美玲自然也学会了客房布置的小窍门,这给倪美玲的父母帮了大忙。如果说村落也评级的话,司马台新村应该算得上高星级村落了,如今全村不仅住进了小楼,还一家一户办起了民俗院,倪美玲的父母就是其中之一。倪美玲说:"看了我们酒店的布置,我依葫芦画瓢地回家摆弄一下。虽说不像酒店那么奢华、专业,但是也受到不少游客好评呢。"

4.4 政府与社区

在2010年司马台村拆迁开始前,政府结合当地优越的地理位置和丰富的旅游资源,确定了发展民俗旅游的定位。由于原司马台村软硬件设施不完善,2010年7月,古北口镇统一规划建设司马台新村。拆迁前,古北口镇为村里170人举办了英语、烹饪、礼仪接待等内容的培训班。参加烹饪培训的村民全部取得了中级烹饪厨师证书,为搬迁后从事民俗旅游打下了基础。新村按照"一个民俗村就是一个乡村酒店"的理念,拆迁前就将乡村民俗风情特色与酒店经营管理模式相融合的产业发展模式写入规划,让村民带着产业搬迁。另外,司马台新村规划建设了物业管理中心、旅游管理中心、资产管理中心,全面提高民俗旅游规范化、标准化水平,让现有资源、资产得到合理利用,让每户村民有赖以生存发展的产业。

另外,政府为推动乡村旅游健康、可持续发展,提升其管理水平,使民俗户提档升级,引进了"北京云舍乡村酒店"管理团队,将司马台新村内预留的二层住宅按照乡村酒店管理模式,进行统一整合、设计、装修、经营,在增加村集体收入的同时,引领新村民俗户提档升级。

司马台新村在对乡村酒店进行提档升级的同时,政府也通过一系列的措施打造乡村酒店品牌,以期实现品牌化经营。政府通过为民俗户配备具有司马台民俗特色的接待服装、为民俗户实行餐具统一配送、为住宿游客配备印有司马台标志的民俗旅游"六小件"(牙膏、牙刷、拖鞋、洗发液、沐浴液、香皂)等措施来实现乡村酒店的品牌化效益。另外,村委会为了避免村民之间的无序竞争、使大家都能在一个公平的环境下挣到钱,新村对全村512户民俗户实行统一管理、统一定价、统一分配客源,完全按星级酒店的模式运作。

总之,在"古北水镇"的建设中,景区充分发挥政府的引导作用,利用市场优化资源配置,积极发挥企业的社会效应,实现了企业、村集体、农民的共赢,促进了地区经济建设、社会建设、生态建设和历史文物保护综合效益的最优化。

扩展阅读

北京密云·古北水镇(司马台长城)国际旅游度假区服务管理暂行办法

第一章 总则

第一条 为进一步加强对北京密云古北水镇(司马台长城)国际旅游度假区(以下简称度假区)的服务与管理,为度假区的经营和发展壮大创造良好环境,依据《中华人民共和国旅游法》《中华人民共和国文物保护法》《长城保护条例》《北京市城乡规划条例》《行政许可法》等相关法律法规,结合本县实际,制定本办法。

第二条 密云县人民政府授权司马台雾灵山国际休闲度假区管理委员会(以下简称管委会),统一组织协调相关部门和单位对度假区的各项服务管理工作,依法对度假区提供服务保障,履行检查监督职能。

第三条 本办法适用于管委会、相关部门和单位、度假区运营方对度假区的服务管理和经营行为。

度假区运营方是指:北京古北水镇旅游有限公司。

第四条 度假区的服务管理和经营遵循科学规范、优质高效、保护与开发并重、生态效益和经济效益相统一的原则。

第五条 各相关部门和单位应在管委会的统一组织协调下,树立寓管理于服务之中的理念,按照以服务促管理的总体要求,行使行业管理和服务职能,为度假区正式运营和发展壮大提供优质服务,创造一流环境。

第六条 度假区运营方应当切实履行企业主体职责,依法经营,规范管理,为旅游者提供安全、健康、卫生、方便的旅游服务。

第二章 管委会服务管理职责

第七条 组织协调相关部门和单位做好与度假区的对接工作和对度假区和服务工作,协助度假区运营方协调解决度假区运营和发展过程中遇到的困难和问题。

第八条 统一协调相关部门和单位到度假区进行考察、调研和开展检查评比等活动,并进行备案。

第九条 协助度假区运营方做好度假区内建设工程规划,协调并督促相关部门和单位尽快办理各项审批手续。

第十条 协助度假区运营方争取各级政府及部门优惠政策及各类资金支持。根据度假区运营方需求,协助进行各类奖项、称号及认证等荣誉的争取及申报。

第十一条 协调做好度假区范围内长城、历史遗迹和相关历史文物的管理保护工作,监督并制止对文物的不当利用行为,保持长城原始景观风貌。

第十二条 督促度假区运营方落实突发事件应急处置预案和各项安全管理措施。会同有关部门及度假区运营方做好旅游旺季以及举办大型活动期间的交通疏导、人员疏散等秩序维护工作。

第十三条　制定度假区管理服务目标考核评价体系,并进行考评。

第十四条　完成县委、县政府来访人员的接待工作。

第十五条　完成县委、县政府交办的其他工作任务。

第三章　相关部门和单位服务管理职责

第十六条　县属相关部门和单位要在管委会的统一组织协调下,依法依规对度假区提供服务、实施管理,确保高效服务、依法管理。

第十七条　县发改、国土、规划、住建、环保、消防、质监、水务、民防、园林、文物等具有相应审批权限的部门,应及时办理相关审批手续,保障度假区新建、改扩建及保护性维修等工程的顺利实施。

第十八条　县旅游和文物管理部门依据相关法律法规对度假区实施管理。

第十九条　遇突发刑事、治安案件和安全事故等紧急情况,相关部门工作人员需及时到现场进行应急处置。

公安、消防、工商、卫生、安监、水务、环保、食药、城管、旅游、文物、税务、统计等部门,开展日常管理或者执法检查活动,应通过管委会统一协调,并将管理、检查结果通报管委会,由管委会统一备案。

第二十条　县属各部门和单位组织到度假区参观考察以及其他活动,应征得管委会同意,并最大限度减少次数,控制规模,厉行节俭节约。

第二十一条　相关部门和单位在职责范围内对度假区工作进行考核评比,应征得管委会同意。

第四章　度假区运营方职责

第二十二条　度假区运营方应保证度假区开放具备《中华人民共和国旅游法》规定条件。

第二十三条　度假区运营方应遵守下列规定:

(一)依法依规经营,配合并服从行业主管部门的监督管理;

(二)制定并落实度假区管理制度和措施,切实履行好防火、防汛、森林保护等各项工作职责;

(三)落实安全主体责任,建立安全管理责任制,配备与安全管理工作相适应的专(兼)职人员和必要的安全设备、设施,确保度假区生产运营安全;

(四)在相关职能部门指导下,制定突发事件处置预案并报管委会备案,遇有突发事件,及时应对、妥善处置;

(五)经营涉及公众安全的特种旅游项目,其设施、设备应经有关法定机构检验,取得合格证并获得许可后方可投入运营,并采取必要措施防止危害发生,并按有关规定,定期进行维护和检修,确保安全;

(六)依法管理、保护度假区范围内长城、历史遗迹和相关历史文物,保护度假区生态环境,并接受管委会及相关职能部门的监督指导;

(七)举办大型活动,应依法履行审批程序,并制定全面、详细的工作方案和应急预案报管委会备案;

(八)其他依法应履行的义务。

第五章　责任追究

第二十四条　管委会以及相关部门和单位未履行本办法所列各项服务管理职责,或者履行不到位的,由县政府督查室督促其限期整改。逾期仍未达到标准的,给予通报批评。

第二十五条 管委会以及相关部门和单位的工作人员,在度假区服务管理工作中玩忽职守、滥用职权、徇私舞弊,使度假区运营方、游客或者度假区内经营者的合法权益受到严重损害的,由纪检监察部门按照有关规定严肃处理。构成犯罪的,依法移送司法机关追究刑事责任。

第二十六条 度假区运营方违反相关法律法规、未履行应尽职责的,由相关部门依法处理。

第六章 附则

第二十七条 本办法由密云县人民政府办公室负责解释。

第二十八条 本办法自发布之日起施行。

5 案例评析

近年来,我国的国内旅游出现以下几大趋势:

5.1 从分析供给到关注需求,行业演绎带来景区新挑战

过去几年,旅游大发展的背景以及景区供给的稀缺性使旅游研究者更为关注供给端的变化。但是,随着居民出游的普及与常态化,居民对旅游目的地景区也提出了更高的要求。在这种背景下,积极适应旅游需求变化的景区更受游客的偏爱,盈利能力更强,在竞争中更能脱颖而出。

5.2 景区发展:观光游首看景致,休闲游重在管理

从国外旅游业发展的一般规律来看(图2),一般包括观光、休闲和度假游三个阶段。其中,观光游阶段,景区旅游产品要素相对单一,客单价较低,客人停留时间较短,主要依赖门票经济和居民观光游爆发期带来的客流增长。在休闲游阶段,客人人均消费能力提高,停留时间也延长,但是一般会更加重视旅游的体验,对旅游产品提出更高的要求,要求旅游产品也更加丰富。在度假游阶段,游客停留时间更长,客单价水平极高,但对出游的品质和体验也有极高的要求。

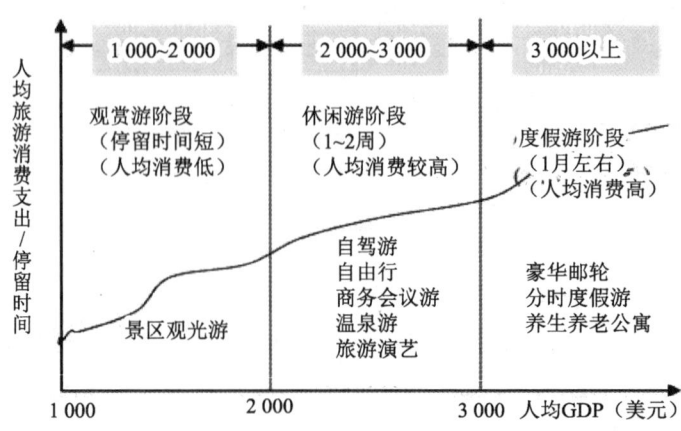

图2 国外旅游业发展的一般规律

换言之,对于景区而言,在观光游的发展阶段,游客首先看重的是景区的资源属性,"好风景"当然无疑是第一位的。但是在休闲和度假游的发展趋势下,"好风景"固然是一方面,但是"好管理"的景区能够带给游客更好的出游体验和舒适满意度,更能适应休闲、度假游客更为挑剔的出游需求,重游率也会更高。因此,对于景区发展而言,观光游首看景致,休闲游重在管理。

5.3 旅游消费升级下,区位好的复合型景区发展潜力尤佳

从我国的情况来看,由于我国区域经济发展水平极不平衡,居民收入水平差异较大,因此我国不仅整体上旅游发展相较国际规律滞后一个阶段,并且从全国范围来看,我国居民观光游、休闲游和度假游三种需求也同时并存。

因此,在观光游和休闲游客源都相对较为充足的区域内,能兼顾观光、休闲出游目的的复合景区发展潜力相对更大。这一方面是由于观光游客源数量较为庞大,且容易放量,虽然客单价相对较低,但是总收入仍不可小觑;另一方面,休闲游的客单价高,虽然培育时期略长,但是可以实现客流和客单价的双向增长,在长期具有较好的升值空间。进一步从客源的角度分析,长三角、珠三角和环渤海等区域作为我国经济相对较为发达的三个区域,也是居民出游的主要客源地。以旅行社组织出游的角度来看,长三角和珠三角、环渤海三个区域2012 年旅行社组织出游人次分别占全国旅行社组织出游人次的30%、18%和17%,合计贡献高达65%。并且,由于这些发达区域居民的收入水平较高,不仅支付能力相对更强,而且对旅游体验的要求也相对更高。因此,上述发达区域居民有支付能力的休闲、度假游需求更为充足。

在目前国内带薪休假时间有限,且带薪休假制度尚有待广泛推广落实的情况下,居民出游最受限制的首先是出游的时间(限制自驾游等较高频率出游的半径);其次是经济实力和购买力水平。因此,客观来说,发达地区周边景区不仅观光游客源基础较好,且发展休闲、度假游的客源基础最为充分。因此,发达区域周边发展复合型项目尤其是相对较为大型的旅游项目潜力更大。

5.4 团、散客分化下,适应散客需求的景区长远更易胜出,防御性更强

从近几年旅游业发展的趋势来看,团、散客分化的趋势十分显著:团客增速放缓甚至下滑,而散客则保持持续较快增长。在团、散客增长趋势日趋分化的情况下,景区发展也面临新的挑战。一方面,旅行社团队游客作为批发业务,一直是部分交通相对不便的传统景区和部分新开发景区依赖的客源重点;另一方面,散客一般客单价较高,但培育期相对更长,且对旅游景区基础配套设施、交通条件也提出了更高的要求。综合来看,适应散客需求的景区长远更易胜出,防御性更强。不过,对于新开发景区,团客基础仍然是其发展初期不可或缺的旅游客源保障。

5.5 旅游信息多元化下,"好风景、好区位、好管理"景区前景更看好

随着国内旅游业的纵深发展,尤其是移动互联技术的较快发展,居民出游获取旅游信息的方式也日渐多元化。同时,随着各种旅游论坛、蜂窝网等旅游社区网站的兴起以及旅游自媒体时代的到来,居民在进行出游决策时也越来越关注其他游客的旅游体验,对出游的便利性、出游的性价比、景区的品质、景区的相关配套设施和出游服务体验有了更高的要求。并且,景区"好体验"及其口碑营造的背后,体现的是景区经营者的营销经营能力。因此,景区的经营管理者需要改变以往单纯靠山吃山的观念,围绕游客的需求提供更多便利化的产品,

改善景区的接待条件,并针对不同支付能力的游客提供各种性价比相对较高的产品,从而通过提高游客的旅游满意度来提升景区的口碑。此外,人文、商业性的景区或新兴景区还需要考虑景区管理者的营销策划能力。换言之,好的景区管理才能构筑好的口碑,从而营造景区旅游好体验。

首先,综合来看,对于旅游景区,固然排在第一位的仍然还是"好风景",但是,单纯的"靠山吃山"在某种程度上存在长期持续增长的压力,且随着旅游消费的升级,"好管理"对休闲、度假游客日益重要。其次,在旅游消费升级的大背景下,发达地区周边休闲游需求快速增长,因此,"好区位"对景区持续拥有优质客源(支付能力较强)意义重大。其中,复合型景区由于能兼顾不同游客的出游需求,客源基础更广泛,且培育期相对更短。其三,对于商业、人文景区或新兴景区,好的营销宣传对于其缩短培育期、推动客流增长也极为关键;同时在旅游信息多元化的趋势下,加之游客对出游体验的要求也逐步增加,这些都对景区管理者的经营能力提出了新的要求。综合来看,在旅游消费升级、散客化、旅游消费信息多元化等行业发展新趋势下,"好风景、好区位、好管理"的复合型景区成长空间较大。

作为京津唐地区目前唯一一家集观光、休闲、度假、体验,商务活动等于一身的综合性度假区,古北水镇不仅以一流的旅游硬件赢得先机,还引进了先进的服务理念,再配以一流的管理团队,推动了区域性旅游业和社会的发展。古北水镇成为了继乌镇之后的"好风景、好区位、好管理"的复合型景区,市场知名度和美誉度不断上升。

参考文献

[1] DennisW: http://xueqiu.com/1931786795/28266172.
[2] 张大玉.传统村落风貌特色保护传承与再生研究[J].北京建筑大学学报,2014,30(3):1-8.
[3] 密云县委研究室.用"两只手"建设古北水镇[N].实践思考,2014.11.

案例使用说明

一、教学目的与用途

1.本案例主要适用于学习旅游管理、市场营销、景区管理课程及旅游目的地开发与管理课程。

2.本案例适用对象主要为大专及普通高校旅游管理专业学生及旅游管理从业者。

3.通过学习本案例,了解古北水镇的开发背景、建设优势及产业链概况,理解古北水镇在开发时对环境的保护及对传统村落风貌的传承和再生,掌握古北水镇的经营管理措施及利益相关者之间的关系。

二、讨论参考题

1.古北水镇度假区建设的优势有哪些?

2.与乌镇相比,古北水镇有哪些优点?

3.古北水镇在开发过程中如何对传统风貌进行传承与再生?

4.古北水镇是如何对度假区进行经营管理的?

5.古北水镇利益相关者之间的关系是什么?

三、分析思路

1. 古北水镇的建设优势主要从其核心优势"乌镇模式"、资源优势、区位优势、支持优势及投资优势五个方面进行分析。

2. 古北水镇是乌镇的异地复制项目,相较于乌镇,古北水镇具有突出的市场优势。

3. 古北水镇主要从传统街巷空间、传统村落合院空间、小品设施与村落风貌三个方面实现传统村落风貌的传承与再生。

4. 古北水镇的经营管理分析主要从管理团队建设、营销策略、招商管理、游客管理四大方面入手。

5. 古北水镇的利益相关者涉及政府、度假区、社区及员工四大主体,主要分析景区与政府、景区与社区、景区与员工、政府与社区四大关系。

四、关键要点

1. 古北水镇优势

2. 古北水镇传统村落风貌传承与再生

3. 古北水镇利益相关者关系

五、建议的课堂计划

1. 时间安排

建议案例学习时间为120分钟,包括:

由教师引导进行案例阅读(包括对相关知识的延伸)60分钟

分组讨论　　　　　20分钟

小组代表发言　　　20分钟

教师最后总结　　　20分钟

2. 黑板板书依课堂具体情况布置,不作固定安排

3. 小组的分组和讨论内容

建议3~5人为一组,每组自行推选小组代表发言。讨论内容包括:回答案例中提出的启发思考问题;对古北水镇的建设模式和经营管理方式表达自己的看法;对如何处理好旅游开发中利益相关者之间的关系进行发散性思考。

旅游度假岛屿的开发与管理：
以新加坡圣淘沙为例

赵彦焘 李 志

【摘 要】 作为立足于亚洲的大型综合性休闲旅游度假项目，新加坡圣淘沙滨海旅游度假区的发展历程有诸多值得借鉴之处。本案例旨在通过对圣淘沙43年旅游发展历程的梳理，结合具体案例，总结其在项目开发和管理过程中的经验和教训，启发读者从不同层面和角度对旅游项目的开发、运营、管理进行深入思考。圣淘沙的实践经验证明，深入扎实的市场分析和科学精准的产品定位是旅游度假区开发的基础，而审时度势地升级换代和及时有效地推陈出新是旅游度假区经营管理的关键。

【关键词】 圣淘沙；旅游开发与管理；市场分析与定位

1 引言

作为新加坡第三大创汇行业和国家支柱产业，旅游业在新加坡经济的持续繁荣与健康发展过程中发挥了重要作用。步入21世纪，新加坡的旅游产业更呈现出一片生机勃勃的景象，圣淘沙(Sentosa)、新加坡动物园及夜间动物园(Singapore Zoo & Night Safari)、新加坡植物园(Singapore Botanic Gardens)、滨海公园(Garden by The Bay)等景点屡获国际殊荣，在世界旅游板块中占据了一席之地。在众多的景点中，最具代表性的是圣淘沙。自1972年起开发、建设和运营至今，圣淘沙逐步发展成一个投入过千亿新元的大型综合性休闲度假目的地，项目汇集了历史遗迹、自然观光、休闲运动、主题公园、博彩娱乐等多元旅游业态，每年吸引过千万来自世界各地的游客来此度假。

圣淘沙岛位于新加坡以南570米，是新加坡除本岛外的第四大岛，东西长4公里，南北宽1.6公里，面积3.47平方公里。通过20世纪80年代和90年代分别在岛西北部和东部进行的填海造地，目前整岛的面积已达到5平方公里。

岛上60%的面积为绿地和开放空间，其中25%的面积被次生雨林所覆盖，岛的南端有3.2公里长的沙滩。圣淘沙岛属于热带海洋性气候，一年中没有特别的雨季，四季差别不明显，一天中温差也不大（中午至夜晚的平均气温为31℃~24℃）。这样的气候条件对于开发滨海旅游度假目的地来说非常适宜。圣淘沙自然景色优美，鸟语花香的生态环境引来了各种野生动物在岛上居住，雨林间也孕育了种类丰富的热带植物。圣淘沙四面环海，拥有三个各具风格的海滩——西乐索海滩、巴拉湾海滩与丹戎海滩。除了阳光、沙滩等自然景观，圣淘沙岛还有着丰富多彩的娱乐设施和休闲活动场所。自20世纪60年代末新加坡政府决定对该岛进行旅游开发之日起,经过几十年的建设,圣淘沙逐步发展成为一个充满热带风情、适合不同年龄段旅游者的海岛休闲旅游度假目的地,成为滨海综合旅游度假项目开发的成功案例。

2 背景介绍:圣淘沙岛的历史变迁(20世纪70年代以前)

圣淘沙一词源于马来文,意为"和平与宁静",此名是新加坡政府上世纪70年代初在决定将该岛做旅游开发后重新起定的。在此之前,该岛一直被称为 Pulau Blakang Mati(Island of Death from Behind),意为"绝后岛"。此名称的由来有几个版本的传说,其中瘟疫、海盗和屠杀三个版本较为普遍。根据后来的历史考证,其名源于19世纪40年代在此地发生的一场疟疾。

1819年,英国不列颠东印度公司雇员斯坦福·莱佛士登陆新加坡,并开始管辖该地区。1824年,新加坡正式成为英国殖民地。1867年,新加坡升格为海峡殖民地,受英国直接统治。到19世纪末,新加坡获得了前所未有的繁荣,成为全球主要的橡胶出口及加工基地,以及航行于欧亚间船只的重要停泊港口。温斯顿·丘吉尔曾称之为"东方的直布罗陀"。为了保护其利益,英国不断驻军并修建防御工事,而圣淘沙作为新加坡的门户,在整体防御方面处于重要的战略地位,一度成为了军事要塞和兵家重地。英国于1827年将圣淘沙纳入整体国防战略,并开始在岛上筹建防御工事,以保护吉宝港(Keppel Harbor)。英国人于1874年在此建成了第一座炮台,随后又相继修建了西乐索炮台(Fort Siloso)、实拉蓬炮台(Fort Serapong)、垦诺炮台(Fort Connaught)和英比奥山炮台(Mount Imbiah Battery)。到了19世纪30年代,岛上堡垒处处、戒备森严,成为皇家炮兵基地和国防的重要组成部分。

在第二次世界大战中,圣淘沙是英国的军事要塞。考虑到日本可能会从海上发动进攻,当时在西乐索炮台安置的火炮均朝向南方。然而日本最终在占领了马来西亚之后,从北部入侵并占领了新加坡。盟军于1942年2月15日投降后,该岛成了战俘营,关押了大量的英国和澳大利亚战犯。随后在全国肃清抗日分子过程中,大量的华人被残忍地杀害,岛上的海滩即是当时的杀戮场之一。1945年日军投降,新加坡重返英国统治,该岛成为皇家炮兵第一军团的驻地,也是当地新招入伍士兵的军事训练场。10年后,第一军团解散,火炮被拆除。西乐索炮台和实拉蓬炮台分别成为天主教和新教教会的活动场所,垦诺炮台则留下一片废墟。

20世纪60年代初,在与印度尼西亚对峙期间,有部分驻军在岛上抵御来自印尼的破坏者。随着对抗结束,驻军于1966年撤离。1967年,新加坡建国,英国人撤离了在新加坡的驻军,并将该岛交还给了新加坡政府,由内政部和国防部管辖。随后,新加坡海军义勇军基地、海事培训学校和第一个海军医疗中心都设在了岛上,当时岛上的居民已经达到100多户。60年代末,关于海岛的发展利用,政府内部因意见不统一而为此进行了多轮的讨论。早期曾决定在岛上建炼油厂,之后在当时国家首席经济顾问阿尔伯特(Albert Winsemius)先生的坚持和游说下,以李光耀总理为首的政府同意将该岛开发成供游客和当地人度假的目的地。自此,新加坡开启了圣淘沙岛的整体旅游开发。

3 圣淘沙旅游开发历史回顾(20世纪60年代至今)

3.1 20世纪的圣淘沙(1968—1999年)

1968年,新加坡政府在制定全国旅游发展战略规划过程中,决定将该岛做旅游开发,打造供当地和外来游客度假的海岛旅游胜地。

1969年,政府正式宣布将会把此岛打造成"热带海岛休闲度假旅游胜地和南海岛屿天堂"(Tropical Island Resort and a South Sea Island Paradise)。

1970年,新加坡政府成立了行动委员会并着手开始筹划圣淘沙的发展。该委员会由财政部的常任秘书GE Bogaars负责,由来自财政部、市区重建部、裕廊集团(JTC)、新加坡港务局(PSA)、新加坡旅游促进局、律政司等部门的代表组成。政府首先开展了向社会征集此岛名称的活动,最终在马来语中意为"Isle of Tranquility",即宁静、祥和之意的"圣淘沙"一词脱颖而出,"圣淘沙"自此得名。同年,新加坡政府委托美国的海外迪灵汉公司(Dillingham Overseas Corporation)开展项目的可行性研究。研究表明,发展旅游度假项目是可行的,并会增加新加坡的游客数量。被称为"迪灵汉总体规划"的方案计划将圣淘沙改造成为具有国际水准的度假胜地,其产品包括高尔夫球场、露天剧场、枪炮博物馆、海洋综合体、水族馆和一个"海盗湾"。该规划建议圣淘沙旅游产品应有别于新加坡本岛,以减少新加坡主岛项目间的竞争。

1972年,新加坡国会通过一项议案,成立"圣淘沙发展局"(Sentosa Development Corporation),与新加坡经济发展局、能源局、旅游局等10个职能局同隶属于贸易工业部,作为政府法定机构,负责开发、管理和推广圣淘沙以及新加坡南部的另外12个被统称为"南部岛屿"(Southern Islands)的小岛。圣淘沙发展局共设立5个部门,分别负责圣淘沙的项目开发、运营管理、财务及资产管理、市场营销和行政人力。同年,政府公布了一个总值为1.24亿新元的总体开发计划,其中包括国家投资6 800万新元以及社会资金5 600万新元。

1973年,圣淘沙发展局全资子公司——圣淘沙高尔夫俱乐部私人有限公司(Sentosa Golf Club Pte Ltd)注册成立。同年,合资成立了新加坡缆车私人有限公司(Sentosa Cable Car Pte Ltd)。圣淘沙发展局持有该公司50%的股份。两家公司分别负责圣淘沙高尔夫俱乐部和缆车系统的开发建设和未来的运营管理。

1974年,设有43个车厢、总投资580万新元的世界上首个横跨海港的缆车系统在圣淘沙正式投入运营。从新加坡本岛的花柏山(Mount Faber)到圣淘沙英比奥山(Mount Imbiah)的空中索道全程1.65公里,运行用时12分钟。缆车系统一经问世,受到了新加坡国人和到访游客的热烈欢迎。同年11月,该缆车系统已接待超过5万名乘客。1974年7月14日,在新加坡总理李光耀先生的见证下,由英国高尔夫设计师弗兰克·皮尼克(Frank Pennick)、新加坡人丹尼斯·李(Dennise Lee)和圣淘沙发展局主席艾伦·乔(Alan Choe)联合指导规划、设计和建设的圣淘沙高尔夫俱乐部正式营业。球场建在了海岛东南沿岸的热带丛林区域和红树林区域。滩涂和旧村庄开发成了果岭、丹戎球场(Tanjong Course)和会所。当时球场的会籍和收费均为东南亚最高,而市场仍然反应热烈。同年,投资250万新元、占地1.2公顷的珊瑚馆(Coralarium)开业,此馆收集了来自世界各地的2 000余种稀有的珊瑚,其中包括色彩缤纷的多个活珊瑚,18米高的珊瑚塔是该景点的标志。

1975 年,为了美化圣淘沙岛,新加坡政府从榜鹅(新加坡北部市镇)移植了 200 株椰子树到此前没有椰子树的圣淘沙岛。经过改造的西乐索炮台作为军事博物馆开业,这个占地 4 公顷的项目展示了从新加坡全国各地运来的枪炮及其历史故事。由新加坡港务局(PSA)筹建的海事博物馆成立,馆址选在使用了 10 年的圣淘沙小学(Sentosa Primary School),海事博物馆为游客展示了新加坡港口的发展史。同年,南部岛屿中的龟屿岛(Kusu Island)在经过沙滩和游泳设施整治和建设后,正式对游客开放。

1976 年,圣淘沙发展局从新加坡旅游局收回了"投降蜡像纪念馆"(Surrender Chambers Wax Museum),从海事港务局(Maritime Port Authority)接管了圣约翰岛(St John's Island),并将其改造成休闲度假区对游客开放。

1978 年,圣淘沙的第一个酒店项目、由阿波罗企业(Apollo Enterprise Ltd)投资 700 万新元开发的阿波罗圣淘沙度假酒店(Apollo Sentosa Resort)建成。这个占地 8 公顷、拥有 161 个房间的项目,是当时唯一的,也是圣淘沙发展历史上迄今占地面积最大的酒店项目。

1982 年,富有热带色彩、展现海岛元素(阳光、海水和沙滩)的圣淘沙标识(Logo)正式面世。6 月 1 日,圣淘沙音乐喷泉(Sentosa Musical Fountain)建成。该项目在岛的西北部,毗邻英比奥湾,是圣淘沙发展局成立之初即规划建设的主要旅游景点之一。作为当时亚洲最大的音乐喷泉,项目可容纳超过 5 000 人,共用了 10 年时间开发建设,耗资 320 万新元,在随后的很多年里,一直是圣淘沙最具人气的项目。同年,世界昆虫馆(World Insectarium or Insect Kingdom Park)建成开园,拥有 3 000 多种美丽、稀有的昆虫,是亚洲收集数量最多的展馆。一个穿梭于热带丛林之中的自然步道(Nature Walk)也于当年正式对游人开放。

1983 年,轰动一时的单轨列车(Monorial)投入运营。此项目由建设圣淘沙缆车的瑞士 Von Roll 公司承建,建造成本 1 050 万新元。共 16 列,每列可承载 80 名乘客。这个每小时可以运送 1 000 人的系统成为岛内的主要交通工具,也是一大景点,游客自此可以相对快速、轻松地俯看中西部地区的景观。列车轨道全长 6 公里,开设了"缆车"(Cable Car)、"西乐索炮台"(Fort Siloso)、"中央海滩"(Central Beach)、"圣淘沙发展局/榕树"(SDC Office/Ficus)和"入口"(Gateway)5 个站。同年,由当地旧军事医院改造而成的新加坡万象馆(Pioneers of Singapore & Surrender Chambers Museum)开放。博物馆位于英比奥山,紧邻缆车站,通过不同的形式展示了马来西亚统治、托马斯·莱佛士发现新加坡、英国殖民、日本占领,以及由李光耀领导的后殖民主义时代等新加坡不同阶段的历史。

1984 年,拥有超过 50 个不同品种的 1 500 只活蝴蝶在蝴蝶馆(Butterfly Park)与游客见面。此馆与昆虫馆相邻,之后合并为蝴蝶昆虫馆(Butterfly Park & Insect Kingdom)。

1987 年,海岛西北部的新渡轮码头(New Ferry Terminal)建成,新渡轮码头内设有单轨列车站、餐饮及零售,进一步丰富了游客的度假体验。

1989 年,喷泉花园(Fountain Gardens)正式启用。喷泉花园位于新渡轮码头和音乐喷泉之间,通过长廊将两个景点相连,其间建有多个小水景和欧式风格的花园,栽种了超过 2.5 万株植物。

1991 年,首批通过土地出让引进社会资金兴建的项目正式投入运营。其中,由海底世界(新加坡)私人有限公司建成的新加坡海底世界(Underwater World Singapore)是当时亚洲最大的热带水族馆。游客可通过 83 米长、6 毫米厚的丙烯酸透明隧道在水下移动,欣赏 250 种共计 2 500 多个来自世界不同地区的海洋动物。同年,投资 5 500 万新元的百富酒店

(Beaufort Hotel)落成。这是圣淘沙历史上第一家4星级酒店,拥有会展中心和215间客房,项目位于海岛的东南沿岸,毗邻高尔夫球场会所。

1992年,连接圣淘沙和新加坡本岛的长堤桥(Causeway-bridge)正式通车,全长710米,包括双向四车道及行人走道。胡姬花园(Orchid Fantasy/Orchid Garden)对游人开放,胡姬花又名卓锦万代兰,是新加坡的国花。园内展示了多品种、各类别的胡姬花。同年,圣淘沙船屋(Sentosa Riverboat)停靠在了岛的北部偏西海岸,成为岛上当时最有特色的主题餐馆和酒吧。

1993年,岛上第一个国际品牌酒店、拥有454间客房的圣淘沙香格里拉度假酒店(Shangri-La Rasa Sentosa Resort)开业。同年,当时最大的餐饮项目——圣淘沙食阁(Sentosa Food Centre)落成,是当时岛内主要的就餐场所。投资6 000万新元、占地7.2公顷的亚洲村(Asian Village)建成。这个超大型的水上主题公园涵盖了3个独立的村庄,濒湖而建。游客可以通过观察制作手工艺品、观看街头表演、在路边摊位或餐馆里品味美食体验亚洲几个大国的民俗文化和特色乡村生活。

1994年,与万象新加坡馆同处一个历史建筑群内的新加坡节庆馆(Festivals of Singapore)开业,节庆馆全方位展示了新加坡的历史和人文环境,合并后的景点更名为万象新加坡(Images of Singapore)。同年底,仿照迪士尼水上乐园"台风湖"(Typhoon Lagoon)建造、投资5 400万新元的圣淘沙"梦幻世界"(Fantasy Island)开园。作为当时亚洲最大的水上乐园,该项目成为代表新加坡旅游业形象的著名景点。"梦幻世界"景区内设亚洲冒险公园(Adventure Asia Park)和大电影院(Cinemania)两个景点,前者有过山车等娱乐设施,后者是一个动态模拟影院,配备了先进的投影系统和电脑同步运动座椅。投资1 100万新元兴建的职工总会圣淘沙海滨度假酒店(NTUC Sentosa Beach Resort)建成,并对职总会员开放。

1995年,拥有54洞的Sijori Wondergolf落成开业,成为新加坡首个迷你高尔夫项目。同年,圣淘沙发展局组建了圣淘沙升涛湾有限公司(Sentosa Cove Pte Ltd),负责高端滨水住宅项目升涛湾的开发和管理。同年,投资2 000万新元的主题景点火焰山(Volcano Land)正式对外营业。

1996年,作为新加坡象征的鱼尾狮塔(Merlion Tower)建成并对外开放。这个37米高的建筑内设两部电梯,人们可以到其顶端,观赏圣淘沙、新加坡海港和周边岛屿的全貌。同年,由两栋历史建筑改建的赛乔度假酒店(Sijori Resort)建成迎客。

1998年,圣淘沙发展局放宽了不允许私家车辆入岛的限制,同时出台政策允许部分持证车辆进岛。

1999年,位于巴拉旺海滩的海豚馆(Dolphin Lagoon)开业,粉海豚(印度太平洋樽鼻海豚)的表演世界独一无二。

3.2 21世纪的圣淘沙(2000年至今)

2000年,由业内国际专家组成的圣淘沙国际专家咨询委员会(International Advisory Council of Sentosa)成立,共同为圣淘沙的未来发展出谋划策。

圣淘沙马场(Sentosa Riding Centre)建成并投入运营,拥有十几匹澳洲进口马的马场在两位瑞典籍马术师的带领下,提供当时新加坡最专业的骑术培训。

2002年,政府出台了将圣淘沙打造成世界一流休闲旅游度假目的地的10年总体发展规划。圣淘沙发展局进行了整体裁员和重组,成立了全资子公司——圣淘沙休闲管理有限公司(Sentosa Leisure Management Pte Ltd)负责全岛的运营管理,在逐步市场化的过程中淡出圣淘沙发展局的政府角色,对外统称圣淘沙休闲集团(Sentosa Leisure Group)。前迪士尼副主席、香港海洋公园总裁迪瑞尔·麦兹格(Derrell Mazge)等一批优秀高级管理人才加入集团,并陆续接替了主要核心管理岗位。同年,音乐喷泉推出"梦幻圣淘沙"(Magical Sentosa),带给观众一个融水、火、激光、人和音乐为一体的全新表演。万象新加坡馆新增了"海的故事"(Stories of The Sea),在原有蜡像展示的基础上,以多媒体形式更为生动地讲述了新加坡的发展史。高端水疗项目植物SPA(Spa Botanica)作为新加坡首个园林式SPA正式开门迎客。同年,圣淘沙的入门票从6新元降到了2新元。

2003年,数个项目启动,其中包括:西乐索沙滩的整体改造工程;圣淘沙轻轨(Sentosa Express)项目;与淡马锡旅游学院合办的圣淘沙旅游学院(Tourism Academy at Sentosa)和世界首个可以与野生动物共同进餐的餐馆——RIMBA(此项目因其他原因于次年取消)。同年,升涛湾项目出让了首块土地。鱼尾狮暂停对外营业,开始了整体改造工程。由庞蒂克集团(Pontiac Land)投资的小型豪华酒店The Knolls[后改称新加坡嘉佩乐(The Capella Singapore)]项目开建。

2004年,西乐索炮台经过重新改造,成为第二次世界大战博物馆,通过文字、影像、实物、蜡像等方式,全面展示新加坡"二战"期间的历史。万象新加坡暂停对外营业,开始了整体改造工程。位于英比奥景区的摩天塔(Sky Tower)开业,游客可以以360度观赏圣淘沙全岛、新加坡及南部岛屿的美景。同年,由新加坡SUTL集团投资开发的ONE15游艇会项目正式启动,成为升涛湾首个启动的项目。当年举办的圣淘沙气球帽子节(Sentosa Balloon Hat Festival 2004)获得了吉尼斯世界纪录。

2005年,新加坡最受关注的体育赛事之一、奖金额达到200万美金的新加坡高尔夫公开赛(Singapore Open 2005)落户圣淘沙高尔夫俱乐部。同年,来自新西兰的"斜坡滑车与空中吊椅"(Sentosa Luge & Skyride)项目在英比奥山对外开放,是东南亚建成的第一个此类项目。

2006年,巴克莱银行签署了为期5年的新加坡高尔夫锦标赛的赞助权,比赛设在圣淘沙高尔夫俱乐部,奖金为300万美金,是当时亚洲奖金最高的国家公开赛。耗资1 100万美元改造的巴拉旺海滩(Palawan Beach)重新开放,为沙滩爱好者提供了更多的休闲、餐饮、零售和娱乐服务设施。同年,投资5 000万新元、位于西乐索海滩的西乐索海滩度假酒店(Siloso Beach Resort)建成营业。酒店定位中档,拥有182个海景客房和12座别墅。同年,投资350万新元的东南亚首个4D影院在英比奥山开业。新加坡政府批准建设的两个赌场项目之一位于圣淘沙,并规划建设一个国际一流的综合性度假胜地(Integrated Resort)。米高梅公司(MGM Mirage)、拉斯维加斯金沙(Las Vegas Sands)、永利度假村(Wynn Resorts)、哈拉斯(Harrah's)、科兹纳(Kerzner)和马来西亚的云顶(Malaysia's Genting)都联合本地公司提出了专业、详细的开发思路和方案。经过对5家国际联合财团的方案进行比选,最终由云顶国际和丽星邮轮(Star Cruise)联合竞标的圣淘沙名胜世界项目(Resorts World of Sentosa)方案胜出。

2007年,圣淘沙休闲集团投资1.4亿美元建设的轻轨系统(Sentosa Express)项目启用,加强了新加坡本岛与圣淘沙之间以及岛内交通的便捷性,取代了运行了24年的圣淘沙单轨列车。同年占地2.1公顷、拥有125个房间的精品度假酒店安曼纳(Amara)度假酒店(Amara

Sanctuary Resort)开业。世界著名的西班牙海滩酒吧品牌 Cafe Del Mar 落户西乐索海滩,成为一个斥资 300 万美金打造的亚洲首屈一指的沙滩酒吧项目。与此同时,圣淘沙积极倡导和承担环保责任,启动了"培育我们的自然遗产"(Grow Our Nature Heritage Programme)活动,为保护野生动物和植物而努力。同年,投资 3 100 万新元、可容纳 2 500 人的大型多感官体验表演"海之颂"(Songs of the Sea)在西乐索沙滩落成,该项目由世界著名制作人、法国的 Yves Pépin 和其团队共同完成,取代了运营多年的圣淘沙音乐喷泉。

2008 年,新加坡高尔夫公开赛主办方和巴克莱银行联合将新加坡高尔夫公开赛的比赛奖金增加到了 500 万美元,使之成为亚洲奖金最高的高尔夫球赛事。同年,美国 GoGreen 公司将两轮自平衡电动车赛格威(Segway)引入圣淘沙,将两轮自平衡电动车作为交通工具,倡导绿色出行。

2009 年,连接圣淘沙和新加坡本岛的第二座桥梁通车,原有的长堤桥改为三车道单向出行。同年,圣淘沙收购剩余的花柏山休闲集团(Mount Faber Leisure Group)50%的股份。该集团拥有圣淘沙缆车 50%的股份及位于花柏山的餐饮、零售物业,自此成为圣淘沙发展局旗下全资子公司。同年,由新加坡知名房地产开发企业 Pontiac Land Group 投资 2.5 亿新元开发的奢华酒店项目——新加坡嘉佩乐酒店(Capella Singapore)开业。该酒店由世界著名建筑师诺曼·福斯特(Norman Foster)设计,将殖民地式的历史建筑与现代建筑材料进行了良好融合。该酒店拥有 111 间客房,提供世界一流的设施及服务。当年,还开放了 3 个位于西乐索海滩的景点,分别是:Megazip 探险公园(Megazip Adventure Park),它拥有亚洲最长、最陡的极限绳索探险活动;圣淘沙冲浪区(Wave House Sentosa),是全球顶级、亚洲最大的人造冲浪场所;Azzur 海滩俱乐部(Azzur Beach Club),是一个集多元化娱乐、餐饮和水上运动于一体的综合性休闲娱乐设施,内设夜店 The Harem。同年,"斜坡滑车"投资 200 万新元开通了第二条滑道,使滑道全长增加到了 1 050 米。这一年,圣淘沙在(美国)国际游乐园及景点设备展览会(IAAPA)亚洲景点博览会上获得了"亚洲最受欢迎的大型景点"荣誉。

2010 年,新加坡的第一个综合度假胜地、占地 49 公顷、总投资 65 亿新元的圣淘沙名胜世界(Resorts World @ Sentosa)和环球影城主题公园(Universal Studio)正式对外营业。同年,圣淘沙缆车完成了 3 600 万新元的翻新,全面投入使用。经过 8 个月的大规模修缮,投资 300 万新元的鱼尾狮广场重新向公众开放,广场连接圣淘沙名胜世界和英比奥区域,升级成为一个拥有餐饮、零售和供游客全天候休闲的区域。同年,圣淘沙在英比奥山建造了一个颇有吸引力的缆车博物馆,2 000 多平方米的展馆展示了世界上唯一的真人大小的乐高缆车舱、新加坡的缆车发展历程以及缆车系统背后的技术信息和历史故事。圣诞节期间,历时 3 年设计兴建的世界最大电子动画舞蹈表演在圣淘沙名胜世界落成,"鹤舞"由艾美奖得主杰里米·莱尔顿和他的团队专门为圣淘沙打造。这一免费的夜间节目通过数字技术、LED 显示屏、光与水的效果和烟火给游客提供了多元的感官享受,每场可接待 800 多名游客。一年一度在西乐索海滩举办的 ZoukOut 超大型沙滩舞会是亚洲最大的舞蹈节,2010 年第 10 届沙滩舞会有多位世界著名 DJ 参加,突破了 2.7 万人的历史纪录。

2011 年,东南亚第一座以园林为主题的跨海桥——圣淘沙跨海步行道(Sentosa Boardwalk)投入运营,项目与长堤桥平行,全长 620 米,占地 1.65 万平方米,总投资 7 000 万新元,单向设计接待量为 8 000 人/小时。设有自动行人扶梯的桥上建设了 5 个主题花园及配套餐饮、零售设施。同年,世界最大、新加坡唯一的室内跳伞项目 iFly 新加坡(iFly Singapore)建成。该项目投资 2 500 万新元,采用了最新的航空技术,创建的风洞宽 5 米、高 17 米,可同时容纳 20 名跳伞人员。新加坡首个互动大战模拟游戏"亡命之徒"在经历了 20 万新元的升级后,重新对外营业,全新的 3D 交互式体验采用了最先进的数字投影系统。同年底,环球影城迎来了亚洲最先进的惊险运动游戏——变形金刚"3D 终极之战",新加坡环球影城成为世界上第一个推出该项目的主题公园。同年,Rasa 香格里拉圣淘沙度假酒店完成了历时 10 个月、耗资 8 000 万新元的提升改造,重新装修的 454 个房间开门迎客。来自瑞士的瑞享酒店及度假村(Movenpick Hotel & Resort)改造了原有的赛乔度假区(Sijori Resort),在鱼尾狮旁开业,作为其在新加坡的旗舰店。酒店由 20 世纪 40 年代的历史建筑改建,拥有 181 间客房和 53 间套房。新建部分拥有 105 间现代豪华客房、18 间日本温泉套房、3 间行政套房和 2 个复式套房。

2012 年,圣淘沙名胜世界的海洋馆开业,拥有世界上最大的水族馆和水上乐园。临近 2.9 公顷天然雨林和 4 000 多棵树木的逸濠酒店(Equarius Hotel & Beach Villas)开业,这一高端项目拥有 172 间各类客房和 22 栋海滩别墅。同年,新加坡首个海滩儿童俱乐部——奇幻乐园(Port of Lost Wonder)在巴拉旺沙滩对外营业。坐落在升涛湾、拥有 240 个房间的喜达屋旗下著名时尚豪华酒店——W 酒店开业。

2013 年,由世界著名制作公司 ECA2 制作的"时光之翼"(Wings of Time)取代了"海之颂",向游客展现了一个全新的大型多感官体验表演。4D 影院联合美国华纳兄弟推出了全新的交互式 4D 游戏。西乐索海滩新增了两家餐饮项目——Flame 和 Makan2,连同刚完成升级改造的航海吧(Coastes)、比基尼吧(Bikini Bar)和沙滩吧(Sand Bar),5 家餐饮项目为游客提供全新的差异化餐饮体验。同年,临近升涛湾游艇港池的商业综合体泽西岛购物中心(Quayside Isle)对外营业,为住户及游艇会会员提供世界各地的休闲、时尚餐饮服务。

2014 年,世界著名的杜乐夫人蜡像馆(Madame Tussauds Wax Museum)在圣淘沙开业。拥有 6 栋历史建筑、占地 4.5 万平方米的天堂广场(Parade Square)引入新加坡最大的开发商之一远东集团(Far East Organization),打造了一个拥有 700 个房间的高端酒店。同年,圣淘沙进一步提升网络平台和信息化建设,所有景点及活动的门票均可通过移动互联网购票。

2015 年,历时数年筹建、投资 9 000 万新元建造、位于巴拉旺海滩的"趣志尼亚"(Kidzania)儿童游乐园开业,项目占地约 7 600 平方米,将成为亚洲首屈一指的儿童度假项目。游乐园的每个项目都由当地专业人士和教育工作者精心设计,以确保活动既有真实感又能寓教于乐。圣淘沙岛内缆车系统将于年内建成,连接英比奥和西乐索,在缓解日益严重的陆地交通压力的同时,新的系统也会给游客提供全新的交通体验。下半年开始实行步行入岛免收门票的政策,鼓励人们绿色出行,享受圣淘沙美丽的自然风光。

4 圣淘沙旅游规划开发与管理的发展愿景与历史阶段

纵观历史,圣淘沙的发展经历了三个重要阶段:
- 创建期(1972—2001 年):成立初期的拓荒、基础设施和基本旅游配套设施的开发和摸索;
- 变革期(2002—2009 年):项目发展到一定阶段,受内在和外在因素的影响,问题和挑战逐渐浮现,企业选择了革新;

- 飞跃期(2010年至今):随着基础配套设施和景点的升级换代,客流量和旅游收入实现了迅猛增长。

这三个发展阶段都与特定历史时期的产业发展和不同时代背景下的市场需求有紧密相关,更与新加坡政府对旅游业在国民经济发展中扮演角色的理解和认识有着密不可分的联系。新加坡政府对圣淘沙的发展愿景在这三个阶段发生了根本的变化,并针对门票、交通、餐饮、住宿、游览、购物和娱乐等各主要旅游要素制定了相应的开发策略(见表1)。

表1 圣淘沙旅游开发愿景及主要发展阶段(1972年至今)

	创建期(1972—2001年)	变革期(2002—2009年)	飞跃期(2010年至今)
愿景	"A Resort for Locals & Tourists"(给新加坡人及游客的大众旅游度假区)	"Asia's Favorite Playground"(亚洲最受欢迎的游乐场)	"The World's Favorite Leisure and Lifestyle Resort Destination"(世界受欢迎休闲和度假目的地)
交通	• 渡船、缆车、圣淘沙大巴 • 私家车不允许上岛 • 单轨列车(Monorail) • 穿梭大巴分三条路线全天候往返市区接送游客	• 建设快捷、大运量的轻轨 • 允许私家车进入,增加入岛桥梁 • 增加大型停车场 • 建立大型交通枢纽,开通沙滩小火车	• 提升缆车的设施和运力 • 建立跨海步行桥 • 增加列车,提升轻轨的运力 • 岛内建设缆车系统
门票	$5(往返大巴车票$1.5)	$2(往返交通费$1)	$1(walk-in)
餐饮	• 吸引当地餐饮业者开设各类餐饮项目 • 圣淘沙美食广场(Sentosa Food Court) • 私营景点内自主开设餐饮项目	• 成立餐饮部,统筹开发多元餐饮 • 快餐、便利店开始允许入岛	• 引进世界知名餐饮品牌,包括米其林星级餐厅
住宿	• 几家不同档次住宿项目,数百个房间,一个区域性品牌(香格里拉)	• 引进国际酒店品牌	• 15家不同档次的度假酒店、3 800个房间
游览	• 音乐喷泉、鱼尾狮、蜡像馆等自主开发的景点居多 • 自然、人文历史性观赏景点居多	• 3个海滩项目面向不同目标客户群,重新定位、开发 • 规划开发景点集群 • 参与、体验性的休闲项目增多(4D、雪橇、iFly、冲浪屋) • 引进国际先进项目,填补本区域空白	• W酒店、环球影城、Kidzania等世界知名品牌/项目 • 开通网络购票,游客购票更为便捷
购物	• 由新加坡旅游纪念品供应商统一提供 • 产品与本土无差异化 • 私营景点各自采购/开发、经营纪念品,同质化情况严重	• 成立零售部,开发圣淘沙特色纪念品 • 在不同景点开设礼品店,销售主题、特色纪念品	• 国际一流景点项目的引入带来了创新购物理念,推动了全岛各景点购物体验的发展

续表

	创建期(1972—2001 年)	变革期(2002—2009 年)	飞跃期(2010 年至今)
娱乐	• 除了 Cinemania 和音乐喷泉,没有娱乐节目 • 入夜后游客甚少、幽静	• 引入 KM8、Cafe Del Mar 等河岸吧 • 景区内游人走道都备有欢快音乐 • Siloso Beach Party、The Nation's Countdown、ZoukOut 等大型沙滩派对	• "时光之翼"(Winds of Time)、"鹤舞"等由世界顶级团队策划的演出

资料来源:http://baike.baidu.com/link? url=m8pfvbXksUvepLX_tJec2pkfIkqPKvddZjshqWKVmw0v-vGRVw9h_CozYLBh6agEJqzTcHNx2AIuZ-HhIAHW4_.

4.1 创建期(1972—2001 年)

给新加坡人及游客的大众旅游度假区(A Resort for Locals & Tourists)

在决定对圣淘沙进行旅游开发的初期,政府对该项目的理解是给新加坡人及游客建设一个度假区。正是这样的发展愿景,决定了圣淘沙后续开发过程中的总体产品定位、开发思路和运营模式。从定位上看,它被审定为一个大众休闲度假产品,在基础设施先行的同时,面对旅游项目开发资金需求量大的现实,圣淘沙发展局对休闲度假产品的开发,选择了广泛引入社会资本,开放、多元的模式,不同文化背景和规模的企业和个人相继投入到海岛的开发中来。

进入 80 年代,随着经济的发展、社会的进步,旅游业作为世界上从业人员最多、发展最快的产业,也正从摸索中逐步汲取经验,快速趋向专业化。休闲旅游度假产品不断推陈出新、逐渐丰富。与此同时,关于旅游项目开发和运营管理方面的研究也取得了丰硕的成果。作为世界上最具竞争力的国家之一,新加坡这个与东西方文化和经济有着密切联系和往来的国家,开始了解、学习和借鉴北美新兴旅游目的地的先进发展经验。景点的开发理念从单纯的观光向增强体验转移,增添了如"梦幻世界"、火山、动感电影院等一系列融合了高新科技、强调游客参与和体验的开发项目。

随着国民经济的持续、健康、稳定发展,新加坡快速步入发达国家行列。面对亚洲新兴国家和城市在迅速崛起过程中所带来的种种挑战,政府将旅游业在未来经济和社会发展过程中扮演的角色提到了新的、更重要的高度,对圣淘沙旅游度假地所能发挥的作用有了新认识和新要求。1984 年的政府年度报告显示:"旅游业在国民经济中发挥了重要作用,创造了国民生产总值的 6%,占外汇收入的 16%,成为国家第三大外汇收入来源。"从政府的角度看,圣淘沙项目的开发,是推动新加坡经济发展、拉动旅游及相关行业发展的一个引擎。根据早年的测算,游客每在圣淘沙消费 1 新元,就会为新加坡的直接经济贡献不少于 3 新元。除了经济回报,旅游业的快速发展也增进了其他国家对这个年轻国度的了解,有助于国家软实力的提升。

当时的圣淘沙,在亚洲旅游业内虽有一定的知名度和影响力,但新休闲度假产品的开发逐渐放缓。随着亚洲经济的快速发展,本区域内逐渐崛起了香港海洋公园、马来西亚云顶、日本迪士尼乐园及环球影城等多个项目,连同周边巴厘岛、普吉岛、刁曼岛等的快速发展,逐渐分割圣淘沙的市场,对其发展造成一定的压力。这种情况下,提升得慢了就有被超越、取代和淘汰的风险。而此时,在经历了长期在摸索中发展的开发模式后,项目内部形成了一些亟须解决的问题和需要调和的矛盾。在外部,新加坡政府需要圣淘沙继续壮大。在内因与外因的共同作用下,圣淘沙注定将要面临一场变革。

4.2 变革期(2002—2009年)

亚洲最受欢迎的游乐场(Asia's Favorite Playground)

步入21世纪,圣淘沙发展局迎来了新的历史使命,新加坡政府决定将圣淘沙打造成为"亚洲最受欢迎的游乐场(Asia's Favorite Playground)",圣淘沙有了更新的愿景、使命、价值观和发展目标。亚洲一流的旅游目的地需要国际视野,为此,政府成立了国际专家咨询顾问委员会为圣淘沙未来的发展建言献策。2002年,该委员会推出了为期10年的圣淘沙总体发展规划。在此规划中,圣淘沙对内进行了机构改革和重组、大量裁员,逐渐关闭了一些老旧的旅游产品,快速实行基础配套设施的升级换代;对外则大力开展品牌重塑工作,开启了一系列国际性的招商活动。

伴随改革东风,新加坡政府出台了两项重大利好政策推波助澜:一是宣布升涛湾(Sentosa Cove)滨海住宅项目内的别墅产品允许外籍人士购买,这意味着该项目成为了新加坡有史以来唯一允许外国人购置的有地住宅项目;二是宣布将在圣淘沙建立赌场。这两个政策的出台在圣淘沙的发展史上具有划时代的意义。自此,升涛湾地价飞涨,一跃成为世界瞩目、亚洲最高端的滨水住宅项目,获得国际五金锚奖的亚洲一流游艇会——"一度十五"游艇俱乐部(ONE°15 Marina Club)、世界奢华酒店品牌——W酒店(W Hotel)等项目相继进驻。至今,升涛湾已发展成为拥有超过2 000户人家的高档住宅社区。圣淘沙发展局也通过土地出让获取了大笔资金,并将其及时用于本岛基础配套设施、休闲度假产品的升级换代,为高端项目筑巢引凤。新加坡开放博彩行业、圣淘沙开设赌场的消息一经发布,吸引了国际诸多拥有博彩和主题乐园开发经验的大型企业瞩目。

4.3 飞跃期(2010年至今)

世界受欢迎休闲和度假目的地(The world's Favorite Leisure and Lifestyle Resort Destination)

随着升涛湾、圣淘沙名胜世界和环球影城的落成,新加坡政府已悄然将圣淘沙的发展愿景更换为"成为世界受欢迎休闲和度假目的地(To be the world's favorite leisure and lifestyle resort destination)",无疑把圣淘沙从亚洲推向了世界舞台,将打造世界级的综合性旅游度假产品。此时的圣淘沙已完成数百亿新元的投资,游客数量突飞猛进。2013年接待游客1 860万人,较2003年(415万人)增加了348%;实现销售收入2.08亿新元,较2003年(5 620万新元)增加了270%。随着新项目的不断投入,圣淘沙无论从游客量到收入都实现了质的飞跃,得到了市场和行业的普遍肯定和广泛认可。2011年,圣淘沙的名胜世界、缆车和4D魔幻剧院,分别在"2011年亚洲旅游大奖"上获得大、中、小三个级别的最佳景点奖。

5 圣淘沙旅游开发与管理中遇到的问题与挑战

从1972年到2015年,圣淘沙从一个废弃的军事营地发展成为年接待2 000万游客的综合性休闲旅游度假目的地。在竞争中求生存,在摸索中求发展,圣淘沙渡过了一个又一个难关,跨越了一个又一个阶段,实现了自身的飞跃。其不断摸索、变革与成长的经验对于指导项目未来的发展尤为宝贵,也值得旅游业者从不同层面或角度去分析、借鉴。

20世纪60年代新加坡建国初期,作为国家的第一个大型休闲旅游度假项目,对新加坡政府来说,圣淘沙无论从开发建设到运营管理,都欠缺经验和资金。随着越来越多设施和项目的陆续建成和投入运营,与开发和管理相关的许多问题也逐渐显现出来。在项目市场调研、产品定位、规划设计、工程建设、招商引资、运营管理上并非一帆风顺,而是面临了很多难题与挑战。比如,项目开发的可行性与其所处的经济环境密不可分,而市场的变化会对项目发展产生深刻的影响。因此,客观、科学的市场调研,通过掌握目标客户群的消费需求和消费习惯进行科学定位,并在此基础上有的放矢地实施项目开发,就显得尤为重要。圣淘沙项目开发早期就曾因忽视了科学、系统的市场调研和产品定位体系付出过沉重代价。后续章节将结合具体案例,就圣淘沙开发运营管理过程中面对的如下四方面挑战,进行深入分析和探讨:

- 在摸索中发展:为未来的发展预留可持续性发展空间
- 在发展中成长:多元化开发模式的利与弊
- 在成长中变革:在尊重客观市场基础上的科学发展
- 在变革中飞跃:发展中的挑战与风险

5.1 在摸索中发展:为未来的发展预留可持续性发展空间

20世纪70年代的国际旅游产业发展处于相对粗放的摸索期,还没有一套科学、成熟的理论和实践经验可以借鉴。回顾圣淘沙的早期发展历程,与当时世界上诸多其他旅游目的地的发展模式类似,是在没有科学产品定位、专业项目规划和系统开发实施计划的情况下进行的。

从圣淘沙发展局成立到80年代初的10年,是圣淘沙基础设施和景点开发建设的10年,总投入超过10亿新元。如此庞大的海岛开发项目需要投入大量的人力和财力去维护,运营成本颇高。以沙滩维护为例,为了保持一流的沙质,需要每3年增添一部分高品质沙砾,而此类沙源来自印度尼西亚,需要进行国际采购和运输,维护成本高昂。而每年100万人次左右的游客(1982年为120万人次)所带来的收入,当时并无法支撑海岛维护、运营费用。1985年,圣淘沙的经营收入是1 030万新元(较前一年增加了8%),而全年的支出是1 050万新元,亏损近20万新元,项目的生存依赖新加坡政府的财政补贴。

从企业和项目发展的角度看,资金储备的缺乏阻碍了项目未来的可持续性发展。在所有的旅游度假产品都将面临更新换代的形势下,圣淘沙唯一的出路是继续发展壮大,引入更优质的休闲旅游度假产品,以提升市场的吸引力和行业的竞争力。然而,300多公顷的海岛,超过70%的土地为热带雨林覆盖的山丘,可供旅游度假项目开发利用的平地有限,在很大程度上限制了项目未来的发展空间。

在征得新加坡政府同意后,圣淘沙发展局展开了填海造地工程,自上世纪70年代到90年代末共进行了3次,增加了超过两平方公里的土地。1979年到1980年,圣淘沙发展局通过填海,将本岛东北侧的纱笼岛(Sarong)和史勒古岛(Selegu)与圣淘沙相连,新增土地面积63公顷,为随后开发的景点和娱乐设施,包括高尔夫色拉逢(Serapong)球场、自行车道和部分单轨列车提供用地。新项目的开发建设和投入使用,为海岛注入了新活力、带来了新增长。以单轨列车为例,该项目是第一个岛内旅游交通工具,使游客在穿梭于不同景点的同时,可以观赏沿途的风景,将热带雨林、海滨等特色景观尽收眼底,为游客创造了极大的便利和更好的旅游体验。1982年4月至11月，该项目投入运营的首8个月，圣淘沙接待了140万游客，超过了1981年全年120万的客流量。当时新加坡全国人口为240万人，按75%统计，将近一半的新加坡人当年到访了圣淘沙，这样的成绩是来之不易的。

基于首次填海造地所取得的经验和收获，圣淘沙发展局自1982年起，再次展开了填海造地工程，为后来进驻的亚洲村、"海底世界"和其他景点的开发创造空间。圣淘沙发展局逐步意识到，景点的推陈出新和基础设施的不断完善是旅游目的地的生存之本。随着单轨列车、音乐喷泉、昆虫馆于1982年投入营业，1983年的游客数量达到190万人，较前一年增加了58%。

80年代后期，圣淘沙几乎没有推出新旅游项目，又一次失去了对市场的吸引力，游客和旅游收入的增长再次放缓，运营压力增大。在此情况下，圣淘沙发展局于1988年开展了第3次土地出让，这也是史上面积最大的一次，共9个地块、21.4公顷土地。这次招商活动面向世界，在澳大利亚、中国台湾、中国香港、日本等国家和地区的主要媒体上做了宣传。此次土地出让，吸引了"海底世界"等几个颇具影响力的项目，为圣淘沙的可持续性发展奠定了基础。

90年代后期，布兰达拉岛(Buran Darat)通过填海与圣淘沙东部海岸相连，形成了升涛湾项目用地，总面积117公顷。步入21世纪的圣淘沙，通过升涛湾项目的销售，获得了数额可观的土地出让金。2001年，圣淘沙全年的收入是5 260万新元，这个数字在两年后的2003年即飙升到了2.2亿新元，主要源于地产的收入。从囊中羞涩一跃成为腰缠万贯，有了一定的经济基础做后盾，圣淘沙才迎来了改革之机，取得了今日的辉煌成就。

世界的进步总是一个优胜劣汰的过程，随着圣淘沙步入新世纪，一批主要景点陆续面临关闭，其中包括：亚洲村(Asian Village)、梦幻岛(Fantasy Island)、圣淘沙食阁(Sentosa Food Centre)、渡轮码头(New Ferry Terminal)、珊瑚馆(Coralarium)、单轨列车(Monorail)、火山村(Volcanoland)、音乐喷泉(Musical Fountain)、"遗失的城市"(Ruin City)、海事博物馆(Maritime Museum)、圣淘沙船屋(Sentosa River Boat)、胡姬花园(Orchid Garden)、赛乔迷你高尔夫(Sijori Wonder Golf)和圣淘沙马场(Sentosa Riding Centre)。赛乔度假酒店(Sijori Resort)、国家职工总会圣淘沙海滨度假酒店(NTUC Sentosa Beach Resort)和圣淘沙度假酒店(Sentosa Chalet)等曾经的主要设施连同天香园(Tian Xiang Steamboat)、圣淘沙海鲜馆(Seafood Sentosa)等餐馆彻底关闭，退出了历史舞台，为后续新项目的引进预留空间。

随着步入21世纪后采取的一系列改革举措，圣淘沙打造国际旅游目的地的目标初步实现，面对竞争日趋激烈和不断变化的市场，圣淘沙发展局在提升产品和服务的同时，已在为下一阶段的发展进行谋划、创造空间。在新的发展规划中，圣淘沙将投资10亿新元把赛林加特(Pulau Seringat)、拉撒路(Lazarus)和圣约翰(St John's)3个岛相连，并连同龟屿岛(Kusu)进行开发，为圣淘沙未来的景点和设施的发展和升级创造更大的空间。

5.2 在发展中成长：多元化开发模式的利与弊

新加坡政府素以其高效、务实著称，在圣淘沙的发展中，政府积极摸索经验，从自主开发到合资开发再到独立开发交通、景点、酒店、餐饮的开发模式逐渐趋向多元。首个项目高尔夫俱乐部属自主投资开发；第二个项目缆车项目为合资开发项目；阿波罗酒店是第一个通过租赁形式，由外商投资开发的项目。随后开发的首个大型景点"海底世界"和第一家品牌酒店香格里拉Rasa度假酒店均为引资项目。

5.2.1 多元开发模式的积极影响

在引资模式方面,圣淘沙发展局也不断开拓思路,本着"扶上马,送一程"和"互惠互利"的原则,积极创新。为了降低项目投资方的经济压力和投资风险,收取的土地出让金都低于市场价值,通过收取项目营业总收入的 10%~20%做长线投资。圣淘沙发展局不参与项目的开发建设和运营管理。如此多元化的开发模式为圣淘沙的发展带来了诸多积极影响,这主要体现在以下几个方面:

5.2.1.1 降低投资压力和风险

旅游项目开发有资金投入大、投资回报期长的特点,多元、开放的发展模式有利于项目的快速发展,有效缓解了项目开发前期的资金压力,也从某种程度上降低了投资风险。

5.2.1.2 借助品牌效应

知名品牌的引入,有利于项目整体的品牌建设和宣传。国际品牌先进的运营理念和成熟的商业模式也引领了其他度假产品的健康发展。以酒店为例,圣淘沙于 1991 年、1993 年和 1996 年分别迎来了百富、香格里拉莎利圣淘沙(Rasa Sentosa)和塞乔(Sijori)3 家度假酒店的开业,作为引资项目,极大地节约了资金投入。百富是一个低密度园林式精品度假酒店,后期获得了"世界小型豪华酒店金奖"(World Small Luxury Hotel Award),开业后受到了商务休闲和高端游客的青睐,使圣淘沙脱离了只有度假小屋(Chalet)的历史,一定程度上丰富了圣淘沙的度假产品、提升了整体形象。拥有近 500 个房间的香格里拉度假酒店,在当时是本区域较大规模的度假酒店,借助其国际性的营销网络,为圣淘沙带来了众多的外国游客,拓展了海外市场、丰富了圣淘沙的客源,提升了其海外知名度,以日本、马来西亚、印尼、中国、印度为主的海外市场一度超过了新加坡本地游客的数量。同时,各类酒店的开业增加了游客在岛上的停留时间,丰富了游客对圣淘沙项目的体验和理解,提高了游客单人次的消费水平。

5.2.1.3 弥补自身不足

餐饮是旅游项目的重要元素,在多元化合作模式下,圣淘沙景区在成立初期快速引入了各阶层餐饮业者所带来的不同类型的餐饮产品,同时也允许景点开设各类餐饮配套服务。作为劳动密集型行业,餐饮有其专业性,私营企业或个体业者的引入,有效地规避了圣淘沙发展局在专业和人力资源方面的劣势,快速为游客提供了多元的餐饮产品,丰富、加强了游客的就餐选择和对新加坡餐饮文化的了解,从而有助于提升整体的旅游体验。

5.2.2 多元开发模式的弊端和挑战

"摸着石头过河"的发展模式势必会带来各种问题、挑战和挫折。忽略科学的市场分析的盲目开发以及不同开发商间价值取向和经营理念的冲突都曾给圣淘沙的经营管理带来过深刻的启示和教训。

5.2.2.1 缺乏科学的市场分析的盲目开发

阿波罗酒店即是一个早期较为典型的此类案例。其所在地是一块占地 8 公顷的历史建筑群,建有共计 33 栋英国殖民地时代的建筑。圣淘沙发展局于上世纪 70 年代将此地块租给阿波罗企业进行改造开发,租期 12 年。1978 年,阿波罗将其中的 24 栋建筑改造成为拥有 161 个房间的酒店,其余的建筑作为后勤办公用途。新建的设施包括能容纳 1 000 人的多功能厅、2 个壁球室、2 个桑拿区、1 个按摩区,户外的设施包括 2 个网球场、1 个迷你高尔夫、4 个泳池等。酒店标准间的面积为 44.6 平方米,设有客厅、卧室和卫生间以及 24 小时冷热水、空调、电话、彩电、冰箱。如此档次的度假酒店,在 70 年代的亚洲是罕见的。令人遗憾的是酒店开业后的营业状况不尽如人意并一直处于亏损状态。1982 年的酒店入住率为 55.2%(前一年为 27.6%),亏损 162 万新元(前一年为 204 万新元)。同年,圣淘沙的年游客量为 120 万人次,其中 75% 为本地游客,而本地游客在岛上过夜的需求远不及外国游客。酒店生意的不景气与当时圣淘沙旅游度假产品的不完善、交通设施不便利、酒店经营管理的欠专业有着直接关系。

为了改善经营状况,阿波罗于 1981 年向新加坡政府申请在圣淘沙开设赌场,当时传言政府已批准该企业与英国商家合作,在酒店内经营电子博彩业,但最终却未能予以实施。这应该是继 60 年代末新加坡旅游局提议兴建赌场后,新加坡历史上第二次在国家决策层面探讨是否开放博彩业。李光耀总理最终否决了提案,并且明确表示新加坡不会开设赌场。阿波罗酒店在经历了 1984 年的一轮裁员后,最终于 1986 年关闭。

阿波罗的倒闭是没有客观、科学地分析市场,而盲目追求大体量、高档次开发的结果,无论对投资方还是圣淘沙发展局,都损失惨重。在当时的投资环境下,项目的倒闭在一定程度上影响了圣淘沙的品牌建设,也给圣淘沙的招商引资带来了更大的挑战。同时,因为住宿产品的缺少,项目的收入和发展均受到了一定程度的影响。

5.2.2.2 价值取向和经营理念的冲突

多元的旅游产品和开放的投资环境吸引了不同背景的项目投资方,其企业文化、价值取向、经营理念各不相同,有的甚至大相径庭。随着 90 年代一些外来餐饮项目的逐渐落成和投入运营,这方面问题开始浮现并且日趋严峻。

早期最大的餐饮项目——圣淘沙食阁(Sentosa Food Center)是一家由新加坡本地私营餐饮企业投资开发的项目。该企业专注于大排档式的大众化食阁服务。圣淘沙食阁开设了近 10 个档口,分租给了不同种族的当地餐饮业者,提供各类新加坡小吃美食。初建成时,是圣淘沙休闲度假产品的一大亮点,游客能品尝到华人、马来人、印度人三大种族的多类风味美食。

步入 21 世纪,随着圣淘沙的发展,岛上餐饮项目的不断引进使游客的选择逐渐增多,圣淘沙食阁失去了一家独大的优势,加上其外包餐饮档口私营业者的出品和服务参差不齐,经营状况走上了下坡路。圣淘沙发展局不断收到游客关于食阁环境卫生、饭菜品质、价格和服务等方面的投诉。从游客的角度看,食阁是圣淘沙的一部分,是整体休闲度假体验的一部分,甚至是其中很重要的组成部分。而此类餐饮项目作为引资项目,圣淘沙发展局并无权参与经营管理。这种情况使发展局处于非常被动的境地:一方面要安抚和补偿游客的不满;而另一方面又没有任何机制去惩治或有效管理这些开发商或租户,唯一可以做的就是交涉,结果多是事倍功半。食阁设施设备老化而投资方不愿投入翻新,就餐环境持续恶化,导致经营状况每况愈下。圣淘沙发展局最终无法忍受其对圣淘沙整体服务品质和品牌形象的影响,以较大的代价将其收购。20 世纪末,类似食阁经营不善的景点和餐馆普遍存在,大家都希望通过返售租期来弥补损失。2000 年至 2001 年,圣淘沙发展局相继关闭了 21 家此类企业,取而代之的是人们普遍认同的餐饮品牌,例如:大磨坊(Delifrance)、赛百味(Subway)、本和杰里(Ben & Jerry)和"咖啡豆与茶叶(Coffee Bean & Tea Leaf)"等。

圣淘沙食阁的教训深刻地说明旅游目的地如果没有一套科学、系统的监管机制,个别旅游产品对旅游目的地的总体影响是不可估量的。作为政府或业主,在选择投资方或运营方的环节需要特别谨慎。合作双方必须持有相同的经营理念和价值观。在合作期间亦要不间断地通过宣教，让企业员工不断深入理解和认同企业文化，树立共同的核心价值观。通过培训，不断提升从业人员的服务品质。另外，要建立一套有效的激励和监管机制，以确保旅游目的地的整体形象和利益不受损害。无论是圣淘沙发展局接受过高等教育的专业人士，还是租户目不识丁的清洁员工，对于游客来说，他们所提供的服务都是圣淘沙旅游体验的一部分，他们都是圣淘沙的品牌大使。只有全部人员齐心协力提供高品质的产品和服务，才能带给游客美好的体验，圣淘沙也才能具备更强的竞争力。

5.3 在成长中变革：在尊重客观市场基础上的科学发展

90年代的新加坡曾流行过一种对SENTOSA（圣淘沙的英文名）的释义：So Expensive Nothing TO See Actually（很贵却没什么可看），这反映了当时新加坡的一部分人对圣淘沙这个国家旅游拳头产品、形象窗口的失望与不满。造成这种情况的因素是多方面的。其中包括，受当时的圣淘沙不可以自驾、人们出入岛都要转乘大巴等交通不便利因素的制约，本地游客市场的持续发展受到了挑战。给圣淘沙景点带来另一大生存压力的是圣淘沙发展局征收的6新元入岛费和1.5新元的交通费。相对高昂的收费、不便利的交通、长时间没有新颖旅游度假产品的投放和本区域其他休闲旅游度假产品的不断推陈出新，让本已低迷的圣淘沙旅游收入雪上加霜。1999年，圣淘沙的营业收入只有500万新元，而当年所有的花费共计5 100万新元，严重入不敷出。一些核心旅游度假项目未能经得起时间和市场的考验，开始退出历史舞台。

5.3.1 对客观市场制约因素认识的缺失

90年代末期，圣淘沙运营模式的弊端所造成的后果逐步在一些项目中显现，梦幻岛即是一个颇具代表性的案例。该项目于1994年底建成，占地71 000平方米，设有13种不同的滑水道，共计31个水上滑梯和一个儿童运动游泳池，是当时亚洲最大的水上乐园，一度成为圣淘沙乃至新加坡全国最热门的旅游景点，颇受游客欢迎。本地市场新奇体验过后，高昂的票价和不便利的交通成了本地市场重复消费的最大障碍。当时景点的成人票价是20新元，加上圣淘沙的门票和交通费，共计27.5新元（约合人民币140元），即使20年后的今天，作为综合项目内的单一景点收费，也不算便宜。

当时新加坡的人口仅340万，作为大型主题乐园，多数项目为体验性消费，目标客户群应是海外游客。海外游客分两类：一类是自由行（FIT），另一类是旅行团（tour group）。当时圣淘沙自由行游客数量较少，其海外市场主要以旅行团为主，核心客源市场是周边的印尼、马来西亚、中国、印度等第三世界发展中国家，消费能力相对有限。旅行团为了缩减开支，通常选择傍晚进入圣淘沙观看免费的音乐喷泉表演，因此90年代的圣淘沙，每天的入岛高峰居然是在傍晚的5点到7点，是多数景点结束营业的时间，这是当时让圣淘沙发展局较为尴尬和无奈的一个现象。绝大多数的海外团体游客没有过夜消费（当时访新游客平均逗留天数为3~4天），除支付了圣淘沙门票外，几乎不体验付费景点，参观完喷泉花园、音乐喷泉等免费景点后即离开。如此的客户结构和消费行为，给多数景点带来了巨大的运营压力。

随之而来的问题自然出现了，因投资回报没有达到预期，水上乐园的设施未能及时做升级换代，少了新鲜感和宣传效应，逐渐失去了对市场的吸引力。景点通常在收支不平衡的情况下会选择开源节流，梦幻岛做了同样的选择。在开源无门的情况下，最直接有效的办法即是节省开支。首选是减少人力投入，如此一来，环境清洁、设备维护和游客安保首当其冲地迎来了挑战,水上娱乐设施的安全保护是重中之重,少了维护和安保的投入,直接导致了安全事故频发。此时的梦幻岛已是病入膏肓,两起游客身亡事故最终导致了项目停业。在开园6年后的2002年,梦幻岛正式结束营业。

虽说产品终究有生命周期,社会的进步也是优胜劣汰的过程,若干年后梦幻岛的原址上建起了东南亚第一个环球影城,出现了又一片欣欣向荣的景象,但梦幻岛项目的快速坍塌仍令人颇为遗憾。梦幻岛的短暂生命有亚洲金融危机等不可控因素的影响,但也有其必然性。首先,投资方在立项前没有把可行性研究工作做扎实,未能客观分析产品与当时圣淘沙的客源结构和消费能力的关系;其次,不便利的交通、额外的入岛收费、游客市场的消费特性等都是阻碍该项目生存和发展的重要因素。

如果圣淘沙发展局能够较早地转换经营思路、注重科学发展,通过鼓励私家车入岛、降低门票收费等开放政策来进一步鼓励人们入岛消费,当时的景点不会有如此大的生存压力。也就是在梦幻岛关门的同一年,新一届的管理层将圣淘沙的门票从6新元降至2新元,允许私家汽车全天候自由出入。这两项举措大力拉动了新加坡本地游客市场的发展。2003年,本地游客达到了284万人次,占游客总量的69%,较未降价前的2002年增加了28%。

5.3.2 科学开发及运营管理模式的引入

随着梦幻岛等景点的倒闭,类似的问题和困难在其他休闲旅游度假产品上也逐渐显现出来,出现生意普遍萧条的局面,给圣淘沙项目整体形象带来了深刻、久远的负面影响,同时也唤醒了圣淘沙发展局对项目开发及运营管理模式的反思。面对内部的产品矛盾和外部的竞争压力,圣淘沙发展局选择了革新的道路。

首先,圣淘沙发展局成立了一个国际专家顾问委员会,意在以国际视野规划设计圣淘沙的未来,其成员由来自美国、法国、中国香港、韩国等地的休闲和生活领域的专家、实践者、创意建筑师、开发商和著名商人组成。2000年,委员会制订了圣淘沙总体规划初步方案。由本地旅游行业的专业人士组成的审查委员会,结合公众的意见和信息反馈对方案进行了多重审议。

其次,圣淘沙发展局搭建了新的管理团队。2002年初,圣淘沙发展局迎来了有史以来的第一个非新加坡籍的首席执行官雷尔·梅茨格(Darrel Metzger),他曾多年任职迪士尼乐园高管,并主政过香港海洋公园,有丰富的项目开发和管理经验。其加入后的第一件事即是进行由他主导的企业重组,新的管理层绝大多数都是新面孔,甚至连董事局主席都更换新人,由菲利普·NG(Philip NG),时任新加坡最大的地产企业远东集团(Far East Group)的总裁担任。新鲜血液的加入很快让圣淘沙出现了大的变化。在内部,管理团队组织各类培训,让员工们熟悉、了解新的企业和项目发展规划,开展企业文化建设,通过职业培训提升员工的服务意识与技能;对外,联合诸多专业机构,开展各类项目的前期调研论证和规划设计工作,同时积极与媒体沟通,重塑圣淘沙的形象。2001年成立了全资子公司圣淘沙休闲管理有限公司(Sentosa Leisure Management Pte Ltd),负责全岛的管理、维护和运营。并于2002年推出一个60亿新元的总体发展规划,从基础设施升级换代,到全新景区的打造,提出用10年时间将圣淘沙打造成为世界一流的度假胜地。在此期间新增了大量新颖的旅游景点和酒店,其中最大的亮点是规划建设一个大型主题公园。

5.3.3 享受科学发展带来的改革红利

步入21世纪,随着2001年的"9·11"事件、2003年的SARS、2004年的印尼地震及泰国海啸等自然和人为灾害的发生,亚洲旅游业经历了历史上最为严重的危机。区域内的一些旅游景点、旅行社开始倒闭。圣淘沙因为新政策、新景点的不断推出,实现了平稳过渡,客流量不减反增。2002年至2004年,客流量分别实现了410万人次、415万人次和510万人次,创下历史新高。2005年较2002年,实现了24%的增长。圣淘沙游客量的攀升也带动了到访新加坡游客的增长,调查显示每4位访新的外国游客当中就有1位曾到访圣淘沙。与此同时,游客的满意度也不断攀升:57%的游客认为圣淘沙较以往更具吸引力。2004年,圣淘沙会员人数较前一年增加了20 000名,增幅为60%。与此同时,也不断赢得了诸多国内外的奖项和好评。

圣淘沙在吸引外来投资方面更加成熟和稳健。据统计,这一期间政府与社会投资的比例是1:2。换句话说,政府每投资1新元在基础设施升级或海岛维护上,就吸引2新元的社会投资。随着投资者信心的增加,2002年至2004年的3年间,圣淘沙相继吸引了PONTIAC LAND、NTUC、DELIFRANCE、LUGE等总值为16.8亿美元的项目投资。受恐怖主义和SARS的影响,尽管2003年是相对有挑战的一年,但当年吸引的外资总量却是前一年的23倍。

5.3.4 实施不间断的改革创新和发展

圣淘沙前任总裁雷尔·梅茨格(Darrell Metzger)在一次专访中提到:"在集中精力执行我们的10年规划的同时,我们也不遗余力地在每6到8个月的时间给游客们带来新的体验。"

在新的圣淘沙发展规划中,一大革新是在岛上打造特色景区(Attraction Zone),例如英比奥山和海滩。海滩向来是圣淘沙最受欢迎的景点,每年有超过60%到访的游客会去体验圣淘沙的海滩。新的规划中将3个海滩重新定位:西乐索海滩(Siloso Beach)面向年轻人,增加了例如iFly、冲浪屋(Wave House)等相对刺激的景点,同时增加了Cafe Del Mar等沙滩酒吧项目。巴拉旺海滩(Palawan Beach)针对家庭,兴建食阁,开发奇幻乐园(Port of Lost Wonder)、趣志尼亚(Kidzania)等儿童游乐设施。丹绒海滩(Palawan Beach)保持原生态,规划建设了一家休闲咖啡厅,以满足游客的餐饮需求。

连接新加坡大陆和圣淘沙的轻轨服务——圣淘沙捷运于2007年正式投入运营,该项目投资1.4亿新元,是圣淘沙发展局史无前例的一项基础设施投入。北起新加坡最大的商场之一Vivo城(Vivo City),捷运站紧邻大型停车场、地铁站、巴士站,南至圣淘沙岛上的交通枢纽Beach Station/Siloso Point,那里处于巴拉旺和西乐索海滩的交界处,有去往海岛不同区域的巴士和沙滩列车。每小时承载3 000名游客的载客量,在很大程度上提升了运力,现代、舒适、便利、快捷的圣淘沙捷运给游客带来了不一样的游览体验。

2010年1月,备受瞩目的圣淘沙名胜世界开业。作为圣淘沙岛上的首座综合度假区,它汇集了多个世界一流的景点,如新加坡环球影城(Universal Studios Singapore)、节庆大道(Festive Walk)、海洋生物园(Marine Life Park)等。新加坡环球影城(Universal Studios Singapore)是东南亚首个好莱坞电影主题公园,部分电影主题游乐设施是新加坡环球影城独有的,包括"史瑞克"(Shrek)、"木乃伊归来"(Revenge of the Mummy)、"侏罗纪公园河流探险"(Jurassic Park Rapids Adventure)、"变形金刚"(Transformer)等景点。节庆大道(Festive Walk)提供多种形式的街头娱乐节目、独具特色的购物体验以及特色美食。名胜世界还开发了6家不同档次、各具特色的酒店,共计1 500个房间。"仙鹤芭蕾"(Crane Dance)运用灯光、音效、水喷射和烟火等多种特效,为游客们免费呈现多媒体表演盛宴。海洋生物园(Marine Life Park)拥有世界上最大的海洋水族馆与最长的人工雨林河。海事博物馆

(Maritime Experiential Museum)通过蜡像和影像,生动展现了华人世界的航海文化。

名胜世界开业首两年即迎来了超过3 000万游客,使圣淘沙的游客倍增。2009年全年的游客总量是783万(国际游客407万),2010年实现1 910万(国际游客955万)。同期圣淘沙发展局的收入从1.57亿新元增加到了1.97亿新元,门票收入从4 410万新元增加到了7 481万新元。

圣淘沙的发展历程证实,维持其旅游吸引力和市场可持续发展的关键是在一套系统、科学的总体发展规划基础上,不断地改造、推陈出新、坚持品牌建设。这一经验在圣淘沙近些年的发展经营当中得以较好的运用,并取得了显著的成效。

5.4 在变革中飞跃:发展中的挑战与风险

"名胜世界"等一大批旅游度假项目的陆续开业,给圣淘沙带来了世界一流的景点,提升了圣淘沙在国际上的知名度和美誉度,为岛上其他景点和旅游设施提供了巨大客源和丰厚的收入。但与此同时,也开始显现出一些问题和矛盾,带来了如下几个方面的挑战与冲击。

5.4.1 基础配套设施的不足

大量游客的快速涌入,给基础配套设施造成了一定的冲击,其中交通和维护设施首当其冲。为了缓解节假日高峰期的交通压力,继2009年投入使用第二座入岛大桥后,于2011年再增建了一座桥梁(圣淘沙跨海步行道)。圣淘沙捷运的运力也受到了挑战,在增添了列车车厢之后,于2014年展开了新一轮的升级维护。

随着升涛湾土地销售的完成,圣淘沙走过了收取巨额土地出让金的时代,失去了曾经的主要经济来源。景点的快速发展增加了旅游收入,但随着大量游客的涌入,除了基础配套设施的更新换代外,也增添了庞大的海岛维护运营费用。2012年的全年开支达到2.81亿新元,亏损1 638万新元;2013年的全年开支为2.12亿新元,亏损3 108万新元。虽然其中有一部分是基础配套设施投入,但这组数据并不令人愉悦,对圣淘沙发展局来说,可持续性发展是永恒的挑战。

5.4.2 新项目对原有项目造成冲击

新景点的陆续面世不断给原有景点的经营造成压力,迫使其提升产品和服务。例如,"名胜世界"的开业即导致景区内个别景点营业额急剧下降。为了应对挑战,新加坡政府呼吁业界积极创新,并推出了一系列的研讨会和培训班帮助业者提升。迫于旅行团和海外游客被新开发景点所吸引的不利局面,部分景点开始重新定位已有产品,以应对不断流失的游客市场。有些景点将目标客户群转向了当地人和回头客。据新加坡景点协会(ASA)统计,景区内超过半数的景点业主已经开始或正在考虑变革。圣淘沙两个不同阶段开发的主力景点——4D探险世界和蝴蝶公园与昆虫王国的近况颇具代表性。为了生存,这两个景点不得不进行全方位的提升。4D魔幻剧院于2013年完成了100万新元的改造工程。在此之前的一年,剧院的客流量曾骤降35%。导致这一问题的主要原因是环球影城开业所带来的巨大冲击。同时市场方面也在快速发生变化。4D魔幻剧院业主、凯文·陈(Kevin Cheong)的一段话反映了另一方面的问题:"以前是旅行社带游客给我们,现在自由行游客不断增加,景点必须具备让游客主动选择我们的能力和吸引力。"

蝴蝶公园与昆虫王国迫于同样的压力也正在彻底改头换面。投资600万新元打造的一个滨海湾花园类型公园,将于2015年完成建设重新迎客。这是该景点自1984年开业以来最大的升级改造,意图应对2010年以来游客不断减少的问题。

新加坡旅游业的发展正处在一个十字路口。近年来,在两个综合度假胜地和新加坡 F1 大赛的推动下,新加坡客流量实现了前所未有的快速增长。新加坡景点协会预计,未来 10 年的增幅将逐渐放缓至目前增幅的一半,这意味着接下来的竞争将更为激烈。

5.4.3 面对不可预见的风险

新加坡作为赤道国家,没有台风、地震、海啸等自然灾害,四季如夏,没有季节交替形成的淡旺季,拥有打造理想旅游目的地得天独厚的自然条件。然而,旅游景点的运营,面临天灾人祸等诸多方面不可预见的风险。1983 年 1 月 29 日傍晚 6 时,一艘探油船在驶入世界贸易中心旁的渣甸码头时,因超高,船顶的高塔勾断了圣淘沙缆车的缆绳,造成两个车厢坠海,酿成 7 死 1 伤的惨祸。另有 5 部车厢因电流中断,致使 13 名乘客受困。8 名死伤者都是外国游客,有美国、澳大利亚、马来西亚和欧洲人。这是缆车自 1974 年投入使用以来发生的第一起事故。事故发生后,受到新加坡政府高度重视,时任武装部队助理总参谋长李显龙上校、交通部长王鼎昌全程参与了现场救援和善后工作。但是缆车事故的发生仍使圣淘沙的旅游业受到了较为严重的影响,1984 年的游客量较前一年减少了 25%。此类事故对品牌的影响是深远的,需要花费巨大的代价去重塑形象。自此,圣淘沙在安全运营方面下大力度监管,再未有类似安全事故发生。

6 结语

作为立足于亚洲的一个大型综合性休闲旅游度假项目,圣淘沙的发展历程有诸多值得借鉴之处,但此类产品的开发没有固有的成功模式,随着地域、市场的转变会有很大不同。圣淘沙的实践经验证明,深入扎实的市场分析和科学精准的产品定位是旅游度假项目开发的基础,而审时度势地升级换代和及时有效地推陈出新是旅游度假项目经营管理的关键。

案例使用说明

一、教学目的与用途

1. 本案例适用于学习旅游管理、旅游规划与开发、景区管理等相关课程的本科生与研究生。

2. 教学目的:通过本案例的学习,引导案例学习者对此类型景区的开发管理理念和经营模式进行深入思考。

二、启发思考题

1. 圣淘沙旅游开发的资源——优势与劣势怎样?
2. 圣淘沙旅游开发与管理模式的借鉴意义如何?
3. 圣淘沙旅游开发与管理模式中政府所扮演的角色如何?
4. 科学、系统市场调研的概念、意义和作用如何?
5. 产品生命周期理论在本案例里有怎样的应用?

三、分析思路

滨海旅游度假区开发总体特征—圣淘沙岛历史背景和旅游资源—圣淘沙旅游开发源起—圣淘沙旅游开发管理 40 年发展史(包括行、食、住、游、购、娱等各旅游要素)—圣淘沙旅游开发主要阶段和划分依据—圣淘沙旅游开发各主要阶段中的机遇与挑战—圣淘沙旅游开发管理中的经验与教训—圣淘沙旅游开发管理的启示与借鉴意义

四、关键要点

1. 圣淘沙旅游度假区的主要旅游资源和特点
2. 圣淘沙旅游开发和经营管理的发展历程
3. 圣淘沙旅游开发和经营管理的主要发展阶段及划分依据
4. 圣淘沙旅游开发和经营管理各主要发展阶段的发展愿景与市场定位
5. 圣淘沙旅游开发和经营管理中面对的挑战及应对的策略

五、建议的课堂计划

1. 时间安排

建议案例学习时间为120分钟,包括:

案例阅读30分钟

分组讨论30分钟

小组代表发言15分钟

集体讨论20分钟

学生书面总结15分钟

教师最后总结10分钟

2. 黑板板书依课堂具体情况布置,不作固定安排

3. 小组的分组和讨论内容

建议3~5人为一组,每组自行推选小组代表发言。讨论内容包括:回答案例中提出的启发思考问题;对一些具体案例,如梦幻岛和圣淘沙食阁等,提出自己的看法。不同小组可侧重不同的具体案例。对于圣淘沙整体开发模式和经营理念进行批判性分析。

六、其他教学支持材料

延伸阅读:

圣淘沙年报13/14

视听辅助手段:

圣淘沙旅游推介视频与景区景点介绍 http://www.sentosa.com.sg/en/

西安曲江中央休闲区的创建与管理

吕宁 孙悦

【摘　要】 城市中央休闲区的创建大体上可以包含规划、休闲环境、基础设施、运营设施和休闲服务几方面的内容,本案例以西安曲江中央休闲区为研究对象,在介绍国内外优秀城市中央休闲区的基础上,从曲江新区发展概况、曲江中央休闲区发展的资源基础、创建与管理经验这三个方面进行系统研究,并据此归纳总结出对其他城市中央休闲区的建设具有借鉴意义的一些措施。

【关键词】 曲江新区;中央休闲区;创建;管理

1　城市中央休闲区

1.1　城市中央休闲区的概念

中央休闲区的概念在国际上是上个世纪80年代末才出现的,90年代以来逐渐发展。中央休闲区的英文缩写是CRD(Center Recreational District)。2011年9月29日,由全国休闲标准化技术委员会制定的《城市中央休闲区服务质量规范》(GB/T 28003-2011)发布,并于2011年10月1日实施。标准指出,城市中央休闲区(Central Recreational District)是城市标志性区域之一,一般位于城市建成区,具有相对明确的区域边界、相应的管理机构和较大的规模,有足够的免费公共空间,能深度体现城市文化底蕴,休闲设施集中,休闲氛围浓郁,休闲业态丰富,享有较高知名度和鲜明的形象,对当地居民和外来游客有较强的聚集效应。中央休闲区的类型包括文化型休闲区、生态型休闲区、商业型休闲区、复合型休闲区,但一般不包括城市公园。

1.2　城市中央休闲区的应运而生

休闲是城市的基本功能。早在1932年,《雅典宪章》就将工作、居住、交通、游憩作为城市的四大功能,其中游憩即指休闲,缺少休闲功能,城市是不完整的。城市应具有相应的休闲空间、设施和服务,能够满足居民和外来游客休闲需要,形成有效的休闲供给能力。休闲也是人的基本需求;是人满足生理休整、心理调适的本质需要;是提高生活质量的发展需要;是满足人尊重自然、实现自身价值的和谐需要。特别是近年来随着人们可支配收入和闲暇时间的增加,加之环境问题的日益突出和生活、工作压力的增大,人们对于休闲的追求日益强烈。休闲质量是城市生活质量的体现,随着城市化的发展,城市中央休闲区的出现也是自然而然的。在这些因素的共同作用下,城市中央休闲区便应运而生。

2　国外城市中央休闲区的案例介绍

城市中央休闲区的说法或许是新的,但需求是早就有的,类似休闲空间在国外早已广泛存在,并积累了丰富的发展经验。

位于巴黎西北角的拉德芳斯新区,先期开发约250公顷,以巨门为界,巨门以东为160公顷的商务办公区,以西为90公顷的公园区。区内集商业、办公、住宅、购物于一体,已作为"欧洲最卓越的商务办公区"而享誉世界,有"小型曼哈顿"之称。拉德芳斯在开发过程中注重与整个城市文化和景观的融合,区内标志性建筑——新凯旋门与巴黎市区著名的卢浮宫、协和广场、香榭丽舍大街、凯旋门等建筑处于一条轴线上,使巴黎市区的文化脉络在空间上得到了延伸。此外,拉德芳斯还很注意在建筑中保持写字楼、住宅的合理密度,并建设了大量的绿地和文化设施,如IMAX剧院、新凯旋门屋顶展厅等等,很好地为人们提供了文化休闲场所,并与巴黎浓重的艺术气息融为一体。同时,作为中央商务区和城市休闲区,面对巨大的人流、物流和车流,拉德芳斯以高标准的交通规划和完善的服务配套设施为支撑,成为高效、优美、高品位的城市休闲区和商务区。也正是因其优美的环境和完善的设施,每年有200万游客慕名而来。

纽约的中央公园则以其景观的优美和公益性享有盛誉。中央公园位于纽约曼哈顿地理中心,南起59街,北抵110街,东西两侧被著名的第五大道和中央公园所围合。南北长4公里,东西宽800米,占地340公顷,是美国第一个景观式公园。内部不仅有连绵的丘岳、大面积的湖面和草坪,还有湖面植物园、动物馆、运动场、美术馆、影剧院、花式繁多的喷泉、各种游步道等公园所需的休闲设施。公园里的雕塑和各种公演更为公园添上浓厚的文化和人文气息。非常值得赞赏的是,纽约中央公园是完全开放的,不同阶层的人都可以在这里放松、交往,这种开放性使中央公园早已超越城市公园的意义,而成为介入人们生活的"人民公园"。同时,中央公园每5年进行一次动态更新,根据人们对公共生活期望的改变,使公园功能更加齐全、设备更加完善、更符合当代人的审美和需求。

新加坡的牛车水则与中国的古街区有很多的相似点。牛车水位于新加坡河的西南方,形成于19世纪20年代的殖民时期,是早期华人移民的主要聚居地,现在是著名商业街区。牛车水约23公顷,保留了开埠时华人仿中国闽南和广东城市的两层骑楼和古色古香店铺、庙宇、会馆、祠堂等而建的330多幢3层楼的古老建筑物,被当地建筑师称为"中国巴洛克",是新加坡唯一以华文为主的"China Town"("唐人街")。牛车水在发展过程中,以"3R"作为历史建筑保护的基本原则,即最大限度地保持(Maximum Retention)、敏感地修复(Sensitive Restoration)、细致地修补(Careful Repair),保护特色,少拆多修,保护的同时节约能源,使建筑的价值得到最大限度的发挥。同时由于新加坡汇集了东西方的文化特色,牛车水还将各种文化节庆作为保存和展示历史文化的重要手段,不仅使游客体验本地的文化,甚至还可以接触到世界各地、不同民族的优秀文化和独特风俗,使休闲体验更加丰富多彩。此外,新加坡还通过制度和政策的制定严格控制街区改造,避免市场的无序开发、建造。

3　国内城市中央休闲区案例介绍

上海新天地和南京1912街区是我国发展较早的具有城市中央休闲区功能含义的街区。

新天地位于上海市中心,它是以上海独特的石库门建筑旧区为基础改造成的集餐饮、商业、娱乐、文化于一体的休闲步行街,是一个展现上海历史文化风貌的都市休闲区。目前,涌向"新天地"的人流络绎不绝,平时日客流量1万,最高时达3万。新天地在保护、利用历史街区的过程中采用了"整旧如旧、翻新创新"的方式,传统建筑带来了老上海风情,但是每座建筑内部,则按照21世纪现代都市人的生活方式、生活节奏、情感世界度身定做,成为国际画廊、时装店、主题餐馆、咖啡酒吧等时尚休闲场所,既照顾了上海的历史情感维系,又有潮流、新鲜的血液。中西文化的交融、碰撞,国际化视野的创新、本土历史文化的传承给新天地带来别样的吸引力。同时新天地在节事活动举办上不断推陈出新,几乎每个月都会举办大大小小的主题活动。举办过上海国际服装文化节开幕式、国际模特儿大赛、每年新年亮灯仪式以及形形色色的户外雕塑展、时装表演等,为新天地增添了人气和吸引力。

"南京1912"位于南京市长江路与太平北路交汇处,由21幢民国风格建筑及"共和""博爱""新世纪""太平洋"4个街心广场组成,建筑群错落有致地呈"L"形环绕"总统府",占地面积4万余平方米,成为以民国文化为特点的商业建筑群,是具有典型民国文化意义的时尚休闲区。"南京1912"正式运营后,丰富和拓展了南京夜间消费的规模和质量,使南京的夜生活延长了4个小时以上,城市夜间消费由此成为常态。目前街区拥有粤鸿和、苏荷、星巴克等60余家风格各异的品牌商家,主要业态为文化休闲、娱乐演艺、特色餐饮。依托独特的资源和区位优势,浓缩城市人文精神和历史发展风采,使"南京1912"成为了极具独特性的城市休闲空间。

4 曲江城市中央休闲区的创建及管理经验

4.1 曲江新区的发展概况

曲江位于西安市东南隅西安市主城区,主要叠加位于隋唐及明清的旧址之上。随着城市的发展,旧城区交通、人居环境等矛盾日益凸显,寻求新的空间疏解和完善城市功能成为西安市的必然选择,在这样的背景下,曲江揭开了发展的新篇章。

1993年,曲江获批为陕西省省级旅游度假区,当时的区域以大雁塔和曲江皇家园林遗址为中心,东起铁炉庙、新开门、孟村,西至翠华南路,南起南三环路,北至小寨东路、西影路,规划面积15.88平方公里,目标为打造集休闲、度假、游乐、商务、康复等为一体的功能齐全的旅游度假胜地。1997年,《西安曲江旅游度假区总体规划》获批。2002年《曲江宣言》发表。2003年曲江正式更名为曲江新区,同年8月,《曲江新区总体规划调整方案》通过市政府的审批,曲江迎来了新的规划建设高潮与发展阶段。其规划面积也由原来的15.88平方公里不断扩大,目前总规划面积51.5平方公里,东至长鸣路,西南至雁塔区界、航天大道,东南至东长安街、规划53号路,西至长安南路、翠华南路,北至西影路、小寨东路。同时曲江新区也被赋予了"陕西省和西安市以文化产业和旅游业为主导的城市发展新区"的定位,是陕西省实施"文化强省"战略的核心区域。2007年被国家文化部命名为国家级文化产业示范区。2008年曲江新区总体规划完成。2002年以来,随着大雁塔北广场、大唐芙蓉园、曲江池遗址公园、大唐不夜城等一系列重点项目的建成,曲江文化产业集团、曲江文化旅游集团等一批大型企业集团的组建,文化旅游、会展创意、影视动漫等文化产业的迅速发展,曲江新区已成为西部重要的文化、旅游集散地,陕西文化、旅游产业发展的标志性区域。

4.2 曲江城市中央休闲区创建的资源基础

曲江地处少陵塬头,南北长而东西短,由于长期积水成池,自然形成一个湖泊,即曲江池。曲江兴起于秦汉,繁盛于隋唐,历时1300年之久,是我国历史上久负盛名的园林风景区。秦时,曲江称隑洲,意思是湖岸曲折的长洲。当时的曲江池风景秀丽,秦王朝在其西南台塬上建有离宫宜春下苑。汉时称曲洲,划为宜春苑。因其水曲折,形似广陵之江,汉武帝取名为曲江。当时,"宜春苑中流水曲屈,四处竹木葱郁,春色尤为宜人"。汉武帝十分喜爱曲江一带的景色,曾对曲江的水源进行过疏浚,使曲江水面得以扩展。隋兴,因隋文帝厌恶"曲"字不正,便下诏改"曲江"为"芙蓉园"。经过一番修整,芙蓉园成为大兴城风景最秀丽的区域,"林竹丛萃,莲沼盘游","遂成(京)都人游玩观赏之地"。在唐代,曲江进入了繁荣兴盛的时期。当时,强盛的唐帝国对曲江进行了一系列大规模的整修和建设。一是把曲江纳入城池之中,划定范围,筑堤理水,因地制宜,作为唐长安城的一个重要区域进行规划建设。二是开凿了近30公里长的渠道"黄渠",引终南山之水流入曲江,使曲江水域面积达千亩以上。三是在曲江东南高处辟建了皇家禁苑芙蓉苑(也称芙蓉园),建造宫苑别殿,专供皇帝及宫廷使用,并修建了紫云楼、彩霞亭等重要建筑。四是为了便于皇帝及嫔妃游览曲江,于开元十六年(728)沿长安东城墙修筑了专门的约4公里长的通道"夹城",从大明宫、兴庆宫直通芙蓉苑。唐王朝经常在曲江举行盛大的祭祀、宴庆及巡游活动,并吸引百姓参与。尤其以每年的上巳、中和、重阳等节日最为热闹。"上巳曲江滨,喧于市朝路","他地不遇者,此地皆相逢"。"中和、上巳节,(皇帝)即赐臣僚会与山亭(紫云楼),赐太常教坊乐,池备彩舟,唯宰相、三使、北省官、翰林学士等焉。"唐代关于曲江节日庆典活动的史料很多,游赏、访春、饮宴,都离不开曲江,这反映了曲江在长安士人生活中的重要性。"安史之乱"后,曲江盛景便不复从前。

曲江发展过程中深厚的历史文化积淀,使曲江成为了自然风光、人文景观、文化民俗荟萃之地。

生态方面,从曲江的发展历史可知,曲江在历史上就是著名的风景园林区。其内部的原、林、水、园等要素构成了自然环境的基础,区域内地势高低起伏,湖水碧波荡漾,是城市生态环境的重要组成部分,是以草地、林地、农田、河池等自然要素为基质的城市生态片区。同时,临近的杜陵塬生态森林面积达10 000余亩,为区内良好的自然环境提供了更强的保障。

遗址方面,曲江拥有丰富的历史遗迹,尤以唐遗址为多。其中大雁塔、青龙寺、汉宣帝陵和唐长安城遗址为国家级文物保护单位,秦上林苑宜春宫遗址、曲江池遗址和唐城墙遗址为省级文物保护单位,此外大唐芙蓉园、寒窑遗址、唐慈恩寺遗址、秦二世陵遗址等为一般性遗址资源。资源分布集中、密度大、特色鲜明且品位高。

文化方面,唐朝时,曲江已成为盛唐文化的荟萃之区,皇家文化、进士文化、宗教文化、节俗文化、唐诗文化都在这里汇集。百官游宴、群臣赏花是皇家盛景的体现;新科进士的曲江宴饮、杏林宴饮、雁塔题名则在进士文化中最为出名;青龙寺和慈恩寺则是佛教传播的重要中心;上巳、中和、重阳节时长安百姓倾城而动进行祭祀、宴庆、巡游活动;文学方面则形成了"唐诗曲江"现象,涉及到曲江的山水个性、四时景致、园林建筑、宗教文化、节庆活动、世俗风情等,流传下来近500首脍炙人口的诗歌,其数量之多、内容之丰、历时之久、成就之高、影响之大,在唐诗的发展史上可谓首屈一指。曲江文化内涵丰富,文学题材众多,同时体现了贵族文化和世俗文化的融合,是唐都长安的标志性区域。

4.3 曲江城市中央休闲区的创建与管理经验

城市中央休闲区,"城市"在很大程度上决定了该休闲区是既需要面向市民也需要面向游客的,如何同时兼顾到这两种需求是重要议题;"中央"指向的是功能的富集,而非地理区位;"休闲区"既强调了区域规模,也表明了该区域的功能定位,"休闲"本身就包含了自然、文化、社会等丰富的含义。这些内容贯穿于城市中央休闲区创建的全过程。同时,结合城市中央休闲区的概念和《城市中央休闲区服务质量规范》中的相关标准,城市中央休闲区的创建大体上可以包含规划、休闲环境、基础设施、运营设施和休闲服务几方面的内容。

4.3.1 改善自然环境

"生态建区"是曲江的发展理念,"城市生态建设与文化复兴的典范,历史遗迹与现代文明共生的模本"是曲江发展的总体目标。为实现这一目标,首先,曲江规划先行,通过高标准的规划指导构建生态大格局。2002年以来,曲江新区先后编制、审批和实施了《曲江新区区域环境规划》(2003.10)、《曲江新区区域环境影响评价》(2003.10)、《曲江新区总体规划》(2008)和《西安曲江新区生态区建设规划》等一系列重要规划。保护特有历史风貌,恢复曲江池千亩水面,利用主干道两侧绿化带将大雁塔景区、曲江池遗址公园、唐城墙遗址公园等开放式绿地公园相联系,形成了全新的曲江生态大格局。

其次,加大环境保护投入,完善区内各项生态指标(见表1)。截至2009年底,曲江新区用于基础设施建设、生态环境保护和绿化美化工程的资金投入累积达300亿元,建成绿地398.92公顷,其中公共绿地297.48公顷;建成区绿化覆盖率达到60%,人均公共绿地面积达到27.3平方米;人均水面面积8.8平方米;城市污水处理率和生活垃圾无害化处理率均达到100%;水质、噪声、绿化均达到国家级生态区标准,2010年被评为国家级生态区。

再次,曲江通过系列环保讲座和环保志愿者活动的举办,提高居民环保意识,为辖区环保增加保障。此外,曲江还建立了游客量监测系统,通过官方网站对外公布"昨日""今日"和"明日"的实际与预计游客接待量,利于对游客激增现象的预警和对相应应对工作的准备,可减少和预防因此而造成的超负荷运转而导致的休闲环境和资源破坏问题。

表1 曲江新区2009年城市建设指标与标准对比

一级指标	二级指标	标准值	曲江
生态环境指标	建成区绿化覆盖率(%)	≥45	60
	建成区人均公共绿地(平方米)	≥12	27.3
生活环境指标	城市水环境功能区水质达标率(%)	100	100
	城市管网水水质年综合合格率(%)	100	100
	环境噪声达标区覆盖率(%)	≥85	100
基础设施指标	城市污水处理率(%)	≥70	100
	生活垃圾无害化处理率(%)	≥90	100

资料来源:根据《西安市曲江新区生态宜居环境建设初探》及网上资料整理

4.3.2 提升人文环境

首先,以唐文化为主题,以大项目为带动,恢复和延续曲江文化。历史上,曲江是西安唐文化的汇集区,唐代遗存丰富。如表2所示,区内核心遗址资源中,除有一处汉代遗址和两处秦代遗址外,其余均为唐代遗址。其中国家级文物保护单位3处(大雁塔、青龙寺、唐长安城遗址),省级文物保护单位两处(唐城墙遗址、曲江池遗址)。此外,如前文介绍,曲江也是集中展现盛唐文化的标志性区域。据此,2002年以后,曲江以挖掘唐文化为主题,整合区内优势资源,通过一系列大型文化项目的建设,延续了曲江文脉,形成了"六园一城一塔"的空间格局,即大唐芙蓉园、曲江池遗址公园、唐慈恩寺遗址公园、唐城墙遗址公园、曲江寒窑遗址公园、秦二世陵遗址公园、大唐不夜城和大雁塔,成为了展示中国大唐文化的窗口和曲江的文化名片。

表2 曲江新区核心遗址资源

资源价值	遗址资源
国家级文物保护单位	大雁塔、青龙寺、汉宣帝陵、唐长安城遗址
省级文物保护单位	秦上林苑宜春宫遗址、曲江池遗址、唐城墙遗址
一般性遗址资源	大唐芙蓉园、寒窑遗址、唐慈恩寺遗址、秦二世陵遗址

资料来源:徐晓波.《西安曲江遗址旅游的发展模式研究》

其次,保护与传承非物质文化遗产,策划与扶持系列民俗活动,凸显曲江地域特色。2008年,大唐芙蓉园成立陕西省首个非物质文化遗产保护展示基地,至今世界非物质文化遗产"东仓鼓乐"和一大批陕西省非物质文化遗产成功在园内落户,得到了有效的保护和开发;先后设立了包括秦腔艺术发展基金、非物质文化遗产保护基金、文化原创基金和文化产业发展基金等在内的7类专项基金,抢救和恢复了皮影和华阴老腔等民间非物质文化遗产;同时,曲江以传统节日为契机,开展丰富的民俗活动,以2014年春节为例,秦腔折子戏、民间杂耍、民间社火、陕北说书等传统民俗活动在大唐芙蓉园、寒窑遗址公园等地纷纷上演,使曲江成为陕西传统新年的体验休闲地。

最后,大批公共休闲文化空间开放,提升了城市的人文关怀,展示城市生活风貌。上文所述曲江建成的六大遗址公园除大唐芙蓉园外,基本上均为免费开放。此外,曲江还建成了包括大雁塔北广场、贞观文化广场、玄奘文化广场、和谐广场、中和广场等在内的系列文化休闲广场,成为市民休闲的重要场所。看喷泉、打太极、放风筝……曲江大量公共休闲空间的开放,既改变了市民的文化生活,也让曲江本身成为了展示市民生活的舞台。

4.3.3 基础设施完善

2003年,曲江新区实施基础设施先行战略,以道路路网建设为骨干,筹措30亿元建设资金用于基础设施建设。

交通方面,首先,加大投资,完善路网。仅2003年新区道路建设投入超过8亿元,开工道路17条,总长超过20公里。目前已修建开通了曲江大道、雁塔南路、雁南一路、雁南二路、雁南三路、雁南四路、雁南五路、芙蓉东路、芙蓉西路、芙蓉南路、北池头一路、北池头二路、曲江池南路、曲江池北路、曲江池东路、曲江池西路、新开门南路、寒窑路等城市道路。其次,道路系统级别多样。亚洲最长的唐文化景观大道——大唐不夜城中轴景观大道,具有生态廊道功能的环湖生态绿带、唐城墙遗址绿带和城市快速通道,形成了交通路、景观路、文化路和生态路一体化、适宜休闲的多级别道路系统。

水电设施方面,区内曲江水厂和南郊水厂的日供水量均达120万吨,110KV的曲江南变电站和曲江北变电站共同保障曲江新区的用电。

4.3.4 休闲功能富集

第一,规划明确城区功能划分。根据《曲江新区发展规划》和《曲江新区总体规划》,曲江共分为唐风商业板块、旅游休闲板块、科教文化板块和会展商务板块四大功能板块,四大板块涵盖了文化、商业、旅游、娱乐、文化创意、会展等类型多样、数量丰富的休闲空间和休闲业态,使整个区域的休闲功能得到大幅提升,成为"城市会客厅"。

第二,政策优惠,引导、支持新业态入驻与发展。2009年批准《曲江新区新扩区域规划》,将新区具体规划为出版传媒产业区、国际会展产业园、国际文化创意区、动漫游戏产业区、文化娱乐产业区、国际文化体育休闲区、影视娱乐产业园区、艺术家村落8个文化产业园区,以完善文化产业门类,培育完整的文化产业链;此后又相继发布了"西安曲江新区鼓励和扶持影视产业优惠政策""西安曲江新区促进会展产业发展优惠政策""西安曲江新区文化产业发展指导目录"等一系列优惠政策与指导文件,并通过实施文化基金、贷款担保、风险投资、财税补贴、房租减免、专项奖励和小额贷款"七位一体"的投融资组合为入区的文化企业提供完整的金融服务,支持创新业态的发展。截至2013年底,曲江新区入区文化企业达2 378家,涵盖了文化产业的所有门类。

第三,兼顾市民与游客,实行多类型休闲体验供给。通过发展遗址公园的方式,打造了"六园一城一塔"的公共、免费历史文化空间,丰富历史文化体验;建造陕西戏曲大观园、贞观文化广场、开元文化广场等公共游憩空间,提供特色民俗文化体验;曲江银泰等商业、餐饮、娱乐、酒店业态丰富,提供多样文化消费;曲江艺术博物馆、曲江池历史博物馆、西安美术馆、西安音乐厅、曲江电影城、曲江国际会展中心等多类型公共文化设施在此聚集,使曲江成为了西安城市公共文化休闲、消费的最重要场所。

第四,夜景打造,丰富夜间休闲体验。夜间休闲是城市中央休闲区的重要组成部分。对于市民来说,夜间休闲是日常生活的重要组成部分;对于游客来说,一方面使其体验内容更加丰富,另一方面也能更加深刻、便利、集中地体验到地方最为本真的面貌。夜景的营造丰富了人们的休闲活动,大雁塔北广场、大唐芙蓉园、大唐不夜城、寒窑遗址公园等都非常重视夜景的营造。以大唐不夜城为例,大唐不夜城中轴景观大道长1 500米,以唐代历史变迁、人物故事为文化依托打造主题群雕,并与现代水景、灯光和立体交通系统完美结合,多维再现盛唐风貌,加之周围新兴商贸店铺、休闲场所、娱乐中心聚集,便于人们开展多样的休闲活动,也利于休闲消费的促进。

4.3.5 休闲服务提升

第一,规范管理,保障休闲服务质量。以六大遗址公园为例,公园管理都是通过招标确定,挑选技术过硬的专业公司承担专项管理,并通过制定考核标准、量化打分、检查考核、聘请督导员等方式督促其团队建设,建设高素质的管理队伍,从根本上保障休闲服务的质量。

第二,加强与民众的互动,提高休闲服务质量。曲江新区的官方网站上专门设置了"互动交流"板块,主要包括"主任信箱""民意征集"和"网上调查"3项内容。其中"主任信箱"是一个民众与政府的交流平台,民众可就规划、交通等各方面问题进行提问,也可通过该平台反映问题。信息反馈的时间一般在10个工作日之内,并且为了便于民众查看信息处理的进度,每条信息都有唯一的查询码,留言的民众可在"信件查询"栏目方便查看。同时,为了提高解决问题的效率,避免重复提问,网站还就常见问题进行了整理汇总,民众可在第一时间了解相关信息。"民意征集"部分主要提供两方面的服务:一方面,涉及到重大项目的实施和重大政策的制定时,将建设方案向社会公示,通过电话、网上留言等形式面向全社会征集意见和建议;另一方面,这也是一个活动信息发布与征集的平台,如"遗址公园广告语征集""遗址公园主题歌曲征集""防治雾霾方法征集"等。"网上调查"则通过问卷调查的方式,研究被访者对于政府在环保、信息公开等各个方面的满意度,为政府和企业工作的改进提供了最现实的依据。曲江新区通过加强与民众的互动,使曲江新区的建设处于一种公开和公民参与的环境中,政府和企业可以听到民众的声音,可以第一时间了解民众的需求,利于休闲服务质量的提升。

第三,在信息时代背景下,完善休闲信息服务。首先,完善休闲信息服务的基础设施。一方面,各公园景区都配有完整的导示系统,配有国际规范的图标和中英文双语;另一方面,通过"曲江智慧旅游"工程,自2014年8月2日起,大唐芙蓉园西门和大雁塔南广场达2万平方米以上的空间均可接收到曲江景区的免费Wi-Fi,进一步提高了游客休闲体验。其次,多渠道发布休闲信息。曲江新区通过官方网站、微博和官方APP共同向社会发布曲江的最新休闲信息。最后,提高休闲信息的综合性。曲江新区在官网上提供景区简介和食宿、购物推荐以及天气等目的地信息,并实时更新区内最新的休闲娱乐活动信息,同时设置在线购票平台,为游客和居民提供了便利、实时的综合性休闲信息。

5 启示与总结

曲江创建和管理城市中央休闲区的做法,虽不能被完全照搬,但其中体现出的原则则对其他城市中央休闲区的发展具有重要借鉴意义。

第一,坚持以人为本、复合发展的理念指导。将人作为根本的出发点,围绕游客和居民的休闲需求,围绕生活品质的提升,通过多种生活和休闲元素的聚集,将传统的景区发展成为环境优美、文化特色浓郁、休闲功能丰富的新型休闲空间。现实中,许多旅游项目的开发动辄数亿、数十亿,在复制各种建筑上花了血本,却在服务市民生活、满足游客需求方面行动迟缓,这种工业生产和人为复制的做法最终使这些项目走进了死胡同。充分研究当前居民和游客层次丰富、内容多样的休闲需求,复合配置休闲元素与业态,是发展城市中央休闲区的基本理念指导。

第二,以文为魂,特色突出。城市中央休闲区应为城市文化的聚集之地和城市底蕴的体现之地,应是人们更深层次、更集中感受城市文化的区域。因此,商业的聚集区是不能够达到城市中央休闲区的标准的。高楼大厦可以复制,历史文化积淀却不可能随意抄袭,文化内涵的深入挖掘,是打造城市中央休闲区独特性的根源。首先,文化在于挖掘。每个地方都有各自的特点,根植于地方的文化才能获得地方民众和当地文化系统的支持,才能够体现地方的独特性。曲江以唐文化为主题进行的休闲区建设,源于地方数千年的文化积累,因此才形成了地方特色,并且可以围绕这个特色不断地进行文化延伸与扩展,获得市场的认可。与之相反,现实中许多项目铆足了劲复制各国风貌,复制明清建筑,结果以文化为噱头却恰恰成了没有文化的体现。其次,关于文化的传承与传播。文化不仅要传递、连续,也要承接、创新。要想使人们真正了解一地的文化,真正感受一地的文化氛围,文化决不应该只是存在于博物馆中的,更应该是活生生的,需对应现代生活的要求,将传统与现代相结合,以创新的方式传播文化。通过这样的"传"与"承",通过创新的文化传播,历史和文化才能变得可亲可感。最后,文化贯穿于创建和管理城市中央休闲区工作的各个环节之中。人文环境的提升需要展现城市文化底蕴,景观的打造需要保护历史风貌和历史文化,交通道路等基础设施要与当地文化氛围相融合,休闲业态和休闲产品需体现地方文化特色⋯⋯这种贯穿体现了一种对于细节的追求,也正是这种贯穿使城市中央休闲区成为一个有机统一的独特整体呈现在公众面前。

第三,创建和管理城市中央休闲区的过程中,具体的措施当然应该因地制宜,但结合城市中央休闲区的含义、《城市中央休闲区服务质量规范》中的标准及曲江的具体经验,创建城市中央休闲区包含的基本内容框架可概括为:休闲环境打造—基础设施建设—休闲业态丰富—休闲服务提高。休闲环境的打造一般可分为自然生态环境的改善和人文环境的提升两个部分。现实中,在城市化迅速发展的今天,自然环境不断恶化,青山绿水成为生活在钢筋水泥中的人们最为原始的向往,因此,良好的自然生态环境是发展城市中央休闲区的基础。人文环境的提升是形成休闲区特色的根本依托,也是城市中央休闲区满足人们精神文化层面休闲需求的题中之意。基础设施的建设着眼于人们在休闲活动中便利性和舒适性的需求,特别是在信息时代背景下,加强移动互联网基础设施建设日益必要。如果说休闲环境的打造和基础设施的建设是发展城市中央休闲区的背景和骨架,那丰富的休闲业态就是发展城市中央休闲区中最为主要的内容,正是休闲业态的丰富,才使得城市中央休闲区的休闲功能得以充分实现。作为城市中央休闲区,休闲业态的引入一方面要游客和居民兼顾;另一方面,也要根据自身的特点,发展特色业态,如曲江的文化产业发展。休闲服务的提高则着眼于城市中央休闲区发展过程中的软件提升,它既依赖于高标准的规范、细节的把握,更依赖于与民众的互动和加强社会监督。

第四,发挥政府和企业在管理、运营中的作用。城市中央休闲区的创建和管理是一项复杂的系统工程,需协调多方力量与利益,有效的管理、运营机制是有力保障。行政管理和企业运作并举是曲江创建和管理城市中央休闲区的经验,政府和企业的力量在这一过程中得以很好的体现。

曲江的管理机构曲江新区管理委员会是西安市人民政府派出的机构,全面负责曲江的规划、建设、开发、管理等工作。同时管委会先后组建了曲江文化产业投资集团、曲江文化旅游集团、曲江会展集团、曲江影视集团、曲江演出集团、大明宫投资集团六大文化产业集团,并下设若干子公司进行具体的运营。可以说,曲江在发展过程中最为突出的特征之一就是政府主导,但在政府主导的基础上仍然结合企业的力量进行现代化的管理、运营。

政府主导利于发挥政府在协调、引导、组织方面的优势。曲江通过政府主导为新区发展提供了大量政策、资金支持,体现了政府的引导和扶持功能。企业则是市场经营主体,特别是在国家明确提出充分发挥市场主体作用的背景下,更需引入市场机制,充分调动企业的积极性与创造性。曲江曾通过事业单位改制——"事转企"这一方式使西安秦腔剧院等单位重新焕发了活力。政府和企业在创建和管理城市中央休闲区的过程中有着各自不可替代的作用,在城市中央休闲区发展的不同阶段,二者如何协调、配合还需更多探索。

综上,现实中的城市发展过程中,贪大求洋、雷同攀比、失掉本色的项目屡见不鲜。城市中央休闲区的创建与管理,扩大了城市的休闲空间,提高了市民和游客的休闲体验,更为城市提供了因地制宜、突出特色的全新发展思路。因此,城市中央休闲区绝不应是某几个城市的大手笔,而应是每个城市发展过程中的必要元素,甚至在大型城市中,城市中央休闲区应有多个。

 案例使用说明

一、教学目的与用途

1.本案例适用于学习旅游管理、旅游规划与开发、景区管理等相关课程的本科生与研究生。

2.教学目的:通过本案例的学习,引导案例学习者对城市休闲空间、城市中央休闲区的规划、管理理念和模式进行深入思考。

二、启发思考题

1.城市中央休闲区与城市休闲空间之间的联系与区别。

2.国外案例对我国建设城市中央休闲区有何启示?除了文中提到的国内城市中央休闲区案例,还有哪些城市做得比较有特色?

3.曲江中央休闲区的创建管理经验有哪些亮点?

三、分析思路

城市中央休闲区概述—国外城市中央休闲区案例介绍—国内城市中央休闲区案例介绍—曲江城市中央休闲区的创建及管理经验—启示与总结

四、关键要点

1. 城市中央休闲区的发展历程;

2. "以人为本"理念在城市休闲空间建设中的运用;

3. 曲江中央休闲区创建过程中深挖历史文化内涵。

五、建议的课堂计划

1.时间安排

以80分钟为宜,其中20分钟阅读案例,15分钟进行小组讨论,15分钟小组代表发言,15分钟师生互动交流与问题解答,15分钟教师最后总结。

2.黑板板书依课堂具体情况布置,不作固定安排

3.小组的分组和讨论内容

建议3~5人为一组,每组自行推选小组代表发言。讨论内容包括:回答案例中提出的启发思考问题;探讨国内外城市中央休闲区创建的优秀经验,并做归纳;分析曲江中央休闲区是如何优化休闲功能内容、提升休闲服务质量的。

第四部分
旅游企业管理

海航集团及其购买 NH 酒店股份案例分析

厉新建　漆家进

【摘　要】海航集团是一家以航空旅游、现代物流和现代金融服务为三大支柱产业的现代服务业综合运营商,由于民航业内面临巨大的竞争压力,海航走上了多元化并购扩张的道路,并购已经成为海航集团的一种生存模式。海航集团对 NH 酒店集团股权竞购的成功,标志其朝构建世界级酒店集团的目标又迈出了坚实的一步。本案例将对海航集团、NH 酒店的基本情况做介绍,并在梳理海航购买 NH 酒店股份历程的基础上做 SWOT 分析,最后对整个事件做点评精要。

【关键词】海航集团;并购;NH 酒店;发展战略

1 基本概况

1.1 海航集团简介

海航集团于 2000 年 1 月经国家工商行政管理局批准组建,是一家以航空旅游、现代物流和现代金融服务为三大支柱产业的现代服务业综合运营商,产业覆盖航空、物流、金融、旅游、实业、基础设施、装备制造和其他相关产业。总收入逾 1 000 亿元,为社会提供近 12 万个就业机会。

海航航空是海航集团旗下核心支柱产业集团,对旗下航空运输企业和航空相关企业实施产业管理。海航航空以航空运输企业群为主体拓展全球布局,以航空维修技术(MRO)、通用航空(航校)、商旅服务(销售)、地面支援、航空物流等配套产业为支持打通全产业链。截至 2012 年 6 月底,公司总资产超 1 200 亿元,旗下航空公司机队规模逾 270 架,航空企业或业务有大新华航空、海南航空合并四家、天津航空、祥鹏航空、西部航空、香港航空及香港快运、扬子江快运、土耳其货运航空(myCARGO)、大新华航空技术、土耳其飞机维修工程公司(myTECHNIC)、海南航空学校、海航航空销售、大新华百翔物流、海航汉莎技术培训等。

今天的海航事业已经超越了国家、肤色、民族、信仰、文化、语言等界限,遍布全球,不断从成功走向优秀,从优秀走向卓越,并逐步成长为受世人尊敬的企业。今天的海航人秉承着相同的海航精神价值体系,以"为了人类的幸福与世界的和平"为共同理想,以"天佑善人,天自我立,自我主宰"为共同信仰,以"大众认同,大众参与,大众成就,大众分享"为共同追求,以"诚信、业绩、创新"为共同理念。展望未来,全体海航人将为创建世界级企业和世界级品牌的伟大目标不懈奋斗。

1.2 海航酒店集团简介

海航酒店集团是海航旅游集团旗下的酒店业务单元,作为中国最大的民营高端酒店集团,海航酒店集团拥有全球性的酒店网络,截止到 2013 年底,海航酒店集团在国内外 30 多个重点城市拥有控股和委托管理的酒店 83 家,另外还拥有 3 座高尔夫球场,客房总量超过 20 000 间,已形成高端奢华酒店、商务酒店、度假酒店、快捷酒店、产权酒店、高尔夫球场等多元化的资产组合。是世界饭店集团 300 强、中国最具竞争力的民族酒店品牌、中国最佳酒店管理集团公司。

1.3 海航并购模式分析

由于民航业内面临巨大的竞争压力,海航走上了多元化并购扩张的道路。现在,并购已经成为海航集团的一种生存模式。

"贷款—负债—扩张—再贷款—再扩张"是海航一直发展的生存模式。海航集团虽然一直被传言负债,可是其收购并购之路依旧不停地在进行着,这就是它的独特发展模式。海航并不局限于眼前的资产负债,也并不仅仅是保持现状而生存,它有着更高层次的发展目标,要将自身规模发展得越来越大。在仅存的状态下,海航集团通过贷款的模式继续并购,使自身处于负债的状态,再通过贷款的资金将自身扩张起来,进而产生盈利,发展到一定阶段以后,再进行贷款,进行更高层次的扩张,这样循环了许多回合,海航也从一个小集团变成一个巨大的国际集团,资产总额也日益增加,变成如今的海航。

海航曾经将自己的并购扩张思路概括为"以航空上下游相关产业为主的并购链条"。在海航对外扩张的过程中,的确先后并购了新华航空、山西航空等航空公司,美兰、凤凰等机场,以及大量的酒店和旅行社的股份,但海航也大量介入了金融、商业零售、地产、文化等与航空主业关联度不大的产业。

海航集团的官方网站是这样描述自己的:"海航集团于 2000 年 1 月经国家工商行政管理局批准组建,是一家以航空旅游、现代物流和现代金融服务为三大支柱产业的现代服务业综合运营商,产业覆盖航空、物流、金融、旅游、房地产、商业、机场管理和其他相关产业。"

"海航并购并不受条条框框的束缚,事实上,后来也并没有完全按照围绕航空上下游相关产业的思路来进行。"海航集团员工也证实,"很多项目并购之前,海航内部也存在不同意见,担心存在风险,但老板(陈峰)有自己的考虑,最后都是由他拍板决定的。"例如,海航 1998 年收购美兰机场、2002 年入主凤凰机场;当时这两家机场都存在大量亏损,然而陈峰却坚持要收购。2002 年,美兰机场就实现了在香港上市,目前经营业绩非常好。海航置业手上有很多土地,海航七八年前就已经拿到这些项目,当时很难想到这些资产如今会大幅度增值。

"现在看来,老板(陈峰)早就对中国资产的增值抱有信心,对自己的资本运作也有信心,所以这些年海航集团做了大量的并购。"海航集团员工称,"海航选择项目,一是看其目前的价值;二是看其长远的价值;三是看其对海航集团的价值在哪里,也就是能否通过产业整合,与海航集团现有的产业形成协同效应。"

海航集团宣布,将与香港 BRAVIA Capital 联合收购美国通用(GE)旗下的 SeaCo 公司。GE SeaCo 公司是全球排行第五的海运集装箱租赁运营商。从德国法兰克福又传来消息,海航集团旗下的海航机场集团,已通过竞购法兰克福建筑公司 Hochtief AG 旗下的机场资产初选,是进入第二轮竞购的四至五家买家之一。

"接下来,你还会看到海航集团并购更多的海外项目。"海航集团有限公司一位知情员工告诉记者,"因为海航集团开展海外并购的时机已经成熟。"

据上述海航集团员工介绍,近年来,海航集团正在加快国际化脚步。除了注重引进国际化人才之外,据海航集团内部的文件,两三年前就要求采用双语审批;海航管理人员晋升,也要求英语水平达到6级。另外,截止到去年年底,海航集团的资产规模已达到2 014.62亿元。"海航已经有资金、有能力做跨国并购,并且到了必须走出去的时候了。"

"最近老板(陈峰)的思路又有所调整,就是起码要收购二三十亿元人民币规模的大项目,对于并购较小项目的兴趣降低。他希望能够借助并购大的项目整合资源,也就是将并购来的大项目作为平台来使用。然后借这个平台,进一步整合该项目所在行业的资源。"海航集团员工说。

不断并购、扩张的海航集团,资金紧张已经不是秘密。"据我所知,海航集团从来没有过不缺钱的时候。"上述海航集团员工说。

该员工介绍,海航集团并购资金的主要来源还是靠银行贷款,海航与工商银行、建设银行、国开行等国内各大银行都有合作。各商业银行给海航提供的授信已经不是单一授信,而是集团授信,并且授信额度还在不断增加。

今年5月,海南航空公开发行50亿公司债券。此次发债的募集说明书披露,截至2010年末,海航集团共获得各商业银行综合授信2 092亿元。在这些授信额度当中,已使用1 096亿元,尚未使用的授信额度还有996亿元。

商业银行贷款成本较高,而且也不能完全满足其并购、扩张的要求。海航集团还善于利用上市公司增发、私募、信托等手段来获取资金,完成并购资金的多面求解。

海航集团的并购资金渠道来源相对丰富:一方面,海航集团内部存在"互补式"的资金链,由于海航集团内部的资金流通相对顺畅,海航集团通过资产换置进行不同子公司之间的资金转换,筹集并购资金;另一方面,海航集团以并购获取新的资产,再利用新的资产融资、发行债券获取更多的并购资金,为下一次并购做资本支持。

目前海航集团旗下共有8家上市公司,包括海航股份、美兰机场(00357.HK)、西安民生、易食股份等。

2015年7月,海南航空再次发布公告,宣布将通过定向增发募集资金总额不超过80亿元。与此同时,海南航空的控股股东大新华航空有限公司也在内地和中国香港进行私募融资,获得的注资超过80亿元。

中信证券交通运输行业分析师苏宝亮告诉记者,海航集团旗下的航空板块连续通过资本运作募集资金,其投资方向将包括收购航空领域的优质资产,为大新华航空整合航空资产,为在香港上市做准备。

和君创业管理咨询公司董事长李肃则介绍,海航集团现在将自己视为一个大的投资基金,海航集团旗下有一家名为"海航资本控股有限公司"的金融公司,该公司可以开展投资银行、租赁、信托、保险、证券、基金、融资担保等多项金融业务。目前这些金融业务,都在为海航集团提供融资服务,它们很大一部分工作压力就在于不断为集团的并购筹集资金。例如,海航集团旗下的渤海信托公司近年来就发行过多期信托计划,用于海航系的项目运营或对外并购。

据李肃介绍,海航集团作为一个大的投资平台,相比小的投资基金,具有更高的可行度。同时由于海航集团具有产业背景,在其开展并购时,常常向并购对象承诺,可以为其带来市场商机和新的业务,这也为海航能在市场上成功并购一些优质项目提供了帮助。

"与此同时,海航集团还会从现金流很好的下属企业中,直接'抽血'作为并购资金。"苏宝亮介绍。上述海航集团员工也证实,海航集团在选择并购对象时,非常重视其现金流情况,并购的航空公司、酒店、超市等企业,都有很好的现金流,其目的就是让海航集团通过并购,获得充沛的现金流,并为进一步并购提供资金支持。

这样,海航通过多方贷款,在保证自身正常运营的状况下,扩张了自身规模,同时丰富了自身的整个产业链,保证了大局。

1993年,陈峰靠1 000万元起家,创办海南航空(600221,股吧)股份有限公司,自此之后,海航一直保持其并购的生存模式,并一直朝着国际化发展,开始了其发展之路。

1994年4月,海航与哈德逊国际集团就境外发行7 000万股外资股事宜达成协议。

1995年9月,美国索罗斯量子基金入股海航,海南省航空公司由此成为首家中外合资的航空公司。

2001年5月,海航获得"三亚—汉城"航线的经营权。

2004年8月,海南航空、匈牙利航空联合经营的北京—布达佩斯国际定期航线开通。

2005年10月,索罗斯基金入股新华航空控股公司。

2010年1月,海航集团成功收购澳大利亚ALLCO航空租赁业务。

2010年11月,海航集团成功收购土耳其飞机维修(myTECHNIC)维修公司股权。

2011年1月,海航旅业收购香港康泰股权,推动香港出境旅游和华南地区入境旅游发展。

2011年7月,海航集团战略投资土耳其ACT货运航空公司。

2011年12月,海航集团收购全球五大集装箱租赁公司之一SEACO。

2012年9月,海航集团组建加纳AWA航空。

2012年10月,海航集团收购法国蓝鹰航空48%股权。

不可否认,海航集团的快速扩张,也给其带来了多重风险。

资料显示,海航集团的资产负债率正呈逐年上升的态势。2008年,海航集团的资产负债率为67.59%,2009年上升到75.01%,2010年则进一步上升到了75.75%。

中投顾问高级研究员高博轩认为,海航集团的资本运作有两个突出的特点:重资本运作,轻产业深化管理;重行业全面扩张,轻全产业链控制。海航集团的多元并购虽然能令其获得更多的现金流,但是由于大部分扩张领域与其主营业务关系不大,导致其领域间的连贯性不强,在市场操作方面难度较大,为其带来了市场操作风险。

上述海航集团员工也认为,海航集团在产业领域的核心能力,主要在于航空、机场的运营管理。海航旗下这两个领域的企业,都经过了较好的整合及管理。但在已经进入的其他很多领域,海航集团还没能进行更有效的整合。

"坦率地说,海航商业300多家超市的盈利情况并不是很好,酒店、超市还有很多品牌并没有整合到一定的水平。只是由于这些企业有比较充沛的现金流,才能使海航集团在这些领域的并购还能维持。"前述海航集团员工介绍。

"再如,海航资本旗下金融企业虽然拥有全部金融牌照,但目前形成规模的只有租赁和信托两个领域,而且都是在为集团内的企业服务,并没有真正参与市场竞争,也没有专业的人才去对其进行整合,没有从整体上做大做强。"前述海航集团员工介绍。

苏宝亮则告诉记者,目前对于国内大的航空运输企业而言,都存在如何提高国际竞争力、如何与外资航空公司竞争的问题。例如,南方航空(600029,股吧)2010年92.7%的收入来自客运收入,其中国内地客运收入占其客运总收入的84.7%,港澳台客运收入占其客运总收入的2.2%,而国际客运收入仅占其客运总收入的13.1%。

国内各大航空公司都试图拓展海外市场。2007年,中国国航(601111,股吧)就曾试图购买意大利航空公司的股权,但最终因担心风险而放弃。而海航集团海外扩张,并购机场或航空公司,同样会面临难测的市场风险。首先,难以全面掌握被并购企业的航权、航线网络及相关资源;其次,与并购对象在文化、管理等方面的融合,也存在很多棘手的问题。

不过,尽管面临诸多风险,但海航集团的对外扩张步伐,却难以停止。

高博轩认为,海航集团希望通过不断的资本运作,追求规模极限,用规模经营来保证企业的稳定发展,抵御企业面临的外部风险。而只要保证融资规模可控,企业不存在债务违约风险,业务经营发展稳定的前提不改变,海航集团的扩张之路就不会停止。

苏宝亮告诉记者,海航集团之所以会大举进行多元化并购及海外扩张,还有一个重要原因,就是其自身面临巨大的经营压力。

海航曾雄心勃勃,想做中国第三大航空公司,但随着去年东航和上航合并、国航并购深航,海航系的机队规模虽然已经达到301架,但在中国的航空公司中仍然排名第四。虽然拥有海南省航空市场的近60%,但在中国东部的北京、上海、广东、深圳四大机场,海航的市场份额都有限,生存空间越来越小,经营压力非常大。

目前全球航空业联盟化的趋势非常明显。统计表明,星空联盟、寰宇一家和天合联盟三大航空联盟,占据全球航空客运市场约80%的份额。目前国内三大航空——东航、南航加入了天合联盟,国航加入了星空联盟,而香港国泰航空公司是寰宇一家的成员。海航多年谋求加入三大联盟,但由于其机队规模较小、航线网络较少,始终未被重视,有进一步被边缘化的风险。

"海航的国内对手全部是大型国企,没有雄厚的资本,很难和它们展开竞争,很容易被竞争对手吃掉。海航所以大举进行多领域并购扩张,不断做大规模,也是试图与它们抗衡。"一位熟悉海航的证券公司高管如是说。

"8月初,标准普尔宣布下调美国国债信用评级,美国和欧洲都遭遇了主权债务危机,世界主要股市大幅度震荡,但海航集团的思路是越到低谷的时候,越要进行并购,越要进行海外扩张。"苏宝亮介绍,"除非在航空运输领域的竞争压力减少,否则,海航并购扩张的冲动就不会停止。"

1.4 海航集团购买 NH 酒店股份历程

NH公司创建于1976年,历史悠久,在酒店行业已经拥有超过30年的经营历史和从业经验,作为欧洲第三大酒店管理集团,分别在马德里、阿姆斯特丹、纽约3地上市。从2000年起,NH酒店集团已经把5家连锁酒店纳入到自己专属的服务网络中来,集团下属的酒店总数在短短7年间从80家增加到现在的341家,遍布世界20个国家的140座城市,连锁体系空前庞大。然而,在2008年全球范围内普遍的金融危机爆发后,西班牙乃至欧洲旅游业都由此受到巨大冲击,陷入一种一蹶不振的状态。这也令NH酒店公司的业绩大受打击,企业发展受到重大影响。在这个危机四起的时候,西班牙NH酒店公司选择向全球潜在投资者融资来度过危机。

海航酒店集团创建于1997年,是海航集团的全资子公司,是世界饭店集团300强、中国最具竞争力民族酒店品牌,目前在亚洲、北美和欧洲拥有及管理80余家酒店。NH酒店集团创建于1976年,是欧洲第三大酒店管理集团,目前在全球共有近400家酒店和6万间客房。

2013年及2014年,海航集团多次增持NH酒店集团股份,已成为NH酒店集团最大单一股东,也使得海航酒店集团一举成为世界酒店行业的排头兵。此次成立合资公司,标志着海航酒店集团的业务范围逐渐扩大以及品牌结构和布局的进一步完善。合资公司暂取名为"海航NH酒店管理有限公司",其51%股份由海航酒店集团所有,将主要在中国发展中、高级别酒店业务,目标客户锁定中、高端商务消费者。

合资公司成立后将在华建立品牌旗舰酒店,凭借NH酒店集团在中、高端商务市场的丰富运营经验、强大的管理运营体系以及300万人的会员体系,大力拓展第三方酒店委托管理业务,促进NH等品牌在大中华区的迅速发展。合资公司的成立也使得海航酒店集团的品牌家族得到了丰富。

海航集团在这样的背景下慢慢成长,逐渐扩大,并发展成为一个大型集团,其各方面业务也在完善,更加符合其产业链的运作以及发展。

鉴于酒店行业未来发展具有的良好前景,海航集团长期以来对收购国际一流酒店品牌抱有浓厚兴趣。2010年在了解到欧洲第三大连锁酒店品牌NH酒店集团有意出售其股权后,海航集团第一时间向对方发出意向书。随后,海航集团项目团队(包含投行顾问、财务税务顾问、法律顾问等)完成了对NH酒店集团的全面尽职调查,与NH主要管理团队进行多次现场交流,对公司的管理和经营情况有了较清晰的认识,并就海航参股后的发展思路、在中国成立酒店合资管理公司的运作方式与NH管理层进行充分沟通。

北京时间2013年2月27日,西班牙NH酒店集团对外公告,董事会正式批准向海航集团出售20%股权。这标志着海航集团对NH酒店集团股权竞购成功,并将一举成为世界酒店行业的排头兵。这是海航集团继2010年收购澳大利亚ALLCO航空租赁公司、2011年收购新加坡Ge Seaco集装箱租赁公司之后,又一次在国际市场上完成的重大并购。至此,海航集团旗下酒店板块的业务范围和经营规模进一步完善,朝着构建世界级酒店集团的目标又迈出了坚实的一步。

2013年11月6日,中国驻西班牙经商参处官网消息称,海航将从西班牙最大的纺织集团Inditex手中收购NH酒店4.05%的股份,预计收购价格为5 000万欧元,收购成功后,海航集团将持有NH酒店24.05%的股份,坐稳该集团第一大股东交椅。此外,有消息称,海航集团正在研究收购Bankia银行持有的NH酒店全部或部分股份。

2014年9月25日作为西班牙王国首相拉霍伊访华的重要议程之一,海航酒店集团与西班牙NH酒店集团合资公司成立签约仪式于9月25日在人民大会堂举行。在中国国务院总理李克强以及西班牙首相拉霍伊的见证下,海航集团董事局主席陈峰以及NH酒店集团董事长罗德里尔·埃切尼克(Rodrigo Echenique)代表双方公司签订了海航酒店集团与NH酒店集团合资公司成立协议。这标志着NH品牌正式进入中国市场。

海航集团在完成入股NH酒店集团后,将延续公司原有的发展思路并加以提升,保持公司经营自主性的同时给予充分的股东支持,力争使公司在未来经营业绩及各项指标上稳步提升。海航集团会充分利用NH酒店集团在世界市场的酒店网络,与海航现有优势资源进行互动和协作,优化资源配置,促进管理融合,迅速提升海航酒店产业综合竞争力,大力拓展海航在欧洲乃至全球的酒店业务。

与此同时,海航将与 NH 酒店集团在华成立酒店合资管理公司,计划将海航集团现有几家酒店转交至合资公司管理。这些酒店会作为 NH 品牌在华旗舰店重新装修,定位于高端商务酒店推向市场,从而使海航集团快速进入高端酒店品牌一线梯队。

1.5 海航收购西班牙 NH 酒店股份的 SWOT 分析

优势:(1)海航集团作为一个大型集团,在之前的生产发展之中,收购了多个国际集团股份,其国际化发展道路有了经验和铺垫,便于之后的收购发展。(2)西班牙 NH 集团是欧洲第三大酒店管理集团,在酒店管理方面具有强烈的优势地位和经验,此次收购股份,保证了其运营的平稳性。

劣势:(1)海航集团虽然总规模在增长,但其始终保持资产负债,从资金的角度来看,不能更好地利用资金。(2)海航集团虽然收购了西班牙 NH 集团,但其国际化道路依旧很长,其对于酒店行业的熟悉度不高,需要一定时间去磨合。

机遇:(1)酒店行业是旅游行业中发展比较突出的支柱性行业,随着国民经济的不断发展,人们的生活水平也在不断提高,国家对于旅游酒店行业逐步有了政策偏向性,这也就使得海航涉足酒店行业有了发展基础。(2)西班牙 NH 集团是欧洲第三大酒店管理集团,然而,在 2008 年全球范围内普遍的金融危机爆发后,陷入一种一蹶不振的状态。在这样的情况下,海航集团收购了 NH 集团股份,在接下来的发展中,海航集团抓住西班牙集团现有优势,将有利于其发展。

挑战:(1)海航集团收购 NH 集团股份,从整体上看,增加了其资产的负债强度,这样其面临的资金链风险比较严重。(2)西班牙 NH 集团虽然具有很好的管理经验,但在金融危机中产生了很大的问题,这些问题的有待解决也成为很大的挑战。

2 模式剖析

企业名称	海航集团
主营业务	航空旅游、现代物流、现代金融服务
价值主张	今天的海航,足迹遍布五大洲、四大洋;今天的海航事业,无论是规模还是品质都与创业之初有了巨大变化,具有社会责任感的形象日渐凸显;今天的海航人,超越了国家、肤色、民族、信仰、文化、语言的界限,为了一个共同的理念聚集在海航旗下。在创建世界级卓越企业的新阶段,海航需要在继承和发扬创业精神的基础上,建立更具适应性、包容性和全球性的价值体系,以此指引超越式发展的方向,凝聚全世界越来越多的仁人志士襄举大业
模式核心	贷款—负债—扩张—再贷款—再扩张

3 点评精要

从时代的发展进程来看,中国正处于经济发展的旺盛期,但从第三产业的发展尤其是其在各产业的比重来看,中国的发展之路依旧很远。从发展道路来看,中国在这方面也正在调整各行业的比重,加大第三产业在国民经济中的比重,这样,作为潜在发展型行业,海航集团对旅游酒店行业的涉足,是出于长远发展眼光来看的。这样,既能不丢掉当前利益,又能在长远的发展过程中发挥自身优势,将自身企业发展得越来越壮大、越来越好。在未来的发展过程中,海航将继续推进发展,得到更多的经济和发展收益。

总之,海航将在这条探索之路上,发展得越来越好,并购收购之路仍将继续,其前景也将不可估量。

海航作为一个综合型企业,首先,应该把握全局,在整体上形成一个大的框架,这个框架也就是海航所谓的整体的产业链,将产业链的各个环节补充起来,然后努力将其疏通,保证各个环节之间能够正常衔接,然后再整体保持正常运行。这样,在整体的发展过程中,有了前景性的发展战略,把握住整体方向,才能保证其在前进过程中不丢失方向,能够在其发展轨迹中有目的性,能够获得更大的收益。

其次,海航需要把握重点。管理学的思想表明,不能把所有的事情做得很完美,但需要把其中的重要的环节做到最优,保证其不影响整体大局。海航作为一个综合型企业,包含各个行业和各个领域的业务,但其实质上不能丢失其发展重点。因为在发展过程中,必然会存在各个子业务之间的矛盾,这时候就应该把握重点,找到优先的和非优先的,而不能为了小部分的利益,而整体丧失大部分的利益,这样将对其发展有很大阻碍。抓住好重点也将帮助海航能够尽早地找到方向,避免无用功的进行。

最后,海航集团应该学会核心培育。在 21 世纪的竞争时代,伴随着很多东西的变化,人们的生活和生产模式也在随着这种变化而在不停地变化,只有学会在变化中培育出属于自己的东西,才能保证其核心竞争力。以旅游酒店行业为例,海航的涉足旅游酒店行业可能只是一个开始,但并不代表其一点不重要,而应该从发展的角度来看待其所拥有的各个子行业或企业,其具有的发展优势,就应该努力发掘,快速发展。而当其发展优势很小且利润不足时,就应该尽快摒弃,保证其资源的集中性。海航只有在这种并购收购发展模式中不断向前看,培育自己的核心竞争力,才能获得一个更加光明的未来。

 案例使用说明

一、教学目的与用途

1.适用的课程、对象

本案例适用于学习管理学、旅游市场营销、酒店管理学、旅游经济学等相关课程的本科生与研究生。

2.教学目的

通过本案例的教学,对于旅游企业跨国经营特别是旅游企业收购并购战略有初步的了解,引导案例学习者对于信息化时代的投融资和企业收购并购的思考。

二、启发思考题

1.海航集团的核心发展战略是什么?

2.海航集团的负债模式是否可以应用于其他企业?

3.海航集团为什么要加重对旅游和酒店行业的投资?

4.海航集团收购西班牙 NH 集团的行为是否合理?

三、分析思路

旅游行业的发展状况—海航集团历史上收购并购行为的分析—西班牙 NH 酒店的生存状况—海航集团收购酒店的过程—行为反思—总结思考

四、关键要点

1. 旅游和酒店行业和集团的发展现状；
2. 旅游企业的发展战略；
3. 企业收购并购的盈利模式；
4. 旅游企业跨国经营的内涵。

五、建议的课堂计划

1. 时间安排

以 90 分钟为宜，其中 15 分钟阅读案例，15 分钟学员进行小组讨论，15 分钟小组代表发言，15 分钟师生互动交流，20 分钟学生书面分析总结，10 分钟教师最后总结。

2. 黑板板书设置不作严格和固定要求

3. 小组的分组及分组讨论内容

建议 3~5 人为一组，每组自行推选小组代表进行发言。讨论包括两方面：一方面是整体对于企业发展战略的讨论；另一方面是对于其中某一关键要点的讨论。各小组各有不同的关注点。

锦江集团收购美国洲际酒店集团案例分析

厉新建　宋彦亭

【摘　要】锦江酒店集团是中国领先的酒店管理及运营集团之一,主要从事酒店业、客运物流业和旅行服务业,其收购美国洲际酒店集团对于未来我国酒店业乃至旅游企业进行跨国并购具有十分重要的意义。本文首先对收购主体和被收购主体发展概况进行介绍,然后详细探讨收购过程和后续发展规划,最后本文将针对案例形成几点启示,以期开拓国内企业跨国并购和经营的新管理思路。

【关键词】锦江酒店集团;并购;洲际酒店集团;经营

2010年3月18日,上海锦江国际酒店(集团)股份有限公司(股份代码:02006,以下简称"锦江酒店集团")以3.07亿美元完成了对美国洲际酒店与度假村集团(Interstate Hotels & Resorts Inc.,以下简称"洲际集团")的收购。此次收购是中国酒店业海外并购的第一案,也为中国酒店业走出国门、走向世界、实现海外并购提供了极具研究价值的案例。因此对锦江酒店集团收购美国洲际酒店集团的案例进行分析,可以开拓企业跨国并购和经营的新的管理思路和模式,对于未来我国酒店业乃至旅游企业进行跨国并购具有十分重要的意义。

1　收购主体的发展概况

1.1　上海锦江国际酒店(集团)股份有限公司

锦江酒店集团是中国领先的酒店管理运营集团之一,主要从事酒店、客运物流和旅行服务等业务。自2003年重组以来,锦江酒店集团加快了国际化步伐,核心竞争力不断提高。锦江酒店集团在2006年12月在香港主板成功上市,为中国国内首家登陆香港资本市场的纯中国酒店概念股。截止到2013年末,锦江集团旗下运营及筹建中的酒店共1566家,客房合共超过23.5万间,集团注册资本20亿元,员工5万余名。在中国境内,酒店网络遍及中国31个省、直辖市、自治区约280个城市,酒店业务涵盖全服务酒店、有限服务酒店,酒店品牌包括J.Hotel、锦江(Jin Jiang)、锦江之星(Jin Jiang Inn)、锦江都城(Metropolo)等系列,以完善的综合酒店服务及独特的业务模式享誉全国。

锦江酒店集团拥有明确的战略规划,并将国际购并作为实施战略的关键路径之一。锦江酒店集团的战略目标是加强在中国酒店行业内的市场地位;继续扩大中国市场份额,保持并强化自身在中国酒店行业内的竞争优势;实施品牌战略,提升管理水平,使集团达到国际先进酒店集团水平;适时积极拓展海外市场,实现酒店品牌和业务的国际化;通过努力在5~

10年内将锦江酒店集团建成国际知名的酒店集团。上述战略目标通过境外收购、国内合资,走出去、引进来的方式,抓住国际资本市场机会,利用成熟国际酒店管理系统和团队,提升锦江酒店核心竞争能力,实现锦江酒店管理和品牌的国际化。

1.2 美国德尔集团(Thayer Lodging Group)

美国德尔集团是成立于1991年的专注于酒店投资的私募投资公司,公司发起并管理酒店投资基金的直接投资和提供顾问服务。德尔集团成立至今,曾先后发行德尔酒店投资者Ⅱ(Thayer Hotel InvestorsⅡ,L.P.)(1995年)、Ⅲ(2000年)、Ⅳ(2004年)、Ⅴ(2008年)等基金用于酒店领域的收购。德尔在许多投资周期中有着长期成功的纪录,在酒店收购方面的专长在此次收购中是至关重要的。

2 被收购主体的发展概况

美国洲际酒店与度假村集团(在纽约证券交易所上市,股份代号:IHR)是美国最大的独立经营的酒店管理公司和领先的酒店房地产投资商,1960年成立于美国匹兹堡。洲际集团经营的主要业务是酒店运营管理、自营酒店管理和商业楼宇租赁管理。集团没有自己所有的酒店品牌,而是向不同品牌的国际顶尖的酒店提供管理服务,拥有成熟的酒店管理人才和丰富的酒店管理经验。洲际集团运营模式是酒店业主向品牌持有人支付品牌费,独立酒店管理公司依据管理合同收取管理费,拥有突出的酒店资产和酒店运营管理结合优势。洲际集团在过去的50多年的发展历史中,管理的酒店分布在美国39个州和哥伦比亚特区以及中国、俄罗斯、印度、墨西哥、比利时、加拿大、爱尔兰和英国等国家,曾管理过"希尔顿""威斯汀""喜来登""万豪"等诸多国际一线酒店品牌。

在收购前期,洲际集团经营状况并不理想。受2008年世界金融危机的影响,国际资产市场受到严重冲击,包括国际酒店集团在内的不少上市公司市值大幅下滑,美国酒店集团市场也持续低迷。美国洲际集团2008年财报的资产负债率为64.9%,房地产抵押债务,2008年营业收入4.87亿美元,毛利率高达92.9%,但是却整体亏损4 600万美元,且负有长期债务2.24亿美元。2011年要偿还2 540万美元,2012年还3 380万美元,2013年还2 330万美元。2009年3月,洲际集团因为连续30个交易日内都没能实现1 500万美元的最低市值要求而被停止交易了一段时间,股价曾一度跌到0.21美元,比危机前缩水了80%,集团资金链出现断裂,资金周转出现困难。洲际集团经营不利、资产被低估的经营状态为锦江集团实施国际并购、走出国门创造了较好的时机。

3 收购过程

3.1 寻找合作伙伴,搭建海外平台

在锦江酒店集团收购洲际集团的过程中,锦江酒店集团与德尔集团的合作起着重要的作用。虽然锦江酒店集团已经对跨国投资有着非常丰富的经验和知识积累,但是如果能够找到谙熟被收购国法律规范的海外合作伙伴,那么对于降低收购风险、获得长远利益有着重要的作用。据华兴资本介绍,在正式发起收购前,德尔集团已经对洲际集团进行了两年时间的跟踪。该项收购的缘起是德尔集团希望在中国找一个合作伙伴,联合收购洲际集团,以便在收购完成后将一些经营经验复制到中国。而与德尔集团的合作,也有助于锦江集团通过境外收购,打造国际化发展平台,实现锦江酒店产业投资的国际化发展规模和影响力,提升锦江酒店的核心竞争力。

3.2 研究法律、财务,组建合作团队

在整个并购过程中,锦江酒店集团认真组建合作团队,研究法律、财务等问题,以国家化的法律思维,严格规范操作。从2009年5月开始,锦江酒店集团根据我国和上海市关于境外投资管理等相关法规,先后向上海市国资委、上海市商务委员会、国家发改委等认真履行和完成了各种法律文件,得到了我国和上海市相关部门的准许。同时,锦江酒店集团对美国的法务等进行了系统研究,并组建了坚实的合作团队:法律顾问聘请了贝克·麦坚时国际律师事务所、霍金·豪森律师事务所、安永会计师事务所为审计师,财务顾问聘请了瑞银和美林。在该项收购中,华兴资本与美林分别担任德尔在中国和美国的财务顾问,对最后成功收购起到了很重要的作用。

3.3 建立合资企业,降低并购风险

此次跨国投资不是由锦江国际集团直接发起的,而是通过锦江集团在香港上市的上海锦江国际酒店(集团)股份有限公司先期在美国设立公司。2009年由该公司与德尔集团在美国成立各占50%股份的合营公司Hotel Acquisition Company, LLC(简称HAC);2009年12月HAC与美国洲际集团订立合并协议,根据协议,HAC将收购洲际集团全数已发行和现存的普通股股份及其合伙的权益单位。交易的现金收购价为每股2.25美元,HAC须共支付约7 530万美元以持有洲际集团的全部权益。HAC支付的7 530万美元中的50%即3 765万美元由锦江酒店出资,资金结构的安排为:40%的资金来自锦江酒店的自有资金,从国内汇出;另外60%由锦江酒店长期的银行合作伙伴中国工商银行海外当地分行提供贷款解决。德尔集团的3 765万美元主要来自基金投资者。协议还规定,洲际集团的所有债务将被全部承接,因此,此次交易总代价约3.07亿美元。该交易于2010年3月18日完成。收购完成后,美国洲际集团成为HAC的全资附属企业,锦江国际集团和德尔集团通过HAC间接分别持有美国洲际集团的50%股权。

表1 锦江国际酒店集团和德尔集团收购洲际集团进度时间表

时间	参与方	行为
2009.5.11	锦江酒店集团	锦江国际酒店集团向上海市国资委备案
2009.5.19	锦江酒店集团	锦江国际酒店集团取得上海市商务委员会批准证书,在美国特拉华州注册境外全资子公司
2009.5.21	锦江酒店集团	锦江国际酒店集团取得国家发改委项目信息报告复函
2009.11.27	锦江酒店集团	国家发改委正式批准收购美国洲际酒店100%股份
2009.12.11	锦江酒店集团	锦江国际酒店集团完成向上海市外汇管理局外汇投资备案
2009	锦江酒店集团、德尔集团	两公司在美国成立各占50%股份的合营公司Hotel Acquisition Company, LLC(简称HAC)

续表

时间	参与方	行为
2009.12.20	HAC、美国洲际集团	两公司正式签署收购协议
2010.3.18	HAC、美国洲际集团	完成收购所有事项。美国洲际集团成为 HAC 的全资附属企业,锦江、德尔各持有洲际集团 50%股份

4 后续发展规划

4.1 海外人才培养

培养具有国家化视野和运营能力的专业人才,一直以来都是锦江酒店集团在"走出去"战略中的重要任务。锦江酒店集团此次收购洲际集团,凭借洲际集团丰富的酒店人才培训的资源和经验,按照双方的约定,锦江酒店集团在 2010 年正式启动了百人赴境外人才培养计划,将洲际集团管理的酒店作为其人才培养实习基地,强化英语培训,学习第三方管理模式等知识,积极落实"人才强企"的计划。

4.2 债务重组和内部整合

收购完成后,偿还原洲际集团的债务,成为锦江酒店集团的任务之一。工商银行上海市分行大力支持此项并购,提供了不超过 5 年期的 1 896 万美元的并购贷款,专项用于锦江酒店集团为该收购项目支付股权交易对价。2010 年锦江酒店集团和德尔集团考虑到中美银行之间的利差和汇率问题,与中国工商银行等金融机构合作,以向工商银行融资偿还美元债务的形式给洲际集团融资,于 2011 年 3 月顺利完成了原洲际在美资银行最高利息达 9%的 1.28亿美元借贷债务重组,洲际每年因此节约了 600 万美元的财务成本。收购以后,洲际按月向锦江酒店集团递交财务管理报告,根据 2011 年的财务预测显示,到 2011 年年底,收购后的洲际集团扭亏为盈,实现 EBITDA(未计利息、税项、折旧和摊销前的利润)4 720 万美元、净利润 500 万美元。

收购洲际之后,锦江酒店集团在上海创立洲际(中国)酒店与度假村管理公司,把"洲际"第三方酒店管理模式引入中国,并借此完善其酒店品牌和管理体系。通过并购重组,锦江酒店集团的主业规模及网络布局快速拓展,有效推进了集团战略的实施。锦江酒店作为投资控股型的酒店集团,母公司将专注于高星级全服务酒店业务,控股的锦江股份将专注于有限服务酒店业务。

4.3 实施品牌化发展战略

锦江国际集团收购完成后,积极寻找海外酒店资产,实行品牌化发展战略,加快在国际市场上的布局。锦江收购洲际集团,能够将"锦江"品牌成功推向国际市场,推动锦江国际集团酒店业务在全球化的布局和发展。接下来,锦江国际集团积极酝酿启动包括美国市场、欧洲市场在内的跨国并购计划。2015 年又成功并购了法国卢浮宫酒店集团。在海外拓展中,锦江国际集团积极引进国际酒店业的先进管理经验,整合自身资源并加强资本运作能力,优化人力资源、品牌推广和风险控制,不断探索强化价值链体系,寻求国际化扩张的道路。截止到 2014 年下半年,锦江国际旗下酒店数将超过 2 800 家、房间数 34 万间,分布全球 52 个国家和地区,并由此跻身全球酒店排名前 8 位。

5 案例启示

第一,投资不是由锦江集团直接发起的,而是通过锦江集团在香港上市的锦江酒店集团先期在美国设立公司,再由该公司与德尔集团在美国成立各占 50%股份的合营公司 HAC,然后通过 HAC 逐步合并收购美国洲际集团。在跨国投资与经营过程中,往往对东道国法律、税收、政策环境等诸多方面并不熟悉,而且存在着跨国投资主体的国别身份问题,使得跨国投资面临很大的投资风险和不确定性。锦江先期在境外设立公司,并通过境外公司发起购并等投资行为很好地规避了上述风险,提高了购并的成功率。

第二,在本次跨国收购中,华兴资本与美林分别担任德尔在中国和美国的财务顾问,对最后成功收购起到了很重要的作用。这显然是一个值得高度重视的做法,那就是在跨国购并过程中,旅游行业需要减少冲动型决策、闭门式决策,而是要更多地向其他行业学习,将财务顾问、法律顾问等对购并至关重要的业务外包给专业机构,通过专业机构的专业建议来降低购并中存在的风险,推动中国企业在旅游领域投资更好更快的发展。

第三,锦江国际集团作为国有企业,在跨国并购中往往会因不熟悉国际规则而面临跨国投资和并购的各种困境。在此次并购中,锦江酒店集团与德尔合作,借助德尔集团丰富的国际市场、法律和投资经验,避免了许多投资困扰。除此之外,在收购洲际集团之前,德尔集团已经与锦江集团有多次合作,先是与锦江集团合资设立了中国最大的全球旅游分销平台"HUBS1——汇通天下",该平台是上海世博会官方指定订房平台。同时两集团在中央预订系统也有合作,德尔集团对锦江国际集团专业经验和合作理念有较为深入的理解。这可能从一个侧面反映出中国企业在进行旅游领域的跨国投资时,在如何进一步主动获取境外标的企业的能力方面还有待进一步加强,如何进一步提高境外标的企业主动寻求国内相关企业或品牌进行合作的主动性则更是下一步需要突破的难题。

 案例使用说明

一、教学目的与用途

1.本案例适用于学习管理学、旅游市场营销、酒店管理学、旅游经济学等相关课程的本科生与研究生。

2.教学目的:通过本案例的教学,对于旅游企业跨国经营特别是旅游企业收购并购战略有初步的了解,引导案例学习者对于信息化时代的投融资和企业收购并购的思考。

二、启发思考题

1.锦江集团收购洲际酒店集团的过程有什么特点?

2.在锦江的后续发展规划中,其将如何实施品牌化发展战略?

3.国内企业在收购海外企业过程中如何降低风险?

三、分析思路

收购主体发展概况—被收购主体发展概况—收购过程—后续发展规划—案例启示

四、关键要点

1. 收购海外企业对国内企业未来海外投资、占据市场份额的重要性;
2. 锦江集团收购洲际酒店集团后的后续发展规划。

五、建议的课堂计划

1. 时间安排

以 80 分钟为宜,其中 20 分钟阅读案例,15 分钟进行小组讨论,15 分钟小组代表发言,15 分钟师生互动交流与问题解答,15 分钟教师最后总结。

2. 黑板板书依课堂具体情况布置,不作固定安排

3. 小组的分组和讨论内容

建议 3~5 人为一组,每组自行推选小组代表发言。讨论内容包括:回答案例中提出的启发思考问题;将此案例与海航收购 NH 酒店案例作对比,并指出异同点;针对国内企业如何规避并购风险的问题各抒己见。

复星国际收购地中海俱乐部

厉新建　宋昌耀

【摘　要】 地中海俱乐部(Club Med)是在法国注册的国际度假饭店集团、全球旅游业著名品牌,以一站式包价度假服务而知名。2013年5月,复星国际组织的Caillon Invest II 投资公司开始对地中海俱乐部发起收购要约,两次搁浅后,2014年8月,意大利富豪博诺米(Bonomi)旗下Global Resorts SAS(全球度假村集团)竞争出价。此后,双方经历了数轮竞购以争取对地中海俱乐部的控制权。2015年1月3日意大利富豪Adrea Bonomi宣称"目前的形势和估值水平已经无法保证收购地中海俱乐部从长远考虑仍是投资机会",表示其退出与复星国际竞购地中海俱乐部。复星国际收购地中海俱乐部尘埃落定。

【关键词】 复星国际;地中海俱乐部;收购

1　引言

2010年,复星国际开始持入地中海俱乐部股份。2013年5月起,复星国际开始发起收购地中海的要约。2015年1月,复星国际成为地中海俱乐部唯一的收购方,收购事宜基本确定。复星国际为了竞购地中海俱乐部,通过特别设立Caillon Invest II 投资公司作为收购联合体来组织各方优势,其中,复星国际持有62.6%的股份,葡萄牙保险公司Fidelidade占20%,法国私募基金Ardian占5.8%,地中海俱乐部管理层占2.9%,中国众信旅游占8.7%。在这过程中,作为地中海俱乐部大股东之一的意大利富豪博诺米(Bonomi)旗下Global Resorts SAS(全球度假村集团)的参与竞购,使复星国际收购联合体的收购一波三折。

2　背景介绍

2.1　行业背景

旅游业从20世纪90年代以来一直是全球第一大产业,据WTTC(世界旅游旅行理事会)测算,2013年,旅游业对全球GDP直接贡献21 554亿美元,占比2.9%;综合贡献69 903亿美元,占比9.5%。吸纳直接就业1亿个,综合就业2.65亿个,分别占比3.4%和8.9%。吸引投资7 546亿美元,占世界总投资的4.4%。同时,WTTC预测旅游业无论是产值还是吸引投资在未来都会持续增长。而这其中新兴国家、发展中国家旅游规模的扩大是推动全球旅游业增长的重要力量。

度假是旅游业发展的高级阶段,对旅游者要求条件高。它需要旅游者拥有较强的经济实力和较长的闲暇时间,从而能够在非常驻地非就业情况下较长时间地生活。相比观光游客,度假客群能够为度假地带来规模较大的综合收益,因而成为各地竞相发展的产业之一。而随着全球经济水平的提升,度假需求的增长为度假产业发展提供动力源泉。复星集团收购地中海俱乐部正是看中了中国持续增长的度假需求和地中海俱乐部成熟的运作模式、知名的度假品牌。

2.2 公司历史沿革

2.2.1 复星集团

复星集团作为地中海俱乐部大股东之一,是此次收购联合体的发起方和最大股东,是此次收购过程中的焦点。

2.2.1.1 简介

复星集团1992年在上海成立,2007年7月16日,复星母公司复星国际(00656.HK)在香港联交所主板上市。目前复星已形成"保险、产业运营、投资、资本管理"四大业务引擎,并矢志向"以保险为核心的综合金融能力"与"以产业深度为基础的投资能力"双轮驱动的全球一流投资集团大步迈进。

在投资理念上,复星坚持扎根中国,投资于中国为集团成长的根本动力,以及紧抓中国中产阶级生活方式改变带来的机遇,同时亦紧抓全球经济转型,将"中国动力嫁接全球资源"的投资模式融入价值投资理念,努力成为具备全球能力的中国专家,持续为社会和股东创造价值。

在实践中,复星持续挖掘发现和把握中国投资机会的能力,优化管理、提升企业价值的能力和建设多渠道融资体系对接优质资本的能力,形成了以认同复星文化的企业家团队为核心、以上述三大核心能力为基础的价值创造链的正向循环,成为复星业务稳定高速增长的坚实基础。

2.2.1.2 发展阶段

复星集团副董事长兼首席执行官梁信军认为,复星集团发展的过程,就是对中国变化中的发展动力的判断和把握的过程。中国发展动力从1992年到现在大致有三个阶段。第一阶段是从1992年到1998年,主要是政府政策的开放准入和流动性的增加。流动性包含三个方面:第一是农村富余劳动力的流动性,第二来自于资金的流动性,第三是土地的流动性。在该阶段,诸如劳动力密集型行业、房地产、中小金融机构等行业得以快速发展。第二个阶段是从1998年到2008年,这是中国重化工业腾飞的阶段。第三个阶段是从2008年起,是中国内需和金融服务快速成长的阶段。

所以复星的发展,也是高度契合这三个阶段。比如第一阶段,复星从市场调查进入医药健康和房地产行业,成立了复星医药和复地。第二阶段复星投资了钢铁和矿业,参控股的企业有南京钢铁、海南矿业、招远黄金、唐山建龙、金安矿业等等。第三阶段复星的主要投资方向则为消费及消费升级、金融服务、能源资源和制造业升级,并积极"走出去",创新性地提出"中国动力嫁接全球资源"模式,与美国保德信金融集团、凯雷集团合资成立基金,投资法国地中海俱乐部和希腊Folli Follie集团等等。

2.2.2 众信旅游

众信国旅是此次收购联合体中的股东之一,也是中国大陆地区组织客源前往地中海俱乐部的最主要旅行社之一。在未来地中海俱乐部发展过程中,众信国旅将为其输送源源不断的客源。

2.2.2.1 简介

北京众信国际旅行社股份有限公司(简称"众信旅游")是经国家旅游局、北京市工商行政管理局批准设立的具有独立法人资格的股份制企业,注册资本5 829万元,特许经营中国公民出境、入境、国内旅游业务(经营许可证号:L-BJ-CJ00071)。2014年1月23日,众信旅游在深圳证券交易所挂牌上市,成为A股市场上首家民营旅行社上市公司(股票简称:众信旅游,股票代码:002707)。

作为中国最大的出境游运营商之一,众信旅游坚持以服务品质为前提,以产品为核心,整合机票、酒店、签证、邮轮、境外交通、境外接待服务等出境游产业链各要素资源,是出境旅游产品的制造者和服务的提供者,产品涵盖欧洲、大洋洲、非洲、中东、美洲、亚洲、南北极等全球主要的目的地。自2005年以来,众信旅游一直在中国出境游市场特别是长线出境游市场上占有领先地位,是欧洲、北欧、俄罗斯、澳新、非洲、中东、美洲、邮轮、普吉岛、巴厘岛等旅游线路的全国10大批发商之一,多次荣获产品创新奖和营销创新奖等奖项。

近年来,公司坚持实施"批发零售一体、线上线下结合"的发展战略,一方面巩固扩大出境游批发业务,建立了基本覆盖全国的旅行社代理商网络,目前已拥有近2 000家代理商;另一方面,积极拓展出境游零售业务,建立了众信旅游网站和呼叫中心,截至2014年1月,公司拥有实体门店36家,其中北京34家,天津2家,形成了基本覆盖北京市的门店网络。同时,通过众信会员俱乐部,为会员提供差异化、贴心的服务,拥有大批忠实、稳定的客户群。此外,公司还与银行、保险公司等大客户开展了灵活多样的产品及渠道营销合作。

公司坚持自主研发电子商务系统,以标准化服务流程为主线,以现代信息技术整合传统旅行社业务,建立了以ERP综合运营管理系统为核心,由ERP系统、众信旅游网(www.utourworld.com)、B2B分销平台和呼叫中心、APP等组成的线上电子商务平台,并初步实现了内部管理及运作的信息化,对上游资源整合、旅游产品研发、销售渠道建设和旅游团队运作等业务关键环节进行管理管控,初步形成线下实体营销网络和线上电子商务相结合的O2O业务模式。

2.2.2.2 发展历程

1992年,众信天下旅行社成立,主营业务为国内旅游服务。1999年,公司改制为有限责任公司。2002年,公司获得出境旅游经营权。2005年,"众信天下"正式更名为"众信国旅"进军直客市场。2008年,公司完成股份制改造,由"北京众信国际旅行社有限公司"正式更名为"北京众信国际旅行社股份有限公司"。2014年1月23日,公司在深圳中小企业板上市,成为国内第一家上市的民营旅行社。在中国旅游研究院发布的2014中国旅游集团20强中,"众信国旅"排名第19位,表明众信国旅在我国旅游集团中占有一席之地。这一排行榜只选择旅游集团营业收入一项指标作为评选标准。

2.3 财务状况

复星国际2013年年度报告显示,2013年实现营业总收入510.169亿元,相比2012年517.647亿元有所下降;实现归属于上市公司股东的净利润55.19亿元,比2012年37.07亿元增长48.88%;每股盈利0.86元,比2012年0.58元增长48.28%。近年来,复星集团在营业收入、纳税额度、净利润等方面都位列中国民营企业前列。

"众信旅游"2013年年度报告显示,2013年实现营业总收入30.05亿元,比2012年增长

39.78%;实现归属于上市公司股东的净利润 8 746.88 万元,比上年增长 41.53%。2013 年通过网站及呼叫中心等线上销售渠道实现营业额 1.8 亿元,比 2012 年增长 47.67%,占总营收的比重仅为 5.99%。年报显示截至 2013 年 12 月 31 日,"众信旅游"员工人数达 1 409 人,较 2012 年末的 1 062 人增长 32.67%。销售费用、管理费用也因此大幅增加,分别较上年增长 42.42% 和 32.78%。同时公司也加大了广告宣传投入力度。

从公开财务报表来看,从 2010—2013 年,地中海俱乐部销售收入基本在 14 亿欧元徘徊,净利润分别为 200 万、200 万及亏损 900 万欧元。

2.4 主要人物

在复星国际收购地中海俱乐部的过程中,董事长郭广昌和首席执行官梁信军都意志坚定并发挥着重要的作用。有评论说复星坚持到最后是郭广昌对博诺米(Bonomi)的胜利。

郭广昌,复星集团董事长。郭广昌先生还是第十二届全国政协委员,第十一届全国工商联常委、全国青联常委,上海浙江商会名誉会长。郭先生于 1989 年从复旦大学取得哲学学士学位,继后于 1999 年从同一所大学取得工商管理硕士学位。郭广昌先生先后荣获"中国优秀民营企业家""十大中国未来经济领袖""中国经济年度人物""杰出董事奖"等称号和奖项。2010 年,郭先生携手 15 位中国顶尖民营企业家建设、运营上海世博会中国民企联合馆,开创中国民营经济亮相百年世博会的历史,为中国经济新面貌赢得国际赞誉和广泛尊重。

梁信军,复星集团副董事长兼首席执行官。梁信军先生还是上海市政协第十二届委员会委员、中国青年企业家协会副会长、上海复旦大学校友会执行会长及上海台州商会会长。梁信军先生出生于浙江台州,1991 年从复旦大学取得遗传工程学学士学位,2007 年从长江商学院取得工商管理硕士学位。梁信军先生长期研究中国经济改革发展,并经常担任各类经济论坛的嘉宾演讲者。梁信军先生先后荣获"沪上十大金融行业领袖""中国私募股权投资家 10 强"、第七届欧亚思"年度中国商业领袖"奖"中国青年企业家管理创新奖""上海市十大杰出青年"等称号和奖项。

郭广昌认为"复星在法国的投资不多,但投了一个著名的品牌"。他指出之所以投资地中海俱乐部,是因为地中海俱乐部非常适合中国人的生活方式,中国是以家庭为单位组织的,因此地中海俱乐部非常适合中国人,尤其是带孩子的家庭,这种方式是给人们带来快乐的。

梁信军表示复星的投资重点就是围绕中产阶层,"到 2020 年,中国的中产阶层人数及消费规模有望成为全球第一、第二位,与中产阶层生活方式关联的行业,未来具有爆发式的增长前景",而"地中海俱乐部的主流消费客群是以家庭为主,也可以说是中产阶级。最近几年中国的休闲度假产业当中,家庭消费会成为未来旅游休闲消费中的主流趋势"。

3 收购过程

3.1 被收购方——地中海俱乐部

地中海俱乐部(CLUB MED)是世界上最著名的旅游度假机构之一,为国际连锁经营。创始人格拉德·伯利兹(Gerard Blitz)曾经是比利时奥林匹克运动队的成员,他和他的朋友们于 1950 年在法国成立了一个运动协会,即地中海俱乐部。如今,地中海俱乐部已拥有遍布全球五大洲、30 多个国家的 80 多个度假村。在中国已经有黑龙江亚布力、桂林、珠海东澳岛 3 个度假地。

地中海俱乐部主要有度假村、城市俱乐部、俱乐部旅馆、别墅 4 种类型的度假地。度假村是地中海俱乐部中的主体,每个度假村有各种风格的餐厅、酒吧、商店、剧场以及艺术品、工艺品制作间,还有各种运动、健身、医疗保健设施等。度假村的住宿设施分为 3 类:草屋村、平房村、旅馆村。每个度假村可容纳 600~1 500 名度假者。城市俱乐部是新型度假村,它不是位于海滨或山区,而在大城市的郊区或市区。城市俱乐部由旅馆、会议中心、娱乐中心组成,适应了人们不出远门即可度假的需要。俱乐部旅馆是住宅式旅馆,以定时分享经营为特色。它是住宅买主买到的某幢住宅在一定时限内、每年固定时间的使用权。俱乐部旅馆实行闲置资产租赁计划——公寓买主同意将购得的住宅首先租赁给地中海俱乐部,只需付公寓售价的 70%,租期不少于 11 年,此间买主每年可使用 6 周。租赁期买,住宅归买主所有。别墅是中小型旅馆,多建在最优美的旅游地,或历史文化遗址,或与其他名胜毗邻,旨在吸引那些愿在某地较长时间逗留的人。

地中海俱乐部独特的"一价全包"的经营方式与"和善"的 G.O.是其经营的特色。知名的地中海俱乐部"一价全包"包括:热情、专业的中文教练 G.O.(Gentle Organizer);住宿(自由选择房型,房型不同价格不同);免费早餐、午餐和晚餐(包括无限畅饮软饮料、葡萄酒和啤酒);免费的丰富的陆上及水上运动(个别项目除外);免费的儿童俱乐部设施(4 至 11 岁);独特的晚间娱乐活动;旅行国际高额保险。"G.O.和善的组织者"是法语"gentil organizateur"的缩写,意为和善的组织者、亲切的东道主,他不是传统意义上的雇员,与客人之间是朋友关系,而不是宾主关系。他们和客人在同等的房间里睡觉,在统一餐桌上吃饭,陪客人玩,共同分享度假村各种活动的乐趣。

3.2 收购过程

3.2.1 收购过程

3.2.1.1 2010—2012 年:复星持续增持股票

2010 年 6 月,复星第一次投资地中海俱乐部,这也是复星"中国动力嫁接全球资源"投资模式的一项重要代表。当时,地中海俱乐部受经济危机的影响在欧洲市场的业绩正面临下滑,而其管理层也希望通过引入外在投资者以扩大市场范围、提振业绩。复星在 2010 年投资后,快速帮助推进地中海俱乐部的中国发展战略,并利用其在中国的渠道、媒体资源和地方协作等优势,帮助地中海俱乐部加速扩大中国客户。复星方面表示,复星主要看中地中海俱乐部优秀的团队、相近的核心价值观、产品和服务在中国潜力巨大、投资价格合理,并认为通过项目开发、产品推广和品牌塑造等方面资源共享可以创造共赢价值。

2011 年 3 月,复星又斥资 2 500 万欧元收购了地中海俱乐部 7.1% 的股权,从发起要约到达成投资协议,仅用 80 天左右。而复星所购股份来自地中海俱乐部当时的两大股东——属于摩洛哥主权基金一部分的 FIPAR International 和伦敦对冲基金美国格理集团(GLG Partners)。根据当时协议,复星国际可在未来两年内将其在地中海俱乐部的持股比例提高至 10%,但不会超过这一水平。随后的数据显示,复星的确逐步增持地中海俱乐部股份至 9.96%,与 Adrian 合作并成为最大的股东之一。

在复星投资后,2012 年地中海俱乐部全球度假村来自中国的游客人数增加了 30%,且其中国区收入同比增长了 33%。在复星投资 6 个月后,中国第一家亚布力度假村成功开业,第二家也于 2013 年 8 月在桂林正式开业。此外,地中海俱乐部还计划到 2015 年在中国再建立 5 家度假村,从而使中国市场成为其在法国之外的最大市场。

3.2.1.2 2013 年:复星要约收购搁浅

2013 年 5 月,复星联合地中海俱乐部第二大股东 AXA PE(AXA PE 当时属于安盛保险集团,后于 2013 年 9 月 20 日从安盛剥离,成为独立私募投资公司 Adrian)以及地中海俱乐部的高级管理人员,通过自愿性要约收购的方式,对所有复星、AXAPE 及地中海俱乐部高级管理人员尚未持有的所有地中海俱乐部股份及可转债发起要约收购,收购价格为 5.56 亿欧元。但是,这一报价并未获得多数股东同意。随后在同年 6 月,双方再度联合宣布将报价提高至每股 17.5 欧元,对地中海俱乐部的估值亦升至 5.57 亿欧元。该要约于 2013 年 7 月 15 日获得法国金融市场监管机构(AMF)批准。此次提价后,安盛及复星均在多个场合声称,不再提高报价。此时,复星和 AXAPE 已拥有地中海俱乐部 19.3% 的股份。但原定于同年 8 月 30 日完成的收购交易很快再度被搁浅。总部位于巴黎的并购套利基金国际现代建筑协会(CIAM)以及法国少数股股东协会亚当(Adam)反对报价和相关条款,对此提出诉讼。随后,法国监管部门将这项收购的截止日期无限期延后,直到另行通知为止。此后,市场上一年左右未有关于地中海俱乐部收购的相关消息。

3.2.1.3 2014 年:收购"拉锯战"

2014 年 8 月 14 日,法国金融市场监管机构(AMF)发表一份声明称,地中海俱乐部于今年 6 月收到了来自意大利富豪 Andrea Bonomi 旗下 SAS 全球度假村(Global Resorts SAS)的竞争出价。因此,复星国际及其合作伙伴 Ardian 因面临更高竞争报价而取消对地中海俱乐部的收购计划。Global Resorts 提出以每股 21 欧元的价格收购地中海俱乐部,高于此前复星国际和 Ardian 提出的每股 17.5 欧元的价格。就在人们一度认为复星放弃了对地中海俱乐部的竞购时,一则"复星重新加入竞购"的消息又将这场收购战拉回了人们的视野。

9 月 12 日,Gaillon Invest II 连同复星控股的葡萄牙保险公司 Fidelidade 提出收购地中海俱乐部全部股份及可换股债券(OCEANEs)的收购要约,出价为每股 22 欧元及每份 OCEANE(可换股债券)23.23 欧元。这实际相当于 100% 收购地中海俱乐部的股票及 OCEANE,总值为 8.39 亿欧元。相比 Global Resorts 提出的价格,给股东带来了 4.76% 的溢价(较 OCEANEs 可换股债券的要约出价溢价 3.7%)。此次出价必须符合法律规定的最低条件,即 GaillonInvest II 与 Fidelidade(及其一致行动人)在要约出价后,需拥有 50% 以上的已流通股份及其投票权。竞标者有意保留地中海俱乐部在巴黎证券交易所的上市地位,并继续保留将地中海俱乐部的总部设于巴黎。Henri Giscard d'Estaing 将继续出任地中海俱乐部的主席兼首席执行官,Michel Wolfovski 继续出任副首席执行官及首席财务官。此外,在 9 月 12 日的出价中,保持地中海俱乐部的法国根源及其长期价值,是 Gaillon Invest II 及 Fidelidade 提交优化要约决定的主要核心目的,从而可使地中海俱乐部充分发挥其于旅游酒店服务的高品位法国"生活艺术"精髓,特别是加速地中海俱乐部在中国以至其他快速发展中国家的市场发展。

此后,双方进入了拉锯战。11 月 11 日,意大利富豪却再次抬价——Andrea Bonomi 旗下的 Global Resorts 把地中海俱乐部的收购价格提高为每股 23 欧元,将收购战决战烈度再度升级。12 月 1 日,复星出价每股 23.5 欧元;4 天后的 12 月 5 日,Global Resorts 提出以每股 24 欧元的价格收购;12 月 29 日,复星国际出价每股 24.6 欧元、总价 9.39 亿欧元收购。

3.2.1.4 2015年:收购尘埃落定

2015年1月3日,Bonomi宣布退出竞购地中海俱乐部,并称"目前的形势和估值水平已经无法保证收购地中海俱乐部从长远考虑仍是投资机会",标志着复星国际组织的收购联合体成为收购地中海俱乐部的唯一竞争者,收购事宜尘埃落定。

3.2.2 后续发展规划

收购过程中,地中海俱乐部内部舆论已明显向复星国际倾斜,其首席执行官亨利及其他董事在这场竞购大战中已经多次表示了对复星国际的支持。这对复星收购地中海俱乐部后的工作做好了铺垫。

2010年起,复星国际积极支持地中海俱乐部在亚洲和中国的扩张,并持有18.4%的股权。复星国际表示,收购地中海俱乐部后,将推动其在中国、俄罗斯和巴西等国家树立品牌,以抢占新兴市场份额,同时扩展自身的全球旅游业务。

据相关报道指出,如果本次收购获得批准,巴西Nelson Tanure集团可能也会入会,购得Gaillon II的20%的股权。地中海俱乐部将与该集团合作在巴西开设第四个度假村。

4 小结

经过漫长的你来我往的并购战,截止到2015年1月5日,地中海俱乐部估价已经涨到25.09欧元,虽然复星每股24.60欧元的最后报价令意大利富豪Bonomi退出竞购,但地中海俱乐部估值已经达到了9.39亿欧元,复星凭空需要多付出2.9亿欧元。虽然复星集团取得了并购战的胜利,但是代价很高,面临着极高的财务成本和漫长的公司重组进程,甚至有评论称这似乎有"皮洛士式的胜利"的味道。但无论如何,此次收购对于中国对外旅游投资乃至对外投资都具有重要启示。

4.1 把握旅游业趋势

与其他中国对外旅游投资不同,复星集团组织的此次对地中海俱乐部的收购最大的特点是准确把握了未来旅游业发展趋势尤其是中国旅游业未来的发展趋势,即度假越来越成为旅游休闲的重要方式,在异地休闲中占据的比重越来越大。

在这个大趋势下,复星集团组织收购地中海俱乐部有两大发展背景和一个前提,两大发展背景一是我国出境旅游规模庞大,二是我国没有成熟的品牌化的为市场普遍认可的旅游度假企业;一个前提是中国游客对地中海俱乐部企业文化和运作方式的认可,地中海俱乐部在中国取得了5年34.4%的复合增长,每年有近10万中国中产阶级在体验地中海俱乐部产品。

4.2 赢得管理层支持

"嫁接中国动力"一直是复星集团对外投资所秉承的理念,这也赢得了地中海俱乐部管理层的支持。2010年复星集团投资地中海俱乐部后帮助其在中国打开了局面并快速成长,中国游客已经成为地中海俱乐部在全球最重要的客源之一。地中海俱乐部管理层对这些则有目共睹,他们作为复星集团组建的Caillon Invest II投资公司占有2.9%股份的股东显然更倾向于支持复星集团赢得此次收购。

4.3 组建收购综合体

与锦江酒店收购洲际酒店相似,复星集团并没有直接向地中海俱乐部发出要约,而是组建了强大的收购综合体,包括复星国际、葡萄牙保险公司 Fidelidade、法国私募基金 Ardian、地中海俱乐部管理层、中国众信旅游。这并非简单的组合,众信国旅作为中国最大的出境旅游批发商之一,已经在短短几年内发展成为地中海俱乐部的中国区销售冠军,为地中海俱乐部提供大量客源;地中海俱乐部管理层将持续对地中海俱乐部进行经营,提供知识和智慧;复星国际、葡萄牙保险公司 Fidelidade、法国私募基金 Ardian 提供资金。强大的组合有助于提升资本市场对地中海俱乐部发展的信心,也有助于日后的经营。

附录

表1 复星国际组织的收购联合体及股份比例

收购主体	股份
Caillon Invest II 投资公司	100%
复星国际	62.6%
葡萄牙保险公司 Fidelidade	20%
中国众信旅游	8.7%
法国私募基金 Ardian	5.8%
地中海俱乐部管理层	2.9%

表2 复星集团发展大事记

年份	事迹
1992	4名大学生创业,初试投资人民币3.8万元
1994	复星医药、复地
2002	豫园商城、建龙集团
2003	南钢联合
2004	招金矿业
2007	海南矿业、永安财险
2010	投资地中海俱乐部
2011	Foli Follie
2012	复星保德信人寿
2013	鼎睿再保险
2014	复星葡萄牙保险(Fidelidade、Multicare and Cares)、食之秘、BHF-Bank、Studio 8

表 3　众信国旅发展大事记

年份	事迹
1992	公司成立,主营业务为国内旅游服务
1999	公司改制为有限责任公司
2002	获得出境旅游经营权
2005	"众信天下"正式更名为"众信国旅",进军直客市场
2005	2004—2005 年出境旅游十大批发商、中国市场诚信单位
2005	2005 欧中旅游明星组团社、奥地利航空公司最佳销售团队
2005	获中国保护消费者基金会授予的诚信经营示范单位称号、获大韩航空 GOLF 友谊赛证书
2006	以邮轮和海岛为主题进军东南亚出境市场
2006	"喜刷刷"旅游分期付款系统正式开通,成为旅游行业分期付款第一家
2006	与新浪合作"电影之旅"大型选秀活动;推出与芬兰旅游局、航空公司共同合作的"芬兰激情破冰之旅";与旅游卫视合作推出环球 DIY 活动
2006	圣淘沙合作伙伴奖、海南航空销售奖、埃及旅游最佳合作伙伴、北欧旅游市场贡献奖
2006	北京市十大出境游组团旅行社、十大产品营销创新奖、出境旅游澳新线路十大批发商、出境旅游十大批发商、十大营销创新奖(分期付款计划)
2007	与中国网球协会、澳大利亚维多利亚旅游局联手推出"2007 澳网中国助威团",与荷兰皇家航空公司、荷兰国家旅游会议促进局等联合推出"浪漫情人包机游荷兰"特色产品;国内首家千人独家包船,歌诗达邮轮"爱兰歌娜"号日韩航次,引起业内轰动效仿;与瑞士国家旅游局联合召开新闻发布会,推出全新旅游产品"瑞士自然、文化遗产之旅";举办众信旅游贵宾 BMW 试驾体验活动,推出"欧洲自驾车之旅"系列产品
2007	奥地利、法国、荷兰、国泰、港龙、卡塔尔航空公司最佳合作/业绩奖;芬兰、南非、肯尼亚、新加坡旅游局最佳合作奖
2008	完成公司股份制改造,由"北京众信国际旅行社有限公司"正式更名为"北京众信国际旅行社股份有限公司"
2010	获得爱尔兰、洛杉矶旅游局销售奖
2014	1月 23 日在深圳中小企业板上市,成为第一家上市的民营旅行社
2014	12 月,正式宣布投资专门经营旅游度假产品的 B2C 网站"悠哉悠哉网",进行线上线下 O2O 合作,收购其 15%的股份并提供资金及业务支持

表4　地中海俱乐部(Club Med)发展大事记

时间	事件
1950年	6月5日，第一批300多名新潮的客人被邀请到了位于西班牙马略卡岛的Alcudia(帕尔玛)海滩，在地中海俱乐部的第一个度假村体验无拘无束的假期。此时地中海俱乐部是非营利性的组织
1957年	在吉尔伯特·特里加诺(Gilbert Trigano)的带领下，地中海俱乐部由一个非营利组织转变为有限公司
1960年	有特色风情的茅草屋度假村——意大利
1965年	首座永久度假村在北非摩洛哥建立
1967年	"迷你俱乐部"带来了家庭度假的革命
1970年	世界最大的运动俱乐部
80年代	不断开拓
90年代	征服大海(邮轮)
2003年	从巴西到法国大西洋海岸
2004年	奢华理念的全新体验
2007年	"迷你俱乐部"成立40周年

表5　地中海俱乐部度假地类型

类型	内容
度假村	为度假地主体。每个度假村有各种风格的餐厅、酒吧、商店、剧场以及艺术品、工艺品制作间，还有各种运动、健身、医疗保健设施等。度假村的住宿设施分为3类：草屋村、平房村、旅馆村。每个度假村可容纳600~1 500名度假者
城市俱乐部	新型度假村。不是位于海滨或山区，而在大城市的郊区或市区。城市俱乐部由旅馆、会议中心、娱乐中心组成，适应了人们不出远门即可度假的需要
俱乐部旅馆	住宅式旅馆，以定时分享为经营特色。指住宅买主买到的是某幢住宅在一定时限内、每年固定时间的使用权。实行闲置资产租赁计划——公寓买主同意将购得的住宅首先租赁给地中海俱乐部，只需付公寓售价的70%，租期不少于11年，此间买主每年可使用6周。租赁期买，住宅归买主所有
别墅	中小型旅馆，多建在最优美的旅游地，或历史文化遗址，或与其他名胜毗邻，旨在吸引那些愿在某地较长时间逗留的人

表6 复星国际收购地中海俱乐部过程

时间	行动
2010.6.11	复星出价2 828万欧元收购7.1%股份
2011.3	复星出价2 500万欧元收购7.1%股份
2013.5	复星出价5.56亿欧元收购地中海俱乐部未成功。Bonomi大举高价买入股票,复星放弃
2013.6	复星出价5.57亿欧元收购地中海俱乐部获批,但随后搁浅
2014.8.14	意大利人Bonomi的Global Resorts(全球度假村集团)出价每股21欧元收购地中海俱乐部
2014.9.12	复星出价每股22欧元收购地中海俱乐部,总价8.39亿欧元
2014.11.11	Bonomi出价每股23欧元收购地中海俱乐部
2014.12.1	复星出价每股23.5欧元收购地中海俱乐部
2014.12.5	Bonomi出价每股24欧元收购地中海俱乐部
2014.12.29	复星出价每股24.6欧元收购地中海俱乐部,总价9.39亿欧元
2015.1.3	Bonomi宣布退出竞购地中海俱乐部,并称"目前的形势和估值水平已经无法保证收购地中海俱乐部从长远考虑仍是投资机会"

主要资料来源:

1. 复星集团官网,http://www.fosun.com.
2. 众信旅游网,www.utourworld.com.
3. 晨哨网,http://www.morningwhistle.com.
4. 21世纪网,复星提高Club Med报价至每股23.5欧元反超意大利富豪,http://money.21cbh.com/2014/12-2/1NMDEwMTZfMTM0OTc1NQ.html.

案例使用说明

一、教学目的与用途

1. 本案例适用于学习管理学、旅游市场营销、酒店管理学、旅游经济学等相关课程的本科生与研究生。

2. 教学目的:通过本案例的教学,对于投资集团、旅游企业等收购联合体跨国经营特别是企业收购并购战略有初步的了解,引导案例学习者对于信息化时代的投融资和企业收购并购的思考。

二、启发思考题

1. 复星国际收购地中海俱乐部的过程有什么特点?
2. 在复星国际的后续发展规划中,将如何帮助地中海俱乐部拓展旅游业务?
3. 锦江集团收购洲际酒店与复星国际收购地中海俱乐部相比,两个案例有何相似点?

三、分析思路

引言—背景介绍—收购过程—后续发展规划—小结

四、关键要点

1. 把握未来旅游业发展趋势是此次收购成功的重要因素；
2. 组建收购综合体在此次收购发挥的重要作用。

五、建议的课堂计划

1. 时间安排

以 80 分钟为宜，其中 20 分钟阅读案例，15 分钟进行小组讨论，15 分钟小组代表发言，15 分钟师生互动交流与问题解答，15 分钟教师最后总结。

2. 黑板板书依课堂具体情况布置，不作固定安排

3. 小组的分组和讨论内容

建议 3~5 人为一组，每组自行推选小组代表发言。讨论内容包括：回答案例中提出的启发思考问题；将此案例与海航收购 NH 酒店案例、锦江集团收购洲际酒店案例作对比，并指出异同点；如何看待收购过程中的"拉锯战"。